W0172025

Kunersdorf
Schwiebus
1526/1695 österr.
Hochkirch
Breslau
Hzm. Schlesien
West-Galizien
Weichsel
Krakau
Tarnow
Reichenberg
eitmeritz
ißer Berg
Königgrätz
Prag
Kolin
Hzm. (Österr.) Schlesien
Gorlice
Przemysl
Lemberg
Kgr. Galizien u. Lodomerien
Böhmen
Mgft. Mähren
Brünn
Kremsier
Nikolsburg
Czernowitz
Hzm.
Bukowina
Munkács
Theiß
Erzhzm.
inz
Wien
Kahlenberg
Österreich
Eisenstadt
Gran
Budapest
Donau
Mur
Graz
St. Gotthard
Klagenfurt
Großwardein
Klausenburg
Grfsm. Siebenbürgen
Mediasch
Kgr. Ungarn
Fünfkirchen
Mohacs
Zenta
Drau
Temesvár
Hermannstadt
Kronstadt
Agram
Fiume
Peterwardein
Karlowitz
Slankamen
Banat
Kleine Walachei
Belgrad
Bosnien-Herzegowina
Nordserbien
Donau
Sarajewo
Kgr. Dalmatien
Sandschak-Novipasar
r. Neapel
Neapel
Österr. Erwerbungen bzw. Verluste
Im Reichsrat vertr. Kgr. und Länder (Zisleithanien)
Länder der Ung. Krone (Transleithanien)
Österr.-Ungar. Monarchie 1815–1918
Kondominium beider Reichsteile

Richard
Reifenscheid

Die Habsburger in Lebensbildern

Richard
Reifenscheid

Die Habsburger in Lebensbildern

Von Rudolf I. bis Karl I.

Verlag Styria Graz Wien Köln

CIP-Titelaufnahme der Deutschen Bibliothek

Reifenscheid, Richard:
Die Habsburger in Lebensbildern : von Rudolf I. bis
Karl I. / Richard Reifenscheid. – 4. Aufl. –
Graz; Wien; Köln : Verlag Styria, 1990.
ISBN 3-222-11431-5

4. Auflage, 1990
© 1982 Verlag Styria Graz Wien Köln
Alle Rechte vorbehalten
Printed in Austria
Umschlaggestaltung: Christoph Albrecht
Satz und Druck: Druck- und Verlagshaus Styria, Graz
Bindung: Wiener Verlag, Himberg
ISBN 3-222-11431-5

MEINER
FRAU
MARIANNE
UND
UNSEREN
KINDERN
URSULA
JOHANNES
MARIA
GABRIELE

Inhalt

Vorwort

Das vorliegende Buch setzt keine besonderen Kenntnisse geschichtlicher Zusammenhänge voraus. Geschrieben wurde es für Leser, die an Geschichte interessiert sind. Es wird ein historischer Überblick über das Leben, Wirken und Schicksal außergewöhnlicher Persönlichkeiten des wohl bedeutendsten deutschen Herrscherhauses gegeben. Dieser Blick in die Vergangenheit, aus der letztlich unsere Gegenwart kommt, zeichnet über einen Zeitraum von 650 Jahren die Geschichte des Hauses Habsburg nach, das wie keine andere europäische Dynastie die Entwicklung des Abendlandes entscheidend mitgestaltet hat.

Von König Rudolf I. von Habsburg bis zu Kaiser Karl I. von Österreich werden dem Leser neben den Herrschern und ihren Gemahlinnen erstmals auch die jeweiligen Nachkommen mit den von diesen angeheirateten Persönlichkeiten vorgestellt. Der Leser erhält so einen umfassenden Überblick über die Dynastie der Habsburger und ihre weit verzweigten verwandtschaftlichen Verbindungen zu anderen europäischen Herrscherhäusern. Viele der Nachkommen habsburgischer Herrscher gelangten zu großem politischen Einfluß und erhielten nicht nur für den Aufstieg des Hauses Habsburg, sondern auch für Österreich und das deutsche Reich besondere Bedeutung. Es wurde besonderer Wert darauf gelegt, die persönlichen Lebensdaten der einzelnen Persönlichkeiten möglichst genau festzustellen, und, wo es notwendig wurde, gegenüber bisherigen Angaben zu berichtigen.

Umfangreiche Nachforschungen machten es möglich, erstmals auch die derzeitigen Grabstätten bei allen in den genealogischen Übersichten genannten Persönlichkeiten zu vermerken. Die meisten Habsburger hatten ein sehr natürliches Verhältnis zum Tod und nahmen zum Teil in großen und dramatischen Sterbeszenen von dieser Welt Abschied. Nicht selten ließen sie sich noch zu ihren Lebzeiten ihre Grabdenkmäler erbauen. So entstanden im Laufe der Jahrhunderte Grabstätten, die ein Stück Kulturgeschichte darstellen und in ihrer Ausstattung von unschätzbarem Wert sind. Von der durch König Rudolf I. in Tulln begründeten ersten Grablege für seine Enkel über die Herzogsgruft im Stephansdom und die Kaisergruft in Wien, das Monasterio de San Lorenzo de el Escorial bei Madrid und die Lothringer Kapelle in San Lorenzo in Florenz sowie die im einst hauseigenen Kloster Muri nahe der Habsburg im Jahre 1971 in der Loretokapelle neu angelegten Gruft für die Angehörigen des Hauses Habsburg-Lothringen und die Grablegen in den zahlreichen von Mitgliedern des Hauses Habsburg gegründeten Klöstern sind diese Grabstätten nicht nur letzte Ruhestätten großer Persönlichkeiten, sondern dienen nicht zuletzt auch der Selbstdarstellung dieses von seiner Auserwähltheit überzeugten Geschlechts. In der Kraft ihrer Aussage geben uns diese Grabdenkmäler auch Aufschluß über den besonderen Frömmigkeitsbegriff dieser bemerkenswerten Familie, die schon von frühester Zeit an davon überzeugt war, daß ihr Geschlecht von Gott auserwählt zu Großem berufen sei. So konnte es nicht ausbleiben, daß neben den Interessen der Familie nur noch das Gesetz Gottes anerkannt wurde und daß bei den Habsburgern nur das Erhabene ans Licht trat und das Vollkommene Platz hatte. Sie verstanden sich als Beschützer der katholischen Kirche und gaben der Glaubensvielfalt in ihren Ländern kaum Raum. Nicht selten vergriffen sie sich in den Mitteln, wenn es galt, Protestanten, Juden und Andersgläubige zu maßregeln und die Vorrechte der katholischen Kirche sicherzustellen. Gegen den Papst und die Amtskirche traten die Habsburger erst dann mit allen ihnen zur Verfügung stehenden Mitteln auf, wenn sie Grund zu der Annahme hatten, daß die Kirche die Interessen der Dynastie gefährdete.

Dieses begüterte, aber doch relativ bedeutungslose, im Südwesten des Reiches ansässige Grafengeschlecht trat erst mit der Wahl Graf Rudolfs IV. von Habsburg zum deutschen König in das helle Rampenlicht der Weltgeschichte. Seine Wahl verdankte Rudolf der Stärke und dem großen Einfluß König Ottokars II. von Böhmen, der selbst nach der Königskrone strebte, aber am Widerstand der Reichsfürsten, die einen weniger starken König wünschten, scheiterte. Schon neun Jahre nach seiner Krönung zum deutschen König konnte König Rudolf I. seine beiden Söhne Albrecht und Rudolf mit Österreich, Steiermark, Krain belehnen und so die Hausmacht der Habsburger begründen. Damit verlagerten sich die Interessen der Familie vom Südwesten des Reiches zum Südosten. Die ihnen durch die Gunst der Umstände in diesem Raum zugefallene Macht gaben die Habsburger nicht mehr aus der Hand. In den folgenden Generationen erhielt jedes Familienmitglied seine Aufgabe zugewiesen und hatte – wenn auch nicht immer ohne Schwierigkeiten – an seinem Platz mit dazu beizutragen, den Zusammenhalt zu wahren. Die meisten Mitglieder der Familie haben sich dieser Aufgabe bereitwillig unterworfen und oft genug persönliche Interessen zurückgestellt. Nach dem Erwerb weiterer Territorien im Osten, Westen und Süden des Reiches wurde aus Österreich der größte und bedeutendste Territorialstaat des deutschen Reiches. Dabei bedienten sich die Habsburger nicht sosehr kriegerischer Mittel als vielmehr einer ausgeklügelten und konsequenten Heiratspolitik. Gewinnbringende und vorteilhafte Heiraten, die halfen, den Besitz zu mehren, spielten eine besondere Rolle. Wenn es galt, durch erstrebenswerte Vermählungen die Stellung der Dynastie zu stärken, waren nahe verwandtschaftliche Bindungen kein Hindernis. Da viele Habsburger hohe Kirchenämter bekleideten, war es nicht schwierig, gegen Geld und politische Zugeständnisse an den Kirchenstaat für die von der Kirche an sich verbotenen Verwandtenehen den notwendigen Dispens zu erhalten. Nur so war es möglich, die großen Landgewinne durch die Heirat der Habsburger Töchter und nachgeborenen Söhne zu erreichen und sicherzustellen.

Österreich wuchs zu einem übernationalen Staat heran, in dem wir neben den Deutschen die Ungarn, Italiener, Polen, Türken, Tschechen, Kroaten, Serben und andere slawische Volksstämme finden. Dieses bunte Völkergemisch konnte immer wieder – wenn auch oft genug unter schwierigsten Umständen und nach harten inneren Auseinandersetzungen – unter der Krone der Herrscher aus dem Hause Habsburg zusammengehalten werden. Diese Völker – allen voran die stolzen und selbstbewußten Ungarn – meldeten zwar immer wieder ihren Anspruch auf Selbständigkeit an, bekannten sich aber letztlich bis zum bitteren Ende zur Donaumonarchie. Noch im Ersten Weltkrieg kämpften Kroaten, Ungarn, Tschechen und andere slawische Volksteile, wenn auch vergebens, gemeinsam um den Bestand der Monarchie.

Von König Albrecht II. an blieben die Habsburger mit der kurzen Unterbrechung von 1740 bis 1745 auch im Besitz der deutschen Königskrone und der römischen Kaiserwürde. Damit übernahmen sie die Führung im Heiligen Römischen Reich Deutscher Nation und machten Weltgeschichte. Es war die hervorragende Leistung der Dynastie, sich gegen die auf ihre Libertät bedachten deutschen Kurfürsten durchgesetzt und damit die dynastische Erbfolge im Reich gesichert zu haben, wenn das Reich auch de jure als Wahlkönigtum weiterbestand. So konnte das Heilige Römische Reich Deutscher Nation, in dem die Deutschen sich so lange geborgen fühlten, fast 400 Jahre von der gleichen Dynastie geführt werden. Aufstieg und Niedergang, Glück und Ende dieses Reiches der Deutschen sind und bleiben verbunden mit dem Namen Habsburg. Wie kein anderes Geschlecht lernte dieses Herrscherhaus die Höhen und Tiefen des Lebens kennen und fand doch immer wieder die Kraft, sich zu behaupten. Von der weltgeschichtlichen Bedeutung der Habsburger ist unserer Zeit vieles verlorengegangen. Bei Deutschen und Österreichern ist weitgehend in Vergessenheit geraten, daß das habsburgische Österreich Jahrhunderte hindurch die große Führungsmacht im deutschen Reich war und nicht Berlin, sondern Wien das Zentrum dieses Reiches war.

Das größte Verdienst der Habsburger jedoch war es, das christliche Abendland vor der Überflutung durch den Islam und damit vor der Gewalt des Osmanischen Reiches bewahrt zu haben. Während die deutschen Reichsfürsten und die anderen europäischen Mächte ihren Sonderinteressen nachgingen, lag die Last des Kampfes gegen das Osmanische Reich allein bei Österreich, dem es gelang, die Grenzen des Reiches in diesen Auseinandersetzungen weit nach Osten zu verschieben. Die weltgeschichtliche Bedeutung dieses Vorganges vermag vielleicht erst unsere Zeit richtig zu erkennen, nachdem vieles von diesem Erbe in unserem Jahrhundert verspielt wurde.

Richard Reifenscheid

König Rudolf I.

König Rudolf I.

* 1. 5. 1218 auf Schloß Limburg i. Breisgau
† 15. 7. 1291 in Speyer
Grabstätte: Kaisergruft im Dom zu Speyer

1. ⚭ um 1253 im Elsaß
Gertrud Anna, Gräfin von Hohenberg
Eltern: Burchard III., Graf von Hohenberg, aus dem Geschlecht der Grafen von Zollern-Hohenberg in Schwaben
* um 1225 in Schwaben
† 16. 2. 1281 in Wien
Grabstätte: Heute unter der Hauptapsis der Stiftskirche St. Paul i. Lavanttal/Kärnten, ursprünglich im Münster zu Basel, dann in St. Blasien im Schwarzwald. Nach der Säkularisation des Klosters von 1806/07 wurden auch die sterblichen Überreste von 15 Habsburgern der ersten bis vierten Generation nach St. Paul gebracht.

2. ⚭ Ende Mai 1284 in Besançon
Agnes (Isabella) von Burgund
Eltern: Hugo IV., Herzog von Burgund, und Beatrix, Prinzessin von Navarra, Tochter Theobalds I., König von Navarra
* um 1270 in Dijon
† um 1323 in Chambly
Grabstätte: Wahrscheinlich in Chambly

Wahlspruch: Utrum lubet = Wie's beliebt

1. 10. 1273 in Frankfurt a. M. zum römisch-deutschen König gewählt.
24. 10. 1273 in Aachen zum römisch-deutschen König gekrönt durch den Kurfürsten und Erzbischof von Köln Engelbert II. von Falkenburg.

Nach dem Niedergang der Macht der Staufer und der am 17. 7. 1245 auf dem 1. Konzil von Lyon erfolgten Absetzung Kaiser Friedrichs II. begann die kaiserlose Zeit, die bis 1273 andauern sollte. Die während des Interregnums gewählten Könige (Richard von Cornwall und Alfons von Kastilien) konnten die tiefe Krise, in die das Reich geraten war, nicht überwinden. Seiner tragenden Institutionen beraubt, war das Reich dem Verfall preisgegeben. Rechtlosigkeit und Verwirrung griffen zunehmend um sich. Das Fehlen einer starken und führungsfähigen Reichsspitze machte sich immer stärker bemerkbar. Die territorialen Fürsten bereicherten sich am Reichsgut und förderten so die Anarchie. Der Niedergang des Reiches stürzte auch die Kirche in eine tiefe Krise. Es fehlte der Schutzherr der Kirche – der Kaiser. Die im Reich und in der Kirche eingerissenen Zustände veranlaßten Papst Gregor X., die Kurfürsten ultimativ aufzufordern, einen König zu wählen. Der Papst fügte gleich die Drohung hinzu, daß er einen Kaiser ernennen werde, falls die Kurfürsten sich in der Wahl eines Königs nicht einigen sollten.

Waren bis dahin die reichsunmittelbaren Fürsten als Königswähler aufgetreten, so nahmen – auf eine Idee Papst Urbans IV. aus dem Jahre 1263 zurückgreifend – von nun an die sieben Kurfürsten das Recht der Königswahl wahr. Es waren dies:

a) die geistlichen Kurfürsten:
   der Erzbischof von Mainz als Erzkanzler für Deutschland,
   der Erzbischof von Köln als Erzkanzler für Italien,
   der Erzbischof von Trier als Erzkanzler für Burgund,
b) die weltlichen Kurfürsten:
   der König von Böhmen als Erzmundschenk,
   der Pfalzgraf bei Rhein als Erztruchseß,
   der Herzog von Sachsen-Wittenberg als Erzmarschall,
   der Markgraf von Brandenburg als Erzkämmerer.

Bedeutendster geistlicher Kurfürst war der Erzbischof von Mainz. Er war verantwortlich für die Einberufung des Wahlkollegiums und gab als letzter die Stimme ab. Bei Stimmengleichheit entschied er über den Ausgang der Wahl.

Von den weltlichen Kurfürsten hatte der Pfalzgraf bei Rhein eine Vorzugsstellung, da er die Rechtsgewalt über den König ausübte und das Amt des Reichsverwesers innehatte.

Als der mächtigste Reichsfürst galt zweifellos der Böhmenkönig Ottokar II. Durch den Zerfall der Reichsgewalt begünstigt, hatte er sich während des Interregnums ein Großreich geschaffen, das die Länder Böhmen, Mähren,

Österreich, Steiermark, Kärnten und Krain umfaßte. Am 15. 6. 1246 war der letzte regierende Babenberger, Friedrich II., in der Schlacht an der Leitha gefallen. Das Geschlecht der Babenberger war im Mannesstamm erloschen. Kurz entschlossen heiratete der 22jährige Böhmenkönig die 47jährige Margarethe, Schwester des letzten Babenbergers, und brachte so die erledigten Reichslehen Österreich und Steiermark gegen den Widerstand der Kurfürsten in seinen Besitz. Seine Bemühungen, die deutsche Königswürde zu erlangen, blieben vergeblich. Er wurde von der Wahl ausgeschlossen. An seiner Stelle wählte Herzog Heinrich von Niederbayern.

Am 9. 9. 1273 entschieden sich die drei geistlichen Kurfürsten in einer Vorwahl für Graf Rudolf IV. von Habsburg, der gerade eine Fehde mit dem Bischof von Basel austrug. Als der Burggraf Friedrich von Zollern im Feldlager von Basel erschien, um Rudolf zu fragen, ob er bereit sei, die Wahl anzunehmen, wenn sie auf ihn falle, schloß der Habsburger unverzüglich einen Waffenstillstand mit Basel.

Am 1. 10. 1273 wählten die Kurfürsten Graf Rudolf IV. von Habsburg, Sohn des Grafen Albrecht IV. von Habsburg und der Gräfin Heilwig von Kyburg, in Frankfurt am Main einstimmig zum deutschen König. Die Kurfürsten mögen bei ihrer Wahl davon ausgegangen sein, daß dieser in der Reichspolitik bis dahin nicht sonderlich hervorgetretene Graf Rudolf von Habsburg sich den Wünschen der Kurfürsten gefügig zeigen werde. Sie sollten sich täuschen. Als der Bischof von Basel die Nachricht von der Wahl Rudolfs erhielt, soll er ausgerufen haben:

»Lieber Gott halte deinen Thron fest, sonst wird dieser Rudolf ihn dir nehmen.«

Der Bischof von Basel scheint Rudolf richtiger eingeschätzt zu haben als die wahlberechtigten Kurfürsten.

Die Habsburger leiten ihren Namen von der bei Brugg im Aargau 1020 erbauten Habichtsburg ab. Das Geschlecht geht vermutlich auf Guntram den Reichen aus dem Elsässischen, der um 1150 in den Annalen des Klosters Muri genannt wird, zurück. Seit 1009 Grafen, wurden die Habsburger 1135 Landgrafen mit Besitz am Oberrhein und in der Mittelschweiz. Diesen Besitz vermehrte Rudolf durch erhebliche Teile des Schwarzwaldes mit dem Stift St. Blasien sowie durch den Erwerb großer Güter im Breisgau. Von seiner Mutter erbte er Wübberthin, Thurgau und Glarus. Von der Laufenburg-Habsburger Linie kaufte er Sempach, Stanz, Schwyz und die Gebiete um Brugg und Waldstätten. So entstammte Rudolf zwar einem nichtfürstlichen, aber doch reich begüterten Geschlecht, dessen Herrschaftsgebiet sich vom Jura, das Rheintal entlang bis in den Schwarzwald und von den Zentralalpen bis nach Burgund erstreckte. Der neue König war keineswegs das »arme Gräflein«, wie ihn sein Rivale Ottokar II. nannte.

Rudolf traf kurz nach seiner Wahl in Frankfurt ein und reiste von dort gemeinsam mit den Fürsten nach Aachen, wo er am 24. 10. 1273 im Münster Karls des Großen feierlich gekrönt wurde. Der Approbationsanspruch Papst Gregors X. wurde von Rudolf ignoriert. Erst am 20. 9. 1274 erkannte der Papst die Wahl Rudolfs gegen die Bedenken der Kurie an. In Rom hatte man dem Habsburger sein Eintreten für die Staufer, wofür er 1248 mit dem Kirchenbann belegt worden war, noch nicht vergessen. Am 20. 10. 1275 traf Rudolf anläßlich der Weihe des Doms von Lausanne mit Papst Gregor X. zusammen. Bei dieser Zusammenkunft erhielt der Papst die Zusage König Rudolfs, daß er die Rechte und Besitzungen der Kirche schützen werde und daß Sizilien und das Reich nicht vereinigt werden sollten. Diese verbindliche Zusage des Königs bedeutete die Abkehr von der Hausmachtpolitik der Staufer. Aus der Hand des Papstes nahm Rudolf das Kreuz und erhielt die endgültige Anerkennung als König mit der Einladung, zur Kaiserkrönung nach Rom zu kommen. Als Krönungstag wurde der 2. 2. 1276 fest vereinbart. Es sollte nie zur Kaiserkrönung in Rom kommen. Vor dem vereinbarten Termin starb Papst Gregor X. am 10. 1. 1276, und der König war zunächst mit der Beseitigung der Nachwirkungen des Interregnums beschäftigt und durch den Kampf gegen König Ottokar II. von Böhmen voll in Anspruch genommen.

Ottokar II. sollte Rudolfs größter Gegner werden. Das von ihm während des Interregnums geschaffene großböhmische Reich, zu dem vorübergehend auch Ungarn gehörte, bestand außer den Stammlanden Böhmen und Mähren aus dem Erbe der Staufer und aus Reichsgut, das Ottokar dem Reich entfremdet hatte. Durch eine gute Verwaltung und Wirtschaftspolitik, die unbestritten sind, hatte der Böhmenkönig seine Herrschaft gefestigt. Durch die Gründung deutscher Städte, u. a. Königsberg, das seinen Namen trägt, und durch die Heranziehung deutscher Einwanderer war es ihm gelungen, den Wohlstand zu heben. Sein Herrschaftsbereich reichte schließlich von der Adria bis zur Ostsee. Mit dieser Hausmacht im Rücken machte er seinen Anspruch auf die deutsche Krone geltend und erhob gegen die Wahl des Habsburgers Einspruch. Gleichzeitig beanspruchte er weiterhin den Besitz von Österreich, Steiermark, Kärnten und Krain. Da der Papst die Wahl Rudolfs inzwischen anerkannt hatte, ließ sich dieser auch durch das Versprechen Ottokars, einen Kreuzzug zu unternehmen, nicht mehr umstimmen. Mit Recht mußte der Böhmenkönig nunmehr befürchten, daß die Bemühungen König Rudolfs, verlorengegangene Rechte und Territorien für das Reich zurückzugewinnen, ihn am härtesten treffen würden. Auf einem Reichstag zu Nürnberg ermächtigten die deutschen Fürsten König Rudolf zur Einziehung der seit 1245 erledigten Reichslehen. Da König Ottokar es ablehnte, dem gewählten König zu huldigen, und eine zweimalige Vorladung, vor dem Reichstag zu erscheinen, ablehnte, wurde die Reichsacht über ihn verhängt. Nach einer neuerlichen Ächtung (Aberacht) beschloß der Reichstag den Reichsfeldzug gegen den Böhmenkönig. Dieser mußte nunmehr einsehen, daß er seine Macht überschätzt und die Lage falsch eingeschätzt hatte. Der König zog bis vor Wien, das auf der Seite Ottokars II. stand, der aber von Teilen seines Heeres verlassen wurde und sich Aufständen des steiermärkischen und des Kärntner Adels gegenübersah. Nunmehr wandte sich auch Wien von Ottokar II. ab, der dadurch genötigt wurde, nachzugeben. Im Wiener Frieden vom 26. 11. 1276 verzichtete Ottokar II. auf die babenbergischen und sponheimschen Länder, gab Eger dem Reich zurück und stimmte der von König Rudolf vorgeschlagenen Heirat seiner Kinder Agnes und Wenzel mit Rudolfs I. Kindern Rudolf und Jutta zu. Ottokar wurde mit seinen Stammländern, den alten Reichslehen Böhmen und Mähren, belehnt. Gleichzeitig verkündete König Rudolf I. für Österreich den Landfrieden.

Der Wiener Friede, dem Ottokar II. nur halbherzig beigetreten war, hatte nicht lange Bestand. Es war das Unglück Ottokars II., nicht wirklich zum Frieden bereit zu sein. Seinem Charakter entsprechend, trug er sich mit Revanchegedanken und begann im Sommer 1278 erneut zu rüsten. Zunächst zog er Polen auf seine Seite und sicherte sich dann die Unterstützung deutscher Fürsten, des österreichischen Adels und der Wiener Bürgerschaft, die mit der Steuerpolitik Rudolfs nicht einverstanden waren. König Rudolf I. befand sich in einer schwierigen Lage. Er stützte sich auf österreichische und steirische Ritter sowie auf Verbände aus Kärnten, Krain und Salzburg. Von den deutschen Fürsten, die den Machtzuwachs des Habsburgers fürchteten, war keine wesentliche Hilfe zu erwarten. Dagegen gelang es König Rudolf I., den König von Ungarn, Ladislaus IV., für den Kampf gegen Ottokar II. zu gewinnen. Dieses Bündnis mit Ungarn sollte entscheidend werden.

Am 26. 8. 1278 kam es auf dem Marchfeld bei Dürnkrut – 40 km nordöstlich von Wien – zur Entscheidungsschlacht. Das Heer Ottokars II. wurde vernichtend geschlagen und er selbst von persönlichen Feinden ermordet. Sein Reich ging mit ihm unter. Die ungarischen Verbände hatten entscheidenden Anteil an diesem Sieg, zu dessen Folgen die Beendigung der jahrhundertealten Feindschaft Ungarns gehörte. König Ladislaus IV. und König Rudolf I. schlossen ein längeres Bündnis, und Karl I. Martell aus dem Hause Anjou, ein Neffe des Ungarnkönigs, erhielt Rudolfs Tochter Clementia zur Frau.

Der Sieg König Rudolfs I. bei Dürnkrut hatte weittragende Folgen für Österreich, Deutschland und Europa. Der einzige gefährliche Gegner des habsburgischen Königtums wurde ausgeschaltet. Es war eine Entscheidung für die nächsten 650 Jahre. Habsburg blieb in diesem Raum, den König Rudolf I. mit dieser einzigen Schlacht gewonnen hatte, bis 1918. Es war die Geburtsstunde des »Hauses Österreich«, das die Geschicke des Reiches in den kommenden Jahrhunderten entscheidend beeinflussen sollte. Die Herrschaft der Habsburger verschob sich von Westen nach Osten. Der Donauraum wurde zum Mittelpunkt. Er bestimmte fortan das politische Handeln der Habsburger. Mit dem Begriff »Vorderösterreich« für die Besitzungen im Westen machte Österreich seinen Einfluß bis an den Rhein geltend. Prag und Wien wurden die Zentren des Reiches.

Bedächtig und vorsichtig baute König Rudolf I. die ihm zugefallene Macht aus. Bereits 1273 hatte er die habsburgische Macht über Uri, Schwyz und Unterwalden wiederhergestellt. Sie sollte bis zur Gründung des »Ewigen Bundes« der drei Urkantone im Jahre 1291 Bestand haben.

1279 erhielt Meinhard II. von Tirol Kärnten, Krain und die Windische Mark als Pfand für die Unterstützung des Königs im Kampf gegen Ottokar II. Als weitere Belohnung für seine Hilfe wurde Meinhard II. schließlich mit der Herzogswürde von Kärnten belehnt.

Zu den Kurfürsten hatte Rudolf I. inzwischen enge verwandtschaftliche Beziehungen geknüpft. Seine Tochter Mathilde war die Gemahlin Ludwigs II., Pfalzgraf bei Rhein, seine Tochter Gertrud die Gemahlin Albrechts II., Herzog von Sachsen-Wittenberg, und seine Tochter Hedwig hatte Otto VI., Markgraf von Brandenburg, geheiratet. So waren die Voraussetzungen geschaffen, daß der König auf dem Augsburger Reichstag am 27. 12. 1282 mit Zustimmung der Kurfürsten die Belehnung seiner Söhne Albrecht und Rudolf mit Österreich, Steiermark, Krain und der Windischen Mark zu gesamter Hand vornehmen konnte. Für diese Belehnung hatten die Kurfürsten für König Rudolf I. eigens den nachstehenden »Willebrief« ausgestellt:

»*Wir stimmen ausdrücklich bei und erteilen dazu unsere freie Einwilligung, daß König Rudolf die Fürstentümer Österreich, Steiermark, Krain und Kärnten mit allen ihren Rechten und Zubehör, die er, einst dem Reiche entfremdet und verschleudert, mit vielem Schweiß und Blut wieder unter die Gewalt des Reiches gebracht hat, den erlauchten Albrecht und Rudolf, seinen Söhnen, übertrage und zu Lehen gebe, wann es immer sein Wille sein wird.*«

Die Belehnung seiner Söhne zu gesamter Hand stieß schon bald bei den Ständen auf Widerstand. Im Vertrag von Rheinfelden vom 1. 6. 1283 erhielt Albrecht für sich und seine Erben die Alleinherrschaft zugesprochen. Rudolf sollte mit einem Königreich oder einer noch zu bestimmenden Geldsumme abgefunden werden. Er erhielt weder das eine noch das andere. Mit dem Vertrag von Rheinfelden wurde die Konsolidierung für den Aufstieg des Hauses Habsburg eingeleitet. Albrecht wurde der erste Herrscher aus dem Hause Habsburg in Österreich.

1290 erhob König Rudolf I. nach der Ermordung seines Schwiegersohnes, König Ladislaus IV. von Ungarn, Lehnsansprüche des deutschen Reiches auf Ungarn, denen der Papst widersprach. Trotzdem belehnte der König seinen Sohn Albrecht mit Ungarn. Dieser erste Versuch, ein habsburgisches Erbkönigtum in Ungarn zu errichten, scheiterte an dem Widerstand des ungarischen Adels, der Andreas III. zum ungarischen König wählte und krönte.

Rudolf von Habsburg, persönlich fromm, klug und zielstrebig in allem, was er sich vornahm, gewann durch seine bescheidene und betont schlichte Art die Gunst des Volkes. 1253 hatte er die Gräfin Gertrud Anna von Hohenberg aus dem Geschlecht der Grafen Zollern-Hohenberg in Schwaben geheiratet. Nach der Krönung Rudolfs in Aachen nahm sie den Namen »Königin Anna« an. Sie wurde die königs- und kaiserreichste Ahnfrau der Weltgeschichte. Als sie im Alter von 56 Jahren starb, wurde sie am 20. 3. 1281 im Beisein ihres königlichen Gemahls mit königlichen Ehren ihrem Wunsch entsprechend im Dom zu Basel beigesetzt. Später wurden ihre Gebeine nach St. Blasien im Schwarzwald gebracht. Nach der

Säkularisation der Abtei St. Blasien brachten die Mönche ihren Leichnam 1807 nach St. Paul im Lavanttal in Kärnten, wo die Königin in der Stiftskirche ihre endgültige Ruhestätte fand.

Im Alter von 66 Jahren heiratete König Rudolf I. Prinzessin Agnes (Isabella) von Burgund. Er hoffte, durch diese Heirat die gefährdeten Reichsrechte in Burgund sichern zu können. Trotzdem mußte der König 1289 einen Feldzug gegen Besançon führen, um zu verhindern, daß Burgund an Frankreich fiel.

König Rudolf I. fühlte sich noch nicht als Österreicher, wenn er auch bestrebt war, in den neu erworbenen Gebieten die Macht seines Hauses zu sichern. Sein Blick galt vornehmlich dem Reich. Schon die nächste Generation sah Österreich als Stammland und Ausgangspunkt aller Herrscherziele. Wenn auch die Hoffnungen König Rudolfs I., die Dynastie Habsburg im deutschen Königtum zu begründen, noch nicht in Erfüllung gingen, so hat der König doch mit Klugheit und Beharrlichkeit den Grundstein zum unaufhaltsamen Aufstieg des Hauses Habsburg, dessen Stammvater er wurde, gelegt. Er war 73 Jahre alt und hatte fast zwei Jahrzehnte erfolgreich regiert. In Begleitung seiner Gemahlin und vieler seiner Getreuen ritt er nach Speyer, wo viele seiner Vorgänger, die auch Könige waren, ihre letzte Ruhestätte gefunden hatten. Hier starb König Rudolf I. am 15. 7. 1291. In der Krypta des Doms in Speyer ruht der erste König aus dem Hause Habsburg in einem schmucklosen Steinsarg. An der Stirnseite der Königsgräber steht das Epitaph Rudolfs von Habsburg mit dem ersten Porträt eines deutschen Königs.

Die Nachkommen König Rudolfs I.

1. Mathilde, Gräfin von Habsburg
* um 1253 in Rheinfelden
† 23. 12. 1304 in München
Grabstätte: Unter dem Priesterchor der ehemaligen Zisterzienserklosterkirche in Fürstenfeld/Bayern

⚭ 24. 10. 1273 in Heidelberg
Ludwig II., »Der Strenge«, Pfalzgraf bei Rhein, Herzog in Bayern
Eltern: Otto II., Pfalzgraf bei Rhein, Herzog in Bayern, und Agnes, Prinzessin von Sachsen, Tochter Heinrichs von Sachsen
* 13. 4. 1229 in Heidelberg
† 3. 2. 1294 in Heidelberg
Grabstätte: Unter dem Priesterchor der ehemaligen Zisterzienserklosterkirche in Fürstenfeld/Bayern.

Nach dem Tode Herzog Ottos II. regierten seine Söhne Ludwig und Heinrich gemeinsam in Bayern. Am 18. 3. 1255 erfolgte eine Länderteilung. Ludwig erhielt die Rheinpfalz und Oberbayern, das sich damals bis zu den Kitzbühler Alpen erstreckte. Heinrich blieb auf Niederbayern beschränkt.
Als Vormund seines Neffen Konradin, des letzten Staufers, unterstützte Ludwig dessen Ansprüche in Sizilien und wurde von Konradin zum Erben eingesetzt. Dadurch erzielte Bayern nach der Hinrichtung Konradins in Neapel große territoriale Gewinne aus dem Besitz der Staufer. 1273 setzte Ludwig sich für die Wahl Rudolfs von Habsburg zum König ein. Für diese Unterstützung bekam er seine staufischen Erwerbungen durch König Rudolf bestätigt und dessen Tochter Mathilde zur Frau. Nach dem Tode Rudolfs konnte Ludwig die Wahl Albrechts zum König nicht durchsetzen. Er behauptete aber die Kurfürstenwürde für die Pfalz. Am 18. 1. 1256 hatte Ludwig II. seine erste Gemahlin, Maria von Brabant, wegen des Verdachts der Untreue in Donauwörth enthaupten lassen. Als sich die Unschuld Marias herausstellte, errichtete er für die nun bereute Tat, die schon seine Zeitgenossen als Mord werteten, das Zisterzienserkloster Fürstenfeld, das später das Wittelsbacher Hauskloster wurde.

2. ALBRECHT, Herzog von Österreich und Steiermark
⚭ ELISABETH, Prinzessin von Kärnten, Görz und Tirol
Siehe unter König Albrecht I.

3. KATHARINA, Gräfin von Habsburg
* um 1256 (oder 1265) in Rheinfelden
† 4. 4. 1282 in Landshut
Grabstätte: Kloster Seligenthal b. Landshut/Bayern

⚭ um 1279 in Wien
OTTO III., Herzog von Niederbayern
Eltern: Heinrich I., Herzog von Niederbayern, und Elisabeth, Prinzessin von Ungarn, Tochter Belas IV., König von Ungarn
* 11. 2. 1261 in Burghausen
† 9. 9. 1312 in Landshut
Grabstätte: Kloster Seligenthal b. Landshut/Bayern

Otto III. übernahm 1290 zunächst die Alleinregierung in Niederbayern. Seit 1294 regierte er gemeinsam mit seinen Brüdern Ludwig III. und Stephan I.
Die bereits von seinem Vater, Herzog Heinrich I. von Niederbayern, begonnene antihabsburgische Politik setzte er zunächst konsequent fort und verbündete sich mit König Wenzel II. von Böhmen gegen die Habsburger. Diese Politik war auf den Gewinn der Steiermark gerichtet. Der späteren Versöhnung mit König Albrecht I. folgte 1304 eine erneute Annäherung an den Böhmenkönig, dessen Sohn Wenzel ihm die ungarische Königskrone abtrat. Am 6. 12. 1305 wurde Otto in Stuhlweißenburg zum König von Ungarn gekrönt. Da auch Karl Robert von Anjou, unterstützt von der Kurie, Anspruch auf die ungarische Königskrone erhob, mußte Otto, nachdem er sich anfänglich behauptet hatte, im Oktober 1307 Karl Robert von Anjou als König von Ungarn anerkennen.

4. AGNES GERTRUD, Gräfin von Habsburg
* um 1257 in Rheinfelden
† 11. 10. 1322 in Wittenberg
Grabstätte: Schloßkirche in Wittenberg im Bezirk Halle

⚭ um 10. 1273 in Wittenberg
ALBRECHT II. von Anhalt, Herzog von Sachsen-Wittenberg
Eltern: Albrecht I., Herzog von Sachsen-Wittenberg, und Helene, Prinzessin von Braunschweig-Lüneburg, Tochter Ottos I., Herzog von Braunschweig-Lüneburg
* um 1250 in Wittenberg
† 25. 8. 1298 in Wittenberg
Grabstätte: Schloßkirche in Wittenberg im Bezirk Halle

5. Hedwig, Gräfin von Habsburg
* um 1259 in Rheinfelden
† um 1303 in Brandenburg
Grabstätte: Ehem. Zisterzienserklosterkirche in Lehnin bei Brandenburg

⚭ im Februar 1279 in Lehnin
Otto IV., Markgraf von Brandenburg
Eltern: Otto III., Markgraf von Brandenburg, und Beatrix, Prinzessin von Böhmen, Tochter Wenzels I., König von Böhmen
* um 1238 in Brandenburg
† 27. 11. 1309 in Lehnin
Grabstätte: Ehem. Zisterzienserklosterkirche in Lehnin bei Brandenburg

6. Clementia, Gräfin von Habsburg
* um 1262 in Rheinfelden
† nach 7. 2. 1293 in Neapel
Grabstätte: Gruft in der Kirche San Domenico Maggiore in Neapel

⚭ um 1. 1281 in Neapel
Karl I. Martell
Eltern: Karl II., König von Neapel, und Marie, Prinzessin von Ungarn, Tochter Stephans V., König von Ungarn
* 9. 1271 in Neapel
† 12. 8. 1295 in Stuhlweißenburg
Grabstätte: Basilika in Stuhlweißenburg

7. Hartmann, Graf von Habsburg
* um 1263 in Rheinfelden
† 20. 12. 1281, zwischen Breisach und Straßburg im Rhein ertrunken
Grabstätte: Unter der Hauptapsis der Stiftskirche St. Paul i. Lavanttal/ Kärnten

Hartmann war der Lieblingssohn König Rudolfs I. Von seinem Vater laufend zu den Staatsgeschäften hinzugezogen, bewährte Hartmann sich so vortrefflich, daß König Rudolf erwog, die römische Königswürde auf ihn und nicht auf seinen ältesten Sohn Albrecht zu übertragen. Auch die Verlobung Hartmanns mit Prinzessin Johanna, Tochter König Eduards I. von England, läßt erkennen, welche Hoffnungen Rudolf auf Hartmann setzte. Auf der Fahrt zum Hofe seines Vaters kenterte das Boot Hartmanns, und er ertrank mit 13 adeligen Gefährten zwischen Breisach und Straßburg in den Fluten des Rheins. In der Kirche der Benediktinerabtei in Rheinau erinnert eine Gedenktafel an dieses tragische Ereignis.

8. Rudolf II., Herzog von Österreich
* um 1270 in Rheinfelden
† 10. 5. 1290 in Prag
Grabstätte: Fürstengruft im St.-Veits-Dom in Prag

⚭ im März 1289 in Prag
Agnes, Prinzessin von Böhmen
Eltern: Ottokar II., König von Böhmen, und Kunigunde von Halicz, Tochter Rostislaws, Fürst von Halicz
* 5. 9. 1269 in Prag
† 17. 5. 1296 in Prag
Grabstätte: Gruft in der St.-Franziskus-Kirche in Prag

Von Rudolf II. stammt ab:

Johann (genannt: Parricida = Verwandtenmörder)
* um 1290 in Prag
† 13. 12. 1313 in Pisa
Grabstätte: wahrscheinlich Kloster San Augusto in Pisa

In der Rheinfeldener Hausordnung vom 1. 6. 1283 war Rudolf II. von der Mitherrschaft über Österreich, Steiermark, Krain und der Windischen Mark ausgeschlossen worden. Er sollte innerhalb von vier Jahren mit einem Königreich oder durch eine Barsumme entschädigt werden. Nach dem Tode seines Vaters forderte Johann als Erbe von seinem Onkel, König Albrecht I., die bis dahin nicht gezahlte Entschädigung. Johann wurde von Albrecht I. immer wieder vertröstet und hingehalten. Letztmalig forderte Johann sein Erbe am 1. 5. 1308. Da Albrecht I. der Forderung seines Neffen erneut auswich, ermordete Johann seinen Onkel am gleichen Tage bei Brugg a. d. Aare. Johann flüchtete und wurde zuletzt 1312 in einem Kloster bei Pisa gesehen, wo er wahrscheinlich auch gestorben ist.

9. Jutta, Gräfin von Habsburg
* 13. 3. 1271 in Rheinfelden
† 18. 6. 1297 in Prag
Grabstätte: Fürstengruft im St.-Veits-Dom in Prag

⚭ 24. 1. 1285 in Prag
Wenzel II., König von Böhmen
Eltern: Ottokar II., König von Böhmen, und Kunigunde von Halicz, Tochter Rostislaws, Fürst von Halicz
* 17. 9. 1271 in Prag
† 21. 6. 1305 in Prag
Grabstätte: Gruft in der St.-Jacobs-Kirche zu Zbraslav (Königsaal bei Prag)

10. Karl, Graf von Habsburg
* 14. 2. 1276 in Rheinfelden
† 16. 8. 1276 in Rheinfelden
Grabstätte: Unter der Hauptapsis der Stiftskirche St. Paul i. Lavanttal/Kärnten

König Albrecht I.

König Albrecht I.

* nach 1255 in Rheinfelden
† 1. 5. 1308 in Königsfelden bei Brugg a. d. Aare (ermordet)
Grabstätte: Kaisergruft im Dom zu Speyer

⚭ um 1276 in Wien
ELISABETH, Prinzessin von Kärnten, Görz und Tirol
Eltern: Meinhard II., Herzog von Kärnten, Graf von Görz und Tirol, und Elisabeth, Prinzessin von Bayern, Tochter Ottos II., Herzog von Bayern
* um 1262 in München
† 28. 10. 1313 in Wien
Grabstätte: Unter der Hauptapsis der Stiftskirche St. Paul i. Lavanttal/Kärnten

WAHLSPRUCH: Fugam victoriam nescit = Der Sieg kennt keine Flucht
Quod optimum, idem jucundissimum = Das Beste ist das Angenehmste

24. 6. 1298 in Mainz zum römisch-deutschen König gewählt.

24. 8. 1298 in Aachen zum römisch-deutschen König gekrönt durch den Kurfürsten und Erzbischof von Mainz Gerhard II. von Eppstein.

Vom ersten Tag seiner Regierung an war der führungsstarke und politisch begabte Albrecht bestrebt, die landesfürstliche Gewalt, die ihm durch den Vertrag von Rheinfelden zugefallen war, in Österreich durchzusetzen. In der Wahl seiner Mittel, dieses Ziel zu erreichen, war er nicht wählerisch. Da die Herrscher der Nachbarländer sich gegen eine Ausweitung der habsburgischen Macht wehrten, mußte es zu inneren und äußeren Schwierigkeiten kommen. Hinzu kam die ablehnende Haltung von Adel und Bevölkerung der ehemals babenbergischen Länder. So konnte es nicht ausbleiben, daß es zu Aufständen kam. 1287 erhob sich die Wiener Bürgerschaft gegen die Herrschaft des Herzogs. Der Aufstand wurde mit Gewalt niedergeschlagen. Albrecht nahm der Stadt die ihr von König Rudolf verliehene Sonderstellung einer freien Reichsstadt und erzwang von den Wiener Bürgern den Treueeid. Wien wurde wieder landesfürstliche Stadt. Kaum war der Aufstand in Wien niedergeschlagen, erhoben sich der ober- und niederösterreichische Adel, dem sich der steirische Adel und der Erzbischof von Salzburg sowie der Herzog von Bayern anschlossen. In einem schnellen Zugriff gelang es Albrecht, die Streitkräfte seiner Gegner bei Bruck a. d. Mur zu zerschlagen. Großzügig verzichtete der Herzog auf Repressalien und konnte so seine Herrschaft in den Alpenländern festigen. Die Konsolidierung seiner Macht war eine Voraussetzung dafür, die Vorbereitungen für den Erwerb der deutschen Königskrone zu treffen.

König Rudolf I. war es nicht gelungen, seinem Sohn Albrecht die Nachfolge im Reich zu sichern. Nach dem Tode des Königs vereitelten die drei geistlichen Kurfürsten den Plan, Albrecht zum König zu wählen, da sie sich durch die Habsburger territorial bedroht sahen. Unter Führung des Kölner Erzbischofs Siegfried von Westerburg schlossen die Kurfürsten ein Bündnis, das sich gegen die Wahl Albrechts und damit gegen eine Erbmonarchie der Habsburger richtete.

Die am 5. 5. 1292 in Frankfurt a. Main erfolgte einstimmige Wahl des bedeutungslosen rheinischen Grafen Adolf von Nassau war im wesentlichen ein Werk der Erzbischöfe von Köln und Mainz. Der Erzbischof von Köln, ein Verwandter Adolfs von Nassau, gelangte durch die Unterstützung Adolfs von Nassau vorübergehend in den Besitz der Vogtei Essen und der Reichsstädte Dortmund und Duisburg. Durch Aufstände in der Schweiz bedrängt, mußte Albrecht der Entwicklung tatenlos zusehen. Er huldigte dem neuen König und händigte ihm die Reichsinsignien aus. Es war ein Akt der politischen Klugheit des Herzogs, der dabei sicher nicht an eine Unterwerfung gedacht hat. Von Albrecht an konnten die Habsburger sich nie damit abfinden, wenn die deutsche Krone einem anderen Geschlecht zufiel.

1295 mußte Albrecht sich erneut einer Empörung des österreichischen und steirischen Adels erwehren. Die Aufständischen fanden die Unterstützung König Adolfs von Nassau, König Wenzels II. von Böhmen und des Erzbischofs von Salzburg. Die Auseinandersetzungen zogen sich bis 1297 hin. Erst die Aussöhnung des Herzogs mit Böhmen, Bayern und Salzburg ermöglichte die Niederwerfung des Adelsaufstandes.

Nach dem Aussterben der dortigen Wettiner hatte König Adolf von Nassau die Mark Meißen als erledigtes Reichslehen an sich genommen und 1294 die Landgrafschaft Thüringen durch Kauf erworben. Es war der Versuch, durch Bildung einer eigenen Hausmacht die Voraussetzungen für eine von den Kurfürsten unabhängige Politik zu schaffen. Durch diese Maßnahmen geriet der König in Gegensatz zu dem Kurfürsten von Mainz, der seine Interessen bedroht sah. Unter Hinzuziehung Herzog Albrechts wurde 1297 eine Koalition von Böhmen, Österreich und Mainz gegen den König gebildet. Unter dem Einfluß dieser Koalition beschloß der nach Mainz einberufene Fürstentag am 23. 6. 1298 die Absetzung König Adolfs von Nassau und wählte am 24. 6. 1298 Herzog Albrecht von Österreich zum deutschen König. Zwischen dem abgesetzten Adolf von Nassau und dem erwählten König Albrecht kam es am 2. 7. 1298 bei Göllheim zur Entscheidungsschlacht, in der Albrecht siegte und Adolf von Nassau den Tod fand. Nach einer vorübergehenden Beisetzung im Zisterzienserkloster Rosenthal fand König Adolf von Nassau später seine letzte Ruhestätte in der Krypta des Doms zu Speyer.

Der Sieg in der Schlacht bei Göllheim brachte in der Königsfrage die endgültige Entscheidung zugunsten Herzog Albrechts, der am 24. 8. 1298 im Aachener Münster zum römisch-deutschen König gekrönt wurde.

Mit der ihm eigenen Energie wandte der König sich seiner neuen Aufgabe zu. Durch Bündnisverträge mit Brandenburg, Böhmen und Frankreich festigte er seine Machtstellung. In dem Bestreben, die Macht der Kurfürsten zu brechen, übertrug der König die sich in den Händen der Kurfürsten befindlichen Rheinzölle den Städten am Rhein. Diese Maßnahme führte zu schwerwiegenden Konflikten mit den rheinischen Kurfürsten, deren Widerstand in verschiedenen Feldzügen in den Jahren 1301/1302 gebrochen wurde.

Am 21. 11. 1298 hatte Albrecht seine Söhne zur gesamten Hand mit Österreich und der Steiermark belehnt. Da der Besitz Böhmens für die Erhaltung der Macht im Reich von entscheidender Bedeutung wurde, zog Albrecht nach dem Tode König Wenzels III. von Böhmen – mit seinem Tode war das Herrschergeschlecht der Přemysliden im Mannesstamm erloschen – Böhmen sofort als erledigtes Reichslehen für sein Haus ein. Rudolf III., der älteste Sohn König Albrechts I., verzichtete auf die Herzogswürde von Österreich und Steiermark, die auf seinen Bruder Friedrich I. unter Mitregentschaft Leopolds I. überging. Rudolf III. wurde mit Böhmen und Mähren belehnt und in Prag zum König von Böhmen gekrönt. Gleichzeitig erhielt Böhmen die Kurwürde.

Nach der Niederwerfung der rheinischen Kurfürsten hatte Albrecht das Bündnis mit Frankreich überraschend aufgegeben. Papst Bonifatius VIII., der die

Wahl Albrechts nicht anerkannt hatte, benötigte die Hilfe des deutschen Königs gegen Frankreich. In der Hoffnung, die Kaiserkrönung durch den Papst erreichen zu können, leistete Albrecht dem Papst den Treue- und Gehorsamseid, nicht aber den Lehenseid und erreichte so die Anerkennung durch den Papst. Da Albrecht den Papst vor den Angriffen des französischen Königs nicht schützen konnte, ging die Aussicht auf die Kaiserkrönung verloren.

Seine nächste Aufgabe sah der König in der Festigung der Herrschaft seiner Söhne in den Donauländern. Adel und Kirche wurden einer strengen herzoglichen Oberaufsicht unterstellt. Das Verlangen des Papstes nach Steuerfreiheit für den Klerus wurde abgelehnt und die geistliche Gerichtsbarkeit eingeschränkt.

Der frühzeitige Tod König Rudolfs von Böhmen brachte neue Kämpfe um die Herrschaft in diesem Land. Die böhmischen Stände schalteten die Habsburger aus und wählten Herzog Heinrich von Kärnten zu ihrem König. Dieser wurde von den Habsburgern erst nach dem Tode König Albrechts I. anerkannt, konnte sich in Böhmen jedoch nicht durchsetzen.

Eine weitere Sorge Albrechts war die Erhaltung des Hausbesitzes in den Gebieten der heutigen Schweiz und den Vorlanden, wo die Waldstätten Uri, Schwyz und Unterwalden – zusammengeschlossen im »Ewigen Bund« – eine absolute Herrschaft der Habsburger verhinderten. Nicht minder bedrohlich für die Habsburger Interessen war das Bündnis zwischen Zürich, Savoyen und St. Gallen. Mittels Patronats- und Vogteirechten setzte Albrecht sich durch, ohne allerdings einen dauerhaften Erfolg erringen zu können.

Man darf König Albrecht I. den großen Realisten auf dem deutschen Königsthron nennen. Seine ihm angeborene politische Begabung in Verbindung mit Klugheit und kriegerischer Härte machte ihn zu einer der kraftvollsten und temperamentvollsten Persönlichkeiten in der langen Reihe der Habsburger.

1276 hatte Albrecht Elisabeth von Kärnten, Görz und Tirol geheiratet, die ihm 21 Kinder schenkte, von denen 10 kurz nach der Geburt starben. Diese von Natur aus friedliebende Frau bildete eine ideale Ergänzung zu dem streitbaren Albrecht. 1299 wurde sie in Nürnberg zur Königin gekrönt. Nach dem Tode ihres Gemahls wurde sie zur furchtbaren Rächerin an den Mördern Albrechts.

Auf dem Wege zur Habichtsburg, wohin Albrecht die Reichsfürsten geladen hatte, um sich für einen erneuten Kampf in Böhmen zu rüsten, wurde er am 1. 5. 1308 von seinem Neffen Johann (Parricida), einem Sohn Rudolfs II., bei Brugg a. d. Aare ermordet, da Johann sich wegen Nichterfüllung von Erbansprüchen, die auf dem Rheinfeldener Vertrag beruhten, von Albrecht hintergangen sah.

Die Witwe Albrechts, Königin Elisabeth, ließ an der Stelle, wo Albrecht ermordet wurde, das Kloster Königsfelden errichten, wo sie nach ihrem Tode auch bestattet wurde. Über St. Blasien kamen ihre Gebeine später nach St. Paul im Lavanttal in Kärnten, wo sie in der Stiftskirche beigesetzt wurden.

König Albrecht I. fand seine letzte Ruhestätte zwischen seinem Vater, König Rudolf I., und seinem Vorgänger, König Adolf von Nassau, in der Krypta des Doms zu Speyer.

Die Nachkommen König Albrechts I.

1. RUDOLF III., Herzog von Österreich, 1306 König von Böhmen
* um 1282 in Wien
† 4. 7. 1307 in Horažd'owitz bei Prag
Grabstätte: Fürstengruft im St.-Veits-Dom in Prag

1. ⚭ 29. 5. 1300 in Wien
BLANKA, Prinzessin von Frankreich
Eltern: Philipp III., König von Frankreich, und Maria, Prinzessin von Brabant, Tochter Heinrichs III., Herzog von Brabant
* um 1285 in Paris
† 19. 3. 1305 in Wien
Grabstätte: Krypta der Minoritenkirche in Wien

2. ⚭ 16. 10. 1306 in Prag
ELISABETH, Prinzessin von Polen, Königin-Witwe von Böhmen
Eltern: Přemislaw II., König von Polen, und Richiza, Prinzessin von Schweden, Tochter Waldemars, König von Schweden
* um 1286 in Lemberg
† 18. 10. 1335 in Brünn
Grabstätte: Marienkirche zu Brünn

Elisabeth war die Witwe König Wenzels II. von Böhmen, des letzten Přemysliden. Nach dessen Tod heiratete Rudolf III. die Witwe des Böhmenkönigs und wurde 1306 als König von Böhmen anerkannt.

2. FRIEDRICH »der Schöne«, Herzog von Österreich
⚭ ELISABETH von Aragonien
Siehe unter König Friedrich »der Schöne«

3. LEOPOLD I. »der Glorwürdige«, Herzog von Österreich
* vor 4. 8. 1290 in Wien
† 28. 2. 1326 in Straßburg
Grabstätte: Unter der Hauptapsis der Stiftskirche St. Paul i. Lavanttal/ Kärnten

ꝏ 26. 5. 1315 in Wien
KATHARINA ELISABETH, Prinzessin von Savoyen
Eltern: Amadeus V., Graf von Savoyen, und Maria, Prinzessin von Brabant, Tochter Johanns I., Herzog von Brabant
* um 1298 in Brabant
† 30. 9. 1336 in Rheinfelden
Grabstätte: Unter der Hauptapsis der Stiftskirche St. Paul i. Lavanttal/Kärnten

4. ALBRECHT II. »der Weise«, Herzog von Österreich
ꝏ JOHANNA, Gräfin von Pfirt
Siehe unter Herzog Albrecht II.

5. HEINRICH »der Freundliche«, Herzog von Österreich
* um 1299 in Wien
† 3. 2. 1327 in Bruck a. d. Mur
Grabstätte: Unter der Hauptapsis der Stiftskirche St. Paul i. Lavanttal/Kärnten

ꝏ im Oktober 1314 in Wien
ELISABETH, Gräfin von Virneburg
Eltern: Rupert II., Graf von Virneburg, und Kunigunde von Cuyk, Tochter Johanns von Cuyk
* um 1298 in Virneburg/Pfalz
† 14. 9. 1343 in Königsfelden
Grabstätte: Unter der Hauptapsis der Stiftskirche St. Paul i. Lavanttal/Kärnten

6. MEINHARD, Herzog von Österreich
* um 1300 in Wien
† um 1301 in Wien
Grabstätte: Gruftraum der Dreikönigskapelle in Tulln/Niederösterreich

7. OTTO »der Fröhliche«, Herzog von Österreich
* 23. 7. 1301 in Wien
† 17. 2. 1339 in Neuberg
Grabstätte: Stiftergruft unter dem Kapitelsaal des Stiftes Neuberg a. d. Mürz
1. ꝏ15. 5. 1325 in Wien
ELISABETH, Prinzessin von Niederbayern
Eltern: Stephan I., Herzog von Niederbayern, und Jutta, Herzogin von Schweidnitz, Tochter Bolkos III., Herzog von Schweidnitz
* um 1306 in Nürnberg
† 25. 3. 1330 in Wien
Grabstätte: Stiftergruft unter dem Kapitelsaal des Stiftes Neuberg a. d. Mürz

2. ⚭ 16. 2. 1335 in Prag
ANNA, Prinzessin von Böhmen
Eltern: Johann, König von Böhmen a. d. H. Luxemburg, und Elisabeth, Prinzessin von Böhmen, Tochter Wenzels II., König von Böhmen
* 27. 3. 1319 in Prag
† 3. 9. 1338 in Neuberg
Grabstätte: Stiftergruft unter dem Kapitelsaal des Stiftes Neuberg a. d. Mürz

8. ANNA, Herzogin von Österreich
* um 1280 in Wien
† 19. 3. 1328 in Breslau, Polen
Grabstätte: Gruft im Jungfrauenkloster St. Klara in Breslau

1. ⚭ im Dezember 1295 in Brandenburg
HERMANN, Markgraf von Brandenburg
Eltern: Otto V. »der Lange«, Markgraf von Brandenburg, und Judith, Prinzessin von Henneberg, Tochter Hermanns I., Graf von Henneberg
* um 1280 in Brandenburg
† im Jänner 1308 in Brandenburg
Grabstätte: Kloster Lehnin bei Brandenburg

2. ⚭ um 1310 in Breslau
HEINRICH VI., Herzog von Schlesien-Breslau
Eltern: Heinrich V., Herzog von Schlesien, und Elisabeth von Kalisch, Tochter Boleslaws, Herzog von Kalisch
* 28. 3. 1294 in Breslau
† 24. 11. 1335 in Breslau
Grabstätte: Gruft im Jungfrauenkloster St. Klara in Breslau

9. AGNES, Herzogin von Österreich
* 18. 5. 1281 in Wien
† 10. 6. 1364 in Königsfelden
Grabstätte: Unter der Hauptapsis der Stiftskirche St. Paul i. Lavanttal/Kärnten

⚭ 13. 2. 1296 in Wien
ANDREAS III., König von Ungarn
Eltern: Stephan, Herzog von Slawonien, und Katharina Thomasina, Tochter des Michael Morosini
* um 1275 in Slawonien
† 14. 1. 1301 in Stuhlweißenburg
Grabstätte: Basilika von Stuhlweißenburg

10. Elisabeth, Herzogin von Österreich
* um 1285 in Wien
† 19. 5. 1352 in Nancy
Grabstätte: Unter der Hauptapsis der Stiftskirche St. Paul i. Lavanttal/Kärnten

⚭ im Juni 1306 in Nancy
Friedrich IV., Herzog von Lothringen
Eltern: Theobald II., Herzog von Lothringen, und Isabella von Rumigny, Tochter Hugos II. von Rumigny
* 15. 4. 1282 in Nancy
† 23. 8. 1328 bei Kassel (gefallen)
Grabstätte: Herzogliche Kapelle in der Kirche des Cordelièrs in Nancy

11. Katharina, Herzogin von Österreich
* im Oktober 1295 in Wien
† 18. 1. 1323 in Neapel
Grabstätte: Rechts im Chor der Kirche San Lorenzo Maggiore in Neapel

⚭ um 1316 in Neapel
Karl, Herzog von Calabrien a. d. H. Anjou
Eltern: Robert, König von Neapel und Sizilien, und Jolanthe von Aragonien, Tochter Peters III., König von Aragonien
* um 1298 in Neapel
† 10. 11. 1328 in Neapel
Grabstätte: An der rechten Chorwand in der Kirche Santa Chiara in Neapel

12. Jutta, Herzogin von Österreich
* um 1300 in Wien
† im März 1329 in Wien
Grabstätte: Unter der Hauptapsis der Stiftskirche St. Paul i. Lavanttal/Kärnten

⚭ 26. 4. 1319 in Wien
Ludwig VII., Graf von Öttingen
Eltern: Ludwig VI., Graf von Öttingen, und Agnes, Gräfin von Württemberg, Tochter Ulrichs III., Graf von Württemberg
* um 1300 in Harburg
† 29. 9. 1346 in Weitra/Niederösterreich
Grabstätte: Beim Sakristeieingang der Stiftskirche in Zwettl/Niederösterreich.

Neun weitere Kinder König Albrechts I. starben unmittelbar nach der Geburt. Sie blieben namenlos und wurden in der Dreikönigskapelle in Tulln in Niederösterreich bestattet.

König Friedrich »der Schöne«

König Friedrich »der Schöne«

* um 1289 in Wien
† 13. 1. 1330 in Gutenstein/Niederösterreich
Grabstätte: Stephansdom in Wien – Herzogsgruft

⚭ 11. 5. 1314 auf Schloß Gutenstein
ELISABETH, Infantin von Aragonien
Eltern: Jakob II., König von Aragonien, und Blanka, Prinzessin von Neapel und Sizilien, Tochter Karls II., König von Neapel und Sizilien
* um 1296 in Montpellier
† 25. 3. 1330 in Wien
Grabstätte: Krypta in der Minoritenkirche in Wien

WAHLSPRUCH: Ad huc stat = Noch steht er

19. 10. 1314 in Frankfurt a. Main zum römisch-deutschen König gewählt.
25. 11. 1314 in Bonn im Münster zum römisch-deutschen König gekrönt durch den Kurfürsten und Erzbischof von Köln Heinrich II. Graf von Virneburg.

Der unerwartete Tod König Albrechts I. verhinderte die mögliche und endgültige Lösung der deutschen Königsfrage durch Stärkung der Hausmacht, der Überwindung der Vorherrschaft der Kurfürsten und die Schaffung eines erblichen Königtums.

Um den Einfluß Habsburgs zurückzudrängen, wählten die Kurfürsten am 27. 11. 1308 in Frankfurt a. Main Heinrich von Lützelburg (Luxemburg) als Heinrich VII. zum deutschen König. Ursprünglich hatte dieser zugesagt, Friedrich mit den habsburgischen Ländern zu belehnen, zog aber diese Zusage schon bald nach seiner Wahl zurück. Initiator der Wahl Heinrichs war dessen jüngerer Bruder Balduin, der 1307 Erzbischof von Trier geworden war und die Wahl seines Bruders gemeinsam mit Kur-Köln durchsetzte. Erst nach einem feierlichen Verzicht auf alle Ansprüche auf die deutsche Krone erhielten Friedrich und sein Bruder Leopold die Belehnung mit Österreich, Steiermark, Krain und die Windische Mark. Ebenso erhielten sie die österreichischen Besitzungen in Schwaben und im Elsaß bestätigt. Da Heinrich VII. 1310 seinen Sohn Johann mit Böhmen und Mähren belehnte, mußten die Habsburger den Anspruch auf Böhmen aufgeben. Böhmen wurde nunmehr Hausmacht der Luxemburger und Grundlage der Machtstellung dieses Hauses im Reich.

In der Annahme, Herzog Friedrich würde nicht belehnt werden, hatten die Wiener wieder einmal den Aufstand gegen die Habsburger geprobt und Herzog Otto von Bayern zum Landesherrn ausgerufen. Friedrich eilte unverzüglich nach Wien und hielt Gericht über die Rädelsführer, die gefoltert und hingerichtet wurden.

In den westlichen Besitzungen der Habsburger sah es nicht viel besser aus. Hier versuchte Friedrichs Bruder Leopold, sich mit Gewalt die Herrschaft in der Schweiz zu sichern. 1315 wollte er der Reichsunmittelbarkeit der Waldstätten ein Ende setzen. In der Schlacht bei Morgarten am 15. 11. 1315 brachten die Schweizer Leopold eine vernichtende Niederlage bei. Nach dieser Niederlage gaben die Habsburger ihre Rechte auf Schwyz und Unterwalden stillschweigend auf. Es war der Beginn des Aufstiegs der Eidgenossenschaft und ihrer Trennung von Deutschland.

Am 24. 8. 1313 starb unerwartet König Heinrich VII. während eines Feldzuges in Pisa und wurde im dortigen Dom beigesetzt. Sofort machte Herzog Friedrich seinen Anspruch auf die deutsche Krone geltend. Sein vermeintlicher Anspruch wurde ihm von dem Wittelsbacher Ludwig von Bayern streitig gemacht. Im Oktober 1314 standen sich die beiden Thronanwärter in Frankfurt a. Main gegenüber. Am rechten Mainufer in Sachsenhausen lagerte Herzog Ludwig von

Bayern mit seinem Gefolge, während Herzog Friedrich das linke Mainufer besetzt hielt.

Am 19. 10. 1314 wählten die Gegner Ludwigs den österreichischen Herzog zum König, der am 25. 11. 1314 im Bonner Münster gekrönt wurde.

Die Kurfürsten und Erzbischöfe von Mainz und Trier im Verein mit dem König von Böhmen und Markgraf Heinrich I. von Brandenburg wählten einen Tag später Ludwig von Bayern als Ludwig IV. zum König, der im Aachener Dom gekrönt wurde.

Da sich das Mehrheitswahlrecht der Kurfürsten noch nicht durchgesetzt hatte, bescherte diese Doppelwahl Deutschland zwei Könige. Der Thronstreit wogte jahrelang hin und her. Schließlich mußten wieder einmal die Waffen entscheiden. Am 28. 9. 1322 kam es in Mühldorf am Inn zur Entscheidungsschlacht. Ohne die Ankunft seines Bruders Leopold abzuwarten, nahm König Friedrich die von König Ludwig angesagte Schlacht an. Auf seiten Ludwigs IV. standen König Johann von Böhmen und Burggraf Friedrich VI. von Nürnberg. König Friedrich bot Ungarn und Kumanen als Hilfstruppen auf. Die Reiterverbände des Burggrafen Friedrich VI. brachten die Entscheidung zugunsten König Ludwigs IV. In dieser letzten großen Ritterschlacht auf deutschem Boden wurden König Friedrich und sein Bruder Heinrich gefangengenommen.

Friedrich wurde auf die Burg Trausnitz bei Landshut verbracht, wo er drei Jahre als Gefangener zubrachte. Der tatkräftige und entschlossene Herzog Leopold nahm sofort Verbindung zu Frankreich und dem Papst auf. Er fand die Unterstützung dieser beiden Mächte und führte einen Vernichtungskrieg gegen Bayern mit dem Ziel, seinen Bruder Friedrich zu befreien. Unter dem Eindruck der Einkreisung nahm König Ludwig Verhandlungen mit König Friedrich auf. Friedrich erkannte Ludwig als König an und erklärte sich bereit, die habsburgischen Besitzungen als Lehen zu empfangen. Nach seiner Freilassung scheiterten die Versuche Friedrichs, seine Brüder für diese Vereinbarung zu gewinnen, an dem Widerstand der Brüder. Friedrich kehrte freiwillig in die Gefangenschaft zurück. Die von Friedrich gezeigte Treue zu seinem gegebenen Wort bewogen König Ludwig, Friedrich endgültig freizulassen und ihn zum Mitregenten zu bestimmen. Am 5. 9. 1325 kam es zu einem in der deutschen Königs- und Kaisergeschichte einmaligen Vorgang: Friedrich und Ludwig schlossen einen Vertrag, wonach sie fortan gemeinsam den Titel »Römischer König« und ein Siegel führten und die Lehen gemeinsam bewilligten.

Nach dem Tode seines Bruders Leopold kehrte König Friedrich III. nach Österreich zurück und beschränkte sich auf die Regierung seiner Erbländer. Da auch sein jüngster Bruder Otto die Herrschaft in Österreich verlangte, zog Friedrich sich schließlich ganz zurück und übergab die Regierung seinem Bruder Albrecht II.

König Friedrich war ein völlig unbegabter Politiker. Unsicher in seinen Handlungen, vertrat er kaum eine eigene Meinung und war von seiner Umwelt leicht zu beeinflussen. Den Mord an seinem Vater, König Albrecht I., rächte er gemeinsam mit seinem Bruder Leopold. Unter dem Einfluß der einst so friedliebenden Königin-Witwe Elisabeth richteten die Brüder in ihrem Stammland ein furchtbares Blutbad an, das Schuldige und Unschuldige gleichermaßen traf.

1314 hatte König Friedrich Elisabeth von Aragonien geheiratet. Beide starben innerhalb von acht Wochen, Friedrich am 13. 1. 1330 in Gutenstein, Elisabeth am 25. 3. 1330 in Wien.

Die Nachkommen König Friedrichs »des Schönen«

1. FRIEDRICH, Herzog von Österreich
   * um 1316 in Wien
   † um 1322 in Rheinfelden
   Grabstätte: Unter der Hauptapsis der Stiftskirche St. Paul i. Lavanttal/ Kärnten

2. ELISABETH, Herzogin von Österreich
   * um 1317 in Wien
   † 23. 10. 1336 in Wien
   Grabstätte: Stephansdom in Wien – Herzogsgruft

3. ANNA, Herzogin von Österreich
   * um 1318 in Wien
   † 14. 12. 1343 in Wien
   Grabstätte: St.-Clara-Kloster in Wien

   1. ⚭ 21. 9. 1328 in Landshut
   HEINRICH III., Herzog von Niederbayern
   Eltern: Otto III., Herzog von Niederbayern, und Agnes, Prinzessin von Schlesien-Glogau, Tochter Heinrichs III., Herzog von Schlesien-Glogau
   * 28. 8. 1312 in Nürnberg
   † 18. 6. 1333 in Landshut
   Grabstätte: Kloster Seligenthal b. Landshut

   2. ⚭ 29. 9. 1336 in Görz
   JOHANN, Graf von Görz
   Eltern: Heinrich II., Graf von Görz, und Beatrix, Prinzessin von Niederbayern, Tochter Stephans I., Herzog von Niederbayern
   * um 1322 in Görz
   † 17. 3. 1338 in Görz
   Grabstätte: Pfarrkirche in Rosazzo/Udine

Herzog Albrecht II.

Herzog Albrecht II.

* 12. 12. 1298 auf der Habsburg
† 20. 7. 1358 in Wien
Grabstätte: Unter dem Hochaltar der Pfarrkirche in Gaming

⚭ 26. 3. 1324 in Wien
JOHANNA, Gräfin von Pfirt
Eltern: Ulrich II., letzter Graf von Pfirt, und Johanna, Gräfin von Mömpelgard
* um 1300 in Basel
† 15. 11. 1351 in Wien
Grabstätte: Unter dem Hochaltar der Pfarrkirche in Gaming

WAHLSPRUCH: Et hic virum agit = Auch das (Holzbein) bringt den Mann voran

Nach dem Tode seines Bruders, König Friedrich III., übernahm Herzog Albrecht II., der ursprünglich für den geistlichen Stand bestimmt war, gemeinsam mit seinem Bruder Otto die Herrschaft in Österreich. 1330 wurde Albrecht II. von Kaiser Ludwig IV. als Herzog von Österreich und Steiermark bestätigt. Sein Bruder Otto erhielt die Bestätigung als Mitregent. Die Brüder, die sich dem Kaiser gegenüber loyal verhielten, verzichteten auf die Bewerbung um die deutsche Krone und schieden damit als Anwärter auf die Königswürde aus. 100 Jahre sollten die Habsburger nur noch territoriale Bedeutung haben.

Durch die Ehe Johann Heinrichs von Böhmen, eines Bruders Kaiser Karls IV., mit Margarete Maultasch, Tochter Herzog Heinrichs von Kärnten und Tirol, erwarben sich die Luxemburger die Anwartschaft auf Kärnten und Tirol. Daraufhin schlossen die Habsburger und die Wittelsbacher einen gegen die Luxemburger gerichteten Geheimvertrag, wonach den Habsburgern nach dem Tode Herzog Heinrichs Kärnten, Krain und Südtirol als Lehen zufallen sollten. Die Habsburger ihrerseits sicherten Kaiser Ludwig IV. Unterstützung bei seiner Bewerbung um das übrige Tirol zu. Herzog Heinrich von Kärnten starb 1335, und Kaiser Ludwig IV. belehnte die Habsburger in Linz mit Kärnten, Krain und Südtirol. Die von den Habsburgern unterstützten Ansprüche des Kaisers auf das übrige Tirol konnten nicht realisiert werden, da Margarete Maultasch und Johann Heinrich von Böhmen sich mit Hilfe der Tiroler Stände gegen die Wittelsbacher behaupten konnten.

Nach dem Ableben seines Bruders Otto im Jahre 1339 wurde Albrecht II. Alleinherrscher und konnte seine Stellung als Landesfürst durch Einschränkung der Adelsmacht festigen.

Am 11. 7. 1346 wurde Karl von Luxemburg in Rhens auf Betreiben Papst Clemens' VI. zum Gegenkönig zu Kaiser Ludwig IV. gewählt und am 26. 11. 1346 in Bonn zum Römischen König gekrönt. Durch den unerwarteten Tod Kaiser Ludwigs IV. am 11. 10. 1347 wurde der drohende Bürgerkrieg in Deutschland vermieden. Karl IV. nahm 1348 die Neubelehnung Herzog Albrechts II. und die Mitbelehnung seiner Söhne zur gesamten Hand mit Österreich, Steiermark, Kärnten, Krain, der Windischen Mark und den Besitzungen in den Vorlanden vor. Darüber hinaus erhielt Albrecht II. die volle Gerichtshoheit in seinen Ländern verbrieft. Hatte Albrecht II. sich gegenüber Kaiser Ludwig IV. stets loyal verhalten, so war er Karl IV. in Freundschaft verbunden. Diese Freundschaft wurde noch vertieft durch die Vermählung seines Sohnes Rudolf IV. mit der Tochter Karls IV., Katharina.

Die antiluxemburgische Stimmung in Tirol nahm Margarete Maultasch zum

Anlaß, sich von ihrem Gemahl zu trennen. Am 10. 2. 1342 heiratete sie den Wittelsbacher Ludwig von Brandenburg. Da die erste Ehe nicht geschieden war und eine päpstliche Dispens zu der zweiten Ehe nicht eingeholt wurde, zogen sich Margarete und ihr zweiter Gemahl den päpstlichen Bann zu. Durch geschickte Vermittlung gelang es Albrecht 1350 für Margarete Maultasch und Ludwig von Brandenburg die Lösung vom Bann zu erreichen. Der Preis für diese Vermittlung war die Zustimmung Margaretes zu der Vermählung ihres Sohnes Meinhard III. von Tirol mit Albrechts Tochter Margarethe, die Habsburg das Erbe der Gräfin von Tirol sichern sollte. Nach dem Tode Meinhards III. heiratete Margarethe in zweiter Ehe den von Margarete Maultasch verlassenen Johann Heinrich von Böhmen.

1355 erließ Albrecht II. eine Hausordnung, die die Gesamtherrschaft in den habsburgischen Ländern sicherstellte.

Am 16. 7. 1338 hatten die Kurfürsten als Kurverein von Rhens ein Bündnis zum Schutze des Reiches und der kurfürstlichen Befugnisse geschlossen und verkündeten über die Königswahl und die Rolle des Papstes bei der Königswahl folgenden Beschluß:

»Das entspricht dem Recht und der altbewährten Gewohnheit im Reich, daß, wenn einer von den Kurfürsten des Reiches einmütig oder von ihrer Mehrzahl zum König der Römer gewählt worden ist, er nicht der Ernennung, Genehmigung, Bestätigung oder Zustimmung des päpstlichen Amtes bedarf, um die Verwaltung der Güter und Rechte des Reiches oder den Königstitel zu übernehmen, und daß wegen dieser Dinge ein solch' Erwählter mit Recht nicht an selbigen Stuhl sich zu wenden hat, sondern daß es so gehalten und seit undenklicher Zeit Sitte und Brauch gewesen ist, daß die von den Kurfürsten des Reiches Erwählten den Königstitel angenommen und die Güter und Rechte des Reiches verwaltet haben und daß sie auch rechtmäßig in Zukunft so tun können, ohne eine Genehmigung oder Erlaubnis des Apostolischen Stuhles zu haben oder zu erhalten.«

Dieser Beschluß des Kurvereins von Rhens fand seine Bestätigung in der »Goldenen Bulle«, die von dem am 5. 4. 1355 in Rom durch Papst Innozenz VI. zum Kaiser gekrönten Karl IV. als Reichsgrundgesetz in ihrem ersten Teil – Kapitel 1–23 – auf dem Reichstag zu Nürnberg am 10. 1. 1356 und in ihrem zweiten Teil – Kapitel 24–31 – am 25. 12. 1356 in Metz verkündet wurde. In der »Goldenen Bulle« wurden erstmalig und endgültig die Modalitäten der Königswahl und die Rechtsstellung der Kurfürsten geregelt. Der Papst wird in der »Goldenen Bulle« mit keinem Wort erwähnt, was als Abweisung aller päpstlichen Ansprüche auf Bestätigung der deutschen Königswahl auszulegen ist. Die wichtigsten Bestimmungen der »Goldenen Bulle« lauteten:

Nur die Kurfürsten oder deren bevollmächtigte Vertreter waren zur Königswahl berechtigt. Die Einberufung des Wahlkollegiums erfolgte durch den Erzbischof von Mainz als Erzkanzler für Deutschland. Die Wahl erfolgte mit der Stimmenmehrheit der Kurfürsten.

Neben den geistlichen Kurfürsten von Mainz, Köln und Trier erhielten Böhmen, Brandenburg, die Pfalz und Sachsen-Wittenberg das Kurrecht unter Zurückweisung der von Bayern und Sachsen-Lauenburg erhobenen Ansprüche. Unter Beachtung der Erbfolge an Erstgeborene im Mannesstamm wurde die Kurwürde erblich und das Kurfürstentum unteilbar.

Die Hoheitsrechte der Kurfürsten wurden um Burg-, Münz-, Zoll-, Berg-, Salz- und Judenregal erweitert.

Der König blieb ohne Rechtsgewalt über die Kurfürsten.

Auf Antrag der Kurfürsten wurde der Pfalzgraf bei Rhein Richter über den König.

Als Wahlort wurde Frankfurt a. Main, als Krönungsort Aachen festgelegt. Wenn auch nach 1531 die Krönungen in Frankfurt a. Main stattfanden, blieb das Recht Aachens als »rechter Ort« der Krönung bis 1806 bestehen.

Der Einfluß des Papstes auf die Wahl des deutschen Königs wurde endgültig ausgeschaltet, das Recht des gewählten Königs auf das Kaisertum aber vorausgesetzt.

Die »Goldene Bulle« sicherte den Kurfürsten eine fast unabhängige Stellung in ihren Territorien. Das deutsche Königtum wurde weitgehend entmachtet und hatte nur noch in Verbindung mit der Kaiserwürde Bedeutung.

Als Reichsgrundgesetz blieb die »Goldene Bulle« im wesentlichen bis 1806 verbindliches Reichsrecht.

Für die Habsburger war es eine schmerzliche Erkenntnis, feststellen zu müssen, bei der Verteilung der Kurwürden als eines der mächtigsten deutschen Geschlechter übergangen worden zu sein. Herzog Albrecht II. nahm das noch gelassen hin. Sein Sohn und Nachfolger, Herzog Rudolf IV., zog aus der Brüskierung seines Hauses später Konsequenzen, die für den Aufstieg des Hauses Habsburg von entscheidender Bedeutung werden sollten.

Als angesehener Landesfürst galt Herzog Albrecht II. auch weithin als Friedensfürst, der seinen Ländern eine lange Periode des Friedens bescherte. Unter den Reichsfürsten wurde seine vermittelnde Haltung bei Händeln und Fehden allgemein geschätzt.

1324 hatte Herzog Albrecht II. Johanna, Gräfin von Pfirt, geheiratet, die ihrem Gemahl erhebliche Besitzungen im Oberelsaß mit in die Ehe brachte. Sie galt als klug und umsichtig. Politisch begabt und geschickt, war sie eine vortreffliche Ergänzung zu Albrecht II. Der Ehe entstammten elf Kinder, von denen fünf kurz nach der Geburt verstarben.

Im Alter von 60 Jahren starb Herzog Albrecht II. und wurde in der von ihm errichteten Kartause Gaming an der Seite seiner Gemahlin, die ihm 1351 im Tod vorausgegangen war, bestattet. Nach Aufhebung des Klosters durch Kaiser Josef II. wurden die Gebeine des Herrscherpaares 1797 in die Pfarrkirche von Gaming übertragen.

Die Nachkommen Herzog Albrechts II.

1. Rudolf IV. »der Stifter«, Herzog von Österreich und Steiermark

⚭ 1353 o. 1357
Katharina von Luxemburg
Siehe unter Herzog Rudolf »der Stifter«

2. Katharina, Herzogin von Österreich
* um 1342 in Wien
† 10. 1. 1381 in Wien
Grabstätte: Stephansdom in Wien – Herzogsgruft
Katharina war Nonne in Wien

3. Margarethe, Herzogin von Österreich
* um 1346 in Wien
† 14. 1. 1366 in Brünn
Grabstätte: Gruft in der Kirche St. Thomas in Brünn

1. ⚭ 4. 9. 1359 in Passau
Meinhard III., Graf von Tirol
Eltern: Ludwig V., Kurfürst von Brandenburg, Herzog von Bayern, und Margarethe Maultasch, Gräfin von Tirol, Tochter Heinrichs, Herzog von Kärnten
* 9. 2. 1344 in Tirol
† 13. 1. 1363 auf Schloß Tirol b. Meran
Grabstätte: Gruft in Meran
2. ⚭ 26. 2. 1364 in Brünn
Johann Heinrich, Markgraf von Mähren
Eltern: Johann, König von Böhmen a. d. H. Luxemburg, und Elisabeth, Prinzessin von Böhmen, Tochter Wenzels II., König von Böhmen
* 12. 2. 1322 in Prag
† 12. 11. 1375 in Brünn
Grabstätte: Gruft in der Kirche St. Thomas in Brünn

4. Friedrich, Herzog von Österreich
* 31. 3. 1347 in Wien
† 10. 12. 1362 in Wien
Grabstätte: Stephansdom in Wien – Herzogsgruft

5. Albrecht III., Herzog von Österreich
1. ⚭ Elisabeth von Luxemburg
2. ⚭ Beatrix von Hohenzollern
Siehe unter Herzog Albrecht III.

6. Leopold III., Herzog von Österreich
* 1. 11. 1351 in Wien
† 9. 7. 1386, in der Schlacht bei Sempach gefallen
Grabstätte: Unter der Hauptapsis der Stiftskirche St. Paul i. Lavanttal/Kärnten

⚭ 23. 2. 1365 in Mailand
Viridis Visconti, Prinzessin von Mailand
Eltern: Barnabas Visconti, Herzog von Mailand, und Beatrix della Scala, Tochter Mastinos II. della Scala
* um 1350 in Mailand
† 11. 3. 1414 in Mailand
Grabstätte: Visconti-Gruft in Mailand

Herzog Leopold war der Begründer der leopoldinischen Linie des Hauses Habsburg.
Weitere fünf Kinder Herzog Albrechts II. wurden vor 1337 entweder tot geboren oder starben namenlos kurz nach der Geburt. Beigesetzt wurden alle in der Herzogsgruft im Stephansdom.

Herzog Rudolf IV.

Herzog Rudolf IV.

* 1. 11. 1339 in Wien
† 27. 7. 1365 in Mailand
Grabstätte: Stephansdom in Wien – Herzogsgruft

⚭ 13. 7. 1353 (o. 1357) in Wien
KATHARINA, Prinzessin von Luxemburg
Eltern: Karl IV., Römischer Kaiser, und Blanche, Prinzessin von Valois, Tochter Karls I., Herzog von Valois
* um 1342 in Prag
† 25. 4. 1395 in Wien
Grabstätte: Stephansdom in Wien – Herzogsgruft[1]

WAHLSPRUCH: Insipiens sapienta = Die arge List mit Weisheit ist

[1]) Ob Katharina von Luxemburg tatsächlich im Stephansdom in der Herzogsgruft beigesetzt wurde, ist strittig, da Katharina ihren Gemahl 30 Jahre überlebte und nach dem Tode Rudolfs IV. in ihre Heimat zurückkehrte.
Bei einer Öffnung der Gräber in der Herzogsgruft konnten fast alle dort Bestatteten nach den Inschriften auf den Bleikreuzen identifiziert werden. Der Beweis dafür, daß Herzogin Katharina in der Herzogsgruft beigesetzt wurde, konnte nicht erbracht werden. Es wird auch angenommen, daß sich in dem Sarkophag die sterbliche Hülle der Beatrix von Nürnberg-Hohenzollern, der Gemahlin Herzog Albrechts III., befindet.

Als Rudolf IV. die Nachfolge seines Vaters antrat, war er 19 Jahre alt. Mit 18 Jahren hatte er bereits die Regierung in den Vorlanden, die er durch ausgedehnte Käufe erweiterte, übernommen. Kaiser Karl IV. übertrug ihm außerdem die Vogtei über verschiedene Reichsstädte im Elsaß und in Schwaben.

Als Habsburger fühlte er sich in seiner Ehre zutiefst verletzt, als er sich in der »Goldenen Bulle« seines kaiserlichen Schwiegervaters, durch die Kurwürde und Königswahl neu geregelt wurden, übergangen sah. Es war für den Herzog unerträglich, daß die Luxemburger mit Böhmen und Brandenburg über zwei Kurstimmen verfügten, die Habsburger dagegen ohne Kurwürde blieben. Nach dem Tode Herzog Albrechts II. und nach Übernahme der Alleinregierung löste Rudolf IV. das Problem auf seine Art. Er beauftragte seine Kanzlei, fünf Urkunden – darunter das Privilegium maius – herzustellen, durch die die Unabhängigkeit seiner Länder vom Reich erreicht werden sollte. Eigenmächtig wurden die Sonderrechte des Privilegium minus, das von Rudolf IV. wahrscheinlich vernichtet wurde, erweitert. Mit dem Privilegium minus hatte Kaiser Friedrich I. am 17. 9. 1156 den Babenbergern bestimmte Freiheits- und Sonderrechte – Erbfolge auch in der weiblichen Linie, Vorschlag eines Lehensnachfolgers bei Kinderlosigkeit, volle Gerichtshoheit im Herzogtum und Folgepflicht für Heerfahrten nur in Österreichs Nachbarländern – zugestanden.

Die Ansprüche in den im Winter 1358/59 hergestellten Falsifikaten stellten nicht nur eine willkürliche Erweiterung des Privilegium minus dar, sie gingen über die den Kurfürsten in der »Goldenen Bulle« eingeräumten Rechte hinaus.

Im Privilegium maius wurde festgestellt, daß den österreichischen Fürsten und Ländern von verschiedenen Kaisern und Königen und von den römischen Cäsaren besondere Privilegien verliehen sein sollten. Angeblich waren diese Sonderrechte von Kaiser Heinrich IV. bestätigt worden, um eine Ausnahmestellung Österreichs zu begründen. Im einzelnen wurde in diesen gefälschten Urkunden festgestellt:

Rangerhöhung des österreichischen Landesherrn zum Erzherzog als dem ersten und treuesten Fürsten des Reiches.

Unteilbarkeit der habsburgischen Länder und die alleinige Lehenshoheit des Erzherzogs.

Erblichkeit des Lehens und Empfang des Lehens zu Pferde im eigenen Land.

Erbfolge auch in der weiblichen Linie und Bestimmungen über die Nachfolge bei Kinderlosigkeit.

Steuerfreiheit gegenüber dem Reich und uneingeschränkte Gerichtsbarkeit unter Fortfall des Berufungsrechts der Untertanen an das königlich-kaiserliche Gericht.

Kein Besuch der Reichstage und nur symbolische Heeresfolgepflicht. So wurden die österreichischen Herzöge als Erzherzöge zu unabhängigen Lehensherren befördert, die in ihrem Lande frei schalten und walten konnten.

Abschriften des Privilegium majus wurden Kaiser Karl IV. zur Bestätigung vorgelegt, der nach vorangegangener Prüfung die Anerkennung verweigerte. Die Versagung der Bestätigung führte zu erheblichen Spannungen und einer tiefen Krise zwischen dem Kaiser und seinem Schwiegersohn. Nur durch die Vermittlung der Gemahlin Rudolfs IV., der Kaisertochter Katharina, konnten kriegerische Auseinandersetzungen vermieden werden. 1361 verzichtete Rudolf zunächst auf die meisten der angemaßten Rechte. Erst 80 Jahre später sollte der habsburgische Kaiser Friedrich III. das Privilegium maius bestätigen.

Verstärkt wandte der Herzog sich den außenpolitischen Zielen zu, die ausschließlich auf eine Mehrung und Festigung der habsburgischen Macht gerichtet waren.

Am 31. 1. 1363 starb der schwächliche Meinhard III. von Tirol, einziger Sohn der Margarete Maultasch, deren Gemahl, der Wittelsbacher Ludwig von Brandenburg, bereits 1361 verstorben war. Rudolf IV. begab sich mitten im Winter unverzüglich nach Bozen und konnte Margarete Maultasch aufgrund des Erbvertrages vom 2. 9. 1359 bewegen, den Habsburgern die Grafschaft Tirol sowie das Land an Etsch und Inn zu übergeben. Den ihr von den Tiroler Ständen 1361 abgezwungenen Ausgleich machte Margarete rückgängig. Der von den Wittelsbachern geltend gemachte Anspruch konnte abgewehrt werden. Nach Überwindung des Widerstandes des Tiroler Adels erkannte auch der Kaiser die Übergabe Tirols an die Habsburger als rechtmäßig an und belehnte am 8. 2. 1364 in Brünn Rudolf IV. und dessen Brüder mit Tirol. Die Habsburger erreichten mit dem Erwerb Tirols ein wichtiges Ziel: Sie verfügten nun über die immer wieder angestrebte Verbindung zu den Besitzungen im Südwesten des Reiches und hielten die Schlüsselstellung in der Verbindung von Norden nach Süden.

Am 10. 2. 1364 kam es in Brünn zu einer Erbeinigung zwischen den Herrscherhäusern Luxemburg, Habsburg und Anjou. Gleichzeitig wurden die Interessengebiete abgesteckt. Die Luxemburger betonten ihr Interesse im Reich mit der Königswürde und im östlichen Mitteleuropa. Die Habsburger sicherten ihre Stellung im süddeutschen Raum und hielten sich den Weg nach Süden offen. Für das Haus Anjou lagen die Interessen im Osten und Südosten Europas.

Bereits am 27. 4. 1363 gelang Rudolf IV. eine Erbeinigung mit dem Grafen von Görz–Istrien, Albert IV., über Gebiete in Istrien und der Windischen Mark. Schließlich konnte er durch einen Vertrag mit dem Bischof von Trient die Unterordnung des Bistums Trient erreichen.

Mit seinen Brüdern schloß Rudolf IV. am 18. 11. 1364 einen Familienvertrag und legte in einer Hausordnung die Unteilbarkeit der habsburgischen Länder sowie die Gesamtregierung der Brüder mit gewissen Vorrechten des Erstgeborenen, die sich auf Belehnung, Hofhaltung, Außenpolitik und Staatsverträge bezogen, fest.

Kurz vor seinem Tode vermittelte Rudolf IV. die Ehe seines 14jährigen Bruders Leopold mit Viridis Visconti, Tochter des Herzogs von Mailand, und sicherte sich damit nicht nur Bundesgenossen in Oberitalien, sondern schuf auch die Grundlage für die spätere Machtstellung des Hauses Habsburg in Italien.

Die innenpolitischen Maßnahmen des Herzogs waren großzügig und fortschrittlich. Die Förderung des Bürgertums, die Erneuerung des Grundbuchwesens sowie die Vereinfachung der Gerichtsordnung waren neben dem Verzicht auf das dem Landesfürsten zustehende Recht der jährlichen Münzerneuerung zum Vorteil der Gewerbetreibenden nur einige der zahlreichen Maßnahmen.

1359 konnte Rudolf IV. den Grundstein zum Bau des Stephansdomes legen. Der Dom gilt nicht nur als ein bedeutendes sakrales Bauwerk, sondern auch als ein Hauptwerk europäischer Kunst. Als sein jüngerer Bruder Friedrich 1362 starb, ließ der Herzog unter dem Chorraum des Doms eine Gruft ausbauen, in der zahlreiche Mitglieder des Hauses Habsburg bis 1576 ihre letzte Ruhestätte fanden.

Als der seit 1353 (o. 1357) mit Katharina von Luxemburg, der Tochter Kaiser Karls IV., verheiratete Herzog mit 26 Jahren unerwartet starb, hatte er in den sieben Jahren seiner Regierung soviel bewegt, daß die weitere Entwicklung des Hauses Habsburg durch sein Wirken entscheidend beeinflußt wurde. Durch ihn wurden, wenn auch nicht immer auf einwandfreie Art, die Grundlagen geschaffen, aus denen sich der Glaube an das auserwählte Haus Habsburg entwickelte. In der langen Reihe der Herrscher aus dem Hause Habsburg nimmt Rudolf IV. einen hervorragenden Platz ein.

Herzog Albrecht III.

Herzog Albrecht III.

* 9. 9. 1348 in Wien
† 29. 8. 1395 auf Schloß Laxenburg bei Wien
Grabstätte: Stephansdom in Wien – Herzogsgruft

1. ⚭ 19. 3. 1366 in Wien
ELISABETH, Prinzessin von Luxemburg
Eltern: Karl IV., Römischer Kaiser, a. d. H. Luxemburg, und Anna, Herzogin von Schlesien, Tochter Heinrichs II., Herzog von Schlesien-Schweidnitz
* 19. 3. 1358 in Prag
† 19. 9. (o. 4. 9.) 1373 in Wien
Grabstätte: Unter dem Hochaltar der Pfarrkirche in Gaming

2. ⚭ 4. 3. 1375 in Wien
BEATRIX, Prinzessin von Nürnberg-Hohenzollern
Eltern: Friedrich V., Burggraf von Nürnberg-Hohenzollern, und Elisabeth, Markgräfin von Meißen, Tochter Friedrichs, Markgraf von Meißen
* um 1355 in Nürnberg
† 10. 6. 1414 in Wien
Grabstätte: Wahrscheinlich im Stephansdom in Wien – Herzogsgruft[1]

Albrecht III. war der Begründer der albertinischen Linie des Hauses Habsburg.

[1]) Siehe hierzu auch die Anmerkung in der Fußnote zu Herzog Rudolf IV.

Nach dem Tode Herzog Rudolfs IV. wurden dessen Brüder, die Herzöge Albrecht III. und Leopold III., durch Kaiser Karl IV. belehnt. Eine der ersten Maßnahmen der Herzöge war der Versuch einer Erbeinigung zwischen den Habsburgern und den Luxemburgern. Diese Einigung kam 1366 auf bewährte Weise zustande. Herzog Albrecht III. vermählte sich mit Elisabeth von Luxemburg, einer Tochter Kaiser Karls IV.

Nach der Regierungsübernahme durch die Brüder flammten die Auseinandersetzungen mit den Wittelsbachern wegen Tirol wieder auf. Die Wittelsbacher wurden besiegt und mußten 1369 im Frieden von Schärding endgültig auf Tirol verzichten. Sie erhielten von den Habsburgern eine Entschädigung von 200.000 Gulden sowie die Städte Rattenberg und Schärding.

1374 starb die Görzer Linie der Meinhardiner aus, und der Erbvertrag von 1363 trat damit in Kraft. Istrien und Teile der Windischen Mark fielen an Habsburg, das sein Herrschaftsgebiet bis zur Adria ausdehnen konnte.

Herzog Leopold III. leitete 1375 durch den Ankauf der Grafschaft Montfort-Feldkirch und weite Gebiete des Bregenzerwaldes den Erwerb des heutigen Vorarlbergs in die Wege. Die von Leopold III. erworbenen Grafschaften wurden ein wichtiges Bindeglied zu den habsburgischen Besitzungen in den Vorlanden.

Am 29. 11. 1378 starb Kaiser Karl IV., der im großen und ganzen den Habsburgern geneigt und ihnen auch freundschaftlich verbunden war. Seine Hausmacht hatte der Kaiser unter seinen Söhnen Wenzel, Sigismund und Johann aufgeteilt. Wenzel, der bereits am 10. 6. 1376 in Frankfurt a. Main zum römisch-deutschen König gewählt und am 6. 7. 1376 in Aachen gekrönt wurde, trat die Nachfolge seines Vaters an und erhielt Böhmen. Brandenburg gelangte an Sigismund, und Johann wurde Herzog von Görlitz.

Auf Betreiben Herzog Leopolds III., der sich gegenüber seinem Bruder Albrecht durchsetzen konnte, kam es 1379 zu der unverständlichen Teilung der habsburgischen Länder und damit zur Spaltung der Habsburger in die Linien der Albertiner und der Leopoldiner. Im Vertrag von Neuberg a. d. Mürz vom 25. 9. 1379 wurde festgelegt, daß Herzog Albrecht III. Österreich ober und unter der Enns sowie Steyr und Gebiete des Salzkammergutes erhalten sollte. An Leopold fielen die Steiermark, Wiener Neustadt, Kärnten, Krain, die Windische Mark, Istrien, Tirol und die Vorlande. Außerdem erhielt er eine Abfindung von 100.000 Gulden. Die Teilung wurde von König Wenzel als Lehnsherrn genehmigt.

Die Ankäufe Leopolds III. von 1375 im Südwesten des Reiches hatten bereits den Unwillen der Schweizer erregt. Weitere Erwerbungen am Oberrhein und in Schwaben führten 1379 und 1381 zum offenen Widerstand oberrheinischer, schwäbischer und schweizerischer Städte. Unter Einschluß von Luzern und Zürich kam ein Bündnis gegen Leopold III. zustande. Seine Absicht, zunächst Luzern und dann Zürich auszuschalten, scheiterte an der überlegenen Strategie der Schweizer, die das Heer Leopolds III. in einem unübersichtlichen Gelände bei Sempach stellten und zum Kampf zwangen. Am 9. 7. 1386 erlitt die Streitmacht des Herzogs in der Schlacht bei Sempach eine vernichtende Niederlage. Nach tapferem, aber aussichtslosem Kampf fand Herzog Leopold III. in der Schlacht den Tod. Zunächst in Königsfelden beigesetzt, fand er später in der Stiftskirche von St. Paul i. Lavanttal seine letzte Ruhestätte.

Herzog Leopold III. hinterließ die vier minderjährigen Söhne Wilhelm, Leopold IV., Friedrich IV. und Ernst. Entsprechend dem Vertrag von Neuberg übernahm Herzog Albrecht III. die Vormundschaft. Nach Erreichung seiner Volljährigkeit bat Wilhelm Herzog Albrecht III., die Gesamtregierung zu übernehmen.

Versuche Herzog Albrechts III., die verlorengegangene Machtstellung in Südwestdeutschland zurückzugewinnen, scheiterten. In der Schlacht bei Näfels unterlag er am 9. 4. 1388 dem eidgenössischen Aufgebot. 1389 schloß Albrecht III. einen Waffenstillstand, der den Verlust weiterer Besitzungen in der Schweiz nach sich zog.

Mitten in den Vorbereitungen zur Unterstützung König Sigismunds von Ungarn in einem Feldzug gegen König Wenzel, der das Bistum Passau besetzt hatte, starb Herzog Albrecht III. am 29. 8. 1395 auf dem von ihm erbauten Schloß Laxenburg.

Die stärksten Akzente setzte Herzog Albrecht III. in der Innenpolitik. Es gelang ihm, den Einfluß des Adels, der eine selbständige Territorialpolitik versuchte, zurückzudrängen und so die Landesherrschaft auszubauen. Durch Herzog Albrecht III. wurde erstmals ein »österreichisches Landesbewußtsein« geschaffen. Die Wiener hielten ihn lange als zielstrebigen Förderer von Handel und Gewerbe in Erinnerung. Er begründete die theologische Fakultät an der Wiener Universität und konnte diese vollwertig ausbauen. Die Urkunde von 1384 bildete die Grundlage der Universitätsverfassung bis 1848.

Nach dem Tode seiner ersten Gemahlin Elisabeth von Luxemburg vermählte der Herzog sich mit Beatrix von Nürnberg-Hohenzollern. Dieser Ehe entstammte der Sohn und Nachfolger, Herzog Albrecht IV.

Die Nachkommen Herzog Albrechts III.

AUS DER EHE MIT BEATRIX VON NÜRNBERG-HOHENZOLLERN

ALBRECHT IV., Erzherzog von Österreich
⚭ JOHANNA SOFIE von Bayern
Siehe unter Herzog Albrecht IV.

Herzog Albrecht IV.

Herzog Albrecht IV.

* 19. 9. 1377 in Wien
† 14. 9. 1404 in Klosterneuburg b. Wien
Grabstätte: Stephansdom in Wien – Herzogsgruft

⚭ 24. 4. 1390 in Wien
JOHANNA SOFIE, Prinzessin von Bayern
Eltern: Albrecht I., Herzog von Bayern, und Margarethe, Prinzessin von Brieg, Tochter Ludwigs I., Herzog von Brieg
* um 1373 in München
† 15. 11. 1410 in Wien
Grabstätte: Stephansdom in Wien – Herzogsgruft

Nach seinem Regierungsantritt geriet der 18jährige Herzog Albrecht IV. sofort in einen Gegensatz zu seinem Onkel, Herzog Wilhelm, der als Ältester die Gesamtherrschaft beanspruchte. Am 22. 11. 1395 kam es im Vertrag von Hollenburg zu einer Verständigung. Man einigte sich über eine gleichberechtigte und gemeinsame Regierung in allen Ländern. Die Einkünfte wurden gleichmäßig geteilt. Der etwas weltfremde Albrecht fügte sich im wesentlichen seinem Vetter Wilhelm, der in der Folge die größere Bedeutung erlangte.

In den Auseinandersetzungen zwischen den luxemburgischen Brüdern, König Wenzel von Böhmen und König Sigismund von Ungarn, stand Albrecht wie sein Vater auf seiten des Königs von Ungarn. Während des Kriegszuges gegen Böhmen und Mähren bekämpfte Albrecht IV. besonders die mährischen Freibeuter, die die österreichischen Grenzgebiete brandschatzten. Auf einem dieser Feldzüge starb Herzog Albrecht IV. im September 1404 in Klosterneuburg bei Wien.

Während der verhältnismäßig kurzen Regierungszeit Herzog Albrechts IV. zeichnete sich erstmals die Türkengefahr ab. Unter diesem Druck und durch die Streitigkeiten unter den Habsburgern war der Einfluß der Stände ständig gewachsen.

Unter den Leopoldinern kam es 1396 im Vertrag von Wien zu einer erneuten Länderteilung. Herzog Wilhelm teilte seinen Besitz mit seinem jüngeren Bruder Leopold IV., der Tirol, die Vorlande und eine jährliche Zuwendung von 6000 Gulden erhielt. Der Besitz der Habsburger war nunmehr in drei Herrschaftsbereiche geteilt:

Niederösterreich, bestehend aus den Landen ob der Enns und unter der Enns (das heutige Oberösterreich und Niederösterreich), über das die Albertiner herrschten,

Innerösterreich, bestehend aus Steiermark, Kärnten, Krain, der Windischen Mark, Triest und Istrien, das die leopoldinisch-steirische Linie verwaltete, und schließlich

Vorderösterreich, bestehend aus Tirol und den Vorlanden, das der leopoldinisch-tirolischen Linie verblieb.

Die Nachkommen Herzog Albrechts IV.

1. Albrecht V., Herzog von Österreich
⚭ Elisabeth, Prinzessin von Böhmen a. d. H. Luxemburg
Siehe unter König Albrecht II.

2. Margarethe, Herzogin von Österreich
* 26. 6. 1395 in Wien
† 24. 12. 1447 in Burghausen
Grabstätte: Zisterzienserkloster Raitenhaslach b. Burghausen/Bayern

⚭ 25. 11. 1412 in Landshut
Heinrich IV. »der Reiche«, Herzog von Bayern
Eltern: Friedrich, Herzog zu Landshut, und Magdalena Visconti, Prinzessin von Mailand, Tochter Barnabas Viscontis, Herzogs von Mailand
* um 1386 in Landshut
† 20. 7. (o. 30. 7.) 1450 in Landshut
Grabstätte: Kloster Seligenthal b. Landshut

König Albrecht II.

König Albrecht II.

* 16. 8. 1397 in Wien
† 27. 10. 1439 in Neszmély bei Gran
Grabstätte: Basilika in Stuhlweißenburg

⚭ 28. 9. 1421 in Prag
ELISABETH, Prinzessin von Böhmen und Ungarn a. d. H. Luxemburg
Eltern: Sigismund, Römischer Kaiser, König von Böhmen und Ungarn, und Barbara, Gräfin von Cilli, a. d. H. der Grafen Cilli/Steiermark, Tochter Hermanns II., Graf von Cilli
* um 1409 in Prag
† 25. 12. 1442 in Raab
Grabstätte: Basilika in Stuhlweißenburg/Ungarn

WAHLSPRUCH: Amicus optimae vitae possessio = Ein Freund, das beste Besitztum des Lebens

18. 12. 1437 in Ofen zum König von Ungarn gewählt.
27. 12. 1437 in Prag im St.-Veits-Dom zum König von Böhmen gekrönt.
1. 1. 1438 in Stuhlweißenburg in der Basilika zum König von Ungarn gekrönt.
18. 3. 1438 in Frankfurt a. Main zum römisch-deutschen König gewählt.
Eine Krönung Albrechts II. zum römisch-deutschen König erfolgte nicht.
Die deutsche Königskrone und die römische Kaiserwürde blieben seit König Albrecht II. mit Ausnahme der Zeit von 1742 bis 1745 beim Hause Habsburg bzw. Habsburg-Lothringen.

Als Herzog Albrecht IV. starb, hinterließ er neben seiner Tochter Margarethe den 7jährigen Sohn und Nachfolger Albrecht V. Die Vormundschaft über den minderjährigen Herzog wurde zunächst Herzog Wilhelm aus der leopoldinischen Linie und nach dessen Tod seinem Bruder Leopold IV. übertragen.

Der Tod Herzog Wilhelms im Jahre 1406 führte zu neuen Auseinandersetzungen zwischen seinen Brüdern Leopold IV., Ernst und Friedrich IV. Diese waren sich sowohl in der Frage der Vormundschaft über Herzog Albrecht V. als auch über die Aufteilung des Landbesitzes uneinig. Schließlich kam es zum Bürgerkrieg, der das Volk in zwei Lager spaltete. Während die Patrizier und Landesherren für Herzog Ernst eintraten, unterstützten die Handwerker und Ritter Herzog Leopold IV. Beide Parteien riefen fremde Söldnerscharen ins Land, die die österreichischen Länder verwüsteten. Auf Betreiben König Sigismunds von Ungarn, der dem Bürgerkrieg an den Grenzen seines Landes nicht länger zusehen wollte, übernahmen Ernst und Leopold IV. die Vormundschaft über Herzog Albrecht V. gemeinsam. Da auch nach Ablauf der Frist für die Vormundschaft die Brüder ihren Einfluß nicht aufgeben wollten, entführten die Stände Herzog Albrecht V. 1411 nach Eggenburg in Niederösterreich, hoben die Vormundschaft auf und huldigten Albrecht V. Darüber erregte sich Herzog Leopold IV. so sehr, daß er einen Schlaganfall erlitt und starb. In einem neuen Vertrag wurden die Besitzverhältnisse nunmehr wie folgt geregelt:

Albrecht V. herrschte über die niederösterreichischen Länder,
Ernst übernahm die Steiermark und die übrigen innerösterreichischen Länder,
Friedrich IV. regierte in Tirol und den vorderösterreichischen Ländern.

Jede dieser drei Linien des Hauses Habsburg verfolgte unterschiedliche und zum Teil entgegengesetzte politische Ziele.

Der mit der 2jährigen Tochter König Sigismunds von Ungarn verlobte Herzog Albrecht V. setzte mit Blick auf Böhmen und Ungarn die luxemburgische Politik fort.

Herzog Ernst stellte sich den Türken.

Herzog Friedrich IV. schließlich verfolgte die alte staufische Politik und war bemüht, die schwäbischen Besitzungen zu erhalten.

Am 20. 9. 1410 war König Sigismund von Ungarn von einer Minderheit der Kurfürsten zum römisch-deutschen König gewählt worden. Die Mehrheit der Kurfürsten hatte am 1. 10. 1410 Jobst von Mähren gewählt. Nach dessen Tod am 18. 1. 1411 wurde Sigismund allgemein anerkannt.

Auf Betreiben König Sigismunds wurde am 5. 11. 1414 das Konstanzer Konzil einberufen, um die unhaltbaren schismatischen Zustände in der Kirche zu beseitigen. Johannes Hus, ein an der Prager Universität lehrender Priester, hatte in seiner Schrift »De ecclesia« einen der Tradition widersprechenden Kirchenbegriff entwickelt und wurde vor das Konzil geladen. In den meisten Anklagepunkten für schuldig befunden und nicht zum Widerruf bereit, wurde er vom Konzil verurteilt und trotz der Zusage freien Geleits auf dem Scheiterhaufen verbrannt. Der gewaltsame Tod des Johannes Hus führte zu einer ungeheuren Erregung in Böhmen und war der Anlaß zu den sich von 1419 bis 1436 hinziehenden Hussitenkriegen.

Durch den Rücktritt Papst Gregors XII. und die Absetzung der Gegenpäpste Benedikt XIII. und Johannes XXIII. wurde der Weg frei für die Wahl Papst Martins V. und die Beseitigung des Schismas. Herzog Friedrich IV. von Tirol verhalf dem Gegenpapst Johannes XXIII., den er unterstützte, zur Flucht und verfiel der Ächtung durch den König. Die Eidgenossen benutzten diese Gelegenheit, weitere Besitzungen der Habsburger in der Schweiz an sich zu ziehen. Der Stammsitz mit der Habichtsburg ging verloren.

Noch schlimmer sah es in Tirol aus. Schon bei der Übernahme Tirols hatte Herzog Friedrich IV. große Schwierigkeiten mit den Adelsbünden, die die Loslösung Tirols von der habsburgischen Dynastie und die Reichsunmittelbarkeit anstrebten. Nach der Ächtung des Herzogs kam es zu erneuten Aufständen, die von Friedrich IV. erst 1426 endgültig niedergeschlagen werden konnten.

Am 28. 9. 1421 erfolgte die Vermählung Herzog Albrechts V. mit Elisabeth von Ungarn, der Tochter König Sigismunds. Albrecht wurde 1423 vom König mit Mähren belehnt. Diese Belehnung sicherte ihm den Anspruch auf die Krone Böhmens.

1424 starb Herzog Ernst. Die Vormundschaft über seine minderjährigen Söhne Friedrich V. und Albrecht VI. übernahm Herzog Friedrich IV. von Tirol.

In den unruhigen Jahren von 1424 bis 1431 fielen die Hussiten immer wieder in Österreich ein und verwüsteten die Gebiete nördlich der Donau. 1425 eroberten sie Retz in Niederösterreich, und bei Zwettl mußten die Österreicher 1427 eine schwere Niederlage hinnehmen. Auch die Belagerung und Zerstörung Eggenburgs im Jahre 1429 konnten die Österreicher nicht verhindern. Unter dem Eindruck der durch die Hussiten angerichteten Verwüstungen blieb die Lehre des Johannes Hus in Österreich wirkungslos.

Am 9. 12. 1437 starb Kaiser Sigismund, den Papst Eugen IV. 1433 zum Kaiser gekrönt hatte. Mit seinem Tod starb das Haus Luxemburg im Mannesstamm aus. Durch die Ehe Herzog Albrechts V. mit der Kaisertochter Elisabeth ging die Hausmacht der Luxemburger auf die Habsburger über.

Nach seiner Wahl zum König von Ungarn am 18. 12. 1437 wurde Albrecht am 1. 1. 1438 in Stuhlweißenburg zum König von Ungarn gekrönt. Wenige Tage vorher war er bereits zum König von Böhmen gekrönt worden, nachdem er den Hussiten Zugeständnisse, die sich im wesentlichen auf die Gewährung des Laienkelches bezogen, gemacht hatte. Nach 165 Jahren Habsburger Herrschaft befanden sich die Länder Böhmen, Mähren, Ungarn, Österreich ob der Enns und Österreich unter der Enns in einer Hand.

Die Wahl Albrechts zum deutschen König am 18. 3. 1438 erfolgte ohne größeren Widerstand der Kurfürsten mit der Maßgabe, daß der Gewählte auch ohne päpstliche Krönung den Kaisertitel führen durfte. Nach 130 Jahren fiel die Krone des Heiligen Römischen Reiches Deutscher Nation wieder an das Haus Habsburg. Mit Ausnahme der Jahre 1742–1745 (Kaiser Karl VII. aus dem Hause Wittelsbach) blieben die Habsburger im Besitz der deutschen Königskrone und der römischen Kaiserwürde, bis das Reich 1806 erlosch.

Am 24. 6. 1439 starb Herzog Friedrich IV. von Tirol. Die Vormundschaft über seinen minderjährigen Sohn Sigismund übernahm Herzog Friedrich V., ein Sohn von Herzog Ernst.

In Böhmen hatte König Albrecht II. starke Widerstände der tschechischen Opposition, die Verbindung zu Polen aufgenommen hatte, zu überwinden. Die Schwierigkeiten waren noch nicht beseitigt, da erreichte König Albrecht die Nachricht vom Einfall der Osmanen in Ungarn. Mitten in den Vorbereitungen für den Feldzug gegen die Osmanen starb König Albrecht II. in der Nähe von Gran.

Im Gegensatz zu seinen Vettern aus der leopoldinischen Linie war König Albrecht II. nicht nur hervorragend erzogen, sondern auch von einer gediegenen Gelehrsamkeit. Ein dunkler Punkt in seinem Geschichtsbild bleiben die Judenverfolgungen, die mit seinem sonstigen Auftreten nicht in Einklang zu bringen sind. Im Mai/Juni 1420 wurden die Juden auf Befehl des Herzogs aus Stadt und Land vertrieben. Sie fanden größtenteils Aufnahme in Ungarn. Die in Wien zurückgebliebenen Juden mußten ihr Vermögen herausgeben und fanden größtenteils nach langen Qualen den Tod. In Gegenwart des Herzogs wurden sie in dem Wiener Vorort Erdberg öffentlich verbrannt.

Während seiner Herrschaft als Herzog und später als König von Böhmen und Ungarn sowie als deutscher König hatte Albrecht II. seine Stellung in den Erblanden und im Reich so ausgebaut, daß er der mächtigste der Reichsfürsten war.

Seine Gemahlin Elisabeth schenkte ihm zwei Söhne und zwei Töchter. Sohn Georg starb bei der Geburt. Der zweite Sohn, Ladislaus Postumus, wurde vier Monate nach dem Tode Albrechts II. geboren. In seinem Testament hatte König Albrecht bestimmt, daß sein Kind, falls es ein Knabe sein werde, die Thronfolge in Ungarn und Böhmen in Personalunion mit dem Herzogtum Österreich antreten sollte. Zum Vormund bestimmte er das älteste Mitglied des Hauses Habsburg, Herzog Friedrich V. (der spätere Kaiser Friedrich III.).

Die Nachkommen König Albrechts II.

1. ANNA, Herzogin von Österreich
* 12. 4. 1432 in Wien
† 14. 11. 1462 in Altenburg
Grabstätte: Gruft in der Schloßkirche in Altenburg

⚭ 20. 6. 1446 in Altenburg
WILHELM III., Herzog von Sachsen, Markgraf von Meißen
Eltern: Friedrich I. »der Streitbare«, Kurfürst von Sachsen, und Katharina, Prinzessin von Braunschweig-Lüneburg, Tochter Heinrichs, Herzogs von Braunschweig-Lüneburg
* 30. 4. 1425 in Altenburg
† 17. 9. 1482 in Altenburg
Grabstätte: Gruft in der Schloßkirche in Altenburg

2. GEORG, Herzog von Österreich
* 16. 2. 1435 in Wien
† 16. 2. 1435 in Wien
Grabstätte: Stephansdom in Wien – Herzogsgruft

3. ELISABETH, Herzogin von Österreich
* um 1437 in Wien
† 30. 8. 1505 in Grodno
Grabstätte: Heilig-Kreuz-Kapelle in der Kathedrale auf dem Wawel in Krakau
⚭ 10. 2. 1454 in Krakau
KASIMIR IV. Jagello, König von Polen, Großfürst von Litauen
Eltern: Wladislaw II., König von Polen, und Sofie, Fürstin von Kiew, Tochter Andreas', Fürst von Holszany
* 30. 11. 1427 in Krakau
† 7. 6. 1492 in Grodno
Grabstätte: Heilig-Kreuz-Kapelle in der Kathedrale auf dem Wawel in Krakau

Kasimir IV. erlangte 1466 im zweiten Thorner Frieden vom Deutschen Orden Westpreußen und die Lehnshoheit über Preußen.
Elisabeth war die Mutter Wladislaws V., König von Böhmen und Ungarn, sowie der polnischen Könige Jan Olbracht, Alexander und

Sigismund I. Weitere Söhne Elisabeths waren der Erzbischof von Gnesen und Bischof von Krakau Kardinal Friedrich sowie der hl. Kasimir. Außer den vorgenannten Söhnen schenkte Elisabeth ihrem Gemahl noch sieben Töchter.

4. Ladislaus Postumus, Herzog von Österreich, König von Böhmen und Ungarn
* 22. 2. 1440 in Komárom
† 23. 11. 1457 in Prag
Grabstätte: Fürstengruft im St.-Veits-Dom in Prag

Nach dem unerwarteten Tod König Albrechts II. hatte seine Gemahlin Elisabeth die Stephanskrone in ihren Besitz gebracht. Sie ließ den drei Monate alten Ladislaus am 15. 5. 1440 zum König von Ungarn krönen, obwohl die ungarischen Stände Wladislaw IV. von Polen zum Nachfolger König Albrechts II. vorgesehen und der 31jährigen Elisabeth die Zusage abgerungen hatten, den erst 15 Jahre alten König von Polen zu heiraten. Elisabeth widersetzte sich dem gleichfalls zum König von Ungarn gekrönten Wladislaw, mußte aber unter dem Druck der römischen Kurie 1442 mit Wladislaw verhandeln, der die ungarische Krone bis zu seinem Tode behaupten konnte.

Der 1452 aus der Vormundschaft Herzog Friedrichs V. aus der leopoldinischen Linie entlassene Ladislaus wurde 1453 König von Böhmen. 1457 wurde Ladislaus mit Magdalena, Tochter König Karls VII. von Frankreich, verlobt, starb aber noch im gleichen Jahr. Mit dem Tode des Ladislaus Postumus starb die albertinische Linie des Hauses Habsburg aus. Die albertinischen Länder gelangten an Herzog Friedrich V. (Kaiser Friedrich III.).

Die Königswürde von Böhmen und Ungarn ging für die Habsburger nach dem Tode des Ladislaus Postumus vorläufig verloren.

Herzog Leopold III.

Herzog Leopold III., Begründer der leopoldinischen Linie des Hauses Habsburg

* 1. 11. 1351 in Wien
† 9. 7. 1386 in der Schlacht bei Sempach (gefallen)
Grabstätte: Unter der Hauptapsis der Stiftskirche St. Paul i. Lavanttal/Kärnten

⚭ 22. 2. 1365 in Wien
Viridis Visconti, Prinzessin von Mailand
Eltern: Barnabas Visconti, Herzog von Mailand, und Beatrix della Scala, Tochter Mastinos II. della Scala
* um 1350 in Mailand
† vor 1. 3. 1414 in Mailand
Grabstätte: unbekannt (Visconti-Gruft in Mailand?)

Wahlspruch: Virtuti nil invium = Der Tugend Bahn

Nach dem Tode Herzog Albrechts II. führte Herzog Rudolf IV. die Regierung für dessen minderjährige Söhne Albrecht III. und Leopold III., die jüngeren Brüder Rudolfs IV. Im Hausvertrag von 1364 wurde die ungeteilte Regierung aller drei Brüder bestimmt. Nach seiner Volljährigkeit wurde Leopold III. Regent in den Vorlanden und Tirol. Zahlreiche Kriege u. a. gegen Bayern und Venedig erbrachten Gebietszuwachs in Vorarlberg sowie die freiwillige Unterwerfung der Stadt Triest. Damit erhielten die Habsburger den Zugang zur Adria. 1379 erhielt Leopold III. die Alleinherrschaft über Tirol, die Vorlande, die Steiermark, Kärnten und Krain. Im Kampf gegen die Eidgenossen fand Herzog Leopold III. in der Schlacht bei Sempach den Tod.

Die Nachkommen Herzog Leopolds III.

1. Wilhelm, Herzog von Österreich
* um 1370 in Wien
† 15. 7. 1406 in Wien
Grabstätte: Stephansdom in Wien – Herzogsgruft
⚭ im Oktober 1401 in Wien
Johanna, Prinzessin von Neapel a. d. H. Anjou
Eltern: Karl III., König von Neapel a. d. H. Anjou, und Margarethe, Fürstin von Durazzo, Tochter Karls, Fürst von Durazzo
* 25. 6. 1373 in Neapel
† 2. 2. 1435 in Neapel
Grabstätte: Im Querschiff der Kirche Santa Chiara in Neapel

2. Leopold IV., Herzog von Österreich
* um 1371 in Wien
† 3. 6. 1411 in Wien
Grabstätte: Stephansdom in Wien – Herzogsgruft
⚭ 15. 8. 1393 in Wien
Katharina, Prinzessin von Burgund
Eltern: Philipp »der Kühne«, Herzog von Burgund, und Margarethe, Gräfin von Flandern, Tochter Ludwigs III., Graf von Flandern
* um 1378 in Pontoise, Seine-et-Oise
† 26. 1. 1425 in Dijon
Grabstätte: Kartause von Champmol b. Dijon

3. Friedrich IV., Herzog von Österreich und Graf von Tirol
* um 1382 in Wien
† 24. 6. 1439 in Innsbruck
Grabstätte: Zwischen dem Chorgestühl der Stiftskirche in Stams/Tirol
1. ⚭ um 1406 in Innsbruck
Elisabeth, Prinzessin von der Pfalz
Eltern: Ruprecht III. von der Pfalz, deutscher König, und Elisabeth, Burggräfin von Nürnberg, Tochter Friedrichs V., Burggraf von Nürnberg
* um 1381 in Amberg
† 31. 12. 1408 in Innsbruck
Grabstätte: Zwischen dem Chorgestühl der Stiftskirche in Stams/Tirol

2. ⚭ um 1410 in Innsbruck
Anna, Prinzessin von Braunschweig-Göttingen
Eltern: Friedrich, Herzog von Braunschweig-Göttingen, und Anna, Prinzessin von Sachsen, Tochter Wenzels, Kurfürst von Sachsen
* um 1390 in Braunschweig
† 10. 8. 1432 in Innsbruck
Grabstätte: Zwischen dem Chorgestühl der Stiftskirche in Stams/Tirol

Bei der Teilung der leopoldinischen Länder erhielt Friedrich IV. 1402 die Vorlande und 1406 Tirol. Auf dem Konzil zu Konstanz unterstützte er 1414 den Gegenpapst Johannes XXIII. Nach Verhängung der Reichsacht geriet Herzog Friedrich IV. in die Gefangenschaft Kaiser Sigismunds. Dazu kamen erhebliche Schwierigkeiten mit den Adelsbünden, die die Reichsunmittelbarkeit Tirols anstrebten. 1418 wurde der Herzog wieder in seine Herrscherrechte eingesetzt und übernahm 1424 die Vormundschaft über die Söhne seines Bruders Ernst, den späteren Kaiser Friedrich III. und Herzog Albrecht VI.
In den folgenden Jahren gelang Herzog Friedrich IV. die Festigung seiner Herrschaft in Tirol, und er erfreute sich eines steigenden Ansehens. Die Erträge des Schwazer Silberbergbaus ermöglichten ihm eine erfolgreiche Wirtschaftspolitik.
Der Herzog trug den Beinamen »Friedel mit der leeren Tasche«.

4. Ernst, Herzog von Österreich und Steiermark
* um 1377 in Bruck a. d. Mur
† 10. 6. 1424 in Bruck a. d. Mur
Grabstätte: Gruft in der Kirche des Stiftes Rein/Steiermark

1. ⚭ 14. 1. 1392 in Bruck a. d. Mur
Margarethe, Prinzessin von Pommern
Eltern: Bogislaw V., Herzog von Pommern, und Adelheid, Prinzessin von Braunschweig-Grubenhagen, Tochter Ernsts, Herzog von Braunschweig-Grubenhagen
* um 1366 in Demmin/Pommern
† 30. 4. 1407 in Bruck a. d. Mur
Grabstätte: Gruft in der Kirche des Stiftes Rein/Steiermark

2. ⚭ im Februar 1412 in Bruck a. d. Mur
Zymburgis von Masowien
Eltern: Ziemowit IV., Herzog von Masowien, und Alexandra, Großfürstin von Litauen, Tochter Olgards, Großfürst von Litauen
* um 1394 in Warschau
† 28. 9. 1429 in Türnitz b. Lilienfeld
Grabstätte: Unter dem Presbyterium der Stiftskirche Lilienfeld/Niederösterreich

Ernst stand in einem scharfen Gegensatz zu seinem Bruder, Herzog Leopold IV. Infolge eines daraus resultierenden blutigen Bürgerkrieges wurde der Einfluß der Dynastie Habsburg stark geschwächt. Nach dem Tode Herzog Leopolds IV. kam Herzog Ernst zur Alleinherrschaft und versuchte nach der Ächtung seines jüngsten Bruders Friedrich IV. auch in Tirol und den Vorlanden Fuß zu fassen. Nach Mißlingen dieses Vorhabens widmete er sich ausschließlich dem wirtschaftlichen und kulturellen Aufbau seiner Länder, wobei seine Bautätigkeit in Wiener Neustadt besonders hervorzuheben ist.
Herzog Ernst trug den Beinamen »der Eiserne«.

Die Nachkommen Herzog Friedrichs IV.

AUS DER EHE MIT ELISABETH VON DER PFALZ

1. Elisabeth, Herzogin von Österreich
   * 27. 12. 1408 in Innsbruck
   † 28. 12. 1408 in Innsbruck
   Grabstätte: Zwischen dem Chorgestühl der Stiftskirche in Stams/Tirol

AUS DER EHE MIT ANNA VON BRAUNSCHWEIG-GÖTTINGEN

2. Margarethe, Herzogin von Österreich
   * um 1423 in Innsbruck
   † 6. 7. 1424 in Innsbruck
   Grabstätte: Zwischen dem Chorgestühl der Stiftskirche in Stams/Tirol

3. Hedwig, Herzogin von Österreich
   * 1424 in Innsbruck
   † 21. 2. 1427 in Innsbruck
   Grabstätte: Zwischen dem Chorgestühl der Stiftskirche in Stams/Tirol

4. Wolfgang, Herzog von Österreich
   * 26. 2. 1426 in Innsbruck
   † 26. 2. 1426 in Innsbruck
   Grabstätte: Zwischen dem Chorgestühl der Stiftskirche in Stams/Tirol

5. Sigismund, Herzog von Österreich
   * 26. 10. 1427 in Innsbruck
   † 4. 3. 1496 in Innsbruck
   Grabstätte: Sigismundgruft in der Stiftskirche in Stams/Tirol

   1. ⚭ 12. 2. 1449 in Innsbruck
   Eleonore, Prinzessin von Schottland
   Eltern: Jakob I., König von Schottland, und Joan Beaufort a. d. H. des 1. Earls of Somerset, Tochter John Beauforts, 1. Earl of Somerset
   * um 1431 in Dunfermline/Schottland
   † 20. 11. 1480 in Innsbruck
   Grabstätte: Sigismundgruft in der Stiftskirche in Stams/Tirol

2. ⚭ 24. 2. 1484 in Innsbruck
KATHARINA, Prinzessin von Sachsen
Eltern: Albrecht »der Beherzte«, Herzog von Sachsen, und Sidonie, Prinzessin von Böhmen, Tochter Georg Podiebrads, König von Böhmen
* 24. 7. 1468 in Grimma/Sachsen
† 18. 2. 1524 in Calenberg/Sachsen
Grabstätte: Gruft in der Kirche St. Blasien in Hannoversch-Münden

Sigismund wurde 1446 aus der Vormundschaft Kaiser Friedrichs III. entlassen. Seine Versuche, die Landesherrschaft in Tirol auszubauen, scheiterten an dem Widerstand des Bischofs von Brixen, Nikolaus von Cues. 1460 wurde Sigismund von Papst Pius II. mit dem Bann belegt. Die Schweizer nutzten diese Gelegenheit aus, Thurgau an sich zu ziehen. Die Versuche Sigismunds, Tirol an die Wittelsbacher zu verkaufen, wurden durch die Tiroler Stände vereitelt. 1490 mußte der Herzog Tirol und die Vorlande an seinen Vetter, Kaiser Maximilian I., abtreten. Da Sigismund keine legitimen Nachkommen hatte, erlosch mit seinem Tod die ältere Tiroler Nebenlinie der Habsburger.
Gestützt auf die Tiroler Silberbergwerke führte Sigismund eine Geldreform durch, die ihm den Namen »der Münzreiche« eintrug.

SOHN DES SIGISMUND AUS DER EHE MIT ELEONORE AUS SCHOTTLAND

WOLFGANG, Herzog von Österreich
* 20. 11. 1480 in Innsbruck
† 20. 11. 1480 in Innsbruck
Grabstätte: Sigismundgruft in der Stiftskirche in Stams/Tirol

Die Nachkommen Herzog Ernsts

1. FRIEDRICH V., Herzog von Österreich
   ∞ ELEONORE HELENA, Infantin von Portugal
   Siehe unter Kaiser Friedrich III.

2. MARGARETHE, Herzogin von Österreich
   * um 1416 in Wiener Neustadt
   † 12. 2. 1486 in Altenburg
   Grabstätte: Gruft in der Schloßkirche in Altenburg

   ∞ 3. 6. 1431 in Altenburg
   FRIEDRICH II. »der Sanftmütige«, Kurfürst von Sachsen
   Eltern: Friedrich I., Kurfürst von Sachsen, und Katharina, Prinzessin von Braunschweig-Lüneburg, Tochter Heinrichs, Herzog von Braunschweig-Lüneburg
   * 22. 8. 1412 in Altenburg
   † 7. 9. 1464 in Leipzig
   Grabstätte: Fürstenkapelle im Dom zu Meißen

3. ALBRECHT VI., Herzog von Österreich
   * 18. 12. 1418 in Wien
   † 2. 12. 1463 in Wien
   Grabstätte: Stephansdom in Wien – Herzogsgruft

   ∞ um 1452 in Wien
   MECHTHILD, Prinzessin von der Pfalz
   Eltern: Ludwig III., Kurfürst von der Pfalz, und Mathilde, Gräfin von Savoyen, Tochter Amadeus', Graf von Savoyen
   * 7. 3. 1419 in Amberg
   † 22. 8. 1482 in Tübingen
   Grabstätte: Gruft in der Stiftskirche St. Georg in Tübingen

   Albrecht VI. erkämpfte sich von seinem Bruder Friedrich V. Österreich unter der Enns und Wien. Später versuchte er im Bündnis mit dem ständischen österreichischen Adel die Gesamtherrschaft an sich zu reißen. Das Unternehmen führte zu Krieg und Verwüstungen, die zu einer allgemeinen Rechtsunsicherheit und zum wirtschaftlichen Niedergang führten.
   1457 gründete Herzog Albrecht VI. die Universität Freiburg i. Breisgau.

4. KATHARINA, Herzogin von Österreich
* um 1420 in Wiener Neustadt
† 11. 9. 1493 auf Schloß Hohenbaden
Grabstätte: Gruft in der Stiftskirche »Unserer lieben Frau« in Baden-Baden

∞ im Juli 1447 auf Schloß Hohenbaden
KARL I., Markgraf von Baden
Eltern: Jakob I., Markgraf von Baden, und Katharina, Prinzessin von Lothringen, Tochter Karls I., Herzog von Lothringen
* um 1427 in Baden-Baden
† 24. 2. 1475 in Baden-Baden
Grabstätte: Gruft in der Stiftskirche »Unserer lieben Frau« in Baden-Baden

5. ALEXANDRA, Herzogin von Österreich
* um 1421 in Wiener Neustadt
† um 1421 in Wiener Neustadt
Grabstätte: Gruft unter dem Presbyterium im Dom in Wiener Neustadt

6. RUDOLF, Herzog von Österreich
* um 1424 in Wiener Neustadt
† um 1424 in Wiener Neustadt
Grabstätte: Gruft unter dem Presbyterium im Dom in Wiener Neustadt

7. LEOPOLD, Herzog von Österreich
* um 1424 in Wiener Neustadt
† um 1424 in Wiener Neustadt
Grabstätte: Gruft unter dem Presbyterium im Dom in Wiener Neustadt

8. ERNST II., Herzog von Österreich
* vor 1420 in Wiener Neustadt
† 10. 8. 1432 in Wiener Neustadt
Grabstätte: Gruft unter dem Presbyterium im Dom in Wiener Neustadt

9. ANNA, Herzogin von Österreich
* um 1422 in Wiener Neustadt
† 11. 11. 1429 in Wiener Neustadt
Grabstätte: Gruft unter dem Presbyterium im Dom in Wiener Neustadt

Kaiser Friedrich III.

Kaiser Friedrich III.

* 21. 9. 1415 in Innsbruck
† 19. 8. 1493 in Linz
Grabstätte: Grabmal im südlichen Seitenschiff des Stephansdoms in Wien, Herzurne in der Stadtpfarrkirche in Linz

⚭ 16. 3. 1452 in Rom
ELEONORE HELENA, Infantin von Portugal
Eltern: Eduard, König von Portugal, und Eleonore, Infantin von Aragon, Tochter Ferdinands I., König von Aragon
* 18. 9. 1436 in Torres Vedras/Portugal
† 3. 9. 1467 in Wiener Neustadt
Grabstätte: Neuklosterkirche – Stadtpfarrkirche Wiener Neustadt

WAHLSPRUCH: Hic regit, ille tuetur = Dies (die Weisheit) regiert, jenes (das Schwert) beschützt

2. 2. 1440	in Frankfurt a. Main als Friedrich IV. zum römisch-deutschen König gewählt.
17. 6. 1442	in Aachen als Friedrich IV. zum römisch-deutschen König gekrönt durch den Kurfürsten und Erzbischof Dietrich I. (Theodorich) Graf von Erbach.
19. 3. 1452	in Rom als Friedrich III. zum »Römischen Kaiser« gekrönt durch Papst Nikolaus V. Die Krönung Friedrichs III. war die letzte Kaiserkrönung in Rom.

Drei Monate nach dem Tode König Albrechts II. wurde als nächster Agnat Herzog Friedrich V. von Steiermark, Kärnten und Krain, ältester Sohn Herzog Ernsts des Eisernen von Österreich, als Friedrich IV. zum deutschen König gewählt.

Am 22. 2. 1440 wurde Ladislaus Postumus geboren. Entsprechend den testamentarischen Bestimmungen König Albrechts II. übernahmen König Friedrich IV. und die Witwe König Albrechts II. gemeinsam die Vormundschaft. Wie nicht anders zu erwarten war, begann mit der Geburt von Ladislaus der Streit um das Erbe Albrechts II. Knapp drei Monate alt, wurde Ladislaus am 15. 5. 1440 in Stuhlweißenburg zum König von Ungarn gekrönt. Dagegen erhob sich in Ungarn Widerstand. Die nationale Gegenpartei wählte König Wladislaw III. von Polen am 17. 7. 1440 zum König von Ungarn. Ladislaus wurde von den Ungarn erst anerkannt, nachdem Wladislaw im Kampf gegen die Osmanen 1444 bei Warna am Schwarzen Meer gefallen war. Da Friedrich IV. die Herausgabe seines Mündels verweigerte, bestellten die Ungarn 1446 Johann Hunyadi zum Reichsverweser.

Als Schlesien, Lausitz und Mähren die Erbrechte von Ladislaus anerkannten, boten die böhmischen Stände Friedrich IV. die böhmische Königskrone an. Friedrich lehnte dieses Ansinnen ab und widersprach auch der Herausgabe von Ladislaus sowie der Bestellung eines Landesverwesers für Böhmen. Daraufhin setzten die böhmischen Stände Georg von Podiebrad als Reichsverweser ein. Dieser marschierte gegen Prag, eroberte 1448 die Stadt, wurde 1452 zum Landesverweser gewählt und 1458 zum König von Böhmen gekrönt.

Ungarn und Böhmen waren damit zunächst einmal für die Habsburger verloren.

1443 kam es zu erneuten Auseinandersetzungen mit der Schweiz, die sich bis 1450 hinzogen und damit endeten, daß der Versuch, die Stammgüter im Aargau mit der Habichtsburg zurückzuerobern, scheiterten. Die Tiroler benutzten die Händel in der Schweiz dazu, Friedrich IV. zu zwingen, Sigismund, den Sohn Friedrichs IV. von Tirol, aus der Vormundschaft zu entlassen.

Auseinandersetzungen innerhalb des Hauses Habsburg führten 1446 wieder einmal zur Teilung der habsburgischen Länder. Der Bruder des Königs, Herzog Albrecht VI., erhielt die Vorlande. Erzherzog Sigismund wurde Tirol zugewiesen. Friedrich selbst behielt Innerösterreich und verwaltete Österreich ober und unter der Enns für sein Mündel Ladislaus Postumus.

Ständige Einfälle Johann Hunyadis in Niederösterreich verfolgten das Ziel, die Herausgabe des Ladislaus Postumus zu erzwingen.

Da Friedrich IV. sich durchsetzen konnte, scheiterten diese Versuche und führten 1450 zu der Vereinbarung, daß Ladislaus Postumus bis zu seinem 18. Lebensjahr bei König Friedrich IV. bleiben und Hunyadi bis dahin weiterhin Landesverweser bleiben sollte.

Die Inangriffnahme der kirchlichen Neuordnung in Österreich führte zu dem von Enea Silvio Piccolomini, dem späteren Papst Pius II., entworfenen und wesentlich beeinflußten Konkordat, das der König 1448 mit Papst Nikolaus V. abschloß. Das Konkordat, das kein Reichsgesetz geworden ist, räumte dem Heiligen Stuhl Rechte an deutschen Kirchen ein und sah die Errichtung von Bistümern in Laibach, Wien und Wiener Neustadt vor.

1452 unternahm König Friedrich IV. eine Romfahrt. Um die Sicherstellung des Ladislaus Postumus zu gewährleisten, wurde dieser mitgenommen. In Rom vermählte sich der König mit Eleonore von Portugal und wurde drei Tage nach seiner Vermählung in einer glanzvollen Zeremonie im Petersdom als Friedrich III. zum Kaiser gekrönt. Er war der erste und einzige Habsburger, zugleich aber auch der letzte deutsche König, der die Kaiserkrone in Rom aus den Händen des Papstes empfangen hat.

Eine der ersten Amtshandlungen des Kaisers nach der Rückkehr von Rom erhielt für die Dynastie Habsburg besondere Bedeutung. Kaiser Friedrich III. bestätigte das von Herzog Rudolf IV. ausgefertigte »Privilegium maius«, das 1453 auch von den Kurfürsten anerkannt wurde. Alle Bestimmungen des »Privilegium maius« – auch der Titel Erzherzog – wurden damit gültiges Reichsrecht.

Die österreichischen Stände hatten den Romaufenthalt des Kaisers dazu benutzt, mit böhmischen und ungarischen Ständen ein Bündnis gegen den Kaiser einzugehen, um die Herausgabe des Ladislaus Postumus zu erzwingen. Der Kaiser kehrte nicht nach Wien zurück. Er begab sich in das »allzeit getreue« Wiener Neustadt, wo er von einem Heer der verbündeten Stände belagert wurde, aber erfolgreichen Widerstand leisten konnte. Erneut verweigerte er die Herausgabe des Ladislaus Postumus und übergab diesen seinem Onkel, Graf Ulrich II. von Cilli. Nach längeren Verhandlungen mit den Ständen erreichten diese von Graf Ulrich II. von Cilli die Herausgabe des Ladislaus und feierten ihn in Wien als Landesfürst. Der so mündig gewordene Ladislaus wurde 1453 zum König von Böhmen gekrönt. Die Länder Böhmen, Mähren, Ungarn, Österreich ob der Enns und Österreich unter der Enns kamen noch einmal kurzfristig in eine Hand. Diese noch einmal erreichte Personalunion zerbrach mit dem Tode von Ladislaus Postumus am 23. 11. 1457. Mit ihm starb die albertinische Linie der Habsburger aus.

In Böhmen und Ungarn erfolgte die Wahl nationaler Könige. Georg Podiebrad wurde König von Böhmen und Matthias Hunyadi Corvinus König von Ungarn.

Im Erzherzogtum Österreich brach nun der Streit um die Nachfolge in Österreich ob und unter der Enns aus. 1458 kam es zu einem Vertrag, wonach Kaiser Friedrich III. das Land unter der Enns (Niederösterreich) und sein Bruder, Erzherzog Albrecht VI., das Land ob der Enns (Oberösterreich) zum erblichen

Besitz erhielten. Diese Lösung war möglich geworden, weil Sigismund von Tirol zugunsten Albrechts VI. auf seinen Anteil an den österreichischen Ländern verzichtet hatte. Damit war der Streit zwischen den Brüdern aber nicht beendet. Grundlegende unterschiedliche Auffassungen über die Rechtsgrundlage ihrer Herrschaft führten zum Bruderkrieg. Der Kaiser machte das Ältestenrecht geltend, während Albrecht VI. eine gemeinsame Regierung verlangte. Da Friedrich III. auch den Landfrieden nicht wahren konnte, kam es fast zur Auflösung jeglicher Ordnung. 1462 unternahm Herzog Albrecht VI. den Versuch, gegen seinen Bruder einen Vernichtungsfeldzug zu führen. Mit Unterstützung Böhmens, Ungarns, Tirols und der Eidgenossen belagerte er Wien. Schließlich traten auch die Wiener Bürger, die zunächst kaisertreu geblieben waren, über die Politik und Untätigkeit des Kaisers verärgert, auf die Seite Albrechts und belagerten die Hofburg, in die der Kaiser sich zurückgezogen hatte. Der Böhmenkönig Georg von Podiebrad zwang die Brüder im Vertrag von Korneuburg zu einem Kompromiß. Friedrich III. blieb zwar im Besitz des Landes unter der Enns, mußte aber die Regierung des Landes gegen eine Zahlung von jährlich 4000 Gulden an Albrecht VI. abtreten. Erst der Tod Erzherzog Albrechts VI., der von Friedrich III. geächtet und zum Reichsfeind erklärt worden war, machte dem Bruderkampf ein Ende. Im Vertrag von Wiener Neustadt verzichtete Sigismund von Tirol zugunsten Friedrichs III. auf seinen Anteil am Erbe Albrechts VI., der keine Erben hinterlassen hatte.

Während der Auseinandersetzungen mit Erzherzog Albrecht VI. hatten westungarische Magnaten, die mit König Matthias Corvinus unzufrieden waren, Friedrich III. zum Gegenkönig in Ungarn gewählt. Auch hier konnte der Kaiser sich nicht durchsetzen. In den Verträgen von Ödenburg vom 19. 7. 1463 und Wiener Neustadt vom 24. 7. 1463 mußte der Kaiser Matthias Corvinus anerkennen und diesem die Stephanskrone übertragen. Der Kaiser behielt aber den nominellen Titel »König von Ungarn«. Gleichzeitig kam es zu einem einseitigen Erbvertrag zwischen dem Kaiser und Matthias Corvinus. Nach diesem Erbvertrag sollten Friedrich III. oder seine Nachkommen Ungarn erben, falls Matthias Corvinus oder seine Söhne ohne Erben blieben. Der Kaiser verzichtete auf Ödenburg, konnte aber westungarische Gebiete (heutiges Burgenland) behalten.

Im Jahre 1468 unternahm Kaiser Friedrich III. seine zweite Romreise. In Verhandlungen mit Papst Paul II. erhielt er von diesem die Zusage zur Gründung des bereits im Konkordat von 1448 vereinbarten Bistums Wien. Damit endete die bisherige Betreuung Wiens durch das Bistum Passau.

Die Abwesenheit des Kaisers wurde wieder einmal zu einem Aufstand benutzt. Dieses Mal war es der steirische Adel. Die Aufständischen besetzten große Teile der Steiermark. Führer der Rebellen war Andreas Baumkircher, der sich bis dahin kaisertreu verhalten und große Verdienste erworben hatte. Er sah seine Verdienste nicht genügend durch den Kaiser gewürdigt und belohnt. Erst 1470 kam es zu einer Verständigung. Die Aufständischen wurden von Friedrich III. großzügig begnadigt. Als dem Kaiser jedoch 1471 Gerüchte von einem geplanten Anschlag gegen ihn zu Ohren kamen, wurden Baumkircher und seine Gefährten ohne Gerichtsverfahren in Graz hingerichtet. Nicht nur diesen Auseinandersetzungen, sondern auch den sich nun häufenden Einfällen der Osmanen sah Friedrich III. tatenlos und ziemlich hilflos zu. Er ließ den Dingen ihren Lauf und wandte sich einer ganz anderen Aufgabe zu, deren Lösung für das Haus Habsburg weltgeschichtliche Bedeutung erhalten sollte.

In Begleitung seines Sohnes Maximilian traf Kaiser Friedrich III. sich 1473 in Trier mit Karl dem Kühnen, Herzog von Burgund. Es wurde über eine Verlobung Maximilians mit Maria von Burgund, Tochter und Alleinerbin Karls des Kühnen, verhandelt. Der Erwerb des Burgundischen Reiches, das sich von den Niederlanden über Luxemburg, Lothringen und das Elsaß bis zu den Alpen erstreckte (es entsprach in etwa dem Mittelreich Lothars I. von 843–875), hätte Friedrich III. eine Stärkung seiner Macht gegenüber den Reichsfürsten gebracht. Die geplante Ehe des Kaisersohnes mit Maria von Burgund sollte gleichzeitig den Plan einer Vermählung der Erbin von Burgund mit dem französischen Thronfolger verhindern. Karl der Kühne hatte den Plan des Kaisers durchschaut und verlangte für seine Tochter einen Preis, den zu zahlen der Kaiser nicht bereit war – die römische Königswürde. Da sich auch die Kurfürsten solchen Plänen widersetzten, wartete der Kaiser lieber erst einmal ab, zumal sich auf beiden Seiten ein gewisses Mißtrauen breitgemacht hatte. 1476 war es dann soweit. Erneut hatte das geduldige Abwarten des Kaisers sich gelohnt. Karl der Kühne, in ständige Händel und Fehden verstrickt, bezog verschiedene Niederlagen und wurde auch von den Schweizern besiegt. Der Herzog befand sich in äußerster Bedrängnis, als das Eheversprechen zwischen Kaiser Friedrich III. und Herzog Karl dem Kühnen für ihre Kinder Maximilian und Maria zustande kam. Von einem Preis war seitens Karls des Kühnen keine Rede mehr. Am 6. 1. 1477 fiel Karl der Kühne bei Nancy. Die Herrlichkeit Burgunds fiel an seine Tochter und Alleinerbin, Maria von Burgund, die am 19. 8. 1477 Erzherzog Maximilian heiratete. Diese Ehe brachte den Habsburgern nicht nur einen großen Machtzuwachs, sondern auch einen bedeutenden Ländergewinn. Allerdings zogen sie sich auch die erbitterte Feindschaft Frankreichs zu. Die sich über Jahrhunderte immer wiederholenden Auseinandersetzungen zwischen den »Erbfeinden« Frankreich und Deutschland erwuchsen zum Teil auch aus der Ehe Maximilians mit Maria von Burgund. Die Verbindung Habsburg-Burgund wurde der Grundstein der österreichisch-habsburgischen Weltmacht.

Nach erfolgreichen Kämpfen gegen die Osmanen nahm Matthias Corvinus den Kampf gegen den Kaiser wieder auf. Er besetzte weite Landstriche in Österreich unter der Enns. Nach einer vorübergehenden Beruhigung setzte Matthias Corvinus den Kampf gegen Friedrich III. bis zu seinem Tode fort. Das seit 1483 belagerte Wien wurde 1485 erobert, und Matthias Corvinus regierte bis 1490 in der Wiener Hofburg. Erzherzog Maximilian war mit der Sicherung des burgundischen Erbes seiner Gemahlin beschäftigt und konnte nur wenig zur Unterstützung des Kaisers beitragen. Nach dem Tode seiner Gemahlin kam der

Erzherzog erst recht in erhebliche Schwierigkeiten und konnte erst nach dem Tode von Matthias Corvinus nach Wien eilen und die Wiedereroberung des Landes unter der Enns in Angriff nehmen.

Versuche Sigismunds von Tirol, der ohne Erben geblieben war, Tirol und Vorarlberg an die Wittelsbacher zu verkaufen, wurden von Kaiser Friedrich III. verhindert. Es gelang dem Kaiser, Sigismund von Tirol gegen eine Lebensrente von ca. 50.000 Gulden zu einem Verzicht auf seinen Besitz zu zwingen. Nach 125 Jahren kam der gesamte Länderbesitz der Habsburger wieder in eine Hand.

Im Alter von 78 Jahren starb Kaiser Friedrich III. am 19. 8. 1493 in Linz a. d. Donau. 58 Jahre regierte er in Innerösterreich, 53 Jahre als deutscher König und 41 Jahre als römischer Kaiser. Friedrich III. hatte viele sympathische menschliche Züge. Immer wieder ist ihm der Vorwurf gemacht worden, er habe in den Regierungsgeschäften nachlässig und gleichgültig gehandelt und die Dinge treiben lassen. Daran mag manches wahr sein. Es ist aber ebenso unbestreitbar, daß der Kaiser mit viel Geduld immer wieder die schwierigsten Situationen gemeistert hat und die sich ihm bietenden Sternstunden zum Wohle seines Hauses und Österreichs zu nutzen wußte.

Das übersteigerte Bedürfnis nach kaiserlicher Repräsentation diente ebenso der Erhöhung und dem Ansehen seines Hauses wie der stillschweigend geduldete A. E. I. O. U.-Kult. Diese vom Kaiser erfundene Buchstabenkombination, mit der alle Gegenstände aus kaiserlichem Besitz gekennzeichnet wurden, erhielt unter anderen die Auslegung: »Austria Erit In Orbe Ultima ... Österreich wird ewig bestehen.«

Bis in unser Jahrhundert hat sich diese Buchstabenkombination erhalten. Auf dem Sarkophag des 1962 verstorbenen Herzogs Maximilian von Hohenberg (ältester Sohn des 1914 in Sarajevo ermordeten österreichischen Thronfolgers Franz Ferdinand) wurde das A. E. I. O. U. auf ausdrücklichen Wunsch des Herzogs eingraviert.

Kaiser Friedrich III. konnte am Ende seines Lebens zufrieden sein. Durch den Erwerb Burgunds und die Sicherung der erblichen Ansprüche auf Böhmen und Ungarn hatte er die habsburgische Hausmacht entscheidend vergrößert. Am Ende seines Lebens standen die Wiedervereinigung Österreichs und der beginnende Aufstieg zur Weltmacht.

Die Nachkommen Kaiser Friedrichs III.

1. CHRISTOPH, Erzherzog
   * 16. 11. 1455 in Wiener Neustadt
   † 25. 3. 1456 in Wiener Neustadt
   Grabstätte: Neuklosterkirche – Stadtpfarrkirche Wiener Neustadt

2. MAXIMILIAN I., Erzherzog
   1. ⚭ MARIA, Herzogin von Burgund
   2. ⚭ BIANCA MARIA Sforza, Herzogin von Mailand
   Siehe unter Kaiser Maximilian I.

3. HELENE, Erzherzogin
   * 3. 11. 1460 in Wiener Neustadt
   † 27. 2. 1462 in Wiener Neustadt
   Grabstätte: Neuklosterkirche – Stadtpfarrkirche Wiener Neustadt

4. KUNIGUNDE, Erzherzogin
   * 16. 3. 1465 in Wiener Neustadt
   † 6. 8. 1520 in München
   Grabstätte: In der Krypta des Liebfrauendoms in München
   ⚭ 3. 1. 1487 in München
   ALBRECHT IV., Herzog von Bayern
   Eltern: Albrecht III., Herzog von Bayern, und Anna, Herzogin von Braunschweig-Grubenhagen, Tochter Erichs I., Herzog von Braunschweig-Grubenhagen
   * 15. 12. 1447 in München
   † 18. 3. 1508 in München
   Grabstätte: In der Krypta des Liebfrauendoms in München

   Kunigunde heiratete den Herzog von Bayern gegen den Willen ihres Vaters, aber mit Zustimmung Erzherzog Maximilians. Albrecht versprach sich von dieser Ehe Erbansprüche auf Österreich. Seine Bemühungen, die auf den Erwerb Tirols und Vorderösterreichs gerichtet waren, vereitelte der Kaiser.

5. JOHANNES, Erzherzog
   * 9. 8. 1466 in Wiener Neustadt
   † 10. 2. 1467 in Wiener Neustadt
   Grabstätte: Neuklosterkirche – Stadtpfarrkirche Wiener Neustadt

Kaiser Maximilian I.

Kaiser Maximilian I.

* 22. 3. 1459 in Wiener Neustadt
† 12. 1. 1519 in Wels
Grabstätte: Unter dem Hochaltar der St.-Georgs-Kapelle in der Hofburg Wiener Neustadt, Herzurne im Sarkophag Marias von Burgund

1. ⚭ 19. 8. 1477 in Gent – Schloß Ten Walle
Maria, Herzogin von Burgund
Eltern: Karl der Kühne, Herzog von Burgund, und Isabella, Prinzessin von Bourbon, Tochter Karls I., Herzog von Bourbon
* 13. 12. 1457 in Brüssel
† 27. 3. 1482 in Brügge
Grabstätte: In der Liebfrauenkirche in Brügge/Belgien

2. ⚭ 16. 3. 1494 in Hall i. Tirol
Bianca Maria Sforza, Prinzessin von Mailand
Eltern: Galeazzo Maria Sforza, Herzog von Mailand, und Bona, Prinzessin von Savoyen, Tochter Ludwigs, Herzog von Savoyen
* 5. 4. 1472 in Mailand
† 31. 12. 1510 in Innsbruck
Grabstätte: Sigismundgruft in der Stiftskirche in Stams/Tirol

Wahlspruch: Per tot discrimina rerum = Durch so viele Gefahren

16. 2. 1486 in Frankfurt a. Main zum römisch-deutschen König gewählt.
9. 4. 1486 in Aachen zum römisch-deutschen König gekrönt durch den Kurfürsten und Erzbischof von Mainz Berthold von Henneberg.
7. 11. 1491 Wladislaw V., König von Böhmen und Ungarn, bestätigt Maximilian im Frieden von Preßburg den Titel eines Königs von Ungarn und die Mitherrschaft über das westliche Ungarn.
4. 2. 1508 in Trient Annahme des Titels »Erwählter Römischer Kaiser«, da Venedig den Durchzug nach Rom zur Kaiserkrönung verweigerte.

Erzherzog Maximilian, der einzige überlebende Sohn Kaiser Friedrichs III., verbrachte seine Kindheit in Wiener Neustadt, dort, wo er auch geboren worden war. Mit acht Jahren verlor er seine Mutter Eleonore von Portugal und mußte auf die mütterliche Fürsorge verzichten. Der junge Erzherzog hat nie die Geborgenheit einer Familie kennengelernt und wuchs ziemlich unbekümmert ohne einen Berater oder Erzieher, der ihm Vorbild hätte sein können, heran. Als er die Nachfolge seines Vaters antrat, hatte er bereits 16 sehr bewegte Jahre hinter sich und schmerzliche Erfahrungen sammeln müssen.

Nach dem Tode Herzog Karls des Kühnen von Burgund wurde Erzherzog Maximilian von seiner Braut nach Burgund gerufen. Beide hatten sich noch nie gesehen, doch verband sie, von denen keiner die Sprache des anderen verstand, vom ersten Augenblick ihres Kennenlernens eine tiefe Zuneigung und Liebe. Die Hochzeit wurde am 19. 8. 1477 im Schloß Ten Walle bei Gent ohne großen Prunk gefeiert. Man wußte um die kommenden Schwierigkeiten und Kämpfe mit dem König von Frankreich, der sein begehrliches Auge auf Burgund gerichtet hatte. Schon bald nach der Hochzeit Maximilians brach König Ludwig XI. von Frankreich in die burgundischen Länder ein und ließ sie durch seine Truppen verwüsten und brandschatzen. Erzherzog Maximilian stellte sich dem Kampf um das Erbe seiner Gemahlin und konnte, von den Engländern mit Hilfsgeldern unterstützt, am 7. 8. 1479 bei Guinegate einen glänzenden Sieg gegen die überlegene Streitmacht Ludwigs XI. erringen.

Am 27. 3. 1482 starb Maria von Burgund an den Folgen eines Reitunfalls. Diesen Verlust hat Maximilian bis zu seinem Tod nicht überwinden können. Wenige Tage vor ihrem Tod hatte Maria von Burgund ihre Kinder Philipp und Margarete zu Gesamterben ihres Besitzes eingesetzt und ihren Gemahl zum Vormund bestellt. Die Stellung Maximilians in Burgund wurde nun noch schwieriger. Unterstützt von Frankreich lehnten sich die Burgunder gegen die Vormundschaft Maximilians auf.

In den Erbländern sah es nicht viel besser aus. Während Kaiser Friedrich III. sich in Burgund aufhielt, residierte der König von Ungarn, Matthias Corvinus, in der Wiener Hofburg und hielt weite Teile Österreichs besetzt. Der Unmut der Wiener wurde so groß, daß man nach einem neuen König rief. Nach anfänglichem Zögern gab Kaiser Friedrich III. nach. 1486 erfolgte die Wahl Erzherzog Maximilians zum römisch-deutschen König. Er wurde damit der designierte Nachfolger seines Vaters in der römischen Kaiserwürde.

Nach seiner Wahl zum König zog Maximilian I. gegen den Willen seines Vaters erneut nach Burgund. In Brügge wurde er von den Ständen gefangengenommen. Drei Monate mußte der römisch-deutsche König hinter vergitterten Fenstern verbringen. Unter entwürdigenden Umständen wurde dem eingeschüchterten Maximilian ein Vertrag abgezwungen, in dem er auf Flandern verzichten und die Schutzherrschaft Frankreichs über die burgundischen Länder anerkennen mußte. Erst nach dem Feldzug eines Reichsheeres unter Kaiser Friedrich III. wurde Maximilian I. freigelassen. 1489 schloß er in Frankfurt a. M. mit König Karl VIII. von Frankreich Frieden. Flandern mußte die Regentschaft König Maximilians I. wieder anerkennen.

Die Klärung und Festigung der Machtverhältnisse in Burgund verschafften dem König die notwendige Handlungsfreiheit, die Verhältnisse in Tirol und den Erbländern zu bereinigen. Sein Vetter Sigismund wurde gezwungen, auf Tirol zu verzichten, und Maximilian I. empfing die Huldigung der Tiroler Stände. Tirol wurde mit Innsbruck der Lieblingsaufenthalt des Königs und durfte sich seines besonderen Wohlwollens erfreuen.

Nach dem Tode des in der Wiener Hofburg residierenden Königs von Ungarn zog Maximilian I. unverzüglich nach Wien und begann mit der Wiedereroberung des Landes unter der Enns. Niederösterreich, Steiermark und Kärnten wurden von den Ungarn befreit. Bis nach Stuhlweißenburg, der Krönungsstadt der ungarischen Könige, drangen die Streitkräfte Maximilians I. vor. Der Plan des Königs, ganz Ungarn zu erobern, scheiterte mangels Geld und Söldnern. Der nach dem Tode von Matthias Corvinus in Ungarn zum König gewählte Wladislaw Jagello schloß 1491 mit Maximilian I. den Frieden von Preßburg, der Maximilian den ungarischen Königstitel sowie die Thronfolge in Ungarn und Böhmen sicherte.

Mit König Karl VIII. von Frankreich kam es 1491 zu einem erneuten Konflikt. 1482 war Margarete, die 2jährige Tochter des damaligen Erzherzogs Maximilian, mit dem französischen Thronfolger Karl verlobt und am 24. 4. 1483 nach Amboise gebracht worden. Unter Lösung dieses Verlöbnisses heiratete Karl VIII. 1491 Anna von Bretagne, die 1490 per procuratorem mit König Maximilian I. vermählt worden war. Der König forderte die Mitgift Margaretes, die Freigrafschaft Burgund und die Grafschaft Artois, zurück. Der Streit konnte im Frieden von Senlis am 23. 5. 1493 beigelegt werden. König Karl VIII. mußte eine ehrenvolle Rückkehr Margaretes in die Niederlande sicherstellen und die reiche Mitgift an Habsburg zurückgeben.

Nach dem Tode Kaiser Friedrichs III. trat Maximilian I. auch die Nachfolge im Reich an. Er war nun der unbestrittene Herrscher im Reich und Herr über sämtliche habsburgischen Besitzungen.

Nach dem Vorbild Burgunds führte Maximilian I. zunächst eine Verwaltungsreform in den habsburgischen Erbländern durch und wandelte den bisherigen Lehensstaat in einen Beamtenstaat um. Das Herrschaftsgebiet wurde in zwei selbständige Verwaltungsgebiete geteilt:

Oberösterreich:	*Niederösterreich:*
Grafschaft Tirol	Österreich unter der Enns
Windische Mark	Österreich ob der Enns
Istrien mit Triest	Teile des Salzkammerguts
Grafschaft Görz	Steiermark
Teile Friauls	Kärnten
habsburgische Besitzungen vor dem Arlberg	Krain
Vorderösterreich mit Besitzungen in Schwaben und im Elsaß	

Beide Verwaltungsgebiete erhielten eine eigene Finanzbehörde.

Sitz der Verwaltungsbehörden für Oberösterreich wurde Innsbruck und für Niederösterreich Linz, später Wien.

Vorderösterreich erhielt einen den Behörden in Innsbruck unterstellten Verwaltungssitz in Ensisheim i. Elsaß.

1494 heiratete Maximilian I. Bianca Maria, Tochter des Herzogs Galeazzo Maria Sforza von Mailand. Es war eine politische Heirat, die zugleich den Vorteil hatte, daß sie dem in ständigen Geldnöten schwebenden König eine Mitgift von 300.000 Dukaten in bar brachte. Im Kampf um die Vorherrschaft in Italien zwischen Österreich und Frankreich konnte Maximilian I. dank der ihm auf einem Reichstag in Worms bewilligten Geldmittel die Franzosen aus Mailand vertreiben und bis Pisa vordringen. Zum Schutze Italiens bildeten der König, Papst Alexander VI., Herzog Lodovico il Moro von Mailand, Venedig und König Ferdinand von Aragonien am 31. 3. 1495 die Liga von Venedig, der 1496 auch König Heinrich VII. von England beitrat. Dieses gegen König Karl VIII. von Frankreich gerichtete Bündnis löste sich schon bald wieder auf, und Maximilian I. konnte die Eroberung Mailands 1500 durch den Nachfolger König Karls VIII. nicht verhindern. Letztlich blieb die Politik Maximilians I. in Italien ohne nachhaltigen Erfolg.

Auf dem Reichstag in Worms proklamierte der König die Errichtung eines ewigen Landfriedens, der im Gegensatz zu früheren Landfrieden dauernde Gültigkeit haben sollte. Das feudale Fehderecht und die bewaffnete Selbsthilfe des Adels wurden für rechtswidrig erklärt. Die Bekämpfung schwerer Verbrechen wurde den einzelnen Territorialstaaten zugewiesen. Der ewige Landfriede blieb bis zum Ende des Heiligen Römischen Reiches in Kraft. Als allgemeine Reichssteuer wurde die Einführung des Gemeinen Pfennigs beschlossen. Das bisherige königliche Kammergericht wurde in ein Reichskammergericht umgewandelt. Es war zuständig für das Verbrechen des Landfriedensbruchs und für Prozesse gegen Reichsunmittelbare.

Da die Eidgenossen die Beschlüsse des Wormser Reichstages (Gemeiner Reichspfennig und Reichskammergericht) nicht anerkannten, kam es 1499 zum Schwäbischen Krieg. Am 22. 4. 1499 erklärte Maximilian I. den Eidgenossen den

Reichskrieg. Er kam mit seinem Aufgebot jedoch zu spät und konnte die Niederlage gegen die Eidgenossen nicht mehr verhindern. Der Friede von Basel am 22. 9. 1499 brachte den Schweizern die Freistellung vom Gemeinen Reichspfennig, und das Reichskammergericht wurde für die Schweiz für unverbindlich erklärt. Es war der Beginn der endgültigen Loslösung der Schweiz vom Reich.

Nach dem Aussterben der Grafen von Görz erhielt Maximilian I. aufgrund des Erbvertrages von 1361 die Grafschaft Görz, Teile Osttirols sowie verschiedene Besitzungen im Pustertal, Krain und Friaul. Dadurch verschärften sich die Gegensätze zu Venedig.

Auf die Kaiserkrönung in Rom mußte König Maximilian I. verzichten. Infolge des lang anhaltenden Krieges mit Venedig verweigerte die Adelsrepublik den Durchzug Maximilians I. nach Rom. Daraufhin nahm der König am 4. 2. 1508 im Dom zu Trient den Titel »Erwählter Römischer Kaiser« an, der vom Papst bestätigt wurde. Da die Reichsfürsten dem Kaiser die Unterstützung im Kampf gegen Venedig verweigerten, mußte Maximilian I. im Frieden von Brüssel auf Gebiete im Vorland der Alpen zugunsten Venedigs verzichten, behielt aber seine Eroberungen im Alpenland.

Maximilians Bedeutung für das Haus Habsburg liegt nicht zuletzt in seinen ständigen Bemühungen, durch eine weit ausgreifende Heirats- und Vertragspolitik die Macht des Hauses Habsburg zu stärken, getreu dem Matthias Corvinus zugeschriebenen Ausspruch:

»Bella gerant fortes, tu felix Austria nube.
Nam quae Mars aliis, da tibi regnat Venus.«
»Die Mächtigen führen Kriege, du, glückliches Österreich, heiratest.
Was den anderen der Krieg gibt, das schenkt dir die Liebe.«

1494 schloß Maximilian I. sein Bündnis mit den katholischen Majestäten Spaniens König Ferdinand und Königin Isabella. Als Garant dieses Bündnisses wurden die Kinder Maximilians I. – Erzherzog Philipp I. und Erzherzogin Margarete – mit den Kindern des spanischen Königshauses – Infant Johann und Infantin Johanna – vermählt. Es war eine der weit vorausschauenden politischen Entscheidungen, die heute so selten geworden sind. Es war auch eine gegen Frankreich gerichtete Entscheidung. Die Könige Frankreichs nannten sich zwar die »Allerchristlichsten Könige«, kannten jedoch keine Skrupel, mit den Osmanen jene unheilige Allianz zu bilden, die sich gegen das christliche Abendland richtete und dieses oft genug in äußerste Gefahr brachte. Durch die habsburgisch-spanische Doppelvermählung wurde die Erbfolge in Spanien abgesichert und die Habsburger Weltmachtstellung begründet.

Nicht weniger bedeutend war die habsburgisch-jagellonische Doppelhochzeit. Der 1491 in Preßburg zwischen Maximilian I. und König Wladislaw IV. von Böhmen (als König von Ungarn Wladislaw II.) geschlossene Erbvertrag sah vor, daß die Kronen Böhmens und Ungarns an das Haus Habsburg fallen sollten, wenn Wladislaw ohne Erben bleiben sollte. Da Wladislaw aus seiner Ehe mit Anna von Foix zwischenzeitlich die 1503 geborene Tochter Anna und den 1506 geborenen

Sohn Ludwig als Nachkommen hatte, wurden die Vereinbarungen von Preßburg 1506 in Wien durch konkrete Heiratspläne erweitert und gefestigt. Maximilian I. schlug nun vor, den Sohn Wladislaws mit seiner Enkelin Maria und Wladislaws Tochter Anna mit einem noch zu bestimmenden Enkel des Kaisers zu vermählen. Auf dem Fürstenkongreß in Wien kam es am 22. 7. 1515 im Stephansdom zu dem Verlöbnis der habsburgischen und jagellonischen Thronanwärter. Der Kaiser selbst legte neben der 12jährigen Prinzessin Anna von Böhmen das Versprechen ab, die Prinzessin selbst zur Frau zu nehmen und zur Kaiserin zu machen, falls innerhalb eines Jahres nicht einer seiner Enkel – Ferdinand oder Karl – die Eheerklärung abgegeben habe. Die geforderte Erklärung wurde 1516 von Erzherzog Ferdinand abgegeben. Diese Doppelverlobung und die spätere Doppelvermählung schafften die politische Voraussetzung, die zur Begründung der österreichisch-ungarischen Monarchie führte.

Im Sommer 1478 hatte sich Maximilian I. zum Oberhaupt des Ordens vom Goldenen Vlies bestellt. Der Orden war 1429 von Herzog Philipp dem Guten, dem Großvater Marias von Burgund, anläßlich seiner Hochzeit mit Isabella von Portugal gegründet worden. Nach dem Ableben des letzten Herzogs von Burgund ging der Orden auf Maria von Burgund und nach ihrem Tod auf ihren Sohn Philipp den Schönen über. Da Philipp noch minderjährig war, führte Maximilian I. die Vormundschaft im Orden. Von Maximilian an war stets ein Habsburger Großmeister des Ordens. In der Erbfolge rangierte das jeweilige Oberhaupt des spanischen Zweiges der Habsburger vor dem österreichischen Zweig. Nach dem Erlöschen der spanischen Linie der Habsburger beanspruchten sowohl Philipp V. aus dem Hause Bourbon als auch Karl III. (Kaiser Karl VI.) die Führung des Ordens, an dessen alte Statuten sich bis heute nur der österreichische Zweig des Ordens vom Goldenen Vlies gehalten hat. Die Edelleute, aus denen dieser höchst exklusive Ritterorden bestand – gentilhommes de nom et d'armes et sans reproche – Männer von Namen, wappenführend und ohne Fehl – schworen, ihrem Herrscher unerschütterlich treu zu sein und die Insignien des Ordens jederzeit deutlich sichtbar zu tragen: eine goldene, mit Steinen besetzte Gliederkette, von der das Abbild des Vlieses herabhängt. Der Ordensschatz wurde 1794 nach Wien überführt.

Noch einmal versuchte der Kaiser, die Landesverwaltung weiter zu vereinheitlichen. Zu diesem Zweck berief er den Generallandtag nach Innsbruck, das dem Kaiser den Einzug verwehrte. Auf der Rückreise nach Wien starb »der letzte Ritter« am 12. 1. 1519 in Wels.

Von Wels wurde der Leichnam nach Wien gebracht, wo am 28. 1. 1519 im Stephansdom die Totenfeier stattfand. Entsprechend den Bestimmungen seines Testaments erfolgte die Beisetzung des Kaisers unter dem Hochaltar der St.-Georgs-Kapelle der Burg in Wiener Neustadt. Sein Herz aber wurde seinem Wunsch entsprechend nach Brügge gebracht und im Sarkophag Marias von Burgund, der geliebten und unvergessenen Frau seiner Jugendtage, beigesetzt. Das vor seinem Tod vom Kaiser in Auftrag gegebene prächtige und wohl schönste

Grabmal eines deutschen Kaisers diesseits der Alpen in der Hofkirche in Innsbruck blieb leer.

Das Leben Kaiser Maximilians I. wurde von drei Gedanken beherrscht, die ihn immer wieder beschäftigten: das Heilige Römische Reich, das Haus Habsburg und seine eigene Person.

Sein Reichsgedanke entsprach dem der Kaiser Karl dem Großen und Otto dem Großen.

Der Glaube des Kaisers an die Mission des Hauses Habsburg war in dem Glauben an die uralte Herkunft seines Geschlechts begründet. Von Maximilian I. an sprach man in Deutschland vom »Haus Österreich«, in Spanien von der »Casa de Austria« und in Frankreich vom »Maison d'Autriche«. Die Weltmachtstellung des Hauses Habsburg wurde von Maximilian I. begründet. Sein Enkel Karl sollte der Vollender werden.

Die angeborene Prachtliebe des Kaisers war ein Erbteil seiner Mutter Eleonore von Portugal, die an Pracht und Luxus in ihrer Heimat gewöhnt war und sich mit den landesfürstlichen Verhältnissen in Österreich nie abfinden konnte. Maximilian I. war davon überzeugt, eine umfassende Kenntnis auf allen Wissensgebieten zu haben. Entsprechend schätzte er seine eigene Persönlichkeit ein. Nicht frei von Popularitätssucht und Eitelkeit, trug er sich in seinen späten Jahren ernstlich mit dem Gedanken, sich zum Papst wählen zu lassen und so die weltliche und geistliche Gewalt in einer Hand zu vereinigen. Er verlangte Ehrenbezeigungen, weil er letztlich alle Mühsal auf sich nahm. Beeinflußt von Burgund, entwickelte er Österreich zu einem der ersten Kulturländer Europas.

Die Nachkommen Kaiser Maximilians I.

1. PHILIPP I. »der Schöne«, Erzherzog, König von Kastilien 1504–1506
* 22. 7. 1478 im Schloß zu Brügge
† 25. 9. 1506 in Burgos
Grabstätte: Krypta der königlichen Kapelle in der Kathedrale in Granada

⚭ 21. 8. 1496 in Lille
JOHANNA, Infantin von Kastilien-Aragonien
Eltern: Die katholischen Könige Ferdinand I., König von Aragonien, und Isabella I., Königin von Kastilien, Tochter Johanns II., König von Kastilien
* 6. 11. 1479 in Toledo
† 13. 4. 1555 in Tordesillas
Grabstätte: Krypta der königlichen Kapelle in der Kathedrale in Granada

Nach dem Tode seiner Mutter, Maria von Burgund, erbte Philipp I. die burgundischen Länder und wurde 1482 mit vier Jahren Herzog von Burgund. Der von den burgundischen Ständen eingerichtete Regentschaftsrat wurde von Maximilian I., der als Vormund Philipps I. die Regierung übernahm, ausgeschaltet. Von seinem Vater mit 16 Jahren für volljährig erklärt, übergab dieser seinem Sohn die Regierung in den Niederlanden. Die Bemühungen Maximilians I., eine gegen Frankreich gerichtete Verbindung zu Spanien herzustellen, führten zu der habsburgisch-spanischen Doppelheirat Philipps I. mit Johanna von Kastilien-Aragonien und der Tochter Maximilians I. mit Johann von Kastilien-Aragonien. Da dieser bereits 1497 starb, wurde Johanna Erbin von Kastilien-Aragonien.
Nach dem Tode Isabellas I. von Kastilien beanspruchte deren Gemahl König Ferdinand von Aragonien die alleinige Regentschaft, die er jedoch mit Philipp I. und seiner Gemahlin teilen mußte. Mit Unterstützung des kastilischen Adels erreichte Philipp I. 1506 die alleinige Regierung, die ohne praktische Bedeutung blieb, da der König wenige Monate später starb. Seine Söhne, Kaiser Karl V. und Kaiser Ferdinand I., sollten das 16. Jahrhundert entscheidend beeinflussen.
Nach dem Tode Philipps I. verfiel seine Gemahlin Johanna dem Wahnsinn und lebte bis zu ihrem Tode zurückgezogen in Tordesillas. Ihr Vater übernahm für die unglückliche Johanna die Regierung und nach dessen Tod ihr Sohn Kaiser Karl V.

2. Margarete, Erzherzogin
* 10. 1. 1480 in Brüssel
† 30. 11. 1530 in Mecheln
Grabstätte: Marmorsarkophag in der Kirche in Bourg-en-Bresse/Frankreich

1. ∞ 3. 4. 1497 in Burgos
Johann, Infant von Kastilien-Aragonien
Eltern: Die katholischen Könige Ferdinand I., König von Aragonien, und Isabella I., Königin von Kastilien, Tochter Johanns II., König von Kastilien
* 28. 6. 1478 in Burgos
† 4. 10. 1497 in Burgos
Grabstätte: Dominikanerkloster Santo Tomás in Avila

2. ∞ 2. 12. 1501 in Romainmôtier/Frankreich
Philibert II., Herzog von Savoyen
Eltern: Philibert, Herzog von Savoyen, und Margarethe, Prinzessin von Bourbon, Tochter Karls I., Herzog von Bourbon
* 10. 4. 1480 in Chambéry
† 10. 9. 1504 auf Schloß Pont d'Ain in Bourg-en-Bresse
Grabstätte: Marmorsarkophag in der Kirche in Bourg-en-Bresse/Frankreich

Bereits mit zwei Jahren wurde Margarete mit dem Dauphin Karl von Frankreich verlobt. Auf Verlangen des französischen Königs wurde die junge Prinzessin am 24. 4. 1483 nach Amboise gebracht, wo sie die nächsten zehn Jahre verbringen sollte. Die nicht vollzogene Ehe mit dem Dauphin wurde gelöst, als dieser 1491 Anna von Bretagne heiratete, die 1490 per procuratorem mit dem Vater Margaretes vermählt worden war. Margarete war alt genug, zu erkennen, welche Schmach ihr zugefügt worden war. Sie hatte den Wunsch, sofort nach Burgund zurückzukehren, wurde aber von den Franzosen als Pfand zurückgehalten. Erst im Juni 1493 wurde ihr die Rückkehr nach Burgund gestattet. Bei Margarethe von York, der Witwe Herzog Karls des Kühnen, die rührend um ihre Enkelin besorgt war, fand sie Aufnahme. Erst 1494 traf sie wieder mit ihrem Vater, der inzwischen die römisch-deutsche Königswürde trug, zusammen.
Drei Jahre später kam es zu der habsburgisch-spanischen Doppelhochzeit, und Margarete wurde mit Johann, Infant von Kastilien-Aragonien, vermählt. Bereits sechs Monate nach der Hochzeit starb Johann. Während der Witwenjahre am spanischen Hof blieb das Königspaar Margarete in herzlicher Zuneigung verbunden. Oft reiste sie mit der Königin nach Avila, um das Grab ihres Gemahls aufzusuchen. Hier traf sie auch den Großinquisitor Torquemada und erfuhr von den Greueln

der Inquisition, denen sie verständnislos gegenüberstand. Sie war entsetzt über die Grausamkeiten, mit denen die Kirche Menschen verfolgte, die einer anderen als der katholischen Religion angehörten oder eine abweichende Meinung gegenüber der offiziellen Lehre der Kirche vertraten. Margaretes spätere Bemühungen, in ihrem Urteil vorsichtig zu sein und stets die Vermittlung zu suchen, dürfte in den spanischen Erlebnissen um den Großinquisitor Torquemada ihre Wurzeln haben.

Im Herbst 1499 erhielt Margarete die Erlaubnis, Spanien zu verlassen. Ihr Vater hatte auf eine schnelle Heimkehr gedrängt, damit sie die Patenschaft über das zweite zu erwartende Kind ihres Bruders Philipp übernehme. Am 4. 3. 1500 traf Margarete in Gent ein und nahm am 7. 3. 1500 in der Kirche St. Jean an der Taufe ihres Neffen Karl als Patin teil. Am Tage darauf leistete sie den Verzicht auf alle Ansprüche als Infantin von Spanien und zog sich auf das ihr von ihrem Bruder zur Verfügung gestellte Schloß Quesnoy zurück.

Neue Pläne Maximilians I., Margarete wieder zu verehelichen, zielten, da geeignete Könige nicht zur Verfügung standen, auf das Haus Savoyen. Als Ende 1499 die junge Gemahlin Herzog Philiberts von Savoyen starb, nahmen die Heiratspläne konkrete Formen an. Die Verhandlungen zogen sich bis 1501 hin. Dann setzte Philipp I. seine Schwester in Kenntnis und forderte ihr die Erklärung ab, daß sie diese Ehe »ohne Zwang und Überredung« eingehe. Margarete verweigerte zwar die Unterschrift, beugte sich aber dem Willen ihres Vaters und ihres Bruders. Um die Ebenbürtigkeit herzustellen, wurde Philibert in den Orden vom Goldenen Vlies aufgenommen. Am 2. 12. 1501 um Mitternacht nahm der Bischof Louis de Correvod in der Kirche von Romainmôtier die Trauung des Paares vor.

Ihrem Gatten in allen Belangen überlegen, übernahm Margarete die Regierungsgeschäfte in dem Herzogtum Savoyen. Tolerant gegenüber Andersdenkenden, außenpolitisch neutral gegenüber Deutschland und Frankreich, regierte sie mit geschickter Hand. Ihrem Gatten zugetan und von diesem verehrt, hatte die Herzogin das Glück gefunden, das ihr das Schicksal bisher vorenthalten hatte. Dieses Glück sollte wiederum nicht von Dauer sein. Nach einem Jagdunfall starb der Herzog im September 1504.

In Erfüllung eines Gelübdes der Mutter Philiberts baute Margarete in Bourg ein Kloster und die großartige spätgotische Kirche, in der Philibert beigesetzt wurde.

Zwei Jahre nach dem Tode ihres Gemahls Philibert starb auch Margaretes Bruder Philipp I. Erneut änderte sich das Leben der Herzogin-Witwe. Ihr Vater berief sie zur Regentin der Niederlande, und wiederum folgte Margarete ohne Widerspruch. In Mecheln richtete sie ihren Hof ein, der der altburgundischen Tradition entsprach. Sie holte ihre zu Waisen gewordenen Nichten Eleonore, Isabella und Maria sowie ihren Neffen Karl an ihren Hof, wo die Erziehung der Kinder erfolgte. Sie fanden in Margarete eine wahre Mutter, die sich schnell das Vertrauen der Kinder erwarb.

Von der Zuneigung der Niederländer getragen, regierte sie das Land mit glücklicher Hand und wurde ihrem Vater und später ihrem Neffen Karl eine unentbehrliche Ratgeberin. Die Regentin erwies sich auch als geschickte Diplomatin. Auf ihre Initiative geht die Bildung der Liga von Cambrai – das Offensivbündnis Papst Julius' II., Kaiser Maximilians I., König Ludwigs XII. von Frankreich und König Ferdinands von Aragonien gegen Venedig – am 10. 12. 1508 zurück.

Nach der Niederlage der Franzosen im zweiten Krieg Kaiser Karls V. gegen König Franz I. von Frankreich lehnten beide Parteien es ab, miteinander zu verhandeln. Kurz entschlossen nahm Margarete Verhandlungen mit der Herzogin Luise von Savoyen, der Mutter des französischen Königs, über einen Frieden auf. So kam am 5. 8. 1529 der Friede von Cambrai (Damenfrieden) zustande, der den Verzicht Frankreichs auf Burgund, Mailand, Genua, Neapel und auf die Souveränität über Flandern und Artois brachte. Kaiser Karl V. erhielt dadurch freie Hand in Italien.

Ein altes Beinleiden – mit starkem Fieber einhergehend – warf die Regentin Ende November 1530 aufs Krankenlager. Sie sollte sich von ihrer Krankheit nicht mehr erholen. Schriftlich nahm sie am 30. 11. 1530 von Kaiser Karl V. Abschied. Der Brief ist es wert, festgehalten zu werden, da er mehr über diese edle Fürstin aussagt, als es Worte vermögen.

»Monseigneur, die Stunde ist gekommen, da ich Euch nicht mehr mit eigener Hand schreiben kann, denn ich befinde mich so schlecht, daß zweifellos mein Leben nur noch kurz sein wird. Versehen und im Gewissen beruhigt, hinterlasse ich Euch Eure Länder, die ich in Eurer Abwesenheit nicht nur gehütet, sondern erheblich gemehrt habe, und gebe Euch deren Regierung zurück, die ich loyal ausgeübt, so daß ich dafür von Gott Vergeltung, von Euch Zufriedenheit und von Euren Untertanen Anerkennung erhoffe. Euch angelegentlichst den Frieden empfehlend, besonders mit den Königen von Frankreich und England, sage ich Euch das letzte Lebewohl.«

Um die Mitternachtsstunde des gleichen Tages starb die Regentin. An der Seite des von ihr unvergessenen Gemahls Philibert fand sie ihre letzte Ruhestätte. In die Geschichte ist sie eingegangen als »Margarete von Österreich«.

3. Franz, Erzherzog

* 2. 9. 1481 in Brüssel

† 26. 12. 1481 in Brüssel

Grabstätte: In der 1773 zerstörten Kirche St. Jakob du Coudenberg/ Belgien

Die Nachkommen Philipps I. »des Schönen«

1. Eleonore, Erzherzogin

* 15. 11. 1498 in Brüssel

† 18. 2. 1558 in Talaveruela/Spanien

Grabstätte: Monasterio de San Lorenzo de el Escorial – Pantheon der Infanten

1. ⚭ 7. 3. 1519 in Lissabon

Manuel I., König von Portugal a. d. H. Aviz 1495–1521

Eltern: Fernando, Herzog von Viseu, und Beatrix, Infantin von Portugal, Tochter Johannes', Prinz von Portugal

* 1. 6. 1469 in Lissabon

† 13. 12. 1521 in Lissabon

Grabstätte: Kirche Santa Maria beim Jeronimuskloster in Lissabon

2. ⚭ 5. 8. 1530 in Paris

Franz I., König von Frankreich a. d. H. Valois 1515–1547

Eltern: Karl, Graf von Angoulême, und Luise, Prinzessin von Savoyen, Tochter Philipps I., Herzog von Savoyen

* 12. 9. 1494 in Cognac

† 31. 3. 1547 in Rambouillet

Grabstätte: Kathedrale von Saint Denis b. Paris

2. Karl I., Erzherzog

⚭ Isabella von Portugal

Siehe unter Kaiser Karl V.

3. Isabella, Erzherzogin

* 18. 7. 1501 in Gent

† 19. 1. 1526 in Lierre (Lier)/Belgien

Grabstätte: St.-Knuds-Kirche in Odense/Dänemark

⚭ 12. 8. 1515 in Oslo

Christian II., König von Dänemark 1513–1523

Eltern: Johann I., König von Dänemark, und Christine, Prinzessin von Sachsen, Tochter Ernsts, Kurfürst von Sachsen

* 2. 7. 1481 in Nyborg

† 25. 1. 1559 in Kalundborg

Grabstätte: St.-Knuds-Kirche in Odense/Dänemark

Nach der per procuratorem in Brüssel erfolgten Vermählung Isabellas mit König Christian II. von Dänemark reiste die 14jährige Erzherzogin im Sommer 1515 in Begleitung einer dänischen Gesandtschaft in ihre neue Heimat, wo die Ehe, die für Isabella ein leidvoller Weg werden sollte, vollzogen wurde. Christian II. hatte in Oslo die niederländische Wirtin Willems kennengelernt und nahm sie mit nach Kopenhagen. Isabella mußte dieses offene Verhältnis ihres Gemahls, das sie aufs tiefste verletzte, hinnehmen und dulden.
Der König verstand es, sich schon bald innerhalb der nordischen Union mit allen zu überwerfen. Am 14. 4. 1523 mußte er mit Frau und Kindern fliehen und suchte in der Heimat Isabellas Zuflucht. Er wurde für die Niederländer ein höchst unerwünschter Gast. Auch die Bemühungen Isabellas, bei ihrem kaiserlichen Bruder Unterstützung für ihren Gemahl zu finden, scheiterten. Als 1524 auch Kopenhagen verlorenging, fiel die letzte Stütze des Dänenkönigs. Als Emigrant lebte er fortan mit seiner Familie in dem Städtchen Lierre (Lier). Die Rückkehr nach Dänemark erlebte Isabella nicht mehr.

4. Ferdinand I., Erzherzog
ꝏ Anna, Prinzessin von Böhmen und Ungarn
Siehe unter Kaiser Ferdinand I.

5. Maria, Erzherzogin
* 17. 9. 1505 in Brüssel
† 18. 10. 1558 in Cigales bei Valladolid
Grabstätte: Monasterio de San Lorenzo de el Escorial – Pantheon der Infanten

ꝏ 13. 1. 1522 in Prag
Ludwig II., König von Böhmen und Ungarn a. d. H. Jagello
Eltern: Wladislaw II., König von Ungarn, als IV. König von Böhmen, und Anna, Gräfin von Foix, Tochter Gastons II., Graf von Foix
* 1. 7. 1506 in Prag
† 29. 8. 1526 bei Mohács, gefallen
Grabstätte: Basilika in Stuhlweißenburg/Ungarn

Unter der Leitung ihrer Tante Margarete von Österreich wuchs Maria am Brüsseler Hof in Mecheln auf. Von ihrem Großvater, Kaiser Maximilian I., wurde sie bereits Anfang 1506 dem noch nicht geborenen Sohn König Wladislaws von Böhmen und Ungarn versprochen. Auf dem Fürstenkongreß in Wien kam es am 22. 7. 1515 im Stephansdom zum offiziellen Verlöbnis der habsburgischen und jagellonischen Thronanwärter. Die Vermählung Marias mit König Ludwig II. von Ungarn war bereits von den drohenden Türkenkriegen überschattet. Am 28. 7. 1526 eroberte Sultan Süleiman Peterwardein und zog entlang der Donau auf Ofen zu. In der Ebene von Mohács kam es zur Schlacht. Das weit

unterlegene Heer des ungarischen Königs wurde vernichtend geschlagen. König Ludwig II. ertrank auf der Flucht. Da Ludwig kinderlos starb, traten die Erbverträge des Wiener Fürstenkongresses in Kraft. Ferdinand I. konnte sich in Böhmen durchsetzen. In Ungarn kam es durch die Doppelwahl von 1527 zu langwierigen Kämpfen mit dem siebenbürgischen Fürsten Johann Zápolya. Die Königin-Witwe Maria stellte sich ganz in den Dienst ihres Bruders Ferdinand und versuchte, die Geschehnisse in Ungarn nach bestem Vermögen und mit viel Geschick zu beeinflussen.
Nach dem Tode Margaretes von Österreich stellte sich für Kaiser Karl V. die Frage der Nachfolge in den Niederlanden. Er entschied sich für seine Schwester Maria, die am 3. 1. 1531 berufen wurde. Der Kaiser ließ es sich nicht nehmen, seine Schwester vor den zusammengerufenen Generalständen der Niederlande persönlich in ihr Amt einzuführen. Die Zusammenarbeit führte zu dem gleichen Vertrauensverhältnis, das den Kaiser mit seiner Tante Margarete verbunden hatte. Für den Fall seines Ablebens übertrug der Kaiser Maria alle Regentschafts- und Vormundschaftsrechte. In allem die weltweiten Interessen ihres kaiserlichen Bruders fördernd, wurde ihre Regierungszeit zu einer Ära wirtschaftlicher und kultureller Blüte in den Niederlanden.
Zusammen mit dem Kaiser trat sie 1555 von ihrem Amt zurück. Später wurde sie von ihrem Neffen, König Philipp II. von Spanien, erneut zur Regentin der Niederlande berufen. Ihr plötzlicher Tod verhinderte den erneuten Regierungsantritt in den Niederlanden.

6. Katharina, Erzherzogin

* 14. 1. 1507 in Torquemada/Spanien
† 12. 2. 1578 in Lissabon
Grabstätte: Kirche Santa Maria beim Jeronimuskloster in Lissabon

⚭ 15. 2. 1525 in Lissabon
Johann III., König von Portugal a. d. H. Aviz 1521–1557
Eltern: Manuel I., König von Portugal, und Maria, Infantin von Aragonien, Tochter Ferdinands V., König von Aragonien
* 6. 6. 1502 in Lissabon
† 11. 6. 1557 in Lissabon
Grabstätte: Kirche Santa Maria beim Jeronimuskloster in Lissabon

Katharina wurde mit ihrem Bruder Ferdinand am spanischen Hof erzogen. Als Karl V. 1517 nach Spanien kam, galt sein erster Besuch seiner ihm bis dahin unbekannten Mutter. In seiner Begleitung befand sich seine Schwester Eleonore. Bei der Mutter in Tordesillas sah er auch erstmals seine Schwester Katharina, die bei ihrer in geistiger Umnachtung dahindämmernden Mutter lebte. Um Katharina eine fürstliche Erziehung zu ermöglichen, beschlossen die Geschwister, sie von der

Mutter zu trennen. Katharina kehrte aber schon nach kurzer Zeit zurück, da die Mutter die Trennung nicht überwinden konnte. Nun erhielt Katharina einen eigenen Hofstaat, der über eine standesgemäße Erziehung zu wachen hatte. In den Wahlverhandlungen, die der Kaiserwahl vorausgingen, hatte Karl V. seine Schwester Katharina zunächst dem Kurprinzen von Brandenburg versprochen. Es ist kaum anzunehmen, daß der Kaiser die gemachten Versprechungen ernst genommen hat. Habsburger Prinzessinnen waren für Könige und Kaiser bestimmt. So heiratete Katharina schließlich den König von Portugal. Nach dem Tode ihres Gemahls übernahm die Königin aufgrund einer Entscheidung des Kaisers die Vormundschaft über ihren noch nicht mündigen Enkel Sebastian.

Kaiser Karl V.

Kaiser Karl V.

* 24. 2. 1500 in Gent
† 21. 9. 1558 in San Jeronimo de Yuste
Grabstätte: Monasterio de San Lorenzo de el Escorial – Pantheon der Könige

⚭ 10. 3. 1526 in Sevilla
Isabella, Infantin von Portugal
Eltern: Manuel I., König von Portugal, und Maria, Infantin von Aragonien, Tochter Ferdinands V., König von Aragonien
* 4. 10. 1503 in Lissabon
† 1. 5. 1539 in Toledo
Grabstätte: Monasterio de San Lorenzo de el Escorial – Pantheon der Könige

Wahlspruch: Plus ultra = Immer weiter

23. 1. 1516 als Karl I. König von Spanien.
28. 6. 1519 in Frankfurt a. M. zum römisch-deutschen König gewählt.
23. 10. 1520 in Aachen zum römisch-deutschen König gekrönt durch den Kurfürsten und Erzbischof von Köln Hermann V. Graf von Wied-Runkel.
26. 10. 1520 Bekanntgabe der Einwilligung Papst Leos X. zur Annahme des Titels »Erwählter Römischer Kaiser«.
22. 2. 1530 In Bologna Empfang der »Eisernen Krone« der Langobarden aus den Händen Papst Clemens' VII.
24. 2. 1530 In Bologna in der Kirche San Petronio zum »Römischen Kaiser« gekrönt durch Papst Clemens VII.
Die Krönung Kaiser Karls V. war die letzte Krönung eines Kaisers des Heiligen Römischen Reiches Deutscher Nation durch den Papst.
22. 10. 1555 Bekanntgabe der Abdankung als Souverän des Ordens vom Goldenen Vlies.
25. 10. 1555 In einem feierlichen Staatsakt in Brüssel gab Kaiser Karl V. seine Abdankung bekannt.
12. 9. 1556 Niederlegung der römischen Kaiserkrone zur Verfügung seines Bruders Ferdinand.

Als König Philipp I. »der Schöne« von Kastilien 1506 in Burgos verstarb, war sein ältester Sohn, Erzherzog Karl, sechs Jahre alt. Mit seinen Geschwistern Eleonore, Isabella und Maria wuchs er unter der Obhut seiner Tante, Margarete von Österreich, heran. Diese kluge Fürstin verstand es, unter den wallonischen Edelleuten hervorragende Erzieher und Berater für den jungen Erzherzog zu gewinnen. Unter ihnen nahm der an der Universität zu Löwen lehrende Niederländer Professor Adrian Florszoon aus Utrecht, der spätere Papst Hadrian VI., eine bevorzugte Stellung ein. Für den Herzog von Burgund und Erben der Niederlande übernahm Margarete die Regentschaft und führte sie mit großem Erfolg. Man kann nur ahnen, was Karl seiner Tante alles zu verdanken hat.

Am 5. 1. 1515 wurde die Großjährigkeit Erzherzog Karls am Hof zu Brüssel proklamiert. Der junge Herrscher trat die Huldigungsfahrt durch die Niederlande an und wurde überall jubelnd empfangen. Die Nachfolge seines Vaters als König von Kastilien konnte er noch nicht antreten. Aufgrund bestehender Verträge wurde Erzherzog Karl in Kastilien durch seinen Großvater Ferdinand vertreten.

Fast zur gleichen Zeit gab es eine Veränderung auf dem französischen Thron. Auf den am 1. 1. 1515 verstorbenen König Ludwig XII. folgte König Franz I., der eine besondere Rolle im Leben Karls spielen sollte.

Ein Jahr nach der Großjährigkeitserklärung Erzherzog Karls fand in der Kirche St. Gudule in Brüssel die prunkvolle Trauerfeier für seinen Großvater, König Ferdinand von Aragonien, statt, der am 23. 1. 1516 verstorben war. Nachdem während der Trauerfeier die Königsstandarte von Aragonien eingeholt worden war, verkündete der Herold des Ordens vom Goldenen Vlies den Regierungsantritt des katholischen Königs Karl I. von Spanien, der am 13. 3. 1516 offiziell in Brüssel proklamiert wurde. Da seine Mutter Johanna auf ihre Rechte noch nicht verzichtet hatte, forderten die Regenten in Spanien die Proklamation König Karls I. auch in Spanien. Zunächst aber suchte der König den Ausgleich mit Frankreich, der im Vertrag von Noyon am 13. 8. 1516 zustande kam. Neben der Versicherung gegenseitiger Freundschaft vereinbarte man die Vermählung der einjährigen Tochter des französischen Königs mit König Karl I. Als Mitgift sollte die Braut die französischen Ansprüche auf Neapel erhalten. König Karl I. versprach die Zahlung von jährlich 100.000 Kronen an Frankreich bis zur Heirat und jährlich 50.000 Kronen bis zur Geburt eines Kindes. Nach langen Verhandlungen trat auch Kaiser Maximilian I. diesem Vertrag am 3. 12. 1516 bei. Nach Abschluß der Vereinbarungen glaubte König Karl I., seine Interessen in den Niederlanden und Burgund soweit abgesichert zu haben, daß er nunmehr unbesorgt die Regierung in Spanien antreten konnte. Am 8. 9. 1517 segelte Karl I.

mit seiner Schwester Eleonore und einem großen Gefolge von Vlissingen aus nach Spanien, wo er Ende September bei Villaviciosa landete.

Bevor der König die Huldigung in Spanien entgegennahm, besuchte er am 4. 11. 1517 mit der Erzherzogin Eleonore seine ihm bis dahin unbekannte Mutter in Tordesillas. Verständlicherweise hatte der junge Herrscher zu seiner Mutter kein besonderes Verhältnis. In Tordesillas lernte er auch seine 10jährige Schwester Katharina kennen und sorgte für ihre fürstliche Erziehung.

Nachdem Karl I. seiner Mutter die Vollmacht abgezwungen hatte, an ihrer Stelle die Regierung zu führen, nahm er in Valladolid die Huldigung entgegen. Hier traf er erstmals seinen am spanischen Hof erzogenen Bruder Ferdinand, der nach einer alten Vereinbarung Spanien nach dem Eintreffen König Karls I. verlassen sollte. So wurde jede Parteinahme für den in Spanien erzogenen Infanten Ferdinand seitens der Spanier vermieden. Erzherzog Ferdinand reiste schon bald in die Niederlande, wo er von seiner Tante Margarete liebevoll empfangen wurde.

Ende Jänner 1519 erhielt der in Lérida tagende spanische Hof die Nachricht vom Tode Kaiser Maximilians I. Dessen Bemühungen, seinen Enkel Karl noch zu seinen Lebzeiten zum römisch-deutschen König wählen zu lassen, waren erfolglos geblieben. König Karl I., der nun auch Herr über die österreichischen Länder war, ließ sofort erkennen, daß er beabsichtigte, das Kaisertum anzustreben. Zunächst aber blieb die Nachfolge im Reich in der Schwebe. Als König Franz I. von Frankreich gleichfalls seinen Anspruch auf die Kaiserkrone anmeldete, begann ein monatelanges Feilschen mit den Kurfürsten. Von Frankreich aus flossen erhebliche Geldmittel an die Kurfürsten, um sie für die Wahl des französischen Königs geneigt zu machen. Unterstützung erhielt König Franz I. auch durch Papst Leo X. Der neunzehnjährige Karl zeigte sich nicht weniger skrupellos. Seine Verbindungen zu dem Bankhaus Fugger in Augsburg brachten letztlich die Entscheidung. Mit 800.000 Gulden, die das Bankhaus zur Verfügung gestellt hatte, wurden die Kurfürsten bestochen (Handsalben nannte man das), und der Wahl König Karls I. von Spanien zum römisch-deutschen König stand nichts mehr im Wege. Die Wahl erfolgte am 28. 6. 1519 in Frankfurt a. M. Da das Eheversprechen Karls gegenüber der Tochter Franz' I. aus dem Vertrag von Noyon noch bestand, überwand der französische König seine Enttäuschung und tröstete sich damit, daß Karls Wahl diesem erheblich mehr gekostet hatte als die Bemühungen Frankreichs.

Am 22. 10. 1520 zog der von den Kurfürsten gewählte König in Aachen ein, wo er am darauffolgenden Tag als Karl V. zum römisch-deutschen König gekrönt wurde. Zum ersten Mal sah er die Fürsten und sonstigen Größen des Reiches, die ihm huldigten. Mit Einwilligung Papst Leos X. nahm der römisch-deutsche König den Titel »Erwählter Römischer Kaiser« an.

Kaiser Karl V. trug nun die Titel:

»Römisch-deutscher König, Erwählter Römischer Kaiser, immer Augustus, König von Spanien, Sizilien, Jerusalem, der Balearen, der kanarischen und indianischen Inseln sowie des Festlandes jenseits des Ozeans, Erzherzog von

Österreich, Herzog von Burgund, Brabant, Steier, Kärnten, Krain, Luxemburg, Limburg, Athen und Neopatria, Graf von Habsburg, Flandern, Tirol, Pfalzgraf von Burgund, Hennegau, Pfirt, Roussilon, Landgraf im Elsaß, Fürst in Schwaben, Herr in Asien und Afrika.«

Nach 250 Jahren hatte das Haus Habsburg eine unbestrittene Weltmachtstellung erreicht. Der Habsburger Kaiser Karl V. war Herrscher in einem Reich, in dem die Sonne nicht unterging.

Bei der Krönungsfeier in Aachen hatte der Kaiser u. a. geschworen, den wahren Glauben zu erhalten und die Kirche zu schützen. Schon bald nach seiner Krönung wurde Karl V. abverlangt, diesen Schwur zu bekräftigen und zu halten.

Am 31. 10. 1517 hatte Martin Luther seine 95 Thesen an der Schloßkirche in Wittenberg angeschlagen. Es war der Beginn der Reformation und jener Tragödie, die das Reich in jahrhundertelange und sinnlose Auseinandersetzungen und Kriege stürzte. Am 27. 1. 1521 eröffnete der Kaiser den Wormser Reichstag und lud Luther unter Zusicherung freien Geleits vor den Reichstag, damit er sich rechtfertige. Da Luther seine Lehre standhaft verteidigte, wurde am 8. 5. 1521 die Reichsacht über ihn verhängt. Die Herstellung und Verbreitung der Schriften Luthers wurden verboten.

Durch Erbvertrag, der noch während des Wormser Reichstages geschlossen wurde, überließ der Kaiser seinem Bruder Ferdinand die ererbten habsburgischen Besitzungen im Reich.

Es folgte der erste Krieg gegen den französischen König Franz I., der sich von den Habsburgern eingekreist sah. Die 1521 begonnenen Auseinandersetzungen endeten mit einem überlegenen Sieg des Kaisers in der Schlacht bei Pavia am 24. 2. 1525. König Franz I. geriet in Gefangenschaft und mußte sich dem von Kaiser Karl V. diktierten Frieden von Madrid vom 14. 1. 1526 beugen. Frankreich verzichtete auf alle Ansprüche in Italien, Flandern und Artois sowie auf alle Verbindungen mit Gegnern des Kaisers in Deutschland und willigte gleichzeitig in eine Heirat mit Karls V. Schwester Eleonore ein. Im Mai 1526 erklärte Franz I. den Vertrag als erzwungen und schloß mit dem Papst, dem Herzog von Mailand sowie Florenz und Venedig am 22. 5. 1526 die Liga von Cognac. Der französische König hatte in Madrid vieles versprochen und schließlich nichts gehalten.

Kaiser Karl V. griff erneut zu den Waffen. Anfängliche Erfolge der Liga in der Lombardei wurden von den Landsknechten Frundsbergs, der im November 1526 die Alpen überquert hatte, zunichte gemacht. Das von grenzenlosem Haß erfüllte Landsknechtsheer rückte auf Rom vor, erstürmte am 6. 5. 1527 die Stadt und schloß den Papst in der Engelsburg ein, wo er am 5. 6. 1527 kapitulierte. Die Landsknechte ergossen sich in die Stadt, und Rom wurde mit deutscher Gründlichkeit barbarisch geplündert und gebrandschatzt. Der »Sacco di Roma« wirkte in Rom noch Jahrhunderte nach. Ein Denkmal für die 147 vor den Stufen von St. Peter gefallenen Schweizergardisten im Ehrenhof der Schweizer im Vatikan hält die Erinnerung an diese Schreckenstage Roms wach. Alljährlich findet vor diesem Denkmal am 6. 5. die Vereidigung der neuen Rekruten der

Schweizergarde statt. Der zweite Krieg gegen König Franz I. endete mit dem Sieg der Kaiserlichen bei Landriano am 21. 6. 1529. Mit dem Damenfrieden von Cambrai vom 5. 8. 1529 – ausgehandelt von Margarete von Österreich und Luise von Orléans – wurden die Auseinandersetzungen, die Kaiser Karl V. in Italien freie Hand brachten, beendet. Der Kaiser kam nun selbst nach Italien und regelte die italienischen Verhältnisse in persönlichen Gesprächen mit Papst Clemens VII. Nach erfolgter Versöhnung mit dem Papst krönte dieser Karl V. in Bologna zum »Römischen Kaiser«. Es war die letzte Krönung eines deutschen Kaisers durch den Papst.

Von Bologna aus begab sich Karl V. zu seinem zweiten Aufenthalt nach Deutschland und nahm an dem von ihm einberufenen Reichstag in Augsburg teil, wo die protestantischen Stände ihre Bekenntnisschrift überreichten.

Am 5. 1. 1531 konnte der Kaiser die Wahl seines Bruders Ferdinand zum römisch-deutschen König durchsetzen. Die Regierung der Niederlande übertrug er seiner Schwester Maria, der Königin-Witwe von Ungarn.

Da die protestantischen Stände nach dem Augsburger Reichstag ein militärisches Eingreifen des Kaisers befürchteten, schlossen sie sich am 27. 2. 1531 im Schmalkadischen Bund zu einem Defensivbündnis zusammen, dem sich zahlreiche Reichsfürsten und Reichsstädte anschlossen. Die von Kaiser Karl V. beabsichtigte militärische Unterwerfung der Lutheraner mußte er wegen der Organisation der Protestanten im Schmalkaldischen Bund und wegen der drohenden Türkengefahr zunächst aufgeben. Im Nürnberger Religionsfrieden vom 23. 7. 1532 wurde der gegenwärtige Zustand bis zur Einberufung eines Konzils innerhalb eines halben Jahres und dem Zusammentritt desselben innerhalb eines Jahres bestätigt. Alle Religionsprozesse wurden eingestellt. Die Protestanten ihrerseits versprachen dem Kaiser Hilfe im Feldzug gegen die Türken. Gewinner dieser Vereinbarung waren die Protestanten, die zunächst vor einem militärischen Eingreifen des Kaisers sicher waren.

1534 führte Karl V. einen erfolglosen Krieg gegen den Sultan Süleiman. Er kehrte nach Spanien zurück und unternahm zur Sicherung der Schiffahrt im Mittelmeer den Feldzug gegen Tunis.

Der dritte Krieg gegen König Franz I. von Frankreich konnte schon nach knapp zwei Jahren durch den Waffenstillstand von Nizza 1538 beendet werden. Bei einem persönlichen Treffen des Kaisers mit König Franz I. schien es, als sei der Friede nunmehr endgültig gesichert.

Das nächste Ziel des Kaisers waren die Niederlande, wo eine große Opposition gegen die Steuerforderungen des in Geldnöten schwebenden Kaisers rebellierte und der Regentin große Schwierigkeiten bereitete. Es gelang Karl V., die Wogen zu glätten.

In diesen Jahren blieb der Kaiser ständig bemüht, die konfessionellen Gegensätze zu überbrücken. Lange war Karl V. sich nicht schlüssig, welchen Weg er einschlagen sollte. Er schwankte zwischen einer direkten militärischen Unterwerfung der Protestanten und der Suche nach einer friedlichen Einigung.

1541 zeichnete sich seine Entscheidung erstmals ab. Auf dem Reichstag zu Regensburg schloß der Kaiser Bündnisse mit Hessen und Brandenburg, wodurch das protestantische Bündnis erheblich geschwächt wurde. Da die auf dem Reichstag geführten Religionsgespräche erfolglos geblieben waren, wurde im Reichsabschied vom 29. 7. 1541 der Nürnberger Religionsfriede von 1532 bestätigt.

Vergeblich hatte Karl V. mehrfach versucht, Papst Clemens VII. zur Einberufung eines Konzils zu bewegen. Erst der Nachfolger, Papst Paul III., berief zum 23. 5. 1537 ein Konzil nach Mantua und verlegte es wegen zu hoher finanzieller Forderungen des Herzogs von Mantua am 8. 10. 1537 nach Vicenza. Wegen mangelnder Beteiligung wurde die Eröffnung auf spätere Zeiten vertagt. Nach dem Scheitern der Religionsgespräche auf dem Reichstag zu Regensburg und nach Rücksprache mit den Reichsständen berief der Papst am 22. 5. 1542 das Konzil nach Trient ein. Die Eröffnung des Konzils mußte nochmals verschoben werden, da es im gleichen Jahr zu der vierten Auseinandersetzung des Kaisers mit König Franz I. von Frankreich kam.

Als der Kaiser die dem französischen König im Vertrag von Nizza versprochene Belehnung mit Mailand ablehnte, verbündete sich König Franz I. mit dem Herzog von Kleve, dem Papst sowie dem türkischen Sultan und eröffnete an mehreren Stellen zugleich den vierten Krieg gegen Kaiser Karl V. Bereits 1543 mußte sich der Herzog Wilhelm von Jülich dem Kaiser unterwerfen. Im Bunde mit England zog Kaiser Karl V. gegen Frankreich und bedrohte Paris. Ohne größere Kampfhandlungen kam es am 18. 9. 1544 zum Frieden von Crépy. Im wesentlichen wurden die Verträge von Madrid und Cambrai bestätigt. Frankreich mußte sich zur Türkenhilfe verpflichten und die Rechte Spaniens und Portugals in allen »indischen Ländern« respektieren. Außerdem mußte der französische König das Versprechen abgeben, am Konzil teilzunehmen und den Kaiser bei der Abstellung der Mißbräuche in der Kirche sowie bei der Unterwerfung der Protestanten in Deutschland behilflich zu sein.

Am 13. 12. 1545 wurde das 19. Allgemeine Konzil von Trient (Tridentinum) eröffnet. Die Weigerung der Protestanten, am Konzil teilzunehmen, führte zum Schmalkaldischen Krieg. Am 6. 6. 1546 schloß der Papst mit dem Kaiser ein Bündnis zur Vernichtung der Protestanten, dem sich Bayern und Moritz von Sachsen anschlossen. Nach Ächtung des Landgrafen Philipp von Hessen und des Kurfürsten Friedrich Johann von Sachsen übertrug der Kaiser die sächsische Kurwürde an Moritz von Sachsen. Nach mehreren Gefechten konnte Karl V. mit Unterstützung König Ferdinands das Aufgebot der Schmalkaldener am 24. 4. 1547 bei Mühlberg vernichtend schlagen. Eine Entscheidung gegen die Protestanten war allerdings nicht gefallen, zumal Moritz von Sachsen schon bald die Fronten wechseln sollte. Auf dem »geharnischten« Reichstag zu Augsburg stimmten die protestantischen Stände dem Augsburger Interim vom 15. 5. 1548 zu, durch das Laienkelch und Priesterehe den Protestanten zugestanden wurden, im übrigen aber die Rückkehr zum alten Glauben gefordert wurde. Moritz von Sachsen lehnte als einziger ab und versuchte, den Protestantismus in seinem Lande abzusichern.

Inzwischen hatte das Konzil von Trient eine scharfe Abgrenzung zu den Protestanten vorgenommen, die vom Kaiser zur Teilnahme am Konzil verpflichtet wurden. Um das Konzil dem Einfluß des Kaisers zu entziehen, erfolgte 1547 die Verlegung nach Bologna. Der Kaiser forderte ultimativ die Rückkehr nach Trient, wo Papst Julius III. mit der Eröffnung der zweiten Tagungsperiode am 1. 5. 1551 das Konzil fortsetzte. Die teilnehmenden Protestanten forderten die Unterwerfung des Papstes unter das Konzil und die Aufhebung der in der ersten Tagungsperiode verabschiedeten Glaubensdekrete. Die Fürstenverschwörung von 1551 veranlaßte Papst Julius III., das Konzil am 28. 4. 1552 auf einen günstigeren Zeitpunkt zu vertagen.

Nach dem »geharnischten Reichstag« zu Augsburg befand sich Kaiser Karl V. auf dem Höhepunkt seiner Macht. Eigenmächtig löste er die Niederlande vom Reich und verband sie mit der spanischen Krone. Der Versuch des Kaisers, seinem Sohn Philipp die deutsche Kaiserkrone zu verschaffen, scheiterte an dem entschiedenen Widerstand König Ferdinands und der Kurfürsten, die eine spanische Herrschaft im Reich heraufziehen sahen. Die Gefangenhaltung der protestantischen Fürsten durch den Kaiser und die weitere Stationierung spanischer Truppen im Reich führte zur Fürstenverschwörung von 1551. Kurfürst Moritz von Sachsen ging ein Bündnis mit seinen früheren Gegnern ein, dem sich auch Frankreich anschloß. Der Abfall des Kurfürsten Moritz, dem der Kaiser unbedingtes Vertrauen entgegengebracht hatte, traf Karl V. schwer. Der auch von seinem Bruder, König Ferdinand, vorgewarnte Kaiser wurde von dem Feldzug völlig überrascht. Die Franzosen besetzten die ihnen von den Verbündeten zugesprochenen Städte in Lothringen, und die verbündeten Streitkräfte eroberten Franken und Schwaben. Verhandlungen König Ferdinands mit Moritz von Sachsen in Linz führten zu der Vereinbarung, einen Friedenskongreß nach Passau einzuberufen, an dem alle Kurfürsten und weitere Reichsstände unter der Zusicherung freien Geleits teilnehmen sollten. In den sachlichen Fragen, die zur Fürstenverschwörung geführt hatten, blieben die Verhandlungen ohne greifbare Ergebnisse. Am 23. 5. 1551 besetzte Moritz von Sachsen Innsbruck. Kaiser Karl V., der sich krank in der Stadt aufhielt, konnte sich erst im letzten Augenblick mit Hilfe seines Bruders Ferdinand retten und mußte bis nach Villach fliehen. Seine verzweifelte Lage bewog den Kaiser, König Ferdinand zu beauftragen, mit den rebellierenden Fürsten zu verhandeln. Am 2. 8. 1552 kam es zum Vertrag von Passau. Das Augsburger Interim wurde aufgehoben, eine allgemeine Amnestie verkündet und ein paritätischer Ausschuß gebildet, der über die Beendigung der Religionsstreitigkeiten befinden sollte. Nach der Freilassung der bei Mühlberg gefangengenommenen Fürsten verpflichtete sich Moritz von Sachsen zur Auflösung und Entlassung seiner Truppen. Dieser Vertrag, der am 15. 8. 1552 ratifiziert wurde, war ein Schritt zum Augsburger Religionsfrieden.

Die Bemühungen des Kaisers, die Eroberungen Frankreichs im Reich rückgängig zu machen, scheiterten. Von den Fuggern mit erheblichen Geldmitteln unterstützt, versuchte Karl V. noch einmal das Kriegsglück zu zwingen. Er scheiterte in Italien und mußte 1553 auch die Belagerung von Metz aufgeben. Nunmehr überließ er die Reichsgeschäfte König Ferdinand I.

Auf dem seit Februar 1555 tagenden Augsburger Reichstag kam es zum Augsburger Religionsfrieden, der am 25. 9. 1555 als Reichsgesetz verkündet wurde. Nach vorausgegangenen langen Verhandlungen zwischen König Ferdinand I. und den Reichsständen wurde der Gedanke der Religionseinheit aufgegeben. Der Kampf gegen den Protestantismus war gescheitert, die Glaubensspaltung in Deutschland besiegelt.

Das 1562 fortgesetzte Trienter Konzil beschäftigte sich im wesentlichen mit innerkirchlichen Reformmaßnahmen und stellte der protestantischen Reformation die katholische Reformation entgegen. Als das Konzil 1563 beendet wurde, waren die Entscheidungen in Deutschland längst gefallen.

Mit der Anerkennung des Protestantismus, die König Ferdinand I. im Namen des Kaisers vollziehen mußte, sah Karl V. sein Lebenswerk gescheitert. Unter dem Eindruck der sich abzeichnenden Türkengefahr glaubte König Ferdinand I. nicht anders handeln zu können. Kaiser Karl V. hingegen urteilte:

»Die Fürsten werden das Kaisertum zerstören; dann wird die Demokratie über sie kommen und sie vernichten.«

Der Kaiser war mit 55 Jahren ein alter und verbrauchter Mann. Die Gicht bereitete ihm so große Schmerzen, daß er sich kaum noch bewegen konnte. Als Karl V. im Mai 1555 die Nachricht erhielt, daß seine Mutter am 13. 4. 1555 in Tordesillas verstorben war, entschloß er sich, abzudanken.

Am 25. 10. 1555 versammelten sich – von Kaiser Karl V. nach Brüssel beordert – im großen Saal des Schlosses, in welchem einst Maria von Burgund ihren Bräutigam Maximilian erwartet hatte, die Großen des Reiches. Unter ihnen befanden sich die Ritter des Ordens vom Goldenen Vlies, die Generäle, die Statthalter und Generalstände der Niederlande, der Sohn des Kaisers, seine Schwestern, die Königinnen Eleonore und Maria, Erzherzog Maximilian von Österreich, Philibert Emanuel von Savoyen und Herzogin Christine von Lothringen. Als der Kaiser – gestützt auf Wilhelm von Oranien – den Saal betrat, empfing ihn lang anhaltender Beifall. Ein Rat der niederländischen Regierung sprach einige Worte zur Einleitung des Staatsaktes und kündigte an, daß der Kaiser in eigener Sache zu sprechen wünsche. Erst jetzt bemächtigte sich der Versammlung eine gewisse Unruhe, die sich erst legte, als Karl V. – einen Zettel in der Hand haltend – zu sprechen begann:

»Vor vierzig Jahren ist in diesem Saal meine Großjährigkeitserklärung ausgesprochen worden. Dann bin ich berufen worden zur Nachfolge meines Großvaters Ferdinand in Spanien, meines Großvaters Maximilian im Reich. Ich fand die Christenheit zerstritten, meine Reiche umgeben von feindlichen Nachbarn, deren ich mich zeitlebens zu erwehren gehabt habe. Ich war neunmal in Deutschland, sechsmal in Spanien, siebenmal in Italien, viermal in

Frankreich und kam zehnmal hierher nach Flandern. Ich war zweimal in England und zweimal in Afrika. Das sind 40 große Unternehmungen im Krieg und im Frieden. Achtmal habe ich das Mittelmeer durchquert, dreimal den Ozean, und bald wird es das viertemal sein, wenn ich nach Spanien gehe, um mir ein Grab zu suchen.

Ich rüste mich zu meiner letzten Fahrt. Es schmerzt mich tief, daß ich den Meinen nicht den Frieden hinterlasse, der stets mein letztes Ziel gewesen ist. Ich habe alles eingesetzt, Ruhe, Leben und die Mittel meiner Staaten. Jetzt versagen meine Kräfte, meine Gesundheit ist zerstört; schon vor der letzten Fahrt ins Reich habe ich mich am Ende gefühlt. Aber die unendlichen Sorgen und Unruhen in der Christenheit haben mich immer wieder angetrieben, alles aufs Spiel zu setzen, was ich habe. Nachdem es dem König von Frankreich und einigen Fürsten mißlungen ist, mich gefangenzunehmen, habe ich versucht, Metz für das Reich wiederzugewinnen mitten im Winter. Kälte, Nässe und Schnee haben das Unternehmen zum Stehen gebracht. Es liegt in Gottes Hand, zu nehmen und zu geben. Ich danke Gott, daß er mir so oft geholfen hat. Nun aber fühle ich mich sterbensmüde. Nun will ich die Niederlande an meinen Sohn Philipp und das Reich an König Ferdinand geben.«

In einem ergreifenden Schlußakt ermahnte der Kaiser sodann seinen Sohn Philipp, unbeirrt am Glauben der Väter festzuhalten und den Frieden zu wahren.

Als der Kaiser geendet hatte, kniete Philipp zu Füßen seines Vaters und gelobte, im Sinne des Kaisers zu handeln.

Dann trat Königin Maria vor, verabschiedete sich gleichfalls und gab bekannt, daß sie mit Königin Eleonore dem Bruder nach Spanien folge.

Am 16. 1. 1556 übergab Karl V. Neapel, Sizilien, Mailand und Spanien mit seinen Kolonien seinem Sohn Philipp und mit Schreiben vom 12. 9. 1556 das Kaisertum an seinen Bruder Ferdinand und überließ es diesem, den Zeitpunkt der Übergabe zu bestimmen.

Anläßlich der Abdankung Kaiser Karls V. schrieb Ignatius von Loyola, Gründer des Jesuitenordens, über den Kaiser:

»Der Kaiser gibt seinen Nachfolgern ein seltenes Vorbild. Denn während andere gern ihr Leben verlängern würden, um sich an der Staatsgewalt zu erlaben, gibt er sie schon zu Lebzeiten auf. Er erweist sich damit als ein wahrhaft christlicher Fürst. Denn weil er deutlich sieht, daß er den Mühen seiner Königsherrschaft nicht mehr gewachsen ist, gibt er demjenigen, der diese Last nun auf seinen Rücken nimmt, die Ehre ... Wahrlich, die Welt kann Gott unserem Herrn nicht genug Dank sagen für ein solches Beispiel, das man so wenig glauben würde, sähe man es nicht vor sich! ... Gebe Gottes höchste Güte dem Kaiser nun auch die Freiheit, die er sich ausbedungen hat, die Freiheit, Gott ungeteilt zu dienen ... Mit Recht fühlen wir alle uns getröstet, eine solche Tat in unseren Tagen zu erleben.«

Mit dem Staatsakt in Brüssel am 25. 10. 1555 begann die Trennung der Habsburger in eine spanische und eine österreichische Linie.

Von Seeland aus trat der Kaiser am 28. 8. 1556 seine letzte Reise nach Spanien an und landete am 28. 9. in Laredo bei Santander. Karl V. hatte sich jede Empfangsfeierlichkeit verbeten. Trotzdem läuteten in Burgos alle Glocken, und die Fenster der Häuser waren illuminiert. Nach einem kurzen Aufenthalt auf dem Schloß des Grafen von Oropesa zog der kaiserliche Hof am 5. 2. 1557 in Yuste ein, wo neben dem Hieronymitenkloster eine Villa für den Kaiser erbaut worden war. Hier verbrachte Kaiser Karl V. seine letzten eineinhalb Lebensjahre in tiefer Zurückgezogenheit.

Als Kaiser Karl V. seine letzte Stunde kommen fühlte, empfing er die Sterbesakramente und bat um ein kleines Kruzifix, das schon seine Gemahlin Isabella in ihrer Sterbestunde in den Händen gehalten hatte. In den Abendstunden des 21. 9. 1558 starb dieser große Habsburger unter dem Beistand der Brüder des Hieronymitenklosters. In seinem Testament hatte der Kaiser bestimmt, seinen Leichnam neben dem der Kaiserin unter dem Hochaltar von San Jeronimo beizusetzen, verfügte jedoch gleichzeitig, daß die letzte Entscheidung seinem Sohn Philipp zufalle.

Der Sohn des Kaisers, König Philipp II. von Spanien, erbaute in der gewaltigen Landschaft von Hochkastilien das Monasterio de San Lorenzo de el Escorial, ein Stein gewordenes Zeugnis des alten Glaubens. Hier fanden Kaiser Karl V., seine Gemahlin Isabella und viele seiner Familienangehörigen ihre letzte Ruhestätte.

Die Nachkommen Kaiser Karls V.

1. PHILIPP II., König von Spanien 1556–1598
* 21. 5. 1527 in Valladolid
† 13. 9. 1598 in Escorial b. Madrid
Grabstätte: Monasterio de San Lorenzo de el Escorial – Pantheon der Könige

1. ⚭ 15. 11. 1543 in Salamanca
MARIA, Infantin von Portugal
Eltern: Johann III., König von Portugal, und Katharina, Infantin von Kastilien, Erzherzogin von Österreich, Tochter Philipps I., König von Kastilien
* 15. 10. 1527 in Coimbra
† 12. 7. 1545 in Valladolid
Grabstätte: Monasterio de San Lorenzo de el Escorial – Pantheon der Infanten

2. ⚭ 25. 7. 1554 in Winchester
MARIA I. Tudor von England – »die Blutige«
Eltern: Heinrich VIII., König von England, und Katharina, Infantin von Aragon, Tochter Ferdinands V., König von Aragon
* 18. 2. 1516 in Greenwich
† 17. 11. 1558 in London
Grabstätte: Im nördlichen Seitenschiff der Westminster Abbey in London

3. ⚭ 2. 2. 1560 in Toledo
ELISABETH, Prinzessin von Frankreich a. d. H. Valois
Eltern: Heinrich II., König von Frankreich, und Katharina von Medici, Tochter Lorenzos II., Großherzog von Urbino
* 2. 4. 1545 in Fontainebleau
† 3. 10. 1568 in Madrid
Grabstätte: Monasterio de San Lorenzo de el Escorial – Pantheon der Infanten

4. ⚭ 12. 11. 1570 in Segovia
ANNA, Erzherzogin von Österreich
Eltern: Maximilian II., Römischer Kaiser, und Maria, Infantin von Spanien, Tochter Karls V., Römischer Kaiser

* 2. 11. 1549 in Cigales b. Valladolid
† 26. 10. 1580 in Badajoz
Grabstätte: Monasterio de San Lorenzo de el Escorial – Pantheon der Könige

16. 1. 1556 Philipp II. folgte Kaiser Karl V. nach dessen Abdankung als König von Spanien.
1. 2. 1580 Philipp II. folgte König Heinrich I. als König von Portugal. Personalunion zwischen Spanien und Portugal bis 1640.

2. MARIA, Infantin von Spanien
* 21. 6. 1528 in Madrid
† 26. 2. 1603 in Villa Monte/Spanien
Grabstätte: Kloster der Descalzas Reales der Klarissen in Madrid

∞ 13. 9. 1548 in Valladolid
MAXIMILIAN II., Römischer Kaiser
Eltern: Ferdinand I., Römischer Kaiser, und Anna, Prinzessin von Böhmen und Ungarn, Tochter Wladislaws V., König von Böhmen
* 31. 7. 1527 in Wien
† 12. 10. 1576 in Regensburg
Grabstätte: Hochgrab im Mittelschiff des St.-Veits-Doms in Prag

Von Kaiser Karl V. berufen, übte Maria mit ihrem Gemahl während der häufigen Abwesenheit des Kaisers die Regentschaft in Spanien aus. Ab 1552 nahm Maria ihren ständigen Aufenthalt in Wien. Seit 1576 verwitwet, kehrte sie 1582 nach Spanien zurück, wo sie bis zu ihrem Tode zurückgezogen lebte. Sie war die Mutter der späteren Kaiser Rudolf II. und Matthias.

3. FERDINAND, Infant von Spanien
* 1530 in Bologna
† 1530 in Bologna
Grabstätte: Monasterio de San Lorenzo de el Escorial – Pantheon der Infanten

4. JOHANNA, Infantin von Spanien
* 26. 6. 1537 in Madrid
† 7. 9. 1573 in Escorial
Grabstätte: Kloster der Descalzas Reales der Klarissen in Madrid
∞ 7. 12. 1552 in Toro
JOHANN MANUEL, Infant von Portugal
Eltern: Johann III., König von Portugal, und Katharina, Infantin von Kastilien und Erzherzogin von Österreich, Tochter Philipps I., König von Kastilien

* 3. 6. 1537 in Évora
† 2. 1. 1554 in Lissabon
Grabstätte: Im Querschiff der Kirche Santa Maria beim Jeronimuskloster in Lissabon

Nach dem Tode ihres Gemahls kehrte Johanna 1554 nach Spanien zurück und übernahm dort die Regentschaft für ihren Bruder König Philipp II. für die Zeit des Aufenthalts des Königs in England zur Vermählung mit Maria I. Tudor, Königin von England. Unter Mitwirkung von Francisco de Borja gründete Johanna in der Zeit von 1557–1560 das königliche Klarissenkloster der Descalzas Reales in Madrid.
Der einzige Sohn Johannas war:

Sebastian, König von Portugal 1557–1578
* 20. 1. 1554 in Lissabon
† 4. 8. 1578 in Alcazarquivir/Marokko gefallen
Grabstätte: unbekannt

Sebastian wurde am 11. 6. 1557 als Nachfolger seines Großvaters Johann III. König von Portugal. Schon bald nach seiner Geburt von seiner verwitweten Mutter alleingelassen, führten zunächst seine Großmutter Katharina und später deren Schwager, Kardinal-Infant Heinrich, Erzbischof von Lissabon, die Regentschaft für den dreijährigen König. 1568 übernahm Sebastian die Regierung. Der König lebte jenseits aller Wirklichkeit. Sein Großvater Johann III. hatte die marokkanischen Besitzungen Portugals preisgegeben. Sebastians Ziel war es, diese zurückzuerobern. Dabei konnte er sich auf die Volksstimmung in Portugal stützen. So beschloß er gegen alle Warnungen seiner Ratgeber, einen Kreuzzug zu führen mit dem Ziel der Gründung eines portugiesischen Afrikareiches. 1578 segelte Sebastian mit seiner Streitmacht nach Marokko und griff bei Alcazarquivir im Inneren des Landes das ihm weit überlegene Heer des Sultans Muley Abd-el Melik an. Der König erlitt eine vernichtende Niederlage und fand in der Schlacht den Tod. Sein Leichnam blieb auf dem Schlachtfeld verschollen.
Nachfolger Sebastians wurde Kardinal-Infant Heinrich, der nach nur kurzer Regierungszeit am 31. 1. 1580 starb.
Weit vorausschauend und beseelt von dem Gedanken, Portugal mit Spanien zu einem Gesamtstaat zu vereinigen, hatte Kaiser Karl V. 1557 von Yuste aus bereits versucht, für den Fall eines frühzeitigen Todes Sebastians die Erbfolge in Portugal in seinem Sinne zu regeln. Er sandte den Jesuitenpater Francisco de Borja (hl. Franz de Borja), vormals Herzog von Gandia, nach Portugal zu seiner Schwester Katharina, um deren Einverständnis zu einer Vereinbarung zu erreichen, die die Erbfolge des Don Carlos in Portugal sicherstellen sollte. Borja erreichte

die Zustimmung Katharinas zu den Plänen ihres Bruders. Auf eine Verwirklichung der Vereinbarung mußte Katharina allerdings wegen der gegensätzlichen Strömungen in Portugal verzichten.
Nach dem Tode König Heinrichs erhob König Philipp II. von Spanien als Sohn der ältesten Tochter König Manuels I. Anspruch auf den portugiesischen Thron. Während der Adel und die Geistlichkeit den Anspruch Philipps unterstützten, stand das Bürgertum auf seiten Dom Antonios, Prior von Crato, einem unehelichen Enkel König Manuels I. Ein unter dem Oberbefehl des Herzogs von Alba stehendes Heer besiegte die Anhänger Dom Antonios, und König Philipp II. konnte die Huldigung der portugiesischen Stände entgegennehmen. Portugal wurde mit Spanien zu einer bis 1640 währenden Personalunion verbunden.

5. JUAN, Infant von Spanien
* 20. 4. 1539 in Toledo
† 20. 4. 1539 in Toledo
Grabstätte: Monasterio de San Lorenzo de el Escorial – Pantheon der Infanten

Natürliche Abkömmlinge Kaiser Karls V.

Von den zahlreichen natürlichen Abkömmlingen Kaiser Karls V. haben zwei im Leben des Kaisers eine besondere Rolle gespielt:

1. MARGARETHE VON PARMA
Mutter: Johanna van der Gheenst aus Oudenaarde (Niederlande)
* 28. 12. 1522 in Oudenaarde
† 18. 1. (o. 31. 1.) 1586 in Ortona/Italien
Grabstätte: Mausoleum in der Kirche S. Sisto in Piacenza

1. ⚭ 31. 5. 1536 in Florenz
ALESSANDRO VON MEDICI, Herzog von Florenz
Vater: natürlicher Sohn Lorenzos II. von Medici, Herzog von Urbino
* um 1511 in Florenz
† 7. 1. 1537 in Florenz
Grabstätte: Neue Sakristei in der Basilika San Lorenzo in Florenz

2. ⚭ 4. 11. 1538 in Parma
OTTAVIO FARNESE, Herzog von Parma und Piacenza
Eltern: Pierre Luigi Farnese, Herzog von Parma und Piacenza, und Gerolama, Prinzessin Orsini, Tochter Ludwigs, Fürst von Orsini
* 9. 10. 1524 in Parma
† 18. 11. 1586 in Parma
Grabstätte: Krypta in der Kirche Mag. della Steccata in Parma

Bereits 1529 von ihrem kaiserlichen Vater als Tochter anerkannt, wurde Margarethe am Brüsseler Hof von ihrer Großtante, Margarete von Österreich, und der Schwester des Kaisers, der Königin-Witwe Maria von Ungarn, erzogen.
Nach der Kaiserkrönung Karls V. in Bologna zogen kaiserliche Truppen auf Verlangen Papst Clemens' VII. gegen Florenz, eroberten die Stadt und zwangen sie erneut unter die Herrschaft des Hauses Medici. Am 5. 7. 1531 setzte Papst Clemens VII. seinen Neffen Alessandro von Medici zum Herzog von Florenz ein. Alessandro wurde für die Florentiner zum Alptraum. Von minderwertigem Gesindel umgeben, scheute er vor keiner Gewalttat zurück. Auf Wunsch des Kaisers wurde die noch nicht 14 Jahre alte Margarethe mit dem Gewaltverbrecher Alessandro, auf den sie keinerlei Einfluß ausüben konnte, vermählt. Sieben Monate nach der Eheschließung wurde Alessandro von seinem Weggefährten Lorenzino aus der jüngeren Medici-Linie ermordet.
Nach dem Tode Alessandros floh Margarethe aus Florenz und wandte sich an Papst Paul III., um sich Rat zu holen. Dieser vereinbarte mit dem Kaiser die Vermählung seines 14jährigen Enkels mit der Kaisertochter. Auch diese Ehe, die durch das Verhältnis des Kaisers zu Papst Paul III. schweren Belastungen ausgesetzt war, wurde unglücklich.
Nach der Übernahme der Regierung in Spanien berief König Philipp II. seine Halbschwester zur Generalstatthalterin der Niederlande. In Zusammenarbeit mit der Inquisition verfolgte Philipp II. die Anhänger der lutherischen Lehre mit Folter und Tod. Margarethe tat alles, um das Los der Niederländer zu erleichtern, und versuchte zwischen dem protestantischen Adel und der katholischen spanischen Regierung zu vermitteln. 1567 entsandte Philipp II. Herzog Alba in die Niederlande, wo er im Auftrag des spanischen Königs die Bevölkerung aufs schwerste verfolgte. Margarethe empfand die Entsendung Herzog Albas als Mißgriff und dankte unverzüglich ab.
Gemeinsam mit ihrem Sohn Alessandro Farnese übernahm Margarethe auf Bitten ihres königlichen Bruders 1580 erneut die Regentschaft. Ohne Erfolg gegen die niederländischen Aufständischen legte sie im Juli 1583 die Regentschaft endgültig nieder.
In seinem Drama Egmont hat Goethe der Kaisertochter als »Margarethe von Parma« ein bleibendes Denkmal gesetzt.

2. Don Juan de Austria (als Kind Jeronimo)
Mutter: Barbara Blomberg, Regensburger Bürgertochter
* 24. 2. 1547 in Regensburg
† 1. 10. 1578 bei Namur/Belgien
Grabstätte: Monasterio de San Lorenzo de el Escorial – Pantheon der Infanten

Don Juan de Austria entstammte einer Verbindung Kaiser Karls V. zu der Regensburger Bürgertochter Barbara Blomberg. Am 10. 4. 1546 kam Kaiser Karl V. nach Regensburg. Im Verlauf der Regensburger Tage, die zu dem Bündnis des Kaisers mit König Ferdinand I. und Herzog Wilhelm von Bayern gegen den Schmalkaldischen Bund führten, lernte Karl V. im Hoflager Barbara Blomberg kennen. Wir wissen nur wenig von ihr, wohl aber, daß sie in diesen Wochen vom Kaiser das Kind empfing, das als Don Juan de Austria über das Abendland hinaus berühmt werden sollte. Auf Veranlassung des Kaisers heiratete Barbara Blomberg einen in den Niederlanden stationierten Offizier und erhielt eine kaiserliche Rente zugesprochen. Nach dem Tod ihres Gemahls wurde sie von Don Juan, nachdem dieser Statthalter der Niederlande geworden war, aus den Niederlanden verbannt und nach Spanien geschickt, das sie nicht mehr verließ.

Die Erziehung des Don Juan erfolgte durch einen Vertrauten des Kaisers in Spanien. 1559 von König Philipp II. als Halbbruder anerkannt, kam Don Juan als kaiserlicher Prinz an den spanischen Hof. 1568 übernahm er ein militärisches Kommando und schlug 1569/70 den Moriskenaufstand in Granada nieder. Am 7. 10. 1571 führte Don Juan als Oberbefehlshaber das aus venezianischen, spanischen und päpstlichen Schiffen bestehende christliche Geschwader bei Lepanto am Sund von Korinth zu einem glänzenden Seesieg über die Türken. Dieser Sieg, der in Europa mit ungeheurem Jubel begrüßt wurde, brachte dem Kaisersohn Ruhm und Anerkennung über das Abendland hinaus. Papst Pius V. verordnete, daß zum ewigen Gedächtnis dieses Sieges alljährlich am 7. Oktober das Fest »Unserer lieben Frau vom Siege« gefeiert werde. Sein Nachfolger, Papst Gregor XIII., verlegte dieses Fest als Rosenkranzfest auf den ersten Sonntag im Oktober.

1576 als Generalstatthalter in den Niederlanden eingesetzt, versagten die niederländischen Stände im Dezember 1577 Don Juan den Gehorsam. Er rief spanische Truppen ins Land und schlug die Aufständischen am 31. 1. 1578 bei Gembloux.

In einem Feldlager bei Namur starb Don Juan de Austria am 1. 10. 1578 an der Pest.

In der Kathedrale von Barcelona (Kapelle des Santissimo Christo) wird heute noch die Christusstatue verehrt, die Don Juan am Bug seines Flaggschiffes in der Seeschlacht bei Lepanto mitführte.

Im Dom Sant' Erasmo e Marciano in Gaeta/Italien befindet sich am Hochaltar die Standarte, die während der Seeschlacht bei Lepanto am Flaggschiff wehte.

Kaiser Ferdinand I.

Kaiser Ferdinand I.

* 10. 3. 1503 auf Schloß Alcalá de Henares b. Madrid
† 25. 7. 1564 in Wien
Grabstätte: Hochgrab im Mittelschiff des St.-Veits-Doms in Prag

⚭ 26. 5. 1521 in Linz/Donau
Anna, Prinzessin von Böhmen und Ungarn
Eltern: Wladislaw IV., König von Böhmen (Wladislaw II., König von Ungarn), Anna, Gräfin von Foix, Tochter Gastons II., Graf von Foix
* 23. 7. 1503 in Prag
† 27. 1. 1547 in Prag
Grabstätte: Hochgrab im Mittelschiff des St.-Veits-Doms in Prag

Wahlspruch: Fiat justitia aut pereat mundus = Gerechtigkeit muß sein, oder die Welt geht zugrunde

17. 12. 1526 in Preßburg vom westungarischen Adel zum König von Ungarn gewählt.
24. 2. 1527 in Prag im St.-Veits-Dom zum König von Böhmen gekrönt.
3. 11. 1527 nach Anerkennung der Wahl Ferdinands durch den ungarischen Reichstag in der Basilika in Stuhlweißenburg zum König von Ungarn gekrönt.
5. 1. 1531 in Köln zum römisch-deutschen König gewählt.
11. 1. 1531 in Aachen zum römisch-deutschen König gekrönt durch den Kurfürsten und Erzbischof von Köln Hermann V. Graf von Wied-Runkel.
Die Krönung Ferdinands I. war die letzte Krönung in Aachen.
12. 9. 1556 »Römischer Kaiser«.
15. 3. 1558 in Frankfurt a. Main feierliche Anerkennung Ferdinands I. als »Römischer Kaiser«.

Im Gegensatz zu seinen Geschwistern Eleonore, Karl und Maria, die ihre Jugendzeit in Brüssel am Hof ihrer Tante Margarete von Österreich verbrachten, wurde Ferdinand nach dem Tode seines Vaters und der Internierung seiner Mutter am spanischen Hof erzogen. Er hatte die gedrungene Gestalt seines Bruders Karl sowie den stechenden Blick aus tiefliegenden Augen. In zeitgenössischen Berichten wird Ferdinand aber als lebhafter und freundlicher junger Mann geschildert, der nicht frei von einem starken Ehrgeiz war, der ihn häufig in einen Gegensatz zu seinem kaiserlichen Bruder brachte. Nach dem Regierungsantritt Karls V. in Spanien mußte Ferdinand das Land verlassen und begab sich nun seinerseits nach Brüssel, wo er 1518 eintraf.

Im Vertrag von Worms überließ Karl V. nach seiner Wahl zum römisch-deutschen König seinem 18jährigen Bruder Ferdinand am 28. 4. 1521 die Herrschaft in den österreichischen Ländern ohne die Vorlande, Tirol und die oberitalienischen Besitzungen, die Ferdinand erst im Vertrag von Brüssel am 7. 2. 1522 übertragen wurden, nachdem er am 26. 5. 1521 in Linz die Ehe mit Anna von Böhmen und Ungarn vollzogen und damit das von seinem Großvater Maximilian I. am 22. 7. 1515 im Stephansdom in Wien gegebene Eheversprechen eingelöst hatte. Mit der Übergabe dieser Länder an Ferdinand wurde praktisch die Teilung des habsburgischen Besitzes in eine spanische und österreichische Linie vollzogen.

Am 13. 1. 1522 wurde auch die Ehe der Schwester Ferdinands, Maria, mit König Ludwig II. von Ungarn vollzogen, die gleichfalls auf dem von Maximilian I. gegebenen Heiratsversprechen beruhte.

Bei seinem Regierungsantritt in den österreichischen Ländern sah der Erzherzog sich großen Schwierigkeiten gegenüber. Wieder einmal rebellierten die Stände, die nach Absetzung der von Kaiser Maximilian I. eingesetzten Räte eigene Regierungen gebildet hatten. Das spanische Gefolge des Erzherzogs griff mit Zustimmung Ferdinands hart durch. Die Führer des Aufstandes und weitere Wiener Bürger wurden in Wiener Neustadt hingerichtet. Ebenso hart und rücksichtslos wurde während der Bauernunruhen im Jahre 1525 durchgegriffen. Die Bauern wurden mit empfindlichen Kontributionen belegt. Ihre politischen und konfessionellen Forderungen blieben unerfüllt.

Am 29. 8. 1526 siegten die Osmanen in der Schlacht bei Mohács über die Ungarn. Der junge Ungarkönig Ludwig II. ertrank während der Schlacht. Aufgrund der bestehenden Erbverträge beanspruchte Erzherzog Ferdinand die Thronfolge in Böhmen und Ungarn für das Haus Habsburg. Ohne große Widerstände wurde er in Böhmen als König anerkannt. In Ungarn dagegen mußte er sich der Osmanen und des Gegenkönigs Johann Zápolya erwehren.

Ferdinand konnte sich nur in Westungarn behaupten. Während Zápolya am 11. 11. 1526 in Stuhlweißenburg zum König von Ungarn gekrönt wurde, wählte der westungarische Adel Ferdinand in Preßburg zum König von Ungarn. Erst nach dem Sieg über Zápolya am 21. 8. 1527 bei Tokai wurde die Wahl Ferdinands anerkannt, und die Krönung konnte in Stuhlweißenburg erfolgen. Die Vergrößerung des Habsburger Länderbesitzes brachte vermehrte Regierungsaufgaben mit sich und erforderte eine Neuordnung der Verwaltung. Am 1. 1. 1527 erließ Ferdinand die Hofstaatsordnung. Sie brachte die Zentralverwaltung der österreichischen, böhmischen und ungarischen Länder und blieb in ihren wesentlichen Teilen bis 1848 verbindlich. Es wurden gebildet:

der Geheime Rat für die Familien- und Außenpolitik,
der Hofrat als oberste Justizbehörde,
die Hofkammer für Finanzen und Verrechnung,
der Hofkriegsrat für die Erfordernisse der Landesverteidigung und
die Hofkanzlei als ausführendes Amt.

Die sich immer noch hinziehenden Auseinandersetzungen um die Herrschaft in Ungarn begünstigten das Eingreifen der Osmanen, die nach wie vor Zápolya unterstützten. Der 1529 einsetzende Kampf gegen die Osmanen wurde durch die religiösen Auseinandersetzungen im Reich und in den habsburgischen Ländern stark beeinträchtigt. Am 8. 9. 1529 gelang Sultan Süleiman die Eroberung Ofens, und am 25. 9. konnte er Wien einschließen, dessen Belagerung er aber am 15. 10. wegen ausgebrochener Seuchen abbrechen mußte. Ferdinand konnte den Westen und Norden Ungarns behaupten, mußte aber die osmanische Herrschaft in Mittelungarn hinnehmen und dulden, daß auch Siebenbürgen als selbständiges Fürstentum unter der Oberhoheit der Osmanen verblieb. Den Habsburgern ist es zu verdanken, daß das weitere Vordringen der Osmanen nach Mitteleuropa verhindert wurde. Die Hauptlast des Abwehrkampfes gegen die Osmanen, der sich über die nächsten 150 Jahre erstrecken sollte, lag beim Hause Habsburg.

Am 5. 1. 1531 wurde Erzherzog Ferdinand als Ferdinand I. zum römisch-deutschen König gewählt. Er sicherte sich damit den Anspruch auf die Kaiserwürde und erhielt mitbestimmenden Einfluß im Reich.

Der nochmalige Versuch Ferdinands I., seine Herrschaft in Ungarn auszubauen, endete mit einer schweren Niederlage des Königs durch die osmanischen Streitkräfte. Nunmehr bekannte sich auch Zápolya zu König Ferdinand I. und erkannte das Erbrecht der Habsburger in Ungarn an. Dieses Anerkenntnis widerrief er allerdings nach der Geburt seines Sohnes Johann Sigmund am 7. 7. 1540. Wenige Wochen später, am 21. 7. 1540, starb Zápolya, und es kam zu neuen Spannungen. Der Sultan besetzte Ofen und erklärte Ungarn zu einer Provinz des Osmanischen Reiches. Ofen wurde für die nächsten 145 Jahre Sitz eines Paschas. Trotz dieser Rückschläge konnte der König sich aber im Westen und im Norden Ungarns, die habsburgisch blieben, behaupten. Der 1547 zwischen Ferdinand I. und dem Sultan abgeschlossene Waffenstillstand gegen eine Zahlung von 30.000

Dukaten jährlich brachte dem König die notwendige Entlastung in Ungarn als Voraussetzung für die Unterstützung Kaiser Karls V. im Reich gegen die Protestanten. Dieser Kampf des Kaisers scheiterte letztlich auch an der Uneinsichtigkeit der römischen Kurie und des Konzils von Trient. Gegen den Willen des Kaisers setzte König Ferdinand I. im Passauer Vertrag von 1552 den Ausgleich mit den protestantischen Fürsten durch und bereitete so den Augsburger Religionsfrieden vor.

Auch in den habsburgischen Ländern hatte der Protestantismus zahlreiche Anhänger gefunden. Abgeschreckt von den Glaubenskämpfen im Reich, wollte Ferdinand I. in den österreichischen Erbländern keine gewaltsamen Auseinandersetzungen mit den Neugläubigen. Durch die Berufung der Jesuiten nach Österreich leitete er behutsam die Gegenreformation ein. Der König baute darauf, die Bekehrung durch Erziehung und Belehrung der Ketzer zu erreichen.

In einer Hausordnung vom 25. 2. 1554 regelte Ferdinand I. die Erbfolge in den österreichischen Ländern. Das Erbe wurde unter seinen drei Söhnen Maximilian, Ferdinand und Karl geteilt.

Maximilian sollte in den österreichischen Ländern sowie in Böhmen und Ungarn regieren.

Ferdinand erhielt Tirol und die Vorlande. Ohne Wissen seines Vaters heiratete Erzherzog Ferdinand 1557 die Bürgertochter Philippine Welser aus Augsburg. Die nicht standesgemäße Ehe wurde später von Ferdinand I. anerkannt, jedoch blieben die Nachkommen aus dieser Ehe von der Erbfolge ausgeschlossen.

Karl erhielt die Steiermark, Kärnten, Krain, Görz, Triest und Istrien.

Nach der Hausordnung waren die drei Linien gleichberechtigt, und jedes Mitglied des Hauses durfte alle Titel und Wappen führen.

Am 25. 9. 1555 kam es zur endgültigen Einigung mit den Protestanten durch den Augsburger Religionsfrieden auf dem Reichstag zu Augsburg, den Kaiser Karl V. noch einberufen hatte, an dem er aber nicht mehr teilnahm. König Ferdinand I. blieb es überlassen, den Frieden mit den Protestanten im Reich herzustellen. Die protestantischen Stände erhielten die volle Religionsfreiheit und wurden politisch den Katholiken gleichgestellt.

Nochmalige Versuche Kaiser Karls V., seinem Sohn Philipp II. und damit der spanischen Linie des Hauses Habsburg die Kaiserwürde zu sichern, scheiterten am entschiedenen Widerstand König Ferdinands I., seines Sohnes Maximilian und der Kurfürsten. Die Abdankung Kaiser Karls V. wurde von den Kurfürsten erst im Februar 1558 angenommen, und am 15. 3. 1558 erfolgte in Frankfurt a. M. die feierliche Anerkennung Ferdinands I. als »Römischer Kaiser«.

Am 24. 11. 1562 setzte Kaiser Ferdinand I. die Wahl seines dem Protestantismus zuneigenden Sohnes Maximilian zum römisch-deutschen König als Maximilian II. durch. Vor der Wahl hatte Maximilian II. sich seinem Vater gegenüber verpflichtet, der katholischen Kirche und damit der alten Lehre treu zu bleiben.

Noch einmal unternahm Kaiser Ferdinand I. einen letzten Versuch, die Kluft zwischen Katholiken und Protestanten zu überbrücken. Vor Beginn der dritten und letzten Konzilsperiode des Konzils von Trient unterbreitete er folgende, bereits 1561 ausgearbeitete Vorschläge:

Reform der Kurie, Verbot der Pfründenanhäufung, Volkssprache beim Gottesdienst, Unentgeltlichkeit der Sakramente, Kommunion unter beiden Gestalten, Aufteilung der großen Bistümer und die Priesterehe.

Die Vorschläge des Kaisers wurden vom Konzil ausnahmslos abgelehnt. Damit war die Trennung der evangelischen von der katholischen Kirche endgültig vollzogen. In den habsburgischen Ländern wurden die in Trient beschlossenen Dekrete nach Abschluß des Konzils anerkannt.

Nach längerer Krankheit starb Kaiser Ferdinand I. am 25. 7. 1564.

Der Kaiser war eine anspruchslose Persönlichkeit. Fundament seines Handelns war sein überzeugter katholischer Glaube, wenn ihm dogmatische Zänkereien auch zutiefst zuwider waren. Es gelang ihm, seine Erblande weitgehend von den Einflüssen des Protestantismus freizuhalten. Besonders in seinen jungen Jahren wirkte seine Gemahlin Anna von Böhmen und Ungarn, der er aufrichtig und herzlich zugetan war, versöhnlich und besänftigend auf den Kaiser. Kaiserin Anna schenkte ihrem Gemahl 15 Kinder, von denen 13 das Kaiserpaar überlebten. Auf vielen Reisen wurde Ferdinand I. von Kaiserin Anna begleitet. Dem Vorwurf, damit würden nur unnötige Kosten verursacht, soll der Kaiser mit den Worten begegnet sein:

»Einem frommen Herrn gebührt, seinen Ehestand zu halten; es ist besser, einige Unkosten auf seine Ehegattin zu verwenden als auf Buhlerei.«

Die Nachkommen Kaiser Ferdinands I.

1. ELISABETH, Erzherzogin
* 9. 6. 1526 in Prag
† 15. 6. 1545 in Wilna
Grabstätte: Gruft in der Kirche St. Stanislaus in Wilna/Litauen

⚭ 6. 5. 1543 in Krakau
SIGISMUND II. AUGUST, König von Polen
Eltern: Sigismund I., König von Polen, und Bona Sforza, Prinzessin von Mailand, Tochter Johann Galeazzos II., Herzog von Mailand
* 2. 8. 1520 in Krakau
† 7. 7. 1572 in Knyszyn
Grabstätte: Im Gruftgewölbe der Wawelkathedrale in Krakau

Als letzter Jagellone war Sigismund ein hochgebildeter Vertreter der polnisch-italienischen Renaissance. Seit 1529 Großfürst von Litauen, konnte er 1569 durch die Lubliner Union die staatsrechtliche Verbindung Polens mit Litauen herbeiführen.

2. MAXIMILIAN II., Erzherzog
⚭ MARIA, Infantin von Spanien
Siehe unter Kaiser Maximilian II.

3. ANNA, Erzherzogin
* 7. 7. 1528 in Prag
† 16. 10. 1590 in München
Grabstätte: Gruft in der Krypta des Liebfrauendoms in München

⚭ 4. 7. 1546 in München
ALBRECHT V., Herzog von Bayern
Eltern: Wilhelm IV., Herzog von Bayern a. d. H. Wittelsbach, und Maria Jacobäa, Prinzessin von Baden, Tochter Philipps I., Markgraf von Baden
* 29. 2. 1528 in München
† 24. 10. 1579 in München
Grabstätte: Gruft in der Krypta des Liebfrauendoms in München

Herzog Albrecht V. begründete mit seiner Gemahlin den Ruhm Münchens als Kunststadt. Im Schmalkaldischen Krieg blieb der Herzog neutral, bis der Augsburger Religionsfriede ihm 1555 die Rekatholisierung seines Landes ermöglichte. Albrecht V. wurde zu einem der Hauptträger der Gegenreformation in Deutschland.

4. FERDINAND II., Erzherzog von Österreich-Tirol
* 14. 6. 1529 in Linz
† 24. 1. 1595 in Innsbruck
Grabstätte: Evangelienseite im Altarraum der Silbernen Kapelle der Hofkirche in Innsbruck
1. ⚭ im Jänner 1557 in Augsburg

PHILIPPINE WELSER, Augsburger Patriziertochter
Eltern: Franz Anton Welser und Anna Adler
* um 1527 in Augsburg
† 24. 4. 1580 in Innsbruck
Grabstätte: Im Vorraum der Silbernen Kapelle der Hofkirche in Innsbruck

2. ⚭ 9. 5. 1582 in Innsbruck
ANNA KATHARINA, Prinzessin von Mantua a. d. H. Gonzaga
Eltern: Wilhelm III., Herzog von Mantua-Montferrat a. d. H. Gonzaga, Eleonore, Erzherzogin von Österreich, Tochter Ferdinands I., Römischer Kaiser
* 27. 1. 1566 in Mantua
† 3. 8. 1621 in Innsbruck
Grabstätte: Kreuzgang im Klostergebäude der Servitenpatres in Innsbruck

Ferdinand war Statthalter in Böhmen, Tirol und den Vorlanden. Seine zweite Gemahlin, Anna Katharina, ging nach dem Tode Ferdinands als Nonne ins Kloster der Servitinnen in Innsbruck, das auf ihre Gründung zurückgeht. Unter dem Namen Mater Anna Juliana wurde sie die erste Äbtissin des Klosters. Sie war die Mutter der 1618 verstorbenen Kaiserin Anna.

5. MARIA, Erzherzogin
* 15. 5. 1531 in Innsbruck
† 11. 12. 1581 auf Schloß Hambach b. Jülich/Niederrhein
Grabstätte: Ehemalige Stiftskirche St. Mariä Himmelfahrt in Kleve/Niederrhein

⚭ 17. 7. 1546 in Regensburg
WILHELM »der Reiche«, Herzog von Jülich und Berg
Eltern: Johann III., Herzog von Jülich und Berg, und Maria von Jülich und Berg, Tochter Wilhelms III., Herzog von Jülich und Berg
* 28. 7. 1516 in Kleve/Niederrhein
† 5. 1. 1592 in Düsseldorf
Grabstätte: Fürstengruft in der St.-Lambertus-Kirche in Düsseldorf

6. Magdalena, Erzherzogin
* 14. 8. 1532 in Innsbruck
† 10. 9. 1590 in Hall/Tirol
Grabstätte: Gruft in der Herz-Jesu-Basilika in Hall/Tirol
Magdalena gründete 1563 das Damenstift in Hall/Tirol, dessen Oberin sie war. Sie starb im Rufe der Heiligkeit. Als »Ehrwürdige Dienerin Gottes« wurde für sie in Rom der Seligsprechungsprozeß eingeleitet.

7. Katharina, Erzherzogin
* 15. 9. 1533 in Innsbruck
† 28. 2. 1572 in Linz
Grabstätte: Gruft im Kloster des Stiftes St. Florian/Oberösterreich

1. ⚭ 22. 10. 1549 in Mantua
Franz III., Herzog von Mantua-Montferrat a. d. H. Gonzaga
Eltern: Friedrich II., Herzog von Mantua a. d. H. Gonzaga, und Margareta Paleologa, Markgräfin von Montferrat, Tochter Wilhelms IX., Markgraf von Montferrat
* 10. 3. 1533 in Mantua
† 21. 2. 1550 in Mantua
Grabstätte: Gonzaga-Gruft in der Kirche St. Paula in Mantua

2. ⚭ 31. 7. 1553 in Krakau
Sigismund II. August, König von Polen
Eltern: Sigismund I., König von Polen, und Bona Sforza, Prinzessin von Mailand, Tochter Johann Galeazzos II., Herzog von Mailand
* 2. 8. 1520 in Krakau
† 7. 7. 1572 in Knyszyn
Grabstätte: Im Gruftgewölbe der Wawelkathedrale in Krakau

Sigismund II. war zuvor mit der Erzherzogin Elisabeth – Schwester der Erzherzogin Katharina – vermählt.

8. Eleonore, Erzherzogin
* 2. 11. 1534 in Innsbruck
† 5. 8. 1594 in Mantua
Grabstätte: Gonzaga-Gruft in der Kapelle dell' Incoronata im Dom San Pietro in Mantua

⚭ 27. 4. 1561 in Mantua
Wilhelm III., Herzog von Mantua-Montferrat a. d. H. Gonzaga
Eltern: Friedrich II., Herzog von Mantua a. d. H. Gonzaga, und Margareta Paleologa, Markgräfin von Montferrat, Tochter Wilhelms IX., Markgraf von Montferrat
* 24. 4. 1538 in Mantua
† 14. 8. 1587 in Goito
Grabstätte: Gonzaga-Gruft in der Basilika S. Barbara in Mantua

9. MARGARETHE, Erzherzogin
* 16. 12. 1536 in Innsbruck
† 12. 3. 1566 in Hall/Tirol
Grabstätte: Gruft in der Herz-Jesu-Basilika in Hall/Tirol

Margarethe war seit 1563 Nonne im Damenstift in Hall/Tirol

10. JOHANN, Erzherzog
* 10. 4. 1538 in Innsbruck
† 20. 3. 1539 in Innsbruck
Grabstätte: Sigismundgruft in der Stiftskirche in Stams/Tirol

11. BARBARA, Erzherzogin
* 30. 4. 1539 in Innsbruck
† 19. 9. 1572 in Ferrara
Grabstätte: d'Este-Gruft in der Kirche del Gesu in Ferrara

⚭ 5. 12. 1565 in Ferrara
ALFONS II. d'ESTE, Herzog von Ferrara
Eltern: Herkules II. d'Este, Herzog von Ferrara, und Renate, Prinzessin von Orléans, Tochter Ludwigs XII., König von Frankreich
* 28. 11. 1533 in Ferrara
† 27. 10. 1597 in Ferrara
Grabstätte: d'Este-Gruft in der Kirche del Corpus Domini in Ferrara

Herkules II., der Vater Alfons' II. d'Este, war der älteste Sohn der Lukrezia Borgia, einer Tochter Papst Alexanders VI.

12. KARL II., Erzherzog von Innerösterreich
* 3. 6. 1540 in Wien
† 10. 7. 1590 in Graz
Grabstätte: Gruft unter dem Mausoleum der Benediktinerabtei Seckau/Steiermark

⚭ 26. 8. 1571 in Wien
MARIA ANNA, Prinzessin von Bayern
Eltern: Albrecht V., Herzog von Bayern a. d. H. Wittelsbach, und Anna, Erzherzogin von Österreich, Tochter Ferdinands I., Römischer Kaiser
* 21. 3. 1551 in München
† 29. 4. 1608 in Graz
Grabstätte: In der Mitte des Gruftraums im Habsburger Mausoleum in Graz

13. URSULA, Erzherzogin
* 24. 7. 1541 in Wien
† 30. 4. 1543 in Innsbruck
Grabstätte: Sigismundgruft in der Stiftskirche in Stams/Tirol

14. Helena, Erzherzogin
* 7. 1. 1543 in Innsbruck
† 5. 3. 1574 in Hall/Tirol
Grabstätte: Gruft in der Herz-Jesu-Basilika in Hall/Tirol

Helena war Nonne im Damenstift in Hall/Tirol

15. Johanna, Erzherzogin
* 24. 1. 1547 in Wien
† 10. 4. 1578 in Florenz
Grabstätte: Medici-Kapelle in der Basilika San Lorenzo in Florenz

⚭ 15. 12. 1565 in Florenz
Franz I. von Medici, Großherzog von Toskana
Eltern: Cosimo I. von Medici, Großherzog von Toskana, und Eleonore, Prinzessin von Toledo, Tochter Peter Alvarez' von Toledo, Markgraf von Villafranca
* 25. 3. 1541 in Florenz
† 19. 10. 1587 in Florenz
Grabstätte: Medici-Kapelle in der Basilika San Lorenzo in Florenz

Franz I., Großherzog von Toskana, wurde 1574 Nachfolger seines Vaters. Nach dem Tode der Erzherzogin Johanna heiratete er seine Mätresse Bianca Capello, die wie Franz I. im Jahre 1587 verstarb.

Kaiser Maximilian II.

Kaiser Maximilian II.

* 31. 7. 1527 in Wien
† 12. 10. 1576 in Regensburg
Grabstätte: Hochgrab im Mittelschiff des St.-Veits-Doms in Prag

⚭ 13. 9. 1548 in Valladolid/Spanien
MARIA, Infantin von Spanien
Eltern: Karl V., Römischer Kaiser, und Isabella, Infantin von Portugal, Tochter Manuels I., König von Portugal
* 21. 6. 1528 in Madrid
† 26. 2. 1603 in Villa Monte/Spanien
Grabstätte: Gruft in der Kirche S. Clara in Madrid

WAHLSPRUCH: Providebit Deus = Gott wird schützen

14. 5. 1562	in Prag im St.-Veits-Dom zum König von Böhmen gekrönt.
24. 11. 1562	in Frankfurt a. M. zum römisch-deutschen König gewählt und gekrönt durch den Kurfürsten und Erzbischof von Mainz Daniel Brendel von Homburg.
16. 7. 1563	in Preßburg in der St.-Martins-Kirche zum König von Ungarn gekrönt.
25. 7. 1564	»Römischer Kaiser«.

Am 25. 7. 1564 trat der römisch-deutsche König Maximilian II. die Nachfolge seines Vaters als Römischer Kaiser im Reich an.

Seine Kindheit verbrachte Maximilian im Hause seiner Eltern in Innsbruck. Hier lernte er die tirolerische Mundart, die er auch in seinen späteren Lebensjahren sprach. Mit 17 Jahren holte Kaiser Karl V. den von ihm sehr geschätzten Neffen nach Spanien und vermählte ihn mit der Kaisertochter Maria. Mit seiner Gemahlin regierte Maximilian während der Abwesenheit Kaiser Karls V. als Statthalter in Spanien. An geistiger Regsamkeit und Anpassungsfähigkeit seinen Brüdern weit überlegen, galt Maximilian schon in jungen Jahren als ein Mensch mit hervorragender Bildung. In der Schlacht bei Mühlberg gegen den Schmalkaldischen Bund stand der junge Erzherzog an der Seite Kaiser Karls V. Er schloß mit verschiedenen jungen protestantischen Fürsten eine enge Freundschaft und kam so mit der protestantischen Lehre in Berührung, die seine religiöse Entwicklung in der Folge immer stärker beeinflußte. Sein späterer Aufenthalt in Spanien in einer streng katholischen Umgebung brachte in der religiösen Entwicklung Maximilians keine Änderung. Nach seiner Rückkehr aus Spanien im Jahre 1552 machte sich seine Neigung zum Protestantismus immer stärker bemerkbar. Schließlich wandte sich Papst Paul IV. an Kaiser Ferdinand I. und machte ihm schwere Vorwürfe wegen der lutherischen Gesinnung des Thronfolgers, der an seinem Hof einen lutherisch gesinnten Prediger duldete und die lutherischen Fürsten in ihrer Haltung bestärkte. Nicht weniger heftige Vorwürfe kamen aus Spanien, die in der Forderung gipfelten, seine Gemahlin Maria solle sich von Erzherzog Maximilian scheiden lassen. Aus der Sicht des Papstes und der Tradition des Hauses Habsburg waren diese Vorwürfe verständlich. Das Kaisertum und das Heilige Römische Reich konnten ihre Berechtigung nur aus der Einheit mit der römischen Kirche herleiten. Ein Protestant konnte die römische Kaiserkrone nicht tragen. Da Maximilian bei den protestantischen Fürsten, die es sich nicht mit dem Kaiser verderben wollten, keine Unterstützung fand, gab er schließlich nach und versprach seinem Vater in Gegenwart seiner Brüder Karl und Ferdinand, der katholischen Kirche treu zu bleiben. Nunmehr konnte Kaiser Ferdinand I. 1562 die Wahl Maximilians zum römisch-deutschen König durchsetzen.

Wie nur wenige seiner Zeitgenossen sah Maximilian II. die schweren Folgen voraus, die sich aus den Glaubenskämpfen für das ganze Reich ergeben mußten. Mit tiefem Abscheu verfolgte er den Kirchensturm in den Niederlanden und die grausame Unterdrückung der Protestanten durch spanische Söldner unter Herzog Alba. Nicht weniger abstoßend empfand er die Bartholomäusnacht in Frankreich.

Wiederholt intervenierte er bei seinem Vetter und Schwager König Philipp II. von Spanien und weigerte sich, dem Verlangen des Spaniers nach einer Gegenreformation in Böhmen nachzugeben. Nicht weniger nachhaltig setzte er sich bei König Philipp II. für die Freilassung des gefangengenommenen spanischen Thronfolgers Don Carlos ein. Alle Proteste des Kaisers verhallten wirkungslos. Maximilian II. empfand es empörend, daß der Papst und Spanien Vernichtungsfeldzüge gegen Christen führten und für die Abwehr der Türken keine Unterstützung gewährten. Trotz der sich immer wiederholenden Vorstellungen Roms und Spaniens ließ Maximilian II. sich in seiner Versöhnungspolitik gegenüber den Protestanten nicht beirren. In seinen Erblanden gestattete er dem österreichischen Adel auf seinen Gütern den protestantischen Gottesdienst. Seinen verheirateten Beichtvater und den Empfang der Kommunion unter beiderlei Gestalten verteidigte er mit dem Hinweis, daß sein Vater für beide Anliegen auf dem Konzil zu Trient gekämpft habe.

Kleinere Feldzüge des Kaisers gegen die Osmanen brachten keine entscheidenden Erfolge. Daran konnte auch der Tod Sultan Süleimans II. nichts ändern, da der Kaiser es nicht verstand, die dadurch entstandene vorteilhafte Lage auszunutzen. Mit dem Nachfolger Süleimans II., Sultan Selim II., schloß Maximilian II. 1568 den Frieden zu Adrianopel, der den beiderseitigen Besitzstand bestätigte.

Unter Maximilian II. begann das Heiraten der Habsburger untereinander. Das Netz zwischen den österreichischen und den spanischen Habsburgern wurde immer enger geknüpft. Seine Lieblingstochter Anna vermählte der Kaiser mit seinem Vetter, König Philipp II. von Spanien. Erzherzogin Margarethe, eine Tochter Erzherzog Karls II. von Innerösterreich, heiratete König Philipp III. von Spanien. Aus dieser Ehe wurden nur zwei von insgesamt dreizehn Kindern erwachsen, der Knabe Philipp und die Tochter Maria Anna. Diese machte die Brautfahrt nach Wien und vermählte sich mit ihrem Vetter, Kaiser Ferdinand III. Eine Tochter aus dieser Ehe – Erzherzogin Maria Anna – heiratete 1649 ihren Onkel, König Philipp IV. von Spanien. Deren Tochter – Margaretha Theresia – unternahm die letzte Brautfahrt von Madrid nach Wien und heiratete dort 1666 ihren Onkel, Kaiser Leopold I. Nach zeitgenössischen Schilderungen wurden alle diese Ehen überaus glücklich. Die Heiraten der Habsburger untereinander waren unter Berücksichtigung der politischen Verhältnisse logisch und klug. Die so geschaffenen verwandtschaftlichen Bindungen zwischen den beiden Linien stärkten die gemeinschaftlichen Interessen – den Kampf gegen die Osmanen und Habsburgs Erzfeind Frankreich.

An diesen Heiraten ist eigentlich nur erstaunlich, daß die beiden Zweige des Hauses Habsburg die ständige Vereinigung ihrer Erbmassen so lange aushielten. Große und bedeutende Dynastien, wie die Tudor in England und die Valois in Frankreich, starben daran aus. Die spanischen Habsburger überlebten bis 1700, die österreichischen im Frauenstamm bis in unsere Zeit.

Ein Jahr vor seinem Tode konnte Kaiser Maximilian II. die Wahl seines Sohnes, Erzherzog Rudolfs V., zum römisch-deutschen König als Rudolf II.

durchsetzen und sicherte damit auch für die folgende Generation den Anspruch des Hauses Habsburg auf die römische Kaiserwürde.

Bereits Kaiser Ferdinand I. hatte Versuche unternommen, die habsburgische Hausmacht auf Polen auszudehnen. Diesem Zweck diente die Vermählung seiner Tochter Elisabeth mit König Sigismund II. August von Polen. Nach dem Tode Elisabeths wurde die Kaisertochter Katharina mit dem König von Polen vermählt. Nach dem Tode des polnischen Königs wählte der polnische Adel Heinrich von Anjou zum König, der schon vier Monate später nach Frankreich zurückkehrte und die Nachfolge seines Bruders Karl IX. als französischer König antrat. Maximilian II. trat erneut als Thronkandidat auf und wurde auch vom Senat gewählt. Die Mehrheit des polnischen Adels aber wählte Anna, die Tochter Sigismunds II. August und deren zukünftigen Gemahl Stephan Báthory, Fürst von Siebenbürgen. Diese Doppelwahl blieb ohne Folgen, da es zu der notwendig gewordenen militärischen Auseinandersetzung nicht mehr kam. Während des Reichstags zu Regensburg, der die militärischen Voraussetzungen für einen Feldzug in Polen schaffen sollte, starb Maximilian II. am 12. 10. 1576 in Regensburg.

Der Tod dieses geistig hochstehenden und toleranten Habsburgers wurde bei Katholiken und Protestanten gleichermaßen bedauert. Er verstand sich weder als Katholik noch als Protestant. Er fühlte sich als Christ, und als solcher handelte er. Nach außen hin katholisch, dürfte Maximilian II. in seinem Inneren seiner protestantischen Neigung wohl treu geblieben sein. Selbst auf dem Sterbebett blieb der Kaiser von dem Glaubenshader, der ihn immer wieder beschäftigt und den er immer wieder verabscheut hatte, nicht verschont. Die Spanier drängten ihn, sich zu bekehren. Seine Gattin Maria, der Maximilian II. sich herzlich verbunden fühlte, bat ihn kniend, aus den Händen des Hofpredigers die Sterbesakramente zu empfangen. Mit den Worten: »Mein Prediger ist im Himmel«, lehnte der Kaiser ab. Auch die Bitten seiner Schwester Anna waren vergeblich.

»Ich ergebe mich in den Willen Gottes, da ich weiß, daß ich meine Pflicht gegen den Schöpfer erfüllt habe«, waren die letzten Worte Maximilians II. an seine Umgebung.

Die Nachkommen Kaiser Maximilians II.

1. ANNA, Erzherzogin

* 2. 11. 1549 in Cigales b. Valladolid
† 26. 10. 1580 in Badajoz
Grabstätte: Monasterio de San Lorenzo de el Escorial – Pantheon der Könige

⚭ 12. 11. 1570 in Segovia
PHILIPP II., König von Spanien
Eltern: Karl V., Römischer Kaiser, und Isabella, Infantin von Portugal, Tochter Manuels I., König von Portugal
* 21. 5. 1527 in Valladolid
† 13. 9. 1598 in Madrid
Grabstätte: Monasterio de San Lorenzo de el Escorial – Pantheon der Könige

2. FERDINAND, Erzherzog

*28. 3. 1551 in Cigales
† 25. 6. 1552 in Wien
Grabstätte: Stephansdom in Wien – Herzogsgruft

3. RUDOLF V., Erzherzog

Siehe unter Kaiser Rudolf II.

4. ERNST, Erzherzog

* 15. 6. 1553 in Wien
† 20. 2. 1595 in Brüssel
Grabstätte: Gruft in der Kathedrale Saints Michèle et Gudule in Brüssel

1578 Statthalter in Österreich, Steiermark und Ungarn.
1594 Statthalter in den Niederlanden.

5. ELISABETH, Erzherzogin

* 5. 6. 1554 in Wien
† 22. 1. 1592 in Wien
Grabstätte: Stephansdom in Wien – Herzogsgruft

⚭ 26. 11. 1570 in Paris
KARL IX., König von Frankreich a. d. H. Valois
Eltern: Heinrich II., König von Frankreich a. d. H. Valois, und Katharina von Medici, Tochter Lorenz' II., Herzog von Urbino
* 27. 6. 1550 in Saint Germain-en-Laye
† 20. 11. 1574 in Vincennes
Grabstätte: Gruft in der Kirche Saint Sauveur in Blois

6. MARIE, Erzherzogin
* 27. 7. 1555 in Wien
† 25. 6. 1556 in Linz
Grabstätte: Wahrscheinlich Stephansdom in Wien – Herzogsgruft

7. MATTHIAS, Erzherzog
⚭ ANNA, Erzherzogin von Österreich-Tirol
Siehe unter Kaiser Matthias.

8. TOTGEBORENER SOHN
* 20. 10. 1557 in Wien
† 20. 10. 1557 in Wien
Grabstätte: Wahrscheinlich Stephansdom in Wien – Herzogsgruft

9. MAXIMILIAN III., Erzherzog
* 12. 10. 1558 in Wiener Neustadt
† 2. 11. 1618 in Wien
Grabstätte: Maximilian-Mausoleum im Dom St. Jacob in Innsbruck

8. 7. 1602 Gubernator von Tirol
20. 1. 1612 Übernahme Tirols als Landesfürst

10. ALBRECHT VII., Erzherzog
* 13. 11. 1559 in Wiener Neustadt
† 15. 11. 1621 in Brüssel
Grabstätte: Gruft in der Kathedrale Saints Michèle et Gudule in Brüssel

⚭ 18. 4. 1599 in Valencia
ISABELLA CLARA EUGENIA, Infantin von Spanien
Eltern: Philipp II., König von Spanien, und Elisabeth, Prinzessin von Frankreich a. d. H. Valois, Tochter Heinrichs II., König von Frankreich
* 12. 8. 1566 in Segovia
† 1. 12. 1633 in Brüssel
Grabstätte: Gruft in der Kathedrale Saints Michèle et Gudule in Brüssel

Vor seiner Eheschließung war Erzherzog Albrecht VII. Erzbischof von Toledo und Koadjutor des Primas von Spanien. 1577 wurde er zum Kardinal erhoben. Aus politischen Gründen laisiert, regierte er ab 1585 als Vizekönig in Portugal. Seit dem 6. 3. 1598 war er souveräner Fürst der Niederlande. Seine Regierung wurde zu einer fruchtbaren Friedenszeit für die südlichen Provinzen der Niederlande.

11. WENZEL, Erzherzog
* 9. 3. 1561 in Wiener Neustadt
† 22. 9. 1578 in Madrid
Grabstätte: Monasterio de San Lorenzo de el Escorial – Pantheon der Infanten

1577 Großprior des Johanniterordens von Kastilien

12. FRIEDRICH, Erzherzog
* 21. 6. 1562 in Wiener Neustadt
† 17. 1. 1563 in Innsbruck
Grabstätte: Sigismundgruft in der Stiftskirche in Stams/Tirol

13. MARIA, Erzherzogin
* 19. 2. 1564 in Wien
† 26. 3. 1564 in Wien
Grabstätte: Stephansdom in Wien – Herzogsgruft

14. KARL, Erzherzog
* 26. 9. 1565 in Wien
† 23. 5. 1566 in Wien
Grabstätte: Stephansdom in Wien – Herzogsgruft

15. MARGARETHA, Erzherzogin
* 25. 1. 1567 in Wien
† 5. 7. 1633 in Madrid
Grabstätte: Kloster S. Clara in Madrid

16. ELEONORE, Erzherzogin
* 4. 11. 1568 in Wien
† 12. 3. 1580 in Prag
Grabstätte: Fürstengruft im St.-Veits-Dom in Prag

Kaiser Rudolf II.

Kaiser Rudolf II.

* 18. 7. 1552 in Wien
† 20. 1. 1612 in Prag
Grabstätte: Fürstengruft im St.-Veits-Dom in Prag

WAHLSPRUCH: Fulget caesaris astrum – Es leuchtet des Kaisers Gestirn

25. 9. 1572	in Preßburg in der St.-Martins-Kirche zum König von Ungarn gekrönt.
22. 9. 1575	in Prag im St.-Veits-Dom zum König von Böhmen gekrönt.
27. 10. 1575	in Regensburg zum römisch-deutschen König gewählt.
1. 12. 1575	in Regensburg zum römisch-deutschen König gekrönt durch den Kurfürsten und Erzbischof von Mainz Daniel Brendel von Homburg.
12. 10. 1576	»Römischer Kaiser«.

Auf Maximilian II. folgte sein ältester Sohn Rudolf II. Am 14. 4. 1552 war Maximilian II. mit seiner Gemahlin Maria und zwei in Spanien geborenen Kindern nach Wien zurückgekehrt, wo Erzherzog Rudolf am 18. 7. 1552 geboren wurde. Mit seinen Geschwistern verlebte er ungetrübte Kinderjahre, bis er mit 14 Jahren mit seinem Bruder Ernst an den spanischen Hof geschickt wurde mit dem Ziel, die Geschwister der protestantischen Lehre zu entziehen. Die Erziehung der Brüder erfolgte unter dem Einfluß ihres Onkels, König Philipps II. von Spanien, streng nach den Grundsätzen der katholischen Kirche. Aus dieser Zeit rührt auch die Vorliebe Rudolfs II. für die spanische Tracht und das spanische Hofzeremoniell. Während ihres Aufenthaltes in Spanien wurden die Brüder Zeugen des geheimnisvollen Todes ihres Vetters Don Carlos, ein Ereignis, das die Erinnerung der Brüder an den Aufenthalt in Spanien, der sechs Jahre dauerte, weitgehend geprägt hat. Erst nach der Geburt des neuen spanischen Thronfolgers Ferdinand konnte Rudolf mit seinem Bruder Ernst nach Österreich zurückkehren.

Rudolf II. genoß eine hervorragende Ausbildung und sprach fünf Sprachen fließend. Neben Geschichte und Altertumskunde besaß er eine besondere Vorliebe für Astronomie und Astrologie. Kepler widmete ihm die neu berechnete »Tabulae Rudolphinae« (Planetentafel).

Noch zu Lebzeiten Kaiser Maximilians II. wurde der hochgebildete Rudolf II. 1572 zum König von Ungarn und 1575 zum König von Böhmen gekrönt. Von seinem Vater nur selten zu den Regierungsgeschäften herangezogen, erfolgte 1575 die Wahl Rudolfs II. zum römisch-deutschen König. Er erwarb sich damit die Anwartschaft auf die römische Kaiserwürde und trat nach dem Tode seines Vaters dessen Nachfolge als Römischer Kaiser an.

Eine der ersten Amtshandlungen Rudolfs II. war die Verlegung des Regierungssitzes von Wien nach Prag. Es war eine wohl im Hinblick auf die häufigen Einfälle der Ungarn nach Österreich durchgeführte praktische Maßnahme, die allerdings die Bedeutung Böhmens erhöhte und Prag für einige Jahre zum Mittelpunkt der europäischen Politik machte.

Seinem Bruder Ernst übertrug der Kaiser die Statthalterschaft in Ober- und Niederösterreich. Mit Zustimmung seines Bruders leitete Erzherzog Ernst die katholische Erneuerung in den österreichischen Ländern ein. Er fand dabei die nachhaltige Unterstützung des zur katholischen Kirche übergetretenen Melchior Khlesl, Generalvikar des Bistums Passau und Sohn eines protestantischen Bäckermeisters aus Wien. Der 1602 zum Bischof von Wien erhobene Khlesl trug wesentlich zum Sturz Kaiser Rudolfs II. bei und gewann so das

Vertrauen des späteren Kaisers Matthias, dessen intimer Berater der Bischof und seit 1615 auch Kardinal wurde.

Während Ernst und die anderen Brüder des Kaisers in den österreichischen Ländern den Protestantismus wirksam bekämpfen konnten, war Rudolf II. in Böhmen weniger erfolgreich und konnte die Ausbreitung der evangelischen Lehre im Königreich nicht verhindern. In Ungarn herrschte wegen der Glaubensfrage allgemeine Unzufriedenheit mit der deutschen Herrschaft, da Rudolf II. 1604 auf einem Reichstag zu Preßburg alle Zugeständnisse in Fragen der kirchlichen Lehre abgelehnt hatte. Gleichzeitig gab er seine Absicht bekannt, den katholischen Charakter Ungarns wiederherzustellen. Die starre Haltung des Kaisers trieb die bisher kaisertreuen Städte Oberungarns in die Arme des protestantischen Adels. Der bis dahin dem Kaiser treu ergebene Calvinist Stephan Bocskay suchte Hilfe bei den Türken. Der Sultan verlieh ihm Siebenbürgen und Ungarn als türkisches Lehen. Die ihm gleichzeitig angebotene Königswürde Ungarns lehnte Bocskay ab. Nun drohte den Habsburgern der Verlust Ungarns. Der sich seit 1598 immer mehr isolierende und wohl an einer geistigen Erkrankung leidende Kaiser hatte sich den wiederholten Wünschen seiner Brüder, die Nachfolge zu regeln, immer widersetzt. Am 28. 5. 1605 konnten sie dem Kaiser eine Teillösung abtrotzen. Nach dem Tode des liebenswürdigen Erzherzogs Ernst im Jahre 1595 war Erzherzog Matthias der Erbe. Er erhielt vom Kaiser die Vollmacht zur Führung des Krieges gegen die Ungarn. Das unter seinem Kommando stehende kaiserliche Heer mußte sich nach Preßburg zurückziehen, und Erzherzog Matthias sah sich zu Verhandlungen gezwungen. Nur unter großen Zugeständnissen konnte er den Wiener Frieden vom 23. 6. 1606 erreichen. Den Ungarn wurde die freie Religionsausübung zugesichert. Bocskay wurde als Führer Siebenbürgens unter der Oberhoheit des ungarischen Königs aus dem Hause Habsburg anerkannt. Da die ungarischen Stände Rudolf II. ablehnten, übernahm Erzherzog Matthias die Herrschaft in Ungarn. Der Kaiser mußte sich außerdem verpflichten, Verhandlungen über eine Beendigung des Krieges gegen die Türken aufzunehmen. 1593 hatte die Hohe Pforte (Palast und Hof des Sultans in Konstantinopel) dem Kaiser den Krieg erklärt. In wechselvollen Kämpfen war es im Laufe der Jahre im ungarischen Raum zu zahlreichen Verwüstungen gekommen, ohne daß sich an den Besitzverhältnissen etwas geändert hatte. Am 11. 11. 1606 wurde der Friede von Zsitva-Torok geschlossen, der die Auseinandersetzungen beendete. Erstmals wurde der Kaiser als gleichberechtigter Partner des Sultans anerkannt. Der gegenseitige Besitzstand wurde garantiert, und Rudolf II. zahlte an den Sultan ein einmaliges Ehrengeschenk von 200.000 Gulden, das den bisherigen jährlichen Tribut ablöste.

Die Opposition Kaiser Rudolfs II. gegen die von Erzherzog Matthias abgeschlossenen und vom Kaiser notgedrungen ratifizierten Verträge führten zum Bruderzwist im Hause Habsburg.

Auf Anraten Khlesls führten die Brüder des Kaisers mit Ausnahme von Erzherzog Albrecht 1607 geheime Verhandlungen und ernannten Erzherzog

Matthias zum Oberhaupt des Hauses Habsburg. Dieser berief 1608 einen Reichstag nach Preßburg und verbündete sich mit den protestantischen Ständen Ungarns gegen Kaiser Rudolf II., der seinerseits Unterstützung bei den protestantischen Ständen im Königreich Böhmen fand. Ohne daß es zu kriegerischen Auseinandersetzungen kam, wurde Kaiser Rudolf II. im Vertrag von Lieben vom 25. 6. 1608 gezwungen, Österreich, Ungarn und Mähren an Erzherzog Matthias abzutreten und ihm die Anwartschaft auf die Krone Böhmens zu bestätigen. Die Unterstützung der böhmischen protestantischen Stände mußte der Kaiser mit dem Erlaß des böhmischen Majestätsbriefes vom 9. 7. 1609 bezahlen. Allen Bewohnern Böhmens wurde Gewissensfreiheit gewährt. Den Rittern, Herren und Bewohnern königlicher Städte wurde freie Religionsausübung gestattet. Die Protestanten erhielten das Recht zum Bau von Kirchen und Schulen. Sie erhielten weiterhin das Recht, Lehrstühle an der Universität in Prag zu besetzen. Die katholischen und protestantischen Stände sicherten sich gegenseitige Duldung zu. Auch für Schlesien mußte der Kaiser einen entsprechenden Majestätsbrief erlassen.

In der Folgezeit warb Rudolf II. mit Hilfe seines Neffen Erzherzog Leopold, Koadjutor des Bistums Passau, ein eigenes Heer an und suchte Verbindung zu den protestantischen Fürsten mit dem Ziel, verlorengegangenes Terrain wiederzugewinnen. Erneut zog Erzherzog Matthias gegen Prag und wurde, nachdem er seinen Bruder zum Verzicht auf die Krone Böhmens gezwungen hatte, am 23. 5. 1611 zum König von Böhmen gekrönt. Rudolf II., der sich der Gewalt beugte, behielt nur noch die Kaiserwürde und zog sich verbittert auf den Hradschin zurück. Die Nachfolge seines ehrgeizigen Bruders, den er abgrundtief haßte, im Reich sicherzustellen, lehnte der Kaiser wütend ab.

Kaiser Rudolf II. blieb unvermählt. Die geplante Ehe mit der Infantin Isabella Clara Eugenia, Tochter König Philipps II. von Spanien, wurde von Rudolf II. immer wieder hinausgeschoben. Als die Infantin schließlich den Bruder des Kaisers, Erzherzog Albrecht VII., heiratete, geriet Rudolf II. in einen maßlosen Zorn. Als Privatmann lebte der alternde Kaiser auf dem Hradschin in Prag und schmiedete in den letzten Monaten seines Lebens utopische Pläne, die verlorengegangene Macht wiederzugewinnen. Am 20. 1. 1612 starb dieser unglückliche Habsburger.

Dieser oft schwankende und schwächliche Monarch war eine der außergewöhnlichsten Erscheinungen unter den Herrschern aus dem Hause Habsburg. Er war nicht nur ein großer Förderer von Kunst und Wissenschaft, sondern auch, von Natur aus abergläubisch, ein Freund des Okkultismus und der Geheimwissenschaften, in die er sich ganz versenken konnte.

Die Haltung Rudolfs II. zur katholischen Kirche war von Unsicherheit geprägt und sein Verhältnis zum protestantischen Lager ohne Sympathie. Zwischen beiden Lagern bezog er eine unabhängige Position mit der Folge, beide Seiten zu verletzen. Wie sein Vater Maximilian II. hat auch Rudolf II. es abgelehnt, vor seinem Tode die Sterbesakramente zu empfangen.

Kaiser Matthias

Kaiser Matthias

* 24. 2. 1557 in Wien
† 20. 3. 1619 in Wien
Grabstätte: Kaisergruft Wien – Gründergruft

⚭ 4. 12. 1611 in Wien
ANNA, Erzherzogin von Österreich-Tirol
Eltern: Ferdinand II., Erzherzog von Österreich-Tirol, und Anna Katharina, Herzogin von Mantua a. d. H. Gonzaga, Tochter Wilhelms III., Herzog von Mantua-Montferrat
* 4. 10. 1585 in Innsbruck
† 15. 12. 1618 in Wien
Grabstätte: Kaisergruft Wien – Gründergruft

WAHLSPRUCH: Concordia lumine major = Eintracht ist stärker als Licht

25. 6. 1608	Im Vertrag von Lieben mußte Kaiser Rudolf II. die Herrscherrechte in Österreich, Ungarn und Mähren an Erzherzog Matthias abtreten.
19. 11. 1608	in Preßburg in der St.-Martins-Kirche zum König von Ungarn gekrönt.
23. 5. 1611	in Prag im St.-Veits-Dom zum König von Böhmen gekrönt.
13. 6. 1612	in Frankfurt a. M. zum römisch-deutschen Kaiser gewählt und gekrönt durch den Kurfürsten und Erzbischof von Mainz Johann Schweikard von Kronberg.

Als drittältester Sohn Kaiser Maximilians II. folgte Erzherzog Matthias seinem Bruder Rudolf II. Im Gegensatz zu seinen Brüdern Rudolf und Ernst, die mehrere Jahre am spanischen Hof zubrachten, verlebte Matthias seine Jugend in Wien im Kreise zahlreicher Geschwister. Er war von schlanker Statur mit breiten Gesichtszügen, buschigen Augenbrauen und hinterließ einen soldatischen Eindruck. Schon als Kind gutmütig und friedfertig, brachte er keine besonderen Geistesgaben mit. Von Jugend an bestand gegenüber seinem hochbegabten Bruder Rudolf ein Minderwertigkeitsgefühl. Große Hoffnungen konnten an die Regierungszeit des neuen bereits 55jährigen Herrschers nicht geknüpft werden.

Kaiser Maximilian II. hatte eine Erbteilung vorgenommen. Zum Alleinerben hatte er seinen Sohn Rudolf II. bestimmt. Dieser hatte versprochen, seinen Brüdern Ernst, Matthias, Maximilian III. und Albrecht VII. als Entschädigung jährlich 45.000 Gulden zukommen zu lassen. Da Rudolf II. sich ständig in Geldnöten befand, konnte er die zugesagten Gelder nur selten aufbringen, so daß die Erzherzöge ihren Unterhalt aus den Einkünften in Böhmen und Ungarn gesichert sehen wollten. Mit dieser Forderung stießen sie bei Rudolf II. auf taube Ohren. Schließlich übertrug Rudolf II. seinem Bruder Ernst die Statthalterschaft in Ober- und Niederösterreich und bestellte seinen Bruder Maximilian III. zum Gubernator von Tirol. Erzherzog Albrecht VII. wurde von König Philipp II. von Spanien zum Regenten der Niederlande bestimmt. Erzherzog Matthias, den Rudolf II. nie leiden konnte, wurde ganz übergangen.

Immer auf der Suche, seine Einkünfte zu verbessern, ließ Erzherzog Matthias sich auf ein Abenteuer ein, das ihm nicht nur teuer zu stehen kam, sondern auch noch den Spott seines Bruders eintrug. Der ehrgeizige und unzufriedene Prinz wurde von niederländischen Edelleuten aufgefordert, in den Niederlanden die Macht zu ergreifen. Im Oktober 1577 verließ er heimlich Wien, begab sich nach den Niederlanden und wurde von den rebellierenden Niederländern zum Statthalter ernannt. Mit der Übernahme dieses Amtes stellte er sich gegen seine eigene Dynastie. In seiner Stellung blieb er ohne jeden Einfluß und mußte, nachdem man ihm jegliche Einkünfte vorenthielt, mit Schimpf und Schande nach Wien zurückkehren. Über den eigenmächtigen Schritt seines Bruders war Kaiser Rudolf II. so verärgert, daß er Matthias aus Wien verbannte und ihm Linz als Wohnort zuwies.

Erst 1593 erhielt Erzherzog Matthias durch Vermittlung seiner Mutter die Statthalterschaft in Ober- und Niederösterreich, da der bis dahin als Statthalter tätige Erzherzog Ernst die Vormundschaft über die Kinder Erzherzog Karls II. von Innerösterreich übernahm, der 1590 verstorben war. Matthias setzte die von seinem Bruder Ernst begonnene Gegenreformation fort und ließ sich im wesentlichen nur noch von Melchior Khlesl beraten. Dieser brachte alle Voraussetzungen mit, die Erzherzog Matthias fehlten. Er verfügte nicht nur über eine klare Regierungskonzeption, sondern verstand es auch, die politischen Verhältnisse zu seinen Gunsten auszunutzen. Schon bald wurde Khlesl auch Berater in allen Angelegenheiten, die das Haus Habsburg betrafen. Nachdem Matthias sich im Kampf gegen Rudolf II. die Herrscherrechte in Ungarn und die Königskrone in Böhmen sowie die Herrschaft in Österreich und Mähren gesichert hatte, galt er als das unbestrittene Oberhaupt des Hauses Habsburg.

Nach dem Tode Kaiser Rudolfs II. war die Nachfolge im Reich zunächst offen, da der Kaiser zu seinen Lebzeiten die Sicherung der Nachfolge in der Kaiserwürde abgelehnt hatte, weil er seinen Bruder Matthias nicht als Nachfolger haben wollte. Den vereinten Bemühungen des spanischen Gesandten und Melchior Khlesls gelang es schließlich, die Wahl Matthias' und seine Krönung zum römisch-deutschen Kaiser durchzusetzen. Der Kaiser sah sich am Ziel seiner Wünsche, und damit war sein Ehrgeiz befriedigt. Die Führung der Staatsgeschäfte überließ er nunmehr weitgehend seinem Vertrauten Khlesl.

Am 10. 7. 1609 war es zur Gründung der katholischen Liga gekommen. Unter Führung Maximilians I., des späteren Kurfürsten von Bayern, hatten sich die Kurfürsten und Erzbischöfe von Mainz, Köln und Trier sowie fast alle katholischen süddeutschen Stände zu einem Defensivpakt zur Verteidigung des Landfriedens und der katholischen Religion zusammengeschlossen. Die Liga war als Gegengewicht zur protestantischen Union von 1608 gedacht, deren Führer Kurfürst Friedrich von der Pfalz war. Während die katholische Liga von Spanien und dem Papst unterstützt wurde, stellten sich England, Frankreich und die Generalstaaten auf seiten der Union. Die Einflußnahme des Kaisers auf die Liga und die Union blieb bedeutungslos, da er sich beiden Bündnissen gegenüber nicht durchsetzen konnte.

In den habsburgischen Ländern nahm die Macht der Stände wieder zu. Die nationalen ungarischen Stände wählten mit Zustimmung der Hohen Pforte den Habsburg feindlich gesinnten Gabriel Bethlen am 27. 10. 1613 zum Fürsten von Siebenbürgen, der Stephan Báthory ablöste. Erneut war der Friede an den ungarischen Grenzen gefährdet. Der Kaiser berief die Stände aller ihm unterstehenden Länder zu einem Generallandtag nach Linz. Entgegen den Wünschen des Kaisers setzten sich die Stände auf diesem Generallandtag für die Anerkennung Gabriel Bethlens ein, der als Fürst von Siebenbürgen anerkannt wurde. Bethlen mußte die Zugehörigkeit Siebenbürgens zum Königreich Ungarn anerkennen und sich in einer geheimen Abmachung verpflichten, den Kaiser gegen die Türken zu unterstützen für den Fall, daß diese eingreifen sollten. 1615 wurde der Türkenfriede von Zsitva-Torok bis zum Jahre 1635 verlängert.

Da die österreichische Linie der Habsburger ohne männliche Erben war, zogen die böhmischen und österreichischen Stände auf einem Generallandtag in Prag einen Wechsel der Dynastie in Erwägung. Nunmehr beeilte der Kaiser sich, die Erbfolge im Hause Österreich dahingehend zu regeln, daß er selbst und seine Brüder die Nachfolge Ferdinands III. von Inneröstterreich und seiner Nachkommen in den österreichischen Ländern, Böhmen, Mähren, Schlesien und Ungarn anerkannten. Diese Entscheidung rief König Philipp III. von Spanien auf den Plan, der als Enkel Kaiser Maximilians II. das Erbrecht der innerösterreichisch-steirischen Linie bestritt, aber 1617 gegen Landabtretungen in den Vorlanden und im Elsaß auf sein vermeintliches Erbrecht verzichtete. Das Vorrecht der männlichen Nachkommen der spanischen Habsburger gegenüber den weiblichen Nachkommen der österreichischen Habsburger wurde durch den Verzicht nicht berührt.

In Böhmen kam es 1616 zu neuen Streitigkeiten um Kirchenbauten der Protestanten in Braunau und Klostergrab. Der Kaiser wurde angerufen, eine Entscheidung zu fällen, und verbot die Kirchenbauten. Es kam zu stürmischen Protesten der Protestanten, die sich auf den Majestätsbrief Kaiser Rudolfs II. beriefen. Der radikale Führer der Protestanten Heinrich Matthias Thurn von Valsassina gewann die Oberhand, und die konfessionellen Gegensätze in Böhmen verschärften sich zusehends. Im Juni 1617 wählten die böhmischen Stände Erzherzog Ferdinand III., einen Sohn Erzherzog Karls II. von Innerösterreich, als Ferdinand II. zum König von Böhmen, der den Majestätsbrief Kaiser Rudolfs II. anerkennen und bestätigen mußte. Die Stärkung der katholischen Stände durch die Wahl Ferdinands führte zu einer erheblichen Verschärfung der Gegensätze. 1618 wurde König Ferdinand II. nach langwierigen Verhandlungen auch zum König von Ungarn gewählt.

König Ferdinand II. von Böhmen und Ungarn und Kaiser Matthias verlegten ihre Residenz von Prag nach Wien. In Böhmen wurden Statthalter eingesetzt.

Das im böhmischen Majestätsbrief zugestandene Kollegium der Defensoren hatte am 5. 3. 1618 eine Versammlung nach Prag einberufen. Der Kaiser wurde aufgefordert, alle Beschwerden der Protestanten unverzüglich abzustellen. Gleichzeitig wurde trotz Verbots des Kaisers zum 21. 5. 1618 eine neue Versammlung einberufen. Zwei Tage später zogen die Delegierten unter Führung des Heinrich Matthias Thurn zum Schloß. Nach einer Auseinandersetzung mit den königlichen Statthaltern auf dem Hradschin wurden die Statthalter Martinitz und Slavata sowie der Sekretär Fabricius aus dem Fenster in den 17 Meter tiefen Burggraben gestürzt, wo sie verletzt liegen blieben. Der Prager Fenstersturz war ein geplanter revolutionärer Akt und der Beginn des böhmischen Aufstandes, der sich zum politischen Umsturz ausweitete. Es wurde ein 30köpfiges Direktorium eingesetzt und unter Führung des Heinrich Matthias Thurn ein Heer aufgestellt. Die Jesuiten wurden des Landes verwiesen, der Erzbischof von Prag vertrieben. Nicht besser erging es dem Abt des Prämonstratenserklosters Strahov und dem Abt der Benediktinerabtei Braunau. Die Stände kämpften gegen den König und die Protestanten gegen die königstreuen Katholiken. Am Wiener Hof sah man den Ereignissen in Böhmen unentschlossen zu. Kaiser Matthias und sein Berater Khlesl neigten dazu, mit den Aufständischen Verhandlungen aufzunehmen und einen Ausgleich mit den böhmischen Ständen zu suchen. König Ferdinand II.

dagegen wollte die militärische Entscheidung und wurde in seiner Haltung von Spanien unterstützt. Schließlich wurde Khlesl von König Ferdinand II. gefangengenommen und des Landes verwiesen. Da der Kaiser seinen getreuesten Diener fallen ließ, gewann die Kriegspartei am Wiener Hof das Übergewicht. Zum offenen Ausbruch der Feindseligkeiten kam es jedoch erst nach dem Tode des Kaisers, der am 20. 3. 1619 in der Wiener Hofburg starb. Wie ein Wetterleuchten zeichnete sich ein Krieg ab, der weite Teile Europas erfassen und verwüsten sollte.

Kaiser Matthias ist vielfach an Widersprüchen und mehr noch an Unzulänglichkeiten gescheitert. In der Begabung seinem Bruder Rudolf weit unterlegen, bedurfte er stets einer führenden Hand, die ihm die zu treffenden Entscheidungen abnahm. Erst mit 54 Jahren hatte er sich schon bald nach der Abdankung Kaiser Rudolfs II. mit seiner Cousine, Erzherzogin Anna von Österreich-Tirol, vermählt, nachdem ihm bis dahin sein Bruder verboten hatte zu heiraten. In der gutmütigen Kaiserin Anna fand Kaiser Matthias eine liebevolle Gefährtin, die drei Monate vor dem Kaiser starb. Die sehr fromme Kaiserin holte die Kapuziner nach Wien und ließ das Kapuzinerkloster erbauen. Sie gab den Auftrag, unter der Klosterkirche für sich und ihren Gemahl eine Gruft zu errichten, die im Laufe der Jahrhunderte mehrfach ausgebaut und als Kaisergruft Familiengrabstätte der Habsburger wurde. Hier ruhen die sterblichen Überreste fast aller Habsburger Herrscher und ihrer Nachkommen von Kaiser Matthias an.

Kaiser Ferdinand II.

Kaiser Ferdinand II.

* 9. 7. 1578 in Graz
† 15. 2. 1637 in Wien
Grabstätte: Habsburger Mausoleum in Graz

1. ⚭ 23. 4. 1600 in Graz
MARIA ANNA, Prinzessin von Bayern
Eltern: Wilhelm V., Herzog von Bayern, und Renate, Prinzessin von Lothringen, Tochter Franz' I., Herzog von Lothringen
* 18. 12. 1574 in München
† 8. 3. 1616 in Graz
Grabstätte: Habsburger Mausoleum in Graz

2. ⚭ 2. 2. 1622 in Innsbruck
ELEONORE, Prinzessin von Mantua a. d. H. Gonzaga
Eltern: Vinzenz I., Herzog von Mantua, und Eleonore von Medici, Prinzessin von Toskana, Tochter Franz' I., Großherzog von Toskana
* 23. 9. 1598 in Mantua
† 27. 6. 1655 in Wien
Grabstätte: Stephansdom in Wien – Herzogsgruft, Herzurne im Habsburger Mausoleum in Graz

WAHLSPRUCH: Legitime certantibus = Mit den ehrlich Kämpfenden

29. 6. 1617	in Prag im St.-Veits-Dom zum König von Böhmen gekrönt.
1. 7. 1618	in Preßburg in der St.-Martins-Kirche nach Anerkennung seiner Wahl durch den ungarischen Reichstag zum König von Ungarn gekrönt.
28. 8. 1619	in Frankfurt a. M. zum römisch-deutschen Kaiser gewählt.
9. 9. 1619	in Frankfurt a. M. zum römisch-deutschen Kaiser gekrönt durch den Kurfürsten und Erzbischof von Mainz Johann Schweikard von Kronberg.

Nach dem Tode von Kaiser Matthias wurde Erzherzog Ferdinand III., ein Sohn Erzherzog Karls II. von Innerösterreich-Steiermark, Oberhaupt des Hauses Habsburg. In Graz geboren, erhielt der Erzherzog bei der Taufe den Namen seines Großvaters, der mütterlicherseits auch sein Urgroßvater war. In den ersten Jahren seiner Kindheit wurde er ausschließlich von seiner Mutter Maria Anna erzogen, die sorgsam darauf achtete, daß das Kind zu einem frommen Katholiken heranwuchs. Die strenge Erziehung durch die Erzherzogin hinterließ bei Ferdinand einen besonderen Respekt vor der Mutter, den er auch in späteren Jahren nicht ablegen konnte. Bereits mit acht Jahren wurde Ferdinand an der von seinem Vater gegründeten Universität in Graz immatrikuliert. Da der Einfluß des Protestantismus in Graz zu stark wurde, sorgte wiederum die Mutter dafür, daß Ferdinand diesem Einfluß entzogen wurde. Nach langen internen Beratungen wurde er nach Ingolstadt geschickt, wo der Erzherzog unter der Aufsicht seines Onkels, Herzog Wilhelm von Bayern, die von Jesuiten geleitete Universität besuchte. Am 11. 1.1590 reiste er nach Ingolstadt, wo er am 9. 3. 1590 seine Studien aufnahm. Der streng katholischen Erziehung stand nichts mehr im Wege. Im Sommer 1594 lernte Ferdinand in Regensburg seinen ihm bis dahin unbekannten Vetter, Kaiser Rudolf II., kennen. Das Treffen kam auf Wunsch Ferdinands zustande. Der Kaiser fand Gefallen an Ferdinand und stellte ihm eine baldige Rückkehr nach Graz in Aussicht. Fünf Monate später erhielt er die Erlaubnis zur Heimreise und kehrte über München nach Graz zurück, wo er im März 1595 eintraf. Er wurde vom innerösterreichischen Adel, unter dem sich viele Protestanten befanden, freundlich willkommen geheißen. Noch ahnten die Protestanten nicht, daß die Rückkehr des Erzherzogs ihnen schon bald schwere Zeiten bescheren sollte.

1596 übernahm Erzherzog Ferdinand III. die Regierung in Innerösterreich, nachdem das Erbe Erzherzog Ferdinands II. von Tirol, dessen Söhne aus der Ehe mit Philippine Welser von der Nachfolge ausgeschlossen blieben, an die steirische Linie gefallen war. Eine der ersten Maßnahmen Ferdinands in Innerösterreich war die Aufhebung der von seinem Vater den Ritterständen und Herrschaften 1572 zugebilligten vollen Gewissensfreiheit. Die Ausübung des protestantischen Bekenntnisses wurde unmöglich gemacht. In Innerösterreich begann eine gewaltsame und brutale Unterdrückung der Protestanten, die das Land verlassen mußten. Ferdinand handelte nicht zuletzt unter dem starken Einfluß seines Beichtvaters, des Jesuitenpaters Bartholomäus Viller. Die Spätfolgen der von Ferdinand getroffenen Maßnahmen waren schwere wirtschaftliche Schäden im ganzen Land. Trotzdem folgte der Erzherzog in der Durchführung der Gegenreformation der unvertretbaren Härte seines Vetters, König Philipps III. von Spanien, der die Rekatholisierung mit allen Mitteln förderte.

Noch zu Lebzeiten von Kaiser Matthias war es zwischen der österreichischen und spanischen Linie der Habsburger zu Auseinandersetzungen über die Erbfolge nach dem Tode des Kaisers gekommen. Um seine Wahl zum König von Ungarn und Böhmen nicht unnötig zu verzögern, schloß Erzherzog Ferdinand am 20. 3. 1617 mit dem spanischen Gesandten Oñate einen Vertrag, wonach der König von Spanien gegen die Abtretung des Elsaß mit Hagenau und Ortenburg zugunsten Ferdinands und seiner männlichen Nachkommen auf die Nachfolge in Böhmen und Ungarn verzichtete. In einem geheimen Zusatzabkommen wurde das Vorrecht des Mannesstammes der spanischen Habsburger gegenüber dem Frauenstamm der österreichischen Linie vereinbart. Dieser Vertrag war mit ein Anlaß für den späteren Eintritt Frankreichs in den Dreißigjährigen Krieg, da Frankreich sich nicht zu Unrecht von den Habsburgern eingekreist sah.

Im Juni 1617 wurde Erzherzog Ferdinand zum König von Böhmen und im Juli 1618 zum König von Ungarn gekrönt. Vor der Krönung hatte Ferdinand feierlich versprechen müssen, den böhmischen Majestätsbrief und alle den böhmischen Ständen gewährten Privilegien anzuerkennen. Da die Versprechungen nicht eingehalten wurden, kam es nach dem Tode von Kaiser Matthias in Innerösterreich und besonders in Böhmen zu einer äußerst kritischen Lage. Am 5. 6. 1619 standen die böhmischen Rebellen unter Thurn vor den Stadttoren Wiens. Eine Abordnung der protestantischen Stände verlangte von König Ferdinand Entgegenkommen in Glaubenssachen und einen Verzichtfrieden mit Böhmen. Diesen Forderungen schlossen sich auch die österreichischen Stände an. Durch das Eingreifen der verstärkten Stadtgarde konnte der König sich den Forderungen entziehen und nach Unterstützung des Königs durch die Wiener Bevölkerung mußte Thurn sich nach Prag zurückziehen.

Am 28. 8. 1619 erfolgte die Wahl Ferdinands zum römisch-deutschen Kaiser als Ferdinand II. Die infolge der Kaiserwahl bedingte Abwesenheit Ferdinands benutzten die protestantischen Stände Ober- und Niederösterreichs, mit den protestantischen Ständen in Böhmen ein Bündnis einzugehen. Am 26. 8. 1619 erklärte der böhmische Landtag das Königreich Böhmen zum Wahlreich. Kaiser Ferdinand wurde als Feind der wahren Religion abgesetzt und Kurfürst Friedrich V. von der Pfalz, der in Frankfurt noch für die Wahl Ferdinands zum Kaiser stimmte, zum König von Böhmen gewählt und am 4. 11. 1619 im St.-Veitsdom gekrönt. Noch im gleichen Monat nahm der Fürst von Siebenbürgen, Gabriel Bethlen, der die Protestanten in Ungarn bevorzugte, den Titel eines erwählten Königs von Ungarn an.

Aufgrund der Vorgänge in Böhmen bildeten sich in Europa zwei große politische Gruppierungen.

Kaiser Ferdinand II. fand Unterstützung bei Papst Paul V., König Philipp III. von Spanien, dem Großherzog Cosimo von Toskana und der katholischen Liga unter Führung Herzog Maximilians von Bayern. Da der Kaiser kein eigenes Heer hatte, war er weitgehend von der katholischen Liga abhängig. Die Unterstützung der katholischen Liga hatte Ferdinand II. sich gegen weitreichende Zugeständnisse am 8. 10. 1619 im Vertrag von München gesichert. Kernstück dieses Vertrages war die Ächtung Friedrichs V. von der Pfalz und die Übertragung der erblichen pfälzischen Kurwürde auf Herzog Maximilian von Bayern.

Die protestantische Union wurde unterstützt von König Gustav Adolf II. von Schweden, König Christian IV. von Dänemark und dem katholischen Fürsten Karl Emanuel von Savoyen. Die Könige von England und Frankreich hielten sich zunächst noch zurück.

Nach einem vergeblichen Versuch des Königs von Frankreich, zwischen der katholischen Liga und der protestantischen Union zu vermitteln, zogen die Truppen des Kaisers und der Liga unter Führung des bayrischen Generals Tilly gegen Prag. Die dort stehenden Verbände der protestantischen Union wurden von Herzog Maximilian von Bayern und Tilly angegriffen und am 8. 11. 1620 am Weißen Berg bei Prag vernichtend geschlagen. Der Winterkönig Friedrich V. von der Pfalz flüchtete bis in die Niederlande. Für den Kaiser nahm Herzog Maximilian von Bayern die Huldigung der böhmischen Stände entgegen. Durch den kaiserlichen Erfolg änderte sich auch die Lage in Ungarn. Nach der Eroberung von Preßburg am 6. 5. 1621 nahm Gabriel Bethlen Verhandlungen mit dem Kaiser auf, die am 31. 12. 1621 mit dem Frieden von Nikolsburg beendet wurden. Während der Kaiser den Ungarn Freiheiten und Privilegien einräumte, verzichtete Gabriel Bethlen auf die Königswürde von Ungarn und wurde zum Reichsfürsten ernannt. Durch eine großzügige Amnestie wurde den ungarischen Ständen Straffreiheit zugesichert.

Über Böhmen entlud sich ein grausames Strafgericht des Kaisers. Die Führer des Aufstandes wurden – soweit sie nicht ins Ausland geflohen waren – hingerichtet. Ihr Besitz wurde eingezogen, und 30.000 Familien mußten auswandern. Annähernd 650 Güter wurden konfisziert. In Böhmen und den österreichischen Erbländern wurde die Gegenreformation brutaler denn je durchgeführt. Die protestantischen Adeligen mußten Österreich verlassen. Unter ihnen befanden sich so bedeutende Familien wie die von Dietrichstein und von Khevenhüller, die sich in ganz besonderem Maße um das Haus Habsburg verdient gemacht hatten, sie gingen nach Deutschland, und für die Ausgewanderten kamen katholische italienische und spanische Familien ins Land, die die den Protestanten enteigneten Güter erhielten.

Kurfürst Friedrich V. wurde die Kurwürde aberkannt und auf Herzog Maximilian von Bayern übertragen. Gegen diese Maßnahme erhob der Schwiegervater Friedrichs V., König Jakob I. von England, Einspruch, und auch der französische König änderte seine Haltung, weil spanische Truppen und Verbände der katholischen Liga die Pfalz und den Westen Deutschlands besetzt hielten.

1624 übernahm König Christian IV. von Dänemark die Führung innerhalb des protestantischen Lagers. Der einem böhmischen Adelsgeschlecht entstammende Albrecht Eusebius Wenzel Wallenstein wurde vom Kaiser beauftragt, ein Heer aufzustellen. Der ursprünglich protestantisch erzogene Wallenstein war 1606 zum katholischen Glauben übergetreten. Bereits nach der Schlacht am Weißen Berg hatte er aus dem Ankauf beschlagnahmter Güter erhebliche Vorteile gezogen. 1623 wurde er in den Reichsfürstenstand erhoben und erhielt 1624 die Würde eines Herzogs von Friedland in Nordböhmen. Als der Krieg wieder aufflackerte, stellte Wallenstein ein starkes Heer auf und zog gemeinsam mit General Tilly, der das Aufgebot der katholischen Liga führte, gegen die Dänen, die bei Tangermünde geschlagen wurden. Die protestantischen Verbände wurden bis nach Oberungarn verfolgt, wo Gabriel Bethlen an einem Vormarsch nach Westen gehindert werden konnte. Der Friede von Preßburg am 20. 12. 1626 brachte erneut einen Ausgleich zwischen Kaiser Ferdinand II. und Gabriel Bethlen.

Nach dem Abzug Wallensteins aus Norddeutschland versuchte der Dänenkönig einen erneuten Angriff und wurde von den Truppen der Liga unter General Tilly in Lutter am Barenberg entscheidend geschlagen. Nach ihrer Vereinigung zogen die Verbände des Kaisers und der Liga, ohne Widerstand zu finden, nach Schleswig und Jütland. Der mit König Christian IV. verbündete Herzog Friedrich Ulrich von Braunschweig-Kalenberg unterwarf sich dem Kaiser. Der Friede von Lübeck am 22. 5. 1629 beendete die Auseinandersetzungen. Dänemark schied aus dem Dreißigjährigen Krieg aus, und König Christian IV. verpflichtete sich, in Reichsangelegenheiten nur noch in seiner Eigenschaft als Reichsfürst und Herzog von Holstein mitzureden.

Am 10. 5. 1627 wurde vom Kaiser die »Verneuerte Landesordnung« für Böhmen erlassen, die als königliches Gesetz mit entsprechenden Bestimmungen auch für Mähren galt. Das Erbrecht des Hauses Habsburg wurde festgeschrieben. Ein Wahlrecht wurde den böhmischen Ständen nur für den Fall des Aussterbens des Hauses Habsburg zugestanden. Die böhmische Hofkanzlei wurde endgültig nach Wien verlegt.

Kaiser Ferdinand II. befand sich nun auf der Höhe seiner Macht. Unter dem Eindruck seiner Erfolge erließ der Kaiser ohne Rücksprache mit den Kurfürsten am 6. 3. 1629 das Restitutionsedikt, mit dem alle den Katholiken seit 1552 entzogenen und den Protestanten übereigneten Kirchengüter, Stifte, Klöster und Bistümer zurückgefordert wurden. Durch die Übernahme zahlreicher norddeutscher Bistümer sollte das Haus Habsburg gestärkt werden. Neben zahlreichen Kirchengütern waren vom Restitutionsedikt 2 Erzbistümer, 11 Bistümer und über 500 Klöster betroffen. Die Verweigerung der Restitution wurde mit der Acht und Aberacht bedroht. Kaiserliche Kommissare sorgten für die Durchführung der Anordnung. Die Maßnahmen stärkten den Widerstandswillen der Protestanten und forderten Frankreich und Schweden heraus. Die Pläne des Kaisers und Wallensteins, gegen Schweden und die Niederlande einen Seekrieg zu führen und so die Gegenreformation militärisch zu erzwingen, wurden von König Gustav II. Adolf von Schweden, der am 6. 7. 1630 mit 20.000 Mann in Vorpommern landete, durchkreuzt. Ein Übergreifen der Gegenreformation auf Schweden wurde damit vereitelt. Frankreich stellte sich auf die Seite Schwedens und zahlte Hilfsgelder.

Die Machtstellung des Kaisers und Wallensteins förderte nun auch den Widerstand der Kurfürsten, die trotz der schwedischen Invasion die Absetzung Wallensteins betrieben. Auf dem Kurfürstentag in Regensburg wurde Wallenstein am 13. 8. 1630 vom Kaiser abgesetzt. Der Kaiser mußte sich dem Willen der Kurfürsten beugen, da die Nachfolge seines Sohnes Ferdinand noch nicht gesichert war. Kaiser Ferdinand war erneut ohne Heer und von der katholischen Liga abhängig.

Thüringen, Brandenburg und Sachsen traten auf die Seite des Schwedenkönigs, der über Mitteldeutschland nach Süddeutschland vorrückte. Der Sohn des Kaisers, Erzherzog Ferdinand IV., übernahm den Oberbefehl über die kaiserlichen Truppen. Am 17. 9. 1631 wurden die Verbände der katholischen Liga unter General Tilly bei Breitenfeld besiegt. In der Schlacht bei Rain a. Lech mußte Tilly am 15. 4. 1632 erneut eine Niederlage hinnehmen und wurde während des Kampfes so schwer verwundet, daß er am 30. 4. verstarb. Die Sachsen drangen bis nach Böhmen vor und besetzten Prag. Gleichzeitig konnte König Gustav II. Adolf München erobern und die Truppen der katholischen Liga zerschlagen. Nunmehr waren die bisher verschont gebliebenen österreichisch-habsburgischen Länder unmittelbar bedroht. Unter dem Eindruck der schlechten militärischen Lage nahm Kaiser Ferdinand II. den tief beleidigten Wallenstein erneut in seine Dienste. Dieser vertrieb die sächsischen Truppen aus Prag und Böhmen und konnte Nürnberg gegen die Schweden erfolgreich verteidigen. Wallenstein wurde von den Schweden nach Sachsen verfolgt. In der Schlacht bei Lützen in der Nähe von Leipzig wurde Wallenstein am 16. 11. 1632 zwar besiegt, erlebte aber zugleich den Tod König Gustavs II. Adolf während der Schlacht.

Wallensteins nächstes Ziel war es, unter allen Umständen eine Ausweitung des Krieges zu verhindern. Er führte eigenmächtig Friedensverhandlungen mit Schweden. Diese Eigenmächtigkeit nahm Fürst Piccolomini zum Anlaß, mit Unterstützung der spanischen Gesandten am Wiener Hof beim Kaiser gegen Wallenstein zu intrigieren und den Vorwurf des Hochverrats zu erheben. Mit mehreren Getreuen wurde Wallenstein am 25. 2. 1634 in Eger ermordet. Ob Kaiser Ferdinand II. Mitwisser der hinterhältigen Mordtat an Wallenstein war, wurde nie geklärt. Dafür spricht, daß der Kaiser die Güter des Ermordeten beschlagnahmen und an die am Sturz Wallensteins Beteiligten verteilen ließ.

Als alleiniger Oberbefehlshaber der kaiserlichen Heere konnte Erzherzog Ferdinand IV. Regensburg erobern und die Schweden bei Nördlingen schlagen.

Am 30. 5. 1635 wurde zwischen dem Kaiser und dem Kurfürsten von Sachsen der Friede von Prag geschlossen, dem sich viele protestantische Reichsstände anschlossen. Der Kaiser verzichtete auf die Durchführung des Restitutionsedikts, lehnte aber die Anerkennung des Protestantismus in den kaiserlichen Erbländern ab. Die Übertragung der pfälzischen Kur und die Abtretung der rechtsrheinischen Pfalz wurden bestätigt. Alle fremden Mächte hatten den Reichsboden zu verlassen und alle Sonderbündnisse bis auf den Kurfürstenverein und Erbverbrüderungen wurden aufgelöst. Damit waren auch die protestantische Union und die katholische Liga aufgehoben. Zur Durchführung und Sicherung des Friedensvertrages sollte das kaiserliche Heer bestehen bleiben. Es schien, als sollte der Friede endgültig gesichert sein. Da schwedische und französische Interessen in den Friedensverhandlungen nicht berücksichtigt wurden, hatte Frankreich bereits am 19. 5. 1635 Spanien den Krieg erklärt, der nun mit aller Härte und Brutalität weitergeführt wurde, sich noch 13 Jahre hinziehen sollte und zu großen Verwüstungen in Deutschland führte. Es begann buchstäblich ein Kampf, den jeder gegen jeden führte und durch den weite Gebiete Deutschlands entvölkert wurden.

Es gelang dem Kaiser noch, die Nachfolge seines Sohnes zu sichern. Wenige Wochen vor dem Tode des Kaisers, der am 15. 2. 1637 starb, wurde Erzherzog Ferdinand IV. als Ferdinand III. zum römisch-deutschen König gewählt.

Kaiser Ferdinand II. war von freundlichem Äußeren und einer heiteren Gemütsbeschaffenheit. Seine sprichwörtliche Großzügigkeit, die von seiner nicht immer uneigennützig handelnden Umgebung oft genug ausgenutzt wurde, stand in einem krassen Gegensatz zu seiner religiösen Unduldsamkeit. Von Jesuiten erzogen, übten diese auch in den späteren Jahren einen entscheidenden und nicht immer günstigen Einfluß auf den Kaiser aus. Im letzten war Ferdinand II. ein unfreier Mensch, der laufend von Gewissensskrupeln geplagt wurde. Ohne den erzieherischen Einfluß der Jesuiten wäre er in seinen Entscheidungen in Glaubensfragen sicher freier gewesen. Von den Jesuiten und den Spaniern in seiner unbeugsamen Haltung gegenüber den Protestanten beeinflußt und bestärkt, muß Kaiser Ferdinand II. eine erhebliche Mitschuld am Ausbruch des Dreißigjährigen Krieges zugemessen werden. Letztlich scheiterte der Kaiser aber nicht nur an der Glaubensfrage, sondern auch in seinem Bemühen, die Reichsgewalt im absolutistischen Sinne zu stärken, da die Reichsfürsten eifersüchtig auf ihre Unabhängigkeit bedacht waren.

In erster Ehe war Ferdinand II. mit Maria Anna, Tochter Herzog Wilhelms V. von Bayern, vermählt. Mit dieser Vermählung wurde erneut die Verbindung der Habsburger mit dem Hause Wittelsbach bekräftigt. Die Hochzeit fand in der Grazer Hofkirche statt, wo der päpstliche Legat Kardinal Dietrichstein die Trauung vornahm. Ohne sich in die Politik einzumischen, lebte Maria Anna an der Seite ihres Gemahls. Sie schenkte ihrem Gemahl sieben Kinder und starb noch vor der Erhebung Ferdinands in die Kaiserwürde.

Mit 44 Jahren heiratete Ferdinand II. die Prinzessin Eleonore von Mantua. Die Ehe wurde nicht weniger glücklich als die mit Maria Anna von Bayern.

Es war dem Kaiser noch vergönnt, die Wahl und Krönung seines Sohnes zum römisch-deutschen König zu erleben. Bei dieser Gelegenheit erklärte er:

»Mit der Ehre und Pracht von Kaisern und Königen ist es wie bei einem Schauspiel. Ich finde keinen Unterschied zwischen den Theaterkönigen und den wirklichen, nur daß die einen Stunden und die anderen Jahre regieren. Die Ehrenbezeigungen dauern bei beiden nur, solange sie auf der Bühne stehen. Nach ihrem Tode sind sie vergessen wie alle anderen.«

Die Nachkommen Kaiser Ferdinands II.

AUS DER EHE MIT MARIA ANNA VON BAYERN

1. Christine, Erzherzogin
   * 25. 5. 1601 in Graz
   † 12. 6. 1601 in Graz
   Grabstätte: Gruft unter dem Mausoleum der Benediktinerabtei Seckau/ Steiermark

2. Karl, Erzherzog
   * 25. 5. 1603 in Graz
   † 25. 5. 1603 in Graz
   Grabstätte: Gruft unter dem Mausoleum der Benediktinerabtei Seckau/ Steiermark

3. Johann Karl, Erzherzog
   * 1. 11. 1605 in Graz
   † 26. 12. 1619 in Graz
   Grabstätte: Habsburger Mausoleum in Graz

4. Ferdinand IV., Erzherzog
   1. ⚭ Maria Anna, Infantin von Spanien
   2. ⚭ Maria Leopoldina, Erzherzogin von Österreich-Tirol
   3. ⚭ Eleonore Gonzaga II., Prinzessin von Mantua
   Siehe unter Kaiser Ferdinand III.

5. Maria Anna, Erzherzogin
   * 13. 1. 1610 in Graz
   † 25. 9. 1665 in München
   Grabstätte: Fürstengruft in der St.-Michaels-Kirche in München

   ⚭ 15. 7. 1635 in München
   Maximilian I., Kurfürst von Bayern a. d. H. Wittelsbach
   Eltern: Wilhelm V., Herzog von Bayern, und Renate, Prinzessin von Lothringen, Tochter Franz' I., Herzog von Lothringen
   * 17. 4. 1573 in München
   † 27. 9. 1651 in Ingolstadt
   Grabstätte: Fürstengruft in der St.-Michaels-Kirche in München

   Bei ihrer Eheschließung mit dem 62jährigen Kurfürsten von Bayern richtete sich Erzherzogin Maria Anna nach einer Entscheidung ihres

Vaters. Sie teilte den politischen Weg ihres Gemahls mit klugem Verständnis. Sie nahm an den geheimen Ratssitzungen teil und wurde dem Kurfürsten eine unentbehrliche Ratgeberin. In seinen letztwilligen Verfügungen ordnete Maximilian I. an, daß seine Gemahlin neben seinem Bruder Albrecht Mitregentin werden sollte. Maria Anna stand nach dem Ableben des Kurfürsten bis 1654 tatsächlich an der Spitze des Vormundschaftsrates für ihren ältesten Sohn und zeigte sich als pflichtbewußte Persönlichkeit. Als Regentin gab sie am 31. 5. 1653 die Kurstimme Bayerns bei der Wahl des römisch-deutschen Königs ihrem Bruder, Erzherzog Ferdinand IV. Nach Beendigung ihrer Regentschaft erlosch auch ihr Einfluß auf die Regierung. Sie war die Nichte ihres Gemahls, dessen Schwester die Mutter Maria Annas war.

6. Cäcilia Renata, Erzherzogin
* 16. 7. 1611 in Graz
† 24. 3. 1644 in Krakau
Grabstätte: Langes Gruftgewölbe in der Wawelkathedrale in Krakau

⚭ 13. 9. 1637 in Krakau
Wladislaw IV. a. d. H. Wasa, König von Polen 1632–1648
Eltern: Sigismund III., König von Polen, und Anna, Erzherzogin von Österreich, Tochter Karls II., Erzherzog von Innerösterreich-Steiermark
* 19. 4. 1594 in Lobzow bei Krakau
† 20. 5. 1648 in Merecz/Litauen
Grabstätte: Langes Gruftgewölbe in der Wawelkathedrale in Krakau

7. Leopold Wilhelm, Erzherzog
* 16. 1. 1614 in Graz
† 20. 11. 1662 in Wien
Grabstätte: Kaisergruft Wien – neue Gruft, Bischofsreihe

1625 Bischof von Passau und Straßburg.
1628 Bischof von Halberstadt.
1637 Bischof von Olmütz.
1642 Hochmeister des Deutschen Ordens.
1646–1656 Generalstatthalter in den spanischen Niederlanden.
1655 Bischof von Breslau.
Leopold Wilhelm war überaus vielseitig begabt. Bereits im Alter von elf Jahren Bischof von Passau und Straßburg, erhielt er später auch die Bischofssitze von Halberstadt und Olmütz. Als kaiserlichem General gelang es ihm, die Schweden aus Böhmen und Schlesien zu verdrängen. Am 2. 11. 1642 mußte er in der Schlacht bei Breitenfeld eine empfindliche Niederlage hinnehmen. Er verlor vorübergehend den Oberbefehl, den er aber 1654 wieder übernahm.
Als Statthalter der spanischen Niederlande konnte er den Frieden mit den

Vereinigten Niederlanden zugunsten eines Kampfes gegen Frankreich zustande bringen.
Nach dem Tode Kaiser Ferdinands III. von den Kurfürsten vorübergehend als Nachfolger des Kaisers ins Gespräch gebracht, widmete er sich in seinen letzten Lebensjahren ausschließlich der Kunst. Seine Gemälde- und Gobelinsammlung wurde zu einem Grundstock des Kunsthistorischen Museums in Wien.

Kaiser Ferdinand III.

Kaiser Ferdinand III.

* 13. 7. 1608 in Graz
† 2. 4. 1657 in Wien
Grabstätte: Kaisergruft Wien – Leopolds-Gruft

1. ⚭ 26. 2. 1631 in Wien
MARIA ANNA, Infantin von Spanien
Eltern: Philipp III., König von Spanien, und Margarethe, Erzherzogin von Österreich, Tochter Karls II., Erzherzog von Österreich-Steiermark
* 18. 8. 1608 in Escorial bei Madrid
† 13. 5. 1646 in Linz
Grabstätte: Kaisergruft Wien – Leopolds-Gruft

2. ⚭ 2. 7. 1648 in Linz
MARIA LEOPOLDINA, Erzherzogin von Österreich-Tirol
Eltern: Leopold V., Erzherzog von Österreich-Tirol, und Claudia von Medici, Prinzessin von Toskana, Tochter Ferdinands I., Großherzog von Toskana
* 6. 4. 1632 in Innsbruck
† 7. 8. 1649 in Wien
Grabstätte: Kaisergruft Wien – Leopolds-Gruft

3. ⚭ 30. 4. 1651 in Wien
ELEONORE GONZAGA, Prinzessin von Mantua
Eltern: Karl II., Prinz von Mantua-Nevers, Herzog von Rethel, und Maria Gonzaga, Prinzessin von Mantua, Tochter Franz' IV., Herzog von Mantua
* 18. 11. 1630 in Mantua
† 6. 12. 1686 in Wien
Grabstätte: Kaisergruft Wien – Leopolds-Gruft

WAHLSPRUCH: Pietate et justitia = Mit Frömmigkeit und Gerechtigkeit

8. 12. 1625 in Preßburg in der St.-Martins-Kirche zum König von Ungarn gekrönt.
26. 11. 1627 in Prag im St.-Veits-Dom zum erblichen König von Böhmen gekrönt.
22. 12. 1636 in Regensburg zum römisch-deutschen König gewählt und gekrönt durch den Kurfürsten und Erzbischof von Mainz Anselm Kasimir von Wamboldt zu Umstadt.
15. 2. 1637 »Römischer Kaiser«.

Nach dem frühen Tod seiner älteren Brüder Karl und Johann Karl war Ferdinand III. der nächste Agnat in der Nachfolge seines Vaters. Ihm war keine lange und sorglose Jugend beschieden. Dafür waren die Zeiten zu ernst. Wie sein Vater wurde der junge Erzherzog von Jesuiten erzogen, die aber keinen maßgeblichen Einfluß auf die Entwicklung Erzherzog Ferdinands gewinnen konnten. Noch nicht 18 Jahre alt, wurde Ferdinand zum König von Ungarn gewählt und zwei Jahre später auch zum König von Böhmen gekrönt. Er studierte Kriegswissenschaften und konnte sich ein so umfangreiches Wissen aneignen, daß er schon bald in einen Gegensatz zu Wallenstein geriet. An dessen Absetzung war er maßgeblich beteiligt. Ferdinand III. war sicher keine so charakteristische Persönlichkeit wie sein Vater. Er war aber schon in seinen frühen Jahren gewinnend im Umgang mit Menschen und würdig in seinem Auftreten.

Kein anderer Habsburger fand bei seinem Regierungsantritt ein schwereres Erbe vor als Kaiser Ferdinand III., dem als römisch-deutschem König nach dem Ableben seines Vaters die Kaiserkrone zugefallen war.

Die Hoffnung, nach dem Prager Frieden von 1635 den Krieg in Deutschland beenden zu können, hatte getrogen, nachdem Frankreich im Bündnis mit Schweden und dem protestantischen Fürsten Georg Rákóczi von Siebenbürgen in das Kriegsgeschehen eingriff. Der wiederaufflammende Krieg war schließlich nichts anderes mehr als ein Machtkampf zwischen den Dynastien Habsburg und Bourbon. Der leitende Minister Frankreichs, Kardinal Richelieu, hatte sich das Ziel gesetzt, das Haus Habsburg aus Deutschland und Spanien zu vertreiben und so den habsburgischen Ring um Frankreich zu sprengen. Zunächst kämpften die kaiserlichen Heere gegen die Schweden und Franzosen mit wechselndem Erfolg. Erst der Sieg der Schweden bei Breitenfeld unweit von Leipzig leitete eine für den Kaiser und das Reich ungünstige Entwicklung ein. Nach diesem Sieg zog der schwedische Oberbefehlshaber Torstenson über Schlesien, Böhmen und Mähren bis vor Wien. Die Bedrohung der habsburgischen Erblande zwang den Kaiser, im Oktober 1643 mit Schweden einen Waffenstillstand abzuschließen. Der gleichzeitige Einmarsch der Franzosen in die spanischen Niederlande leitete den Niedergang der spanisch-habsburgischen Macht ein.

Am 10. 4. 1644 wurden die Friedensverhandlungen mit Schweden in Osnabrück und mit Frankreich in Münster aufgenommen. Vier Jahre sollte der Krieg noch weitergehen, bis nach zähem Verhandeln und Feilschen der Westfälische Friede zustande kam. In diesen vier Jahren wurden in Deutschland mehr Verwüstungen angerichtet als in den 26 Jahren zuvor.

Nach der Schlacht bei Jankau in Mittelböhmen am 24. 3. 1645 drangen die

Schweden bis zur Donau vor und besetzten die Städte Krems und Stein. Das von den Schweden geplante Bündnis mit Rákóczi kam nicht zustande, da Ferdinand III. es verstand, durch politische und konfessionelle Zugeständnisse Rákóczi auf seine Seite zu ziehen. Damit war die Absicht der Schweden, die Macht des Kaisers durch konzentrierte Angriffe von Osten und Westen zu brechen, gescheitert. Die Schweden zogen sich nach Böhmen zurück. In Süddeutschland wurde mit wechselnden Erfolgen gekämpft. Das Jahr 1646 brachte neue Vorstöße der Schweden unter General Wrangel nach Bayern und Vorarlberg. Bregenz wurde erobert. Kurfürst Maximilian I. von Bayern schloß einen Neutralitätspakt mit Schweden und Frankreich. Die freigewordenen schwedischen Verbände zogen erneut nach Böhmen und eroberten Eger. Die militärische Lage des Kaisers wurde immer ungünstiger, wenn auch Kurfürst Maximilian I. nach der Eroberung von Eger wieder auf die Seite Ferdinands III. trat. Anfang 1648 erhielt Octavio Piccolomini, Herzog von Amalfi, den Oberbefehl über das kaiserliche Heer. Nach wechselvollen Kämpfen gelang die Befreiung Bayerns. Die schwedischen Verbände besetzten die Oberpfalz und rückten von dort unter Graf Königsmarck erneut gegen Böhmen vor. Andere schwedische Streitkräfte unter General Wittenberg marschierten auf Prag zu. Am 26. 7. 1648 eroberten die Schweden den Hradschin und besetzten die Prager Kleinseite, während die Altstadt und Neustadt sich behaupten konnten. Die Belagerung Prags unter dem schwedischen Thronanwärter Karl Gustav Pfalzgraf von Zweibrücken blieb ohne Erfolg. Noch während der Belagerung der Stadt traf die Nachricht vom Waffenstillstand und dem bevorstehenden Frieden ein. In Prag, wo der Krieg 30 Jahre zuvor mit dem Prager Fenstersturz begonnen hatte, wurden die Auseinandersetzungen vor den Wachttürmen der Karlsbrücke auch beendet.

Die Friedensverhandlungen hatten in dem katholischen Münster und dem protestantischen Osnabrück stattgefunden. Als Vermittler zwischen den kriegführenden Parteien nahmen der päpstliche Gesandte Fabio Chigi und der venezianische Gesandte Contarini teil. Das erste Ergebnis dieser Verhandlungen war der am 30. 1. 1648 erfolgte Friedensschluß zwischen den Generalstaaten und Spanien. Die niederländischen Nordprovinzen lösten sich vom Reich und wurden souverän. Am 24. 10. 1648 wurde der Westfälische Friede gleichzeitig in Münster und Osnabrück unterzeichnet. Als »Instrumentum pacis« galt der Westfälische Friede bis 1806 als Reichsgrundgesetz. Das Friedenswerk regelte:

1. Die territorialen Veränderungen:

Den Habsburgern wurde der Besitzstand in den östlichen Erbländern garantiert. Frankreich mußte in den habsburgischen Vorlanden die vier Waldstädte am Hochrhein – Rheinfelden, Säckingen, Laufenburg und Waldshut –, die Grafschaft Hauenstein, den Schwarzwald, den Breisgau und Ortenau an die Habsburger herausgeben.

Frankreich konnte den größten Teil der habsburgischen Vorlande mit dem Elsaß, Sundgau und Breisach, die Landvogtei in zehn elsässischen Reichsstädten sowie die Bistümer Metz, Toul und Verdun behalten.

Bayern wurde als Kurfürstentum bestätigt und erhielt die Oberpfalz.
Die Rheinpfalz wurde mit der neuen achten Kurwürde an Karl Ludwig von der Pfalz zurückgegeben.
Brandenburg erhielt für seine Erbansprüche auf Vorderpommern, das bei Schweden verblieb, Hinterpommern und Cammin sowie die Bistümer Halberstadt und Minden.
Schweden erhielt Vorpommern, Wismar und die Stifte Bremen und Verden als Reichslehen mit Sitz und Stimme im Reichstag.
Dänemark bekam aufgrund seiner norddeutschen Besitzungen Sitz und Stimme im Reichstag.
Mecklenburg erhielt für das an Schweden abgetretene Wismar die Bistümer Schwerin und Ratzeburg.
Hessen-Kassel wurde die Abtei Hersfeld und die Grafschaft Schaumburg zugesprochen.
Kursachsen erhielt die Ober- und Niederlausitz als böhmisches Lehen.
Die Schweiz und die Niederlande wurden selbständige Staaten und schieden aus dem Reichsverband aus.
2. *Die konfessionellen Regelungen:*
Das Jahr 1624 wurde als Normaljahr für den Besitzstand geistlicher Güter und die Konfessionszugehörigkeit festgelegt.
Der Passauer Vertrag von 1552 und der Augsburger Religionsfriede von 1555 wurden bestätigt und allgemein anerkannt.
Die Oberpfalz, die Kurpfalz und die habsburgischen Erblande wurden von den konfessionellen Bestimmungen ausgenommen. Die Erblande und die Oberpfalz blieben katholisch, die Kurpfalz wurde wieder evangelisch.
3. *Fragen der Reichsverfassung:*
Kurfürsten und Fürsten wurden neben dem Kaiser als gleichberechtigt anerkannt.
Der Reichstag, der sich ab 1663 als »Immerwährender Reichstag« von wenigen Ausnahmen abgesehen regelmäßig in Regensburg versammelte, wurde in drei Kurien gegliedert.
Die erste Kurie bestand aus den acht Kurfürsten.
In der zweiten Kurie saßen 165 Fürsten, davon allein 69 geistliche Fürsten.
Die dritte Kurie umfaßte die 61 Reichsstädte, die nunmehr auch Sitz und Stimme im Reichstag hatten.
Für Beschlüsse des Reichstages war die Einstimmigkeit aller drei Kurien erforderlich.

Nach dem Westfälischen Frieden war das Reich nur noch ein lockerer Staatenbund mit einem Kaiser ohne Macht an der Spitze.

Bereits während der Verhandlungen in Münster und Osnabrück hatte der päpstliche Gesandte Chigi Proteste gegen das beabsichtigte Vertragswerk eingelegt, weil den Protestanten freie Religionsausübung und Zugang zu allen öffentlichen Ämtern gestattet wurde. Vier Wochen nach Unterzeichnung des Friedensvertrages veröffentlichte Papst Innozenz X. seine wohl schon vorher vorbereitete Bulle »Zelo domus Dei«, in der er schärfstens Protest erhob und das Vertragswerk von Münster und Osnabrück für null und nichtig erklärte. Ungeachtet der päpstlichen Bulle wurden am 8. 2. 1649 unter den Signatarmächten die Ratifikationsurkunden zu dem Vertragswerk von Münster und Osnabrück ausgetauscht. Der päpstliche Protest verhallte im Aufatmen aller, daß dieser furchtbare Krieg zu Ende war. Rom und die katholische Kirche waren die großen Verlierer.

Nach dem Westfälischen Frieden übten die Habsburger wie alle anderen Reichsfürsten in ihren Ländern die absolute Landeshoheit aus und behielten die Kaiserwürde. Die Stände in Ungarn behielten ihre seit 1222 verbrieften Rechte. Für die habsburgischen Länder wurde in Wien eine eigene Hofkanzlei eingerichtet. Die Reichskanzlei kam nach Mainz. Aus dem bisherigen Nebeneinander der österreichisch-habsburgischen Länder wurde durch Zusammenfassung dieser Länder das »Haus Österreich« als eine Idee des habsburgischen Gesamtstaates ermöglicht. Es war der Beginn einer eigenstaatlichen Entwicklung in Österreich.

Der Kaiser konnte am 31. 5. 1653 die Wahl seines Sohnes, Erzherzog Ferdinands V., zum römisch-deutschen König durchsetzen. Als König Ferdinand IV. erfolgte die Krönung am 18. 6. 1653 in Regensburg. Der König starb schon ein Jahr später an den Blattern. Nach dem Tode seines Sohnes zog sich Kaiser Ferdinand III. ganz zurück und sorgte nur noch für die Krönung seines zweitgeborenen Sohnes Leopold zum König von Böhmen und Ungarn.

Am 2. 4. 1657 starb Kaiser Ferdinand III. in Wien.

Der als Kronprinz sehr ehrgeizige und auch tatkräftige Ferdinand überließ nach seinem Regierungsantritt die Staatsgeschäfte weitgehend seinem Staatskanzler Maximilian Graf von Trautmannsdorff, der sich im Dienst des Kaisers große Verdienste erwarb. Später wurde Johann Weikart Fürst Auersperg als Obersthofmeister des Kaisers der mächtigste Mann bei Hofe.

Obwohl von Jesuiten erzogen, konnten diese und auch andere geistliche Ratgeber nur wenig Einfluß bei Kaiser Ferdinand III. gewinnen. Im Gegensatz zu seinem Vater stand er allen geistlichen Ratgebern äußerst skeptisch gegenüber und war darauf bedacht, seine Unabhängigkeit zu wahren. Jede bischöfliche Anordnung erhielt erst nach kaiserlicher Zustimmung Rechtskraft. Die Frömmigkeit des Kaisers war echt, jedoch nicht frei von bizarren Zügen. Seine besondere Vorliebe galt der Marienverehrung. Die Gottesmutter war für ihn seine »Generalissima«, der er mehr vertraute als seinen Generälen. Die Verdienste Kaiser Ferdinands III. bestehen ohne Zweifel darin, daß er ständig bemüht war, das von seinem Vater übernommene Erbe des Dreißigjährigen Krieges mit Anstand zu liquidieren. Wenn auch mit großen Verlusten für das Haus Habsburg, ist ihm das mit dem Abschluß des Westfälischen Friedens auch gelungen.

Kaiser Ferdinand III. war dreimal verheiratet. Seine Ehe mit der Infantin Maria Anna, Tochter König Philipps III. von Spanien und der Erzherzogin

Margarethe, war eine jener wenigen politischen Ehen, die überaus glücklich wurden. Auf dem Wege nach Wien – mitten im Dreißigjährigen Krieg ein gefährliches Unternehmen – erfolgte am 26. 1. 1631 in Triest die feierliche Übergabe der Braut durch das spanische Gefolge an ihren Schwager Leopold, der die Prinzessin nach Wien geleitete. Noch am Tage der Ankunft in Wien wurde das Paar am 26. 2. 1631 in der Augustinerkirche getraut. Die anschließenden Hochzeitsfeierlichkeiten zogen sich über einen Monat hin. Maria Anna war dem Kaiser eine zuverlässige Ratgeberin. Häufig begleitete sie ihren Gemahl auf Reisen, wurde aber auch mehrfach während der Abwesenheit Ferdinands III. von diesem zur Regentin bestellt. Sie gebar ihrem Gemahl sechs Kinder, darunter den Kronprinzen Ferdinand und den späteren Kaiser Leopold I.

In zweiter Ehe war der Kaiser mit Maria Leopoldina von Tirol, einer Tochter Erzherzog Leopolds V. von Tirol und Claudia von Medici, verheiratet. Die Gemahlin des Kaisers starb nach einjähriger Ehe bei der Geburt ihres ersten Kindes.

Die dritte Gemahlin des Kaisers war die prachtliebende Eleonore, Prinzessin von Mantua. Sie stiftete den Sternkreuzorden, der für Werke der Barmherzigkeit und tugendhaftes Leben verliehen wird, und erbaute den von ihr nach Wien berufenen Ursulinen Kirche und Kloster. Sie schenkte dem Kaiser vier Kinder.

Die zeitgenössischen Berichte bezeugen, daß der Kaiser seiner Familie ein wahrer Vater war, der um seine Gemahlinnen und Kinder rührend besorgt war.

In der von ihm ausgebauten Kaisergruft unter der Kapuzinerkirche in Wien fanden der Kaiser, seine drei Gemahlinnen und zehn seiner Kinder ihre letzte Ruhestätte.

Die Nachkommen Kaiser Ferdinands III.

AUS DER EHE MIT MARIA ANNA VON SPANIEN

1. FERDINAND V. Franz, Erzherzog
   * 8. 9. 1633 in Wien
   † 9. 7. 1654 in Wien
   Grabstätte: Kaisergruft Wien – Leopolds-Gruft

   1646 als Ferdinand IV. König von Böhmen.
   1647 als Ferdinand IV. König von Ungarn.
   Im Oktober 1652 wurde anläßlich des Besuchs mehrerer Kurfürsten bei Kaiser Ferdinand III. in Prag die Wahl Erzherzog Ferdinands V. zum römisch-deutschen König vereinbart.
   31. 5. 1653 in Augsburg als Ferdinand IV. zum römisch-deutschen König gewählt.
   18. 6. 1653 in Regensburg als Ferdinand IV. zum römisch-deutschen König gekrönt durch den Kurfürsten und Erzbischof von Mainz Philipp von Schönborn.
   Da König Ferdinand IV. bereits ein Jahr nach seiner Krönung zum römisch-deutschen König starb, blieb er ohne politisches und persönliches Profil.

2. MARIA ANNA, Erzherzogin
   * 24. 12. 1635 in Wiener Neustadt
   † 16. 5. 1696 in Madrid
   Grabstätte: Monasterio de San Lorenzo de el Escorial – Pantheon der Könige

   ⚭ 8. 11. 1649 in Navalcarnero bei Madrid
   PHILIPP IV., König von Spanien 1621–1665
   Eltern: Philipp III., König von Spanien, und Margarethe, Erzherzogin von Österreich-Steiermark, Tochter Karls II., Erzherzog von Österreich-Steiermark
   * 8. 4. 1605 in Valladolid
   † 17. 9. 1665 in Madrid
   Grabstätte: Monasterio de San Lorenzo de el Escorial – Pantheon der Könige

3. PHILIPP AUGUST, Erzherzog
* 15. 7. 1637 in Wien
† 22. 6. 1639 in Wien
Grabstätte: Kaisergruft Wien – Nische Leopolds-Gruft

4. MAXIMILIAN THOMAS, Erzherzog
*21. 12. 1638 in Wien
† 29. 6. 1639 in Wien
Grabstätte: Kaisergruft Wien – Nische Leopolds-Gruft

5. LEOPOLD VI., Erzherzog
1. ⚭ MARGARETHA THERESIA, Infantin von Spanien
2. ⚭ CLAUDIA FELIZITAS, Erzherzogin von Österreich-Tirol
3. ⚭ ELEONORE MAGDALENE, Pfalzgräfin von Pfalz-Neuburg
Siehe unter Kaiser Leopold I.

6. MARIA, Erzherzogin
* 13. 5. 1646 in Linz
† 13. 5. 1646 in Linz
Grabstätte: Kaisergruft Wien – Leopolds-Gruft (im Sarg ihrer Mutter)

AUS DER EHE MIT MARIA LEOPOLDINE VON TIROL

7. KARL JOSEF, Erzherzog
* 7. 8. 1649 in Wien
† 27. 1. 1664 in Wien
Grabstätte: Kaisergruft Wien – neue Gruft, Bischofsreihe

1662 Hochmeister des Deutschen Ordens.
1663 Bischof von Olmütz.

AUS DER EHE MIT ELEONORE GONZAGA VON MANTUA

8. THERESIA MARIA JOSEFA, Erzherzogin
* 27. 3. 1652 in Wien
† 26. 7. 1653 in Wien
Grabstätte: Kaisergruft Wien – Nische Leopolds-Gruft

9. ELEONORE MARIA JOSEFA, Erzherzogin
* 31. 5. 1653 in Wien
† 17. 12. 1697 in Wien
Grabstätte: Kaisergruft – Leopolds-Gruft.

1. ⚭ 27. 2. 1670 in Lemberg.
MICHAEL Korybut (Wisniowiecki) König von Polen 1669–1673
Eltern: Jeremias Michael Wisniowiecki und Griselde Zamoyska
* 31. 7. 1640 in Krakau
† 10. 11. 1673 in Lemberg
Grabstätte: Krypta des hl. Leonhard in der Wawelkathedrale in Krakau

2. ⚭ 6. 2. 1678 in Wien
KARL V. LEOPOLD, Herzog von Lothringen
Eltern: Nikolaus Franz, Herzog von Lothringen, und Claude, Herzogin von Lothringen, Tochter Heinrichs, Herzog von Lothringen
* 3. 4. 1643 in Wien
† 18. 4. 1690 in Wels
Grabstätte: Herzogliche Kapelle der Kirche des Cordelièrs in Nancy

Karl V. von Lothringen erwarb sich in den Feldzügen Österreichs gegen die Türken unvergänglichen Ruhm. Im Verein mit dem König von Polen, Johann Sobieski, schlug er am 12. 9. 1683 die Türken in der entscheidenden Schlacht am Kahlenberg vor Wien. 1689 gelang ihm im Krieg gegen Frankreich die Einnahme von Mainz und Bonn. Sein Sohn Leopold erhielt das 1679 an Frankreich verlorengegangene Herzogtum Lothringen im Frieden von Rijswijk 1697 zurück. Eleonore und Karl V. von Lothringen waren die Großeltern Franz' III. Stephan von Lothringen, dem Gemahl der Kaiserin Maria Theresia.
Karl Josef, Prinz von Lothringen, ein Sohn Karls V. Leopold und Eleonores, war von 1711 bis 1715 Erzbischof und Kurfürst von Trier. Er starb am 4. 12. 1715 in Wien und wurde in der Kaisergruft – neue Gruft, Bischofsreihe – beigesetzt.

10. MARIA ANNA JOSEFA, Erzherzogin
* 30. 12. 1654 in Wien
† 14. 4. 1689 in Wien
Grabstätte: Kaisergruft Wien – Leopolds-Gruft

⚭ 25. 10. 1678 in Düsseldorf
JOHANN WILHELM, Kurfürst von Pfalz-Neuburg
Eltern: Philipp Wilhelm, Kurfürst von Pfalz-Neuburg, und Elisabeth, Prinzessin von Hessen-Darmstadt, Tochter Georgs II., Landgraf von Hessen-Darmstadt
* 19. 4. 1658 in Düsseldorf
† 8. 6. 1716 in Düsseldorf
Grabstätte: Gruft im Mausoleum der St.-Andreas-Kirche in Düsseldorf

Johann Wilhelm wurde bekannt unter dem Namen »Jan Wellem«. Er war ein entschiedener Gegner der Reformation und vertrat daher die Gegenreformation mit aller Härte. Dadurch schuf er sich unter den protestantischen Reichsfürsten zahlreiche Gegner. Aufgrund von Interventionen Brandenburgs und Hannovers mußte er 1705 den anderen Konfessionen völlige Gleichberechtigung einräumen. Im Spanischen Erbfolgekrieg stand er auf der Seite Habsburgs. In zweiter Ehe heiratete er am 5. 6. 1691 Anna Maria von Medici, Tochter Cosimos III., Großherzog von Toskana. Nach dem Tode Johann Wilhelms ging die Medici-Tochter in die Toskana zurück und starb am 18. 2. 1743 als letzte

Angehörige des Hauses Medici, nachdem das Haus mit dem Tode des Großherzogs Johann Gaston am 9. 7. 1737 bereits im Mannesstamm erloschen und das Großherzogtum Toskana Franz III. Stephan von Lothringen (Kaiser Franz I.) als Ersatz für das Herzogtum Lothringen übertragen worden war.

11. Ferdinand Josef Alois, Erzherzog
* 11. 2. 1657 in Wien
† 16. 6. 1658 in Wien
Grabstätte: Kaisergruft Wien – Nische Leopolds-Gruft

Kaiser Leopold I.

Kaiser Leopold I.

* 9. 6. 1640 in Wien
† 5. 5. 1705 in Wien
Grabstätte: Kaisergruft Wien – Leopolds-Gruft

1. ⚭ 12. 12. 1666 in Wien
Margaretha Theresia, Infantin von Spanien
Eltern: Philipp IV., König von Spanien, und Maria Anna, Erzherzogin von Österreich, Tochter Ferdinands III., Römischer Kaiser
* 12. 7. 1651 in Madrid
† 22. 3. 1673 in Wien
Grabstätte: Kaisergruft Wien – Leopolds-Gruft

2. ⚭ 15. 10. 1673 in Wien
Claudia Felizitas, Erzherzogin von Österreich-Tirol
Eltern: Ferdinand Karl, Erzherzog von Österreich-Tirol, und Anna von Medici, Prinzessin von Toskana, Tochter Cosimos II., Großherzog von Toskana
* 30. 5. 1653 in Innsbruck
† 8. 4. 1676 in Wien
Grabstätte: Gruftgewölbe unter dem Altar der Dominikanerkirche in Wien, Herzurne in der Kaisergruft Wien – Leopolds-Gruft

3. ⚭ 14. 12. 1676 in Wien
Eleonore Magdalena, Prinzessin von Pfalz-Neuburg
Eltern: Philipp Wilhelm, Kurfürst von Pfalz-Neuburg, und Elisabeth, Prinzessin von Hessen-Darmstadt, Tochter Georgs II., Landgraf von Hessen-Darmstadt
* 6. 1. 1655 in Düsseldorf
† 19. 1. 1720 in Wien
Grabstätte: Kaisergruft Wien – Leopolds-Gruft

Wahlspruch: Consilio et industria = Klug und beharrlich

27. 6. 1655	in Preßburg in der St.-Martins-Kirche zum König von Ungarn gekrönt.
14. 9. 1656	in Prag im St.-Veits-Dom zum König von Böhmen gekrönt.
18. 7. 1658	in Frankfurt a. M. zum römisch-deutschen Kaiser gewählt.
31. 7. 1658	in Frankfurt a. M. zum römisch-deutschen Kaiser gekrönt durch den Kurfürsten und Erzbischof von Köln Maximilian Heinrich von Bayern.

Nach dem Tode Kaiser Ferdinands III. entstanden für das Haus Habsburg und das Reich neue Schwierigkeiten. Dem Kaiser war es vor seinem Tode nicht mehr gelungen, die Wahl seines Sohnes Erzherzog Leopold VI. zum römisch-deutschen König durchzusetzen und so die Nachfolge in der Kaiserwürde sicherzustellen. Das Reich blieb zunächst ohne König und Kaiser. Diesen Zustand hatten Streitigkeiten innerhalb des Hauses Habsburg mit verursacht. Mehrere Mitglieder des Hauses hätten es gern gesehen, wenn die Wahl auf den attraktiven und begabten Erzherzog Leopold Wilhelm, den jüngsten Bruder Kaiser Ferdinands III., gefallen wäre. Da Erzherzog Leopold VI. jedoch nicht bereit war, auf seine Ansprüche zu verzichten, mußte sein Onkel zurücktreten, und Erzherzog Leopold VI. trat die Nachfolge seines Vaters als Familienoberhaupt an.

Seine Kindheit verbrachte der junge Erzherzog bei seiner Mutter Maria Anna, die ihr letztes Kind ganz besonders in ihr Herz geschlossen hatte. So entstand auf beiden Seiten eine besonders starke Mutter-Kind-Beziehung. Als Leopold seine Mutter mit sechs Jahren durch den Tod verlor, übertrug er seine Liebe auf die Stiefmutter Maria Leopoldine von Tirol und später auch auf die Stiefmutter Eleonore von Mantua. Beide erwiderten die Zuneigung Leopolds. Als Zweitgeborener war er schon früh für den geistlichen Stand bestimmt worden. Mit zunehmendem Alter entwickelte sich der Erzherzog, der nach dem Tode seiner Mutter einen eigenen Hofstaat erhalten hatte, zu einem bescheidenen und ruhigen jungen Mann. Bei der Auswahl der Lehrer und Erzieher wurde auf seine Ausbildung für den geistlichen Stand besondere Rücksicht genommen. Erziehung zu Frömmigkeit und Ergebenheit war mehr gefragt als politische und militärische Ausbildung. Die Entwicklung des jungen Mannes lief ganz in die vom Vater gewünschte Richtung, und wie seinem Onkel Leopold schien auch Erzherzog Leopold eine glänzende geistliche Karriere vorherbestimmt. Der Tod seines Bruders Ferdinand lenkte seinen Werdegang in eine andere Richtung. Er wurde eilends von den Jesuiten zurückgeholt und mußte mit 18 Jahren die Nachfolge seines Vaters antreten. Zunächst suchte der unerfahrene Herrscher Rat und Hilfe bei seinem Onkel Erzherzog Ludwig Wilhelm und bei seinem Erzieher Johann Ferdinand Graf Portia.

Erneut setzte Frankreich alle politischen und finanziellen Mittel ein, die Wahl eines Habsburgers zum Kaiser zu verhindern. Den Vorschlag, Kurfürst Ferdinand Maria von Bayern zu wählen, lehnte der Kurfürst von Bayern selbst ab. Die Bemühungen Kardinal Mazarins, König Ludwig XIV. von Frankreich zum römisch-deutschen König zu wählen, scheiterten an dem Widerstand der Kurfürsten. Erst nach langem Feilschen und nach Zahlung erheblicher Gelder an die Kurfürsten wurde der Erzherzog am 18. 7. 1658 als Leopold I. zum römisch-deutschen Kaiser gewählt. In einer demütigenden Wahlkapitulation hatte Leopold vor der Wahl darauf verzichten müssen, die spanischen Habsburger im Kampf gegen Frankreich zu unterstützen. Um diese Wahlkapitulation abzusichern, schlossen sich am 14. 8. 1658 die geistlichen Kurfürsten von Mainz, Köln, Trier und der Pfalz, die Herzöge von Bayern, Jülich, Kleve und Berg, der König von Schweden als Herzog von Bremen und Verden, die Herzöge von Braunschweig-Lüneburg und der Landgraf von Hessen-Kassel zum Rheinbund zusammen. Unter dem Einfluß von Kardinal Mazarin, der in der Allianz ein Mittel zur Bekämpfung der Habsburger sah, trat einen Tag später auch der französische König dem Rheinbund bei. Der Hindernisse nicht genug, auch die Jesuiten versuchten, ihren politischen Einfluß im Fürstenkollegium auf ihre Weise zu stärken. Ständig bemüht, die protestantischen deutschen Fürsten zum katholischen Glauben zurückzuführen, sorgten sie für andauernde Unruhe. Im Laufe der Jahre gelang es ihnen, die Herzöge von Braunschweig-Lüneburg, Mecklenburg-Schwerin, Württemberg sowie den Kurfürsten von Pfalz-Neuburg zum Übertritt zur katholischen Kirche zu bewegen. Schließlich folgte der Kurfürst von Sachsen, August der Starke, dem die polnische Königskrone auch noch eine Messe wert war.

Der in der Zwischenzeit ausgebrochene schwedisch-polnische Erbfolgekrieg konnte den Habsburgern nicht gleichgültig sein. Die Eroberung weiter Teile Polens bis nach Krakau durch die Schweden führte am 27. 5. 1657 zu einem Bündnis der Habsburger mit Polen. Die Habsburger griffen zunächst den auf der Seite der Schweden stehenden Fürsten Georg II. Rákóczi an und zwangen ihn zum Frieden mit Polen. Im Vertrag von Wehlau mußte Polen die Souveränität Brandenburgs über das Herzogtum Preußen anerkennen und auf seine Lehnshoheit verzichten.

Infolge der Wahlkapitulation des Kaisers waren die spanischen Habsburger genötigt, mit Frankreich Frieden zu schließen. Dadurch bekamen die Franzosen freie Hand im schwedisch-polnischen Erbfolgekrieg und unterstützten Schweden. Die kaiserlichen Truppen unter Raimund Fürst Montecuccoli und die Verbände des Großen Kurfürsten Friedrich Wilhelm drangen bis nach Jütland und in Pommern bis zur Ostsee vor. Der Tod des schwedischen Königs und eine allgemeine Kriegsmüdigkeit verhinderten weitere Kämpfe und führten zum Frieden von Oliva b. Danzig, der am 3. 5. 1660 abgeschlossen wurde. Bei unverändertem territorialem Besitzstand der kriegführenden Mächte hatte Frankreich in Europa eine Vorrangstellung erreicht. Die Bestätigung der Souveränität Brandenburgs über Preußen durch die Großmächte leitete den Aufstieg des Hauses Brandenburg-Preußen ein.

Der erneute Anspruch der Hohen Pforte auf Siebenbürgen führte wiederum zu kriegerischen Auseinandersetzungen mit den Osmanen, die 1662 die Feindseligkeiten gegen die Habsburger eröffneten. Die Besetzung des habsburgischen Teils von Ungarn brachte den Wiener Hof in erhebliche Schwierigkeiten. Der Kaiser beschränkte sich zunächst darauf, Wien abzusichern. Auf dem Regensburger

Reichstag erreichte Leopold die Aufstellung von Reichstruppen und eines französischen Hilfskorps. Bei Mogersdorf im Burgenland wurde die Entscheidung herbeigeführt. Die Osmanen wurden zwar geschlagen – aber nicht vernichtet. Am 10. 8. 1664 kam es zum Frieden von Eisenburg, der für 20 Jahre abgeschlossen wurde. Siebenbürgen wurde von den kaiserlichen und osmanischen Truppen geräumt. Die Osmanen konnten den größten Teil Ungarns behalten, mußten sich aber verpflichten, alle kriegerischen Handlungen gegen das habsburgische Ungarn zu unterlassen.

Eine allgemeine Unzufriedenheit der Ungarn, die ihre Selbständigkeit durch den Frieden von Eisenburg gefährdet sahen, führte 1666 zu einer Verschwörung des ungarischen Adels gegen den Kaiser. Unter Führung des Erzbischofs von Gran plante der katholische Hochadel die Einsetzung eines nichthabsburgischen Königs und suchte für diesen Plan die Unterstützung des Großfürsten von Siebenbürgen, des Königs von Frankreich und des Sultans. Nach Aufdeckung der Verschwörung wurden die Anführer Zrinyi, Frangepáni und Nádasdy hingerichtet. Das Vermögen der Hingerichteten wurde eingezogen und dem Wiener Hofadel zugewiesen. Die strengen Maßnahmen des Kaisers und die Beauftragung der Jesuiten mit der Durchführung der Gegenreformation in Ungarn führten 1671 zu einem erneuten Aufstand, der als Kuruzzenaufstand mit Unterbrechungen bis 1705 dauern sollte. Die Kuruzzen fanden die Unterstützung des Königs von Frankreich, des Fürsten von Siebenbürgen und des polnischen Königs.

Den Tod König Philipps IV. von Spanien am 17. 9. 1665 hatte König Ludwig XIV. von Frankreich zum Anlaß genommen, die französischen Erbansprüche auf die spanischen Niederlande anzumelden. Im ersten Raubkrieg von 1667/1668 besetzten französische Truppen die südlichen Niederlande. Da die deutschen Fürsten die Auseinandersetzung als eine dynastische Angelegenheit der Häuser Habsburg und Bourbon ansahen, verweigerten sie dem Kaiser jegliche Unterstützung. Kaiser Leopold I. sah sich daher genötigt, mit Frankreich einen Ausgleich zu suchen. In einem Geheimvertrag vom 19. 1. 1668 einigten sich beide Parteien dahingehend, daß das spanische Erbe beim Aussterben der männlichen Linie der spanischen Habsburger zwischen Bourbonen und österreichischen Habsburgern geteilt werden sollte. Damit war der Kaiser an die französische Politik gebunden, und Frankreich hatte das Ziel, die beiden habsburgischen Linien zu trennen, erreicht. Daraufhin schlossen die Vereinigten Niederlande, England und Schweden am 23. 1. 1668 einen Dreibund und zwangen den französischen König, die südlichen Niederlande zu räumen.

Im zweiten Raubkrieg drang Frankreich 1670 in Lothringen ein, das seit 925 zum Reich gehörte, und eroberte das Land. Herzog Karl IV. von Lothringen wurde aus seinem Land vertrieben.

Aufgrund der politischen Lage war der Kaiser gezwungen, Defensivbündnisse mit den Vereinigten Niederlanden am 25. 7. 1672 und mit Brandenburg bereits am 23. 6. 1672 abzuschließen. Unter der Führung Montecuccolis wurden Truppen an den Niederrhein entsandt. Eine Vereinigung mit den niederländischen Truppen konnten die Franzosen verhindern. Der Sonderfriede Brandenburgs mit Frankreich, das die Erbansprüche des Hauses Hohenzollern anerkannte, führte zu einer grundlegenden Änderung der kaiserlichen Politik. Nach dem Abschluß neuer Verträge mit Spanien und den Vereinigten Niederlanden gelang es den Truppen Montecuccolis und des Prinzen Wilhelm von Oranien, die Franzosen über Lothringen ins Elsaß zurückzudrängen. Nachdem auch Dänemark, England, die Generalstaaten und Brandenburg sich dem Bündnis gegen Frankreich angeschlossen hatten, erklärte der Kaiser Frankreich den Reichskrieg. Der sofortige Gegenangriff Frankreichs bis zum Rhein zwang die kaiserlichen Truppen, das Elsaß mit Straßburg freizugeben. Durch den schon bald darauf erfolgten Friedensschluß Frankreichs mit Spanien und den Generalstaaten gelang es Frankreich erneut, die Habsburger Linien zu trennen. Der Druck Frankreichs zwang auch den Kaiser zum Frieden. Ohne Befragung des Reichstags schloß er am 5. 2. 1679 in Nijmegen Frieden mit Frankreich und Schweden. Der Friede von Nijmegen bestätigte im wesentlichen die territorialen Bestimmungen des Westfälischen Friedens. Der Kaiser behielt das eroberte Philippsburg, mußte aber Freiburg i. Breisgau Frankreich überlassen. Die vom Kaiser eingegangene Verpflichtung, keine Verbündete gegen Schweden und Frankreich zu unterstützen, führte zur Isolierung des Großen Kurfürsten von Brandenburg, der die Annäherung an Frankreich suchte und seine Erbansprüche auf die schlesischen Herzogtümer Jägerndorf, Brieg, Liegnitz und Wohlau erneuerte. Frankreich gegenüber verpflichtete sich der Brandenburger, bei einer künftigen Kaiserwahl nur Frankreich genehme Bewerber zu unterstützen. Da Bayern und Kursachsen diese Verpflichtung Frankreich gegenüber bereits eingegangen waren, verfügte Frankreich nunmehr über drei Kurstimmen gegen das Haus Habsburg.

In den von 1679 bis 1681 dauernden Reunionskriegen unterwarf Ludwig XIV. eine große Zahl von Städten und die freie Reichsstadt Straßburg. Die maßlose und imperialistische Politik des französischen Königs führte Bayern, Sachsen und Braunschweig-Lüneburg wieder an die Seite des Kaisers. Gegen die Reunionspolitik Ludwigs XIV. richtete sich auch das Bündnis mit den Generalstaaten, Schweden und Spanien. Mit der Union der kleinen deutschen Stände gewann Leopold I. neue Verbündete. Der Papst und auch die italienischen Staaten unterstützten Leopold I. mit bedeutenden finanziellen Mitteln. Nachdem die Reichsfürsten auch auf die Seite des Kaisers getreten waren, standen nur noch Brandenburg und Dänemark auf seiten Frankreichs. Die Expansionspolitik König Ludwigs XIV. von Frankreich hatte die »Auferstehung des Reiches« bewirkt.

1681 nahm Kaiser Leopold I. Verhandlungen mit Ungarn über die Wiederherstellung der früheren Verfassung auf. Paul IV., der erste Fürst des Hauses Esterházy, wurde als Palatin für Ungarn eingesetzt. Da die gegenreformatorischen Bestrebungen Habsburgs durch die Jesuiten erneut gescheitert waren, mußten die Zugeständnisse an die Protestanten erneuert werden. Den Bestrebungen des Kaisers widersetzte sich der Anführer der Kuruzzen, Emmerich Graf Thököly, der unter Täuschung des Kaisers in Oberungarn einfiel und vom Sultan zum König von Ungarn ausgerufen wurde. Damit wurde der Krieg gegen die Osmanen unausweichlich.

Schon seit dem Herbst 1682 sammelte Sultan Mehmed IV. seine Truppen und hielt im Frühjahr 1683 eine große Heerschau bei Belgrad ab. Er fand Unterstützung bei Frankreich, das die Kräfte des Kaisers im Osten binden wollte, um so im Westen freie Hand für seine Reunionspolitik zu behalten. Für König Ludwig XIV. von Frankreich wäre die Eroberung der Kaiserstadt Wien durch die Osmanen das Signal gewesen, sich die Herrschaft über das Heilige Römische Reich Deutscher Nation zu sichern. Was schon König Franz I. von Frankreich gegen Kaiser Karl V. vergeblich versucht hatte, die Kaiserkrone des Reiches zu erringen, der Fall Wiens hätte sie Ludwig XIV. gebracht. Verlor der Kaiser seine östlichen Erblande, so mußte das das Ende des Reiches bedeuten, nachdem ihm Ungarn entglitten war und die auf ihre Libertät bedachten Reichsfürsten ihm jede Unterstützung versagten. Erst nach langen und schwierigen Verhandlungen konnte ein Reichskontingent zusammengestellt werden. Zunächst jedoch lag die Last des Kampfes allein bei den Erblanden.

Den Oberbefehl über das kaiserliche Heer erhielt Herzog Karl V. von Lothringen. Die angebotene Unterstützung des Großen Kurfürsten von Brandenburg lehnte der Kaiser wegen der unerfüllbaren Bedingungen (Erbansprüche in Schlesien, Anerkennung der französischen Reunionen und freie Religionsausübung für alle Ungarn) ab.

Unter Führung des Großwesirs Kara Mustafa erreichte das Heer der Osmanen am 12. 7. 1683 Wien, schloß die Stadt bis zur Donau ein und begann mit der Belagerung. Noch vor Eintreffen der Osmanen hatte der kaiserliche Hof Wien verlassen und sich nach Passau begeben. Hier kam es zu der für das Haus Habsburg so bedeutsamen und denkwürdigen Begegnung zwischen Kaiser Leopold I. und Prinz Eugen von Savoyen-Carignan. Der Prinz entstammte der Nebenlinie Carignan des regierenden Hauses von Savoyen. Sein Vater war Herzog Eugen Moritz, Befehlshaber der Schweizer Garde. Seine Mutter, Olympia Mancini, war eine Nichte Kardinal Mazarins. Wegen eines Giftmordprozesses mußte sie Frankreich verlassen. So lag die Erziehung Eugens bei seiner Großmutter, Maria von Bourbon, der Erbin von Soissons. Als jüngster Sohn für den geistlichen Stand bestimmt, fühlte er sich dazu nicht berufen und legte das geistliche Kleid mit 19 Jahren ab. Darüber war seine Großmutter so erbost, daß sie ihn des Hauses verwies. Auf sich allein gestellt, wandte der Prinz sich an den französischen König Ludwig XIV. und verlangte von ihm das Kommando über eine Kompagnie. Verächtlich, mit verletzenden Worten und beißendem Spott wurde er vom Sonnenkönig abgewiesen. Eugen war tödlich beleidigt und hat die ihm angetane Schmach nie vergessen. Als er die Nachricht erhielt, daß sein Bruder Ludwig Julius im Kampf vor Wien gegen die Osmanen gefallen sei, brach er kurz entschlossen nach Österreich auf. Im Hoflager zu Passau bot er Kaiser Leopold I. seine Dienste an und versprach dem Kaiser standhafte Treue und den Einsatz aller Kräfte für Seine kaiserliche Majestät und das Erzhaus Habsburg. Damals soll

Eugen geschworen haben, den Boden Frankreichs niemals mehr anders als mit dem Schwert in der Hand zu betreten. Diesen Schwur hat er wahrlich gehalten. An der Schlacht um Wien nahm er noch als Volontär im Stabe Herzog Karls V. von Lothringen teil. Im Dezember 1683 wurde er Oberst des von seinem gefallenen Bruder geführten Dragonerregiments, das bis 1918 den Namen »Prinz Eugen« trug. Mit 22 Jahren wurde er General, mit 25 Jahren Feldmarschalleutnant und als 30jähriger Reichsfeldmarschall. Sein treuer und hingebungsvoller Dienst unter drei Kaisern des Hauses Habsburg sichert dem Prinzen einen unvergänglichen Platz in der Geschichte des Hauses Österreich.

Mit Karl V. von Lothringen stand der Prinz im Wienerwalde bereit, um die Vereinigung der Truppen des Grafen von Thököly mit dem osmanischen Heer zu verhindern. Am 30. 8. konnten die Osmanen die Vorwerke der Stadt Wien erobern. Am 9. 9. wurde ein letzter Ansturm der Osmanen auf die Bastionen der Stadt von den Belagerten abgewiesen. Am 11. 9. besetzten die kaiserlichen und polnischen Verbände die Höhen des Kahlenbergs bei Wien. Ein Entsatzheer ging im Rücken der Belagerer in Stellung. In den frühen Morgenstunden des 12. 9. – einem Sonntag – las Marco d'Aviano, päpstlicher Legat beim Heer der Verbündeten, in der heutigen Sobieski-Kapelle auf dem Kahlenberg die heilige Messe, bei der der polnische König persönlich ministrierte und mit den anderen Heerführern die Kommunion empfing. Nach der Messe segnete der päpstliche Legat von einem weithin sichtbaren Punkt des Kahlenbergs mit dem Kruzifix die christlichen Armeen. Sodann erfolgte in drei Heeressäulen der Angriff. Die Belagerten unternahmen beim Herannahen der kaiserlichen Verbände, angeführt von Ernst Rüdiger Graf von Starhemberg, einen Ausfall und vereinigten sich mit den Angreifern. Nach erbitterten Kämpfen und schweren Verlusten auf beiden Seiten war die Schlacht in den Abendstunden des 12. 9. entschieden. Das zahlenmäßig weit überlegene Heer der Osmanen war vernichtend geschlagen und befand sich ungeordnet und regellos auf der Flucht. Jubel und Freude über den grandiosen Sieg waren im christlichen Abendland allgemein. Als die Siegesnachricht in Rom eintraf, erhob Papst Innozenz XI., dem König Sobieski die erbeutete grüne Fahne des Propheten mit den Worten »Veni, vidi, Deus vicit« übersandt hatte, den 12. 9., den Tag des glorreichen Sieges, zu einem allgemeinen Kirchenfest unter dem Titel »Mariä Namensfest«.

Die Beute der Sieger war gewaltig. Der große Sieg hatte aber auch schwere Opfer gekostet. Die Stadt und ihre Umgebung waren verwüstet, und mehr als die Hälfte der Verteidiger der Stadt war gefallen. Die sofortige Verfolgung des geschlagenen und fliehenden Gegners scheiterte zunächst daran, daß verschiedene Reichsstände nach der Befreiung Wiens ihre Truppen zurückzogen. Ende September konnte die Verfolgung dann doch noch aufgenommen werden. Am 9. 10. siegten die Verbündeten bei Párkány, und am 24. 10. wurde die Festung Gran erobert. Westungarn befand sich wieder in der Hand der Habsburger.

Im März 1684 kam in Linz die Heilige Allianz zwischen Kaiser Leopold I., König Johann III. Sobieski und der Republik Venedig zustande. Initiator dieses

Bündnisses war der Papst, der die Allianz mit Geldmitteln der Kirche unterstützte. Es war ein Angriffs- und Verteidigungspakt, der ausschließlich gegen die Türken gerichtet war und die Verpflichtung des gegenseitigen Beistandes beinhaltete. Diese Allianz führte den Krieg gegen die Türken bis zum Frieden von Karlowitz. Nunmehr entschloß sich der Kaiser, alle Kräfte zum Kampf gegen die Türken zusammenzufassen. Er schloß unter Verzicht auf Straßburg und Luxemburg am 15. 8. 1684 in Regensburg einen auf zwanzig Jahre befristeten Waffenstillstand mit Frankreich, um den Rücken frei zu haben.

Die Festung Neuhäusel wurde am 19. 8. 1685 erobert. Nach einem weiteren Sieg am 16. 10. 1685 bei Gran zeigte sich die Hohe Pforte erstmals friedensbereit. Unter Verzicht auf die vermeintlichen Erbansprüche in Schlesien und gegen das Versprechen, Habsburg seine Kurstimme zu geben, trat Brandenburg der Heiligen Allianz bei. Für die Verzichtleistung auf die Ansprüche in Schlesien erhielt Brandenburg Schwiebus und verschiedene Rechte in Ostfriesland. In einem Geheimvertrag mit dem Kurprinzen Friedrich sicherte dieser Habsburg die Rückerstattung von Schwiebus gegen eine einmalige Zahlung von 10.000 Dukaten zu. Das Abkommen mit dem Kurprinzen war eine der Ursachen der Schlesischen Kriege zwischen Friedrich II. von Preußen und Maria Theresia.

Am 2. 9. 1686 nahmen Karl V. von Lothringen und Max Emanuel von Bayern Stadt und Festung Ofen ein und beendeten die seit 1541 bestehende Herrschaft der Hohen Pforte über die Hauptstadt Ungarns. Auch Mittelungarn konnten sich die Habsburger sichern. In Südungarn fielen Peterwardein und Esseg in die Hände der Kaiserlichen, die im Oktober 1687 auch Siebenbürgen besetzen konnten. Fürst Apáfi trat auf die Seite des Kaisers. Die siebenbürgischen Stände erhielten freies Wahlrecht und freie Religionsausübung für alle. Der Kaiser nahm das Land unter seinen Schutz und anerkannte die Fürstenwürde für Apáfi und seinen Sohn.

Auf dem Reichstag zu Preßburg wurde die Erblichkeit der ungarischen Krone für das Haus Habsburg im Mannesstamm durch die ungarischen Stände anerkannt. Der Adel verzichtete auf die Privilegien von 1222. Die freie Religionsausübung der Protestanten wurde bestätigt. Am 9. 12. 1687 wurde der älteste Sohn Kaiser Leopolds I., Erzherzog Josef I., zum König von Ungarn gekrönt.

Nach weiteren Erfolgen gegen die Türken schlossen sich auch die Kurfürsten von Mainz, Köln, Trier und der Pfalz dem Kaiser an. Da König Ludwig XIV. nunmehr mit dem Verlust der in den Reunionskriegen eroberten Gebiete rechnen mußte, ging er erneut zum Angriff über. Unerwartet für den Kaiser und das Reich begann er den pfälzischen Erbfolgekrieg, um die Erbansprüche seiner Schwägerin, Liselotte von der Pfalz, durchzusetzen. Die Pfalz wurde durch französische Truppen total verwüstet. Die Städte Mannheim und Worms wurden gebrandschatzt und das Heidelberger Schloß gesprengt. Speyer wurde zerstört und die Kaisergräber im Dom erbrochen und nach Schätzen durchwühlt. Der Kaiser verkündete den Reichskrieg gegen Frankreich und übertrug Herzog Karl V. von Lothringen den Oberbefehl im Westen. Den Oberbefehl im Kampf gegen die Türken übernahm Markgraf Ludwig von Baden. Sultan Süleiman III. erneuerte das Bündnis mit König Ludwig XIV., der den Sultan mit Hilfsgeldern unterstützte und so eine Gegenoffensive der Türken ermöglichte. Die kaiserliche Armee mußte Siebenbürgen wieder räumen und die Belagerung von Belgrad abbrechen.

Auf dem Kurfürstentag in Augsburg konnte Kaiser Leopold I. am 24. 1. 1690 die Wahl seines Sohnes Josef zum römisch-deutschen König als Josef I. erreichen.

Das Jahr 1691 brachte neue Erfolge gegen die Türken. Siebenbürgen kam wieder in die Hände der Habsburger. Im Dezember 1691 bestätigte der Kaiser den siebenbürgischen Ständen die freie Religionsausübung und den ungarischen Königen Besitz, Titel, Würden, Rechte und alle Privilegien in Siebenbürgen. Die Einrichtung einer eigenen siebenbürgischen Hofkanzlei in Wien sicherte die Sonderstellung Siebenbürgens gegenüber Ungarn.

Um den Einfluß des evangelischen Kurfürsten von Brandenburg auf die protestantischen Gebiete des Reiches nicht zu stark werden zu lassen, erhielt das gleichfalls evangelische Haus Hannover 1692 die neunte Kurwürde.

Nach dem Tode Herzog Karls V. von Lothringen, der sich in den Feldzügen gegen die Türken europäischen Ruhm erworben hatte, übernahm Markgraf Ludwig von Baden den Oberbefehl im Westen über die Reichsarmee. Sein Nachfolger im Osten wurde der Kurfürst von Sachsen Friedrich August II., der 1697 vom polnischen Adel zum König von Polen gewählt wurde.

Nach Siegen der Türken unter Sultan Mustafa II. im Banat über die kaiserlichen Truppen wurde Prinz Eugen von Savoyen am 5. 4. 1697 zum Oberbefehlshaber im Krieg gegen die Türken ernannt. Die Ernennung war nicht nur der Beginn großer militärischer Erfolge, sondern auch der Aufstieg des Prinzen zum bedeutendsten Feldherrn des Hauses Habsburg. Nach einer Neuordnung der kaiserlichen Armee bereitete Prinz Eugen seine erste selbständige Schlacht gegen die Türken vor. Das Verhältnis der türkischen zu den deutschen Streitkräften war drei zu eins. Mehr als 120.000 Türken standen etwas mehr als 40.000 Deutsche gegenüber. Der Hofkriegsrat in Wien hatte deshalb eine defensive Haltung der kaiserlichen Streitkräfte angeordnet. Das versiegelte Schreiben aus Wien wurde von Eugen nicht geöffnet, da er den Inhalt ahnte. Unter voller Übernahme des persönlichen Risikos eröffnete der Prinz die Kampfhandlungen und stellte das türkische Heer am 11. 9. 1697 bei Zenta am rechten Ufer der Theiß. Als die Türken sich anschickten, über den Fluß zu setzen, gab Prinz Eugen den Befehl zum Angriff auf den Brückenkopf und ordnete gleichzeitig ein Umgehungsmanöver an. Mit dem Prinzen an der Spitze stürmten die Deutschen unter dem Ruf »Vivat Eugenius« in das Türkenlager und entschieden innerhalb weniger Stunden die Schlacht zu ihren Gunsten. Bei eigenen Verlusten von knapp 2000 Toten und Verwundeten verloren die Türken annähernd 20.000 Tote. 10.000 Türken ertranken in der Theiß. Die Beute der Sieger war unübersehbar. Nicht nur die Kriegskasse der Türken mit 3,000.000 Piaster, auch eine ungeheure Menge von Wagen, Geschützen, Fahnen, Kamelherden und Pferden fiel in die Hände der Sieger. Ohne seinen überragenden Anteil an diesem Sieg zu erwähnen, berichtete Prinz Eugen seinem kaiserlichen Herrn, der ihn mit einem juwelengeschmückten

Degen auszeichnete. Der große Sieg von Zenta wird oft auch heute noch in seiner Bedeutung verkannt. Er war einer der bedeutendsten Siege in der Geschichte Europas. Für den südosteuropäischen Raum erlangte dieser Sieg entscheidende Bedeutung. Zenta war die Geburtsstunde der österreichisch-ungarischen Monarchie.

Am 30. 10. 1697 kam der Friede von Rijswijk zustande. Frankreich mußte auf seine Eroberungen aus den Reunionskriegen verzichten und konnte nur das Elsaß mit Straßburg behaupten. Das rechte Rheinufer mußte geräumt werden. Ebenso mußte Frankreich auf seine Ansprüche im Erzbistum Köln und in der Pfalz verzichten. Holland, England und Spanien erhielten alle von den Franzosen eroberten Gebiete zurück. Der Zusammenbruch der französischen Vorherrschaft zeichnete sich ab.

Eineinhalb Jahre nach dem Sieg bei Zenta war auch die Hohe Pforte zum Frieden bereit. Am 26. 1. 1699 wurde vor den Toren von Karlowitz der Friede geschlossen. Zum ersten Mal wurde eine christliche Macht von den Türken als gleichberechtigt anerkannt, einen Friedensvertrag zu unterschreiben. Der Friede von Karlowitz brachte die Erfüllung der Erbverträge von 1491 zwischen Kaiser Maximilian I. und König Wladislaw II. Jagello. Aus den Kriegen, die Österreich nach zwei Seiten gewagt hatte, ging es um ein Drittel vergrößert hervor. Siebenbürgen wurde kaiserlich. Das Königreich Ungarn war zu zwei Dritteln frei von der türkischen Herrschaft. Nur Temeschwar und das umliegende Banat waren türkisch geblieben. Der Friede von Rijswijk und der von Karlowitz mit der Hohen Pforte machten Österreich zu einem machtvollen Gebilde. Aus der Hausmacht des Kaisers war ein gewaltiger Staat geworden. Österreich war die Großmacht im Südosten Europas. Es wird wohl immer rätselhaft bleiben, wie dieses Österreich im 17. und 18. Jahrhundert mit einem so kleinen Heer nicht nur sich selbst, sondern zugleich auch Deutschland und Europa zu verteidigen vermochte.

Neue Probleme für das Haus Habsburg brachte der Tod König Karls II. von Spanien am 1. 11. 1700. Mit seinem Tod starb die spanische Linie des Hauses Habsburg aus. Von drei Seiten wurde Anspruch auf das ungeteilte spanische Erbe erhoben.

König Ludwig XIV. von Frankreich leitete den französischen Anspruch aus seiner Ehe mit der Infantin Maria Theresia – Tochter König Philipps IV. von Spanien – ab, obwohl die Infantin bei ihrer Vermählung eindeutig auf ihr Erbrecht verzichtet hatte.

Kaiser Leopold I. gründete seinen Anspruch gleichfalls auf enge Familienbande zur spanischen Linie der Habsburger. Seine Mutter war eine Tochter König Philipps III. von Spanien und seine erste Gemahlin eine Tochter König Philipps IV. von Spanien.

Weit hergeholt war der Anspruch des Kurfürsten von Bayern für den am 6. 2. 1699 an den Pocken verstorbenen Kurprinzen Joseph Ferdinand, dessen Mutter die Tochter Kaiser Leopolds aus der ersten Ehe mit der Infantin Margaretha

Theresia war. Nach einer ursprünglichen Verfügung König Karls II. von Spanien sollte bei einem vorzeitigen Tod des Kurprinzen der Kurfürst als Erbe an seine Stelle treten.

Die französische Partei am spanischen Hof war nicht müßig gewesen. Auf Veranlassung des Erzbischofs von Toledo wurde dem sterbenskranken spanischen König ein Testament abgenötigt, in dem auf Verlangen des Papstes Philipp von Anjou, der Sohn König Ludwigs XIV., zum Erben des ungeteilten spanischen Reiches eingesetzt war. Damit waren die kriegerischen Auseinandersetzungen zwischen den Dynastien der Habsburger, Wittelsbacher und Bourbonen vorprogrammiert.

Um die Hilfe Preußens um das spanische Erbe zu gewinnen, erhob Kaiser Leopold I. gegen den Rat und entschiedenen Widerspruch des Prinzen Eugen den Kurfürsten von Brandenburg, Friedrich III., zum König *in* Preußen. Friedrich II. wandelte diesen Titel 1772 eigenmächtig in König *von* Preußen um.

Der Ausbruch des Spanischen Erbfolgekrieges machte Spanien, die spanischen Niederlande, Italien, Süddeutschland und die überseeischen Kolonien Spaniens zu Kriegsschauplätzen. Man hat diesen Krieg seiner ständigen Ausdehnung wegen nicht zu Unrecht den »Ersten Weltkrieg« genannt. Der Kaiser übertrug Prinz Eugen den Oberbefehl über die Südarmee. Die Siege des Prinzen über die Franzosen am 9. 7. 1701 bei Carpi und am 1. 9. 1701 bei Chiari sicherten den Habsburgern Oberitalien mit der Lombardei und Mailand. Englische und niederländische Truppen befreiten die schon vor Ausbruch des Krieges von den Franzosen besetzten spanischen Niederlande. Unter dem Eindruck dieser Erfolge kam am 7. 9. 1701 die »Große Allianz« von Den Haag zwischen Österreich, den Seemächten England und Holland zustande. Der Allianz schlossen sich das Reich und auch Preußen, Savoyen und Portugal an. Die Wittelsbacher und der dem Hause Wittelsbach entstammende Kurfürst und Erzbischof Josef Clemens von Köln verbündeten sich mit Frankreich. Nach einem neuerlichen Sieg bei Luzarra am 15. 8. 1702 kehrte Prinz Eugen nach Wien zurück und wurde auf Betreiben König Josefs I. zum Präsidenten des Hofkriegsrates ernannt. Am 28. 9. 1702 erklärte der Kaiser Frankreich den Reichskrieg. Der Versuch der bayrischen Truppen, Tirol zu erobern und eine Vereinigung mit den französischen Verbänden in Oberitalien zu erreichen, scheiterte am Aufstand der Tiroler Bauernschaft, die die bayrischen Truppen bis nach München verfolgten. Die französischen Truppen mußten sich aus Südtirol zurückziehen. Ein neuer Aufstand in Ungarn kam den Bayern und Franzosen, die den Aufstand mit Hilfsgeldern unterstützten, entgegen. Als der Kurfürst von Bayern Passau eroberte und die Gefahr einer Vereinigung der bayrischen Verbände mit den Aufständischen in Ungarn bestand, verlangten die Seemächte vom Kaiser eine klare Entscheidung und die Einsetzung seines Sohnes Karl als König von Spanien.

Am 12. 9. 1703 wurde im Sommerpalais in Wien – der Favorita – der 18jährige Erzherzog Karl von seinem Vater für großjährig erklärt. Im »pactum mutuae successionis« übertrugen Kaiser Leopold I. und König Josef I. ihre Rechte auf

Spanien an Erzherzog Karl und nahmen eine umfassende Regelung der Erbfolge für die österreichische und die neue spanische Linie des Hauses Habsburg vor. Am 19. 9. 1703 begab sich Erzherzog Karl nach Spanien. Da König Ludwig XIV. seinen Enkel Philipp von Anjou bereits nach dem Tode König Karls II. von Spanien auf die Iberische Halbinsel geschickt hatte, war diesem Zeit genug geblieben, seine Position in Madrid zu stärken und auszubauen.

Unterdessen gingen die Kämpfe in Europa weiter. Im Sommer 1704 trafen sich in Mindelheim der englische General John Churchill, Herzog von Marlborough, und Prinz Eugen. In einem langen Gespräch vereinbarten sie ein gemeinsames Vorgehen gegen Frankreich und Bayern. Der Engländer übernahm das strategische Konzept Eugens, zunächst die Bayern zu schlagen und dann die Franzosen über den Rhein zu jagen. Bevor es dazu kam, zogen die Verbündeten zunächst einmal durch Bayern und verwüsteten das Land. Am 13. 8. 1704 kam es bei Höchstädt und Blindheim zur Entscheidungsschlacht. Nach der Vereinigung der Streitkräfte des Prinzen Eugen mit denen des Herzogs von Marlborough wurden die bayrischen und französischen Truppen vernichtend geschlagen. Die Franzosen wurden bis über den Rhein verfolgt, der Kurfürst von Bayern verlor sein Land und mußte sich nach Brüssel ins Exil begeben. Das Reich war weitgehend von Feinden frei geworden.

In Spanien begannen die Kämpfe zwischen Erzherzog Karl von Österreich und Philipp von Anjou mit der Eroberung von Gibraltar durch die englische Flotte. Mitten in den noch nicht beendeten Auseinandersetzungen starb Kaiser Leopold I. am 5. 5. 1705 nach einer 47jährigen Regierungszeit als deutscher König und »Römischer Kaiser«.

Dem intelligenten und vielseitig begabten Kaiser Leopold I., der ein ausgesprochenes Talent für Kunst und Musik hatte, mangelte es im politischen Handeln oft genug an Entschlußkraft. Dafür hatte er ein ausgesprochenes Geschick, tüchtige Feldherren und Mitarbeiter an sich zu binden. Der ihm gestellten schweren Aufgabe, als Schirm und Schild die Erblande, das Reich und das Haus Habsburg gegen seine gefährlichsten Gegner Frankreich und die Türken zu bewahren, ist er trotz vieler Schwierigkeiten gerecht geworden. Mit Prinz Eugen von Savoyen an seiner Seite gelang es ihm, Österreich zu einer europäischen Großmacht zu machen. Den Wienern ist er als der »Türkenpoldl« in Erinnerung.

Wie so viele Habsburger, fühlte sich auch Leopold jenseits der großen Etikette im Kreise seiner Familie am wohlsten. Als seine Vermählung in Aussicht genommen wurde, kam er erstmals mit seinem späteren Gegner Frankreich in Berührung. König Ludwig XIV. heiratete die ursprünglich Leopold vorbehaltene und erstrebenswertere spanische Infantin Maria Theresia. So mußte Leopold sich mit der jüngeren Infantin, seiner Nichte Margaretha Theresia, begnügen. Erst nachdem die 15jährige Infantin für ehetauglich erklärt worden war, stand der Vermählung mit der sehr frommen Margaretha Theresia nichts mehr im Wege. Sie gebar ihrem Gemahl vier Kinder und starb während der fünften Schwangerschaft im Alter von 22 Jahren.

Schon sieben Monate später heiratete der Kaiser die Tochter des Erzherzogs Karl von Tirol, Claudia Felizitas. Diese kunstliebende Frau war eine Cousine zweiten Grades von Leopold. Sie schenkte dem Kaiser zwei Töchter und starb gleichfalls im frühen Alter von 23 Jahren.

Wiederum nur sieben Monate nach dem Tode seiner zweiten Gemahlin vermählte Leopold sich mit Eleonore Magdalena von Pfalz-Neuburg. Die strenge, fromme und sehr gebildete Eleonore lebte sehr zurückgezogen und nahm an den Hoffesten nur selten und widerwillig teil. Im stillen ging sie dem Kaiser in vielen Dingen zur Hand. Sie gebar ihrem Gemahl drei Söhne – unter ihnen die Kaiser Josef I. und Karl VI. – und sieben Töchter. Von seinen insgesamt 16 Kindern überlebten den Kaiser nur fünf. Leopold I., seine erste und seine dritte Gemahlin sowie seine Kinder bis auf die Tochter Maria Anna Josefa, Königin von Portugal, fanden ihre letzte Ruhestätte in der Kaisergruft.

Die Nachkommen Kaiser Leopolds I.

AUS DER EHE MIT MARGARETHA THERESIA VON SPANIEN

1. Ferdinand Wenzel, Erzherzog
   * 28. 9. 1667 in Wien
   † 13. 1. 1668 in Wien
   Grabstätte: Kaisergruft Wien – Nische in der Leopolds-Gruft

2. Maria Antonie, Erzherzogin
   * 18. 1. 1669 in Wien
   † 24. 12. 1692 in Wien
   Grabstätte: Kaisergruft Wien – Leopolds-Gruft

   ⚭ 15. 7. 1685 in München
   Maximilian II., Kurfürst von Bayern
   Eltern: Ferdinand Maria, Kurfürst von Bayern, und Adelheid Henriette, Prinzessin von Savoyen, Tochter Victor Amadeus' I., Herzog von Savoyen
   * 11. 7. 1662 in München
   † 26. 2. 1726 in München
   Grabstätte: Fürstengruft in der Theatinerkirche in München

3. Johann Leopold, Erzherzog
   * 20. 2. 1670 in Wien
   † 20. 2. 1670 in Wien
   Grabstätte: Kaisergruft Wien – Nische in der Leopolds-Gruft

4. Maria Anna Antonie, Erzherzogin
   * 9. 2. 1672 in Wien
   † 23. 2. 1672 in Wien
   Grabstätte: Kaisergruft Wien – Nische in der Leopolds-Gruft

AUS DER EHE MIT CLAUDIA FELIZITAS VON ÖSTERREICH-TIROL

5. Anna Maria Sophie, Erzherzogin
   * 10. 9. 1674 in Wien
   † 21. 12. 1674 in Wien
   Grabstätte: Kaisergruft Wien – Nische in der Leopolds-Gruft, die Herzurne befindet sich auf dem Sarg ihrer Mutter in der Dominikanerkirche in Wien.

6. MARIA JOSEFA KLEMENTINE, Erzherzogin
* 11. 10. 1675 in Wien
† 11. 7. 1676 in Wien
Grabstätte: Kaisergruft Wien – Nische in der Leopolds-Gruft

AUS DER EHE MIT ELEONORE MAGDALENA VON PFALZ-NEUBURG

7. JOSEF I., Erzherzog
⚭ AMALIA WILHELMINE, Prinzessin von Braunschweig-Lüneburg
Siehe unter Kaiser Josef I.

8. CHRISTINE, Erzherzogin
* 18. 6. 1679 in Wien
† 18. 6. 1679 in Wien
Grabstätte: Kaisergruft Wien – Nische in der Leopolds-Gruft

9. MARIA ELISABETH, Erzherzogin
* 13. 12. 1680 in Wien
† 26. 8. 1741 in Brüssel
Grabstätte: Kaisergruft Wien – Karls-Gruft

Maria Elisabeth war 1725 unter Kaiser Karl VI. Statthalterin der Niederlande. Sie blieb unvermählt.

10. LEOPOLD Josef, Erzherzog
* 2. 6. 1682 in Wien
† 2. 8. 1684 in Wien
Grabstätte: Kaisergruft Wien – Nische in der Leopolds-Gruft

11. MARIA ANNA JOSEPHA, Erzherzogin
* 7. 9. 1683 in Wien
† 14. 8. 1754 in Lissabon
Grabstätte: Gruft in der Kirche der Theresianerinnen in Lissabon, Herzurnenepitaph in der Kaisergruft Wien – Leopolds-Gruft

⚭ 27. 10. 1708 in Lissabon
JOHANN V., König von Portugal a. d. H. Braganza 1706–1750
Eltern: Peter II., König von Portugal, und Marie Sophie, Prinzessin von Pfalz-Neuburg, Tochter Philipp Wilhelms, Kurfürst von der Pfalz
* 22. 10. 1689 in Lissabon
† 31. 7. 1750 in Lissabon
Grabstätte: Gruft in der Kirche der Theresianerinnen in Lissabon

12. MARIA THERESIA, Erzherzogin
* 22. 8. 1684 in Wien
† 28. 9. 1696 in Wien
Grabstätte: Kaisergruft Wien – Leopolds-Gruft

13. KARL III., Erzherzog
⚭ ELISABETH CHRISTINE, Herzogin von Braunschweig-Wolfenbüttel
Siehe unter Kaiser Karl VI.

14. MARIA JOSEPHA, Erzherzogin
* 6. 3. 1687 in Wien
† 11. 4. 1703 in Wien
Grabstätte: Kaisergruft Wien – Leopolds-Gruft

15. MARIA MAGDALENA Josepha, Erzherzogin
* 26. 3. 1689 in Wien
† 1. 5. 1743 in Wien
Grabstätte: Kaisergruft Wien – Leopolds-Gruft

16. MARIA MARGARETHE, Erzherzogin
* 22. 7. 1690 in Wien
† 22. 4. 1691 in Wien
Grabstätte: Kaisergruft Wien – Nische in der Leopolds-Gruft

Kaiser Josef I.

Kaiser Josef I.

* 26. 7. 1678 in Wien
† 17. 4. 1711 in Wien
Grabstätte: Kaisergruft Wien – Karls-Gruft

⚭ 24. 2. 1699 in Wien
AMALIA WILHELMINE, Prinzessin von Braunschweig-Lüneburg
Eltern: Johann Friedrich, Herzog von Braunschweig-Lüneburg, und Benedicta Henrica, Prinzessin von Pfalz-Simmern, Tochter Eduards, Pfalzgraf von Simmern
* 21. 4. 1673 in Lüneburg
† 10. 4. 1742 in Wien
Grabstätte: Klosterkirche der Salesianerinnen am Rennweg in Wien, Herzurne in der Kaisergruft Wien – Karls-Gruft

WAHLSPRUCH: Amore et timore = Durch Liebe und Furcht

9. 12. 1687	nach Anerkennung der Erblichkeit des habsburgischen Königtums durch die ungarischen Stände in Preßburg in der St.-Martins-Kirche zum König von Ungarn gekrönt.
24. 1. 1690	in Augsburg auf dem Kurfürstentag zum römisch-deutschen König gewählt.
26. 1. 1690	in Augsburg in der St.-Ulrichs-Kirche zum römisch-deutschen König gekrönt durch den Kurfürsten und Erzbischof von Mainz Anselm Franz von Ingelheim.
5. 5. 1705	König von Böhmen – nicht gekrönt.
5. 5. 1705	»Römischer Kaiser«.

Am 5. 5. 1705 folgte der römisch-deutsche König Josef I. seinem Vater in der Kaiserwürde. Schon in jungen Jahren zeigte sich bei diesem Habsburger ein ausgeprägtes Selbstbewußtsein. Die Jahre seiner frühen Kindheit verbrachte er bei seiner Mutter Eleonore Magdalena von Pfalz-Neuburg, deren umfassende Bildung bei dem jungen Erzherzog ihren Niederschlag fand. Als Josef sieben Jahre alt wurde, erhielt er bedeutende und kenntnisreiche Lehrer und Erzieher. Unter ihnen nahm als »Ajo« der aufgeklärte Otto Fürst von Salm einen hervorragenden Platz ein. Hauptlehrer war der Weltpriester Franz Freiherr von Rummel. Erzherzog Josef war neun Jahre alt, als er zum Erbkönig von Ungarn gekrönt wurde. Mit dreizehn Jahren erhielt er die römisch-deutsche Königskrone und war so der designierte Nachfolger seines Vaters in der Kaiserwürde. Nach Abschluß seiner Studien wurde der hochbegabte römisch-deutsche König von seinem Vater laufend zu den Regierungsgeschäften herangezogen. Er nahm an den Sitzungen des Staatsrates teil und hatte so Gelegenheit, sich über die politischen und wirtschaftlichen Verhältnisse im Reich und in den Erbländern umfassende Kenntnisse anzueignen. Seinem Einfluß auf den Kaiser war auch die Ernennung Prinz Eugens, dem er freundschaftlich verbunden war, zum Präsidenten des Hofkriegsrates zu verdanken. Gewissenhaft auf sein Amt vorbereitet, konnte Josef I. nach dem Tode seines Vaters reibungslos die Regierungsgeschäfte übernehmen.

Eine der ersten Amtshandlungen Josefs I. war die Reorganisation und Straffung der obersten Behörden. Die Hofkanzlei, die oberste Justizbehörde blieb, erhielt die Durchführung des Verkehrs mit den ausländischen Regierungen übertragen. Die militärischen Angelegenheiten Inner-, Ober- und Vorderösterreichs wurden dem Hofkriegsrat unterstellt. In der Geheimen Konferenz, der die Beratung von Reichs- und Kriegsangelegenheiten sowie auswärtige Fragen übertragen wurden, führte der Kaiser den Vorsitz, der auch der Spanischen Konferenz vorstand, in der die geheimsten Angelegenheiten beraten wurden. Die Gründung einer Staatsbank diente der Sanierung des von seinem Vater stark vernachlässigten Finanzwesens.

Mit dem Prinzen Eugen einig, die bei Höchstädt und Blindheim geschlagene Dynastie der Bourbonen vollständig zu vernichten, führte er den Kampf gegen König Ludwig XIV. im Spanischen Erbfolgekrieg entschlossen weiter. In Oberitalien blieben die Erfolge zunächst aus. Dagegen konnten die Engländer Barcelona erobern, und der Bruder des Kaisers, König Karl III. von Spanien, empfing die Huldigung. Er bestätigte alle Rechte und Pflichten sowie die Freiheiten der spanischen Provinzen.

Am 20. 9. 1705 schlossen die ungarischen Stände unter Führung Franz' II. Rákóczi einen Bund zum Schutze der Rechte und Freiheiten mit dem Ziel, das Haus Habsburg in Ungarn abzusetzen. Der Sieg der kaiserlichen Truppen endete mit der Rückeroberung von Siebenbürgen.

Der Sendlinger Bauernaufstand am 25. 12. 1705 im besetzten Bayern wurde mit Gewalt gebrochen. Die Wittelsbacher mußten mit ansehen, wie ihre Prinzen nach Klagenfurt in Gefangenschaft gebracht wurden. Über die Kurfürsten von Bayern und Köln wurde die Reichsacht verhängt.

Nach dem Sieg Marlboroughs über die Franzosen in den spanischen Niederlanden und der Eroberung der Städte Brüssel, Gent, Brügge und Antwerpen huldigten die spanischen Niederlande König Karl III. von Spanien, der inzwischen mit schwachen Kräften Madrid besetzt hatte.

Die ungarischen und siebenbürgischen Stände erklärten unter dem Einfluß Frankreichs im Juni 1707 Josef I. und das Haus Habsburg in Ungarn für abgesetzt. Der Versuch des Kaisers, mit den Rebellen einen Ausgleich zu erreichen, scheiterte, und erneut mußten die Waffen sprechen. Da die von den Ungarn erhoffte Unterstützung durch das Ausland ausblieb, konnten die militärischen Verbände unter Führung Guido Graf von Starhembergs Siebenbürgen kampflos besetzen. Den auf Anraten des Prinzen Eugen geschlossenen milden Frieden von Szatmár vom 29. 4. 1711, der allen am Aufstand Beteiligten volle Amnestie gewährte, erlebte der Kaiser nicht mehr.

Um dem in Madrid bedrängten König Karl III. von Spanien Entlastung zuteil werden zu lassen, waren die spanischen Besitzungen in Unteritalien das nächste Angriffsziel. Dieses Unternehmen rief Papst Clemens XI. auf den Plan, der den französischen Thronanwärter Philipp V. von Anjou als König von Spanien anerkannt hatte. Nach Eroberung Neapels und Gaetas durch kaiserliche Truppen drohte der Papst dem Kaiser mit dem Kirchenbann und schloß das Eingreifen päpstlicher Truppen nicht aus. Das war allerdings nicht die Sprache, die Kaiser Josef I. hätte beeindrucken können. Selbstbewußt wies er den Papst auf die Verdienste des Hauses Habsburg um die Erhaltung des Papsttums hin und drohte seinerseits, mit seinen Truppen und denen der »ketzerischen« Preußen Rom zu besetzen, falls der Papst weiterhin eine antihabsburgische Politik betreibe. Papst Clemens XI. mußte nachgeben, erkannte Karl III. als König von Spanien an und belehnte ihn mit den Königreichen Sizilien und Neapel (Königreich beider Sizilien). Damit hatte Habsburg die Herrschaft über Italien erreicht und den Einfluß des Papstes erheblich eingeschränkt.

In den von König Karl XII. von Schweden begonnenen Nordischen Krieg konnte Kaiser Josef I. nicht entscheidend eingreifen. Mit Rücksicht auf den Spanischen Erbfolgekrieg mußte er am 1. 9. 1707 die demütigende Konvention von Altranstädt abschließen. Nur so konnte er den Kriegseintritt Schwedens auf seiten Frankreichs abwenden. Die Konfiszierung der Rechte der Lutheraner in den Herzogtümern Liegnitz, Brieg, Wohlau, Öls, Münsterberg und Breslau nach dem Westfälischen Frieden wurde rückgängig gemacht. Kirchen und Schulen der

Lutheraner wurden wieder geöffnet. In katholischen Gebieten durften vor den Toren der Städte Freystadt, Hirschberg, Landshut, Militsch, Sagan und Teschen sechs sogenannte Gnadenkirchen (von des Kaisers Gnaden) errichtet werden.

Im weiteren Verlauf des Spanischen Erbfolgekrieges wurden die Franzosen am 11. 7. 1708 von Marlborough und Prinz Eugen bei Oudenaarde in der Nähe von Brüssel besiegt. Unter dem Eindruck weiterer Kriegsanstrengungen, insbesondere in Großbritannien, zeigte sich König Ludwig bereit, auf seine Ansprüche in Spanien zu verzichten. Da er es aber ablehnte, seinen Enkel Philipp von Anjou aus Spanien abzuberufen, ging der Krieg weiter. Am 11. 9. 1709 kam es bei Malplaquet in der Nähe von Cambrai zur vorläufig letzten Schlacht. Prinz Eugen und Marlborough erkämpften einen mit großen Verlusten bezahlten Sieg gegen die Franzosen, die den Rückzug antreten mußten. Diese Niederlage bedeutete für Frankreich das Ende seiner militärischen und wirtschaftlichen Kräfte. Auch in England zeichnete sich ein Meinungsumschwung ab. Neuwahlen brachten die Partei des grundbesitzenden Adels an die Macht, die für einen Frieden mit Frankreich eintrat und Geheimverhandlungen mit den Franzosen aufnahm.

Völlig unerwartet starb Kaiser Josef I. am 17. 4. 1711. Der Tod des Kaisers war für das Haus Habsburg und für das Reich ein schwerer Schicksalsschlag, der Folgen für ganz Europa hatte. In vielfacher Hinsicht unterschied Josef I. sich von seinen bedächtigen Vorfahren. Mit überschäumendem Temperament nahm er die notwendigen Reformen in Angriff und führte sie auch zu Ende. Eine sprichwörtliche Geduld konnte er bei Audienzen aufbringen und niemand verließ den Kaiser, ohne daß dieser seine Entscheidung begründete. Sein scharfer Verstand und eine schnelle Auffassungsgabe erkannten das Notwendige, das dann auch unverzüglich und unbürokratisch erledigt wurde. Seine Politik war nicht nur auf seine Hausmacht ausgerichtet, sie galt gleichermaßen der Stärkung des Reiches. Unter Kaiser Josef I. erhielt der Reichsgedanke noch einmal neue Impulse.

In religiösen Fragen zeigte der Kaiser eine weitgehende Toleranz. Der katholischen Lehre treu ergeben, zeigte er kaum Entgegenkommen, wenn es um die Abwehr kirchlicher Machtansprüche im Reich oder in den Erblanden ging.

Der Kaiser verschloß sich keinem fremden Rat, hielt aber zu seiner Umgebung weitgehend Distanz. Nur mit Prinz Eugen von Savoyen verband ihn eine vertrauensvolle Freundschaft. Der Prinz nannte den Kaiser seinen Bruder.

Mit 21 Jahren heiratete Josef I. die Prinzessin Amalia Wilhelmine von Braunschweig-Lüneburg. Vor ihrer Vermählung trat die protestantische Prinzessin zum katholischen Glauben über. Die schöne und hochgebildete Fürstin konnte auf den selbstbewußten, heiteren und lebensfrohen Kaiser nur wenig Einfluß gewinnen. Sie schenkte ihrem Gemahl drei Kinder, von denen der Thronfolger Leopold Josef schon wenige Monate nach der Geburt starb. Die Töchter Maria Josefa und Amalia Maria heirateten die Kurfürsten von Sachsen und Bayern. Kaiserin Amalia Wilhelmine stiftete das Salesianerinnenkloster am Rennweg in Wien, wo sie auch begraben wurde. Josef I. fand seine letzte Ruhestätte in der Kaisergruft in Wien.

Die Nachkommen Kaiser Josefs I.

1. Maria Josefa, Erzherzogin
* 8. 12. 1699 in Wien
† 17. 11. 1757 in Dresden
Grabstätte: Gruft unter der Sakramentskapelle der kath. Hofkirche in Dresden

⚭ 20. 8. 1719 in Wien
Friedrich August II., Kurfürst von Sachsen
Eltern: Friedrich August I., Kurfürst von Sachsen und als August II., »der Starke«, König von Polen, und Eberhardine, Markgräfin von Brandenburg-Bayreuth, Tochter Christian Ernsts, Markgraf von Brandenburg-Bayreuth
* 17. 10. 1696 in Dresden
† 5. 10. 1763 in Warschau
Grabstätte: Gruft unter der Sakramentskapelle der kath. Hofkirche in Dresden

Friedrich August II. war von 1733 bis 1763 als August III. König von Polen. Mit ihm endete die sächsisch-polnische Personalunion.

2. Leopold Josef, Erzherzog
* 29. 10. 1700 in Wien
† 4. 8. 1701 in Wien
Grabstätte: Kaisergruft Wien – Leopolds-Gruft

3. Amalia Maria, Erzherzogin
* 22. 10. 1701 in Wien
† 11. 12. 1756 in München
Grabstätte: Fürstengruft in der Theatinerkirche in München

⚭ 5. 10. 1722 in München
Karl Albrecht, Kurfürst von Bayern
Eltern: Maximilian II. Emanuel, Kurfürst von Bayern, und Therese Kunigunde, Prinzessin von Polen, Tochter Johanns III., König von Polen

* 6. 8. 1697 in Brüssel
† 20. 1. 1745 in München
Grabstätte: Fürstengruft in der Theatinerkirche in München

Die Vermählung Amalia Marias mit dem Kurfürsten Karl Albrecht erfolgte aus politischen Gründen. Sie teilte den politischen Weg ihres Gatten aus voller Überzeugung. Auch die Ansprüche Karl Albrechts auf das Erbe der Habsburger wurden von Amalia Maria geteilt, obwohl diese nicht gerechtfertigt waren. Während des österreichischen Erbfolgekrieges wurde Karl Albrecht am 24. 1. 1742 von den Kurfürsten einstimmig zum Römischen Kaiser gewählt und am 12. 2. 1742 in Frankfurt a. M. gekrönt. Zwei Tage später eroberten die österreichischen Truppen München. Nach dem Ausscheiden Preußens aus der antihabsburgischen Koalition mußte der Kaiser in Friedensverhandlungen eintreten, die aber scheiterten, da Österreich auf den Erwerb Bayerns bestand. Da auch Preußen, die Pfalz und Hessen-Kassel unterstützt von Frankreich dem österreichischen Machtzuwachs ablehnend gegenüberstanden, kam es zu weiteren kriegerischen Auseinandersetzungen. Der plötzliche Tod Kaiser Karls VII. beendete die militärischen Aktionen. Im Frieden von Füssen verzichtete der Sohn des Kaisers, Maximilian III. Josef, auf das vermeintliche habsburgische Erbe.

Kaiser Karl VI.

Kaiser Karl VI.

* 1. 10. 1685 in Wien
† 20. 10. 1740 in Wien
Grabstätte: Kaisergruft Wien – Karls-Gruft

⚭ 1. 8. 1708 in Barcelona
Elisabeth Christine, Prinzessin von Braunschweig-Wolfenbüttel
Eltern: Ludwig Rudolf, Herzog von Braunschweig-Wolfenbüttel, und Christine Luise, Prinzessin von Öttingen, Tochter Albert Ernsts, Fürst von Öttingen
* 28. 8. 1691 in Wolfenbüttel
† 21. 12. 1750 in Wien
Grabstätte: Kaisergruft Wien – Karls-Gruft

Wahlspruch: Constanter continet orbem – Fest hält er das Weltreich zusammen

2. 7. 1706	in Madrid als Karl III. zum König von Spanien gewählt.
12. 10. 1711	in Frankfurt a. M. zum römisch-deutschen Kaiser gewählt.
22. 12. 1711	in Frankfurt a. M. zum römisch-deutschen Kaiser gekrönt durch den Kurfürsten und Erzbischof von Mainz Lothar Franz von Schönborn.
22. 5. 1712	in Preßburg in der St.-Martins-Kirche zum Apostolischen König von Ungarn gekrönt.
5. 6. 1723	in Prag im St.-Veits-Dom zum König von Böhmen gekrönt.
20. 10. 1740	Mit dem Tode Kaiser Karls VI. starb das Haus Habsburg im Mannesstamm aus.

Auf den lebensfrohen Kaiser Josef I. folgte sein ernster, bedächtiger und pedantischer Bruder Karl, der der Lieblingssohn Kaiser Leopolds I. gewesen war. Als Zweitgeborener wurde er nach altem Habsburger-Brauch für den geistlichen Stand bestimmt und von Jesuiten erzogen, die seine guten geistigen Anlagen förderten und dem jungen Erzherzog eine gediegene Ausbildung und eine echte Religiosität vermittelten. Wie viele Habsburger vor ihm hatte er eine besondere musikalische Begabung, die durch den Unterricht des berühmten österreichischen Organisten und Hofkapellmeisters Johann Joseph Fux gefördert wurde. Ein besonderes Vertrauensverhältnis bestand zu seiner Mutter, deren Einfluß auf die Erziehung des jungen Prinzen nicht gering war. Schon früh wurde die große Verantwortung auf seine Schultern gelegt, das Habsburger Erbe in Spanien zu sichern. Nach dem Tode König Karls II. von Spanien, der kinderlos gestorben war, übertrugen sein Vater, Kaiser Leopold I., und sein Bruder, König Josef I., ihr Erbrecht auf Spanien auf Erzherzog Karl, der von seinem Vater zum König von Spanien ernannt wurde. Am 19. 9. 1703 kam es zu einem schmerzlichen Abschied von der Familie. Die Kaiserin nannte die Trennung von ihrem Sohn »ein Opfer im Dienst am Volk«. Mit großem Gefolge reiste Karl durch Europa nach Spanien. Hier kämpfte er mit wechselndem Erfolg. Als er die Nachricht vom Tode seines Bruders Josef I. erhielt, war Karl in Barcelona eingeschlossen. Auf Verlangen des Wiener Hofes kehrte er nach Österreich zurück, um die Regierung in den Erblanden anzutreten. Schweren Herzens verließ er Spanien und das belagerte Barcelona, wo er seine Gemahlin mit wenigen Getreuen als Regentin zurücklassen mußte.

Auf der Rückreise nach Wien wurde Erzherzog Karl am 12. 10. 1711 in Frankfurt a. M. als Karl VI. von den Kurfürsten einstimmig zum römisch-deutschen Kaiser gewählt. Die schnelle und reibungslose Wahl war der geschickten Verhandlung des Prinzen Eugen zu verdanken, der den Plan des katholischen Frankreich durchkreuzte, den protestantischen König in Preußen zum Kaiser wählen zu lassen. Erneut trug ein Habsburger die noch nicht gesicherte Krone Spaniens und die römisch-deutsche Krone. Nun beschäftigte den Kaiser erst recht der Gedanke, das Reich Kaiser Karls V. wiedererstehen zu lassen. Schon bald mußte Karl VI. erkennen, daß die politischen Realitäten stärker waren als seine diesbezüglichen Wünsche. Die große Allianz der europäischen Mächte zeigte Auflösungserscheinungen, da besonders in England die Meinung vertreten wurde, daß es nicht vertretbar sei, das spanische Weltreich und Österreich verbunden mit der Kaiserkrone dem Hause Habsburg zu überlassen. Das schon geschlagene Frankreich nutzte die Gunst der Stunde und griff wieder zu den Waffen. Im Jänner

1712 versuchte Prinz Eugen bei Königin Anna von England eine Änderung der britischen Haltung zu erreichen. Seine Bemühungen blieben erfolglos. Die Königin richtete an die Verbündeten eine Einladung zu einem Friedenskongreß nach Utrecht. Da auch die Generalstaaten zu einem Bündnis mit dem Kaiser nicht mehr bereit waren, bedeutete das die Auflösung der »Großen Allianz«.

Am 11. 4. 1713 kam es zwischen Frankreich und den Verbündeten zum Friedensvertrag von Utrecht. Philipp V. von Spanien erhielt die Anerkennung als rechtmäßiger Herrscher über Spanien und die spanischen Kolonien unter der Auflage, daß eine Vereinigung Spaniens mit Frankreich nicht erfolgen durfte. Das Haus Habsburg erhielt die spanischen Niederlande (nunmehr österreichische Niederlande), Mailand und das Königreich Neapel. Dem Herzog von Savoyen wurde das Königreich Sizilien unter Verleihung des Königstitels zugesprochen. Der Besitzstand Frankreichs blieb unverändert.

Den größten Vorteil aus dem Frieden von Utrecht zog Großbritannien, dem die Mittelmeerstützpunkte Gibraltar und Menorca sowie Neufundland und Neuschottland in Amerika zufielen. Die noch folgenden europäischen Kriege brachten England die ungestörte Entwicklung zur Weltmacht. Unter dem Einfluß der spanischen Höflinge am Wiener Hof lehnte der Kaiser eine Anerkennung des Friedensvertrages von Utrecht ab. Auch der Reichstag in Regensburg sprach sich für eine Fortsetzung des Krieges aus.

Wenige Tage nach Abschluß des Utrechter Friedensvertrages berief der Kaiser zum 19. 4. 1713 auf Vorschlag der Geheimen Konferenz seine Räte in das Schloß Favorita und verkündete die »Pragmatische Sanktion«, die sowohl eine Erbteilung als auch die Loslösung eines Erblandes vom Ganzen verhindern sollte. Die Erbfolge wurde nach dem Gesetz der Primogenitur in männlicher Linie und nach Aussterben des Mannesstammes auch in weiblicher Linie geregelt. Nach dieser Regelung wurden die Töchter Kaiser Karls VI. vor denen seines Bruders Kaiser Josef I. erbberechtigt. Im »pactum mutuae successionis« Kaiser Leopolds I. war es genau umgekehrt gewesen. In der Folge wurde das innen- und außenpolitische Handeln des Kaisers wesentlich von seinem Bemühen um die Anerkennung der »Pragmatischen Sanktion« beeinflußt.

Am 6. und 7. 3. 1714 kam es in Rastatt zum Friedensschluß zwischen den Dynastien Habsburg und Bourbon. Die trostlose Finanzlage und ein sich abzeichnender Krieg mit der Hohen Pforte hatten den Kaiser auf Anraten des Prinzen Eugen zum Einlenken bewogen. Grundlage des Rastatter Friedensvertrages waren der Westfälische Friede von 1648 und die Abkommen von Nijmegen und Rijswijk. Unter Beibehaltung der rechtsrheinischen Gebiete verzichtete der Kaiser endgültig auf das Elsaß und verpflichtete sich, die Wittelsbacher Kurfürsten von Bayern und Köln wieder in ihre alten Rechte einzusetzen. Habsburg erhielt aus dem spanischen Erbe den Erwerb der spanischen Niederlande und der spanischen Besitzungen in Italien bestätigt sowie Teile der Toskana zugesprochen. Damit hatte Österreich eine führende Stellung in Italien erreicht. Dem Friedensschluß von Rastatt folgte am 7. 9. 1714 der Friedensvertrag zwischen

Frankreich und dem Reich. Trotz der Friedensverträge blieben die Spannungen zwischen den Westmächten und den Habsburgern bestehen, da der Kaiser es abgelehnt hatte, Philipp V. als König von Spanien anzuerkennen, und dieser den Verlust der spanischen Gebiete in Italien nicht hinnehmen wollte.

Die ihm zugesprochenen spanischen Niederlande konnte der Kaiser wegen mangelnder Unterstützung durch Holland und Großbritannien nicht in Besitz nehmen. In den Erbländern waren erhebliche Mißstände in der Verwaltung, im Heerwesen und in der Wirtschaft aufgetreten. Diese Umstände und das Streben Preußens und Sachsens nach Unabhängigkeit brachten einen erheblichen Verlust des kaiserlichen Ansehens mit sich. Im Osten standen neue Auseinandersetzungen mit den Türken bevor. Alles in allem war die Lage Kaiser Karls VI. sehr ungünstig. Erst der Tod der Königin Anna von England und das Ableben König Ludwigs XIV. von Frankreich brachte dem Kaiser Entlastung und Europa eine grundlegende Änderung der politischen Verhältnisse. Nach dem Tode der Königin Anna wurde Kurfürst Georg von Hannover als Georg I. König von England in Personalunion mit Hannover. Georg I. unternahm sofort den Versuch, zwischen Habsburg und den Generalstaaten zu vermitteln und strebte mit beiden Mächten ein neues Bündnis an.

Im Krieg zwischen der Hohen Pforte und Venedig konnten die Türken den zu Venedig gehörenden Peloponnes mit Korinth erobern. Der Hilferuf Venedigs führte auf Anraten Prinz Eugens am 13. 4. 1716 zu dem vom Papst unterstützten Bündnis zwischen dem Kaiser und Venedig. Die Forderung Österreichs an die Hohe Pforte, die Bestimmungen des Friedens von Karlowitz einzuhalten und die eroberten Gebiete an Venedig zurückzugeben, führten zur Kriegserklärung der Hohen Pforte. Der Großwesir Damad Ali marschierte mit seinem Heer nach Peterwardein, wo Prinz Eugen mit einem gut ausgebildeten 70.000 Mann starken Heer lagerte. Am 5. 8. 1716 konnte Prinz Eugen bei Peterwardein für seinen kaiserlichen Herrn und das Haus Habsburg einen glänzenden Sieg erringen. Er verfolgte die fliehenden Türken, eroberte Temeschwar, das Banat und drang über Bosnien bis in die Walachei vor. Wie schon die Erfolge über die Türken Jahrzehnte zuvor wurde auch der überwältigende Sieg bei Peterwardein im ganzen Abendland bejubelt. Papst Clemens XI. ließ dem Feldherrn Eugen einen mit Juwelen und Diamanten besetzten Degen und Hut überreichen. Das aus Anlaß des Seesieges bei Lepanto eingesetzte Rosenkranzfest erhob der Papst zur ewigen Erinnerung an den Sieg bei Peterwardein zu einem allgemeinen Fest der ganzen katholischen Kirche. Der Sieg hatte das Selbstvertrauen des kaiserlichen Heeres so gestärkt, daß der Prinz den Kaiser bewegen konnte, zur Eroberung Belgrads zu schreiten. Mitte Juni 1717 setzte Prinz Eugen mit seinem Heer nordöstlich von Belgrad über die Donau und schloß die Festung Belgrad ein. Die Belagerten hatten in den nächsten Wochen schwere Kämpfe zu bestehen. Mit Allah, Allah begrüßten sie am 30. 7. ein türkisches Entsatzheer, das sich im Rücken der Kaiserlichen festsetzte. Am 16. 8. 1717 griff Prinz Eugen mit allen verfügbaren Streitkräften die Festung an. Zwei Tage wogte der Kampf hin und her. Am 18. 8. drangen die Österreicher in Belgrad ein und errangen nicht zuletzt durch den persönlichen Einsatz Prinz Eugens, der sich ständig in der vordersten Linie befand, einen vollständigen Sieg gegen den viermal stärkeren Gegner. Während der Prinz wie ein Soldat unter vielen Soldaten, seine eigene Verwundung nicht beachtend, durch das Feldlager ging, die abgekämpfte Truppe besichtigte und Verwundete tröstete, sangen die am Lagerfeuer liegenden Soldaten das von einem unbekannten Grenadier im Feldlager vor Belgrad erdachte Lied:

»Prinz Eugen, der edle Ritter,
wollt dem Kaiser wiederum kriegen
Stadt und Festung Belgerad.
Er ließ schlagen eine Brucken,
daß man kunnt hinüberrucken
mit der Armee wohl für die Stadt.«

Die Türkengefahr war endgültig von Europa abgewandt. Trotz der noch folgenden zwei Türkenkriege unter den Kaisern Karl VI. und Josef II. sind die Türken nie mehr zu einer wirklichen Gefahr für das christliche Abendland geworden. Wieder einmal hatte Österreich mit seinem kleinen Heer nicht nur sich selbst, sondern auch Deutschland und Europa verteidigt.

Ein Jahr nach der Eroberung Belgrads wurde zwischen Österreich und der Hohen Pforte am 21. 7. 1718 der Friede von Passarowitz geschlossen. Es war der günstigste Friedensvertrag, den Österreich jemals mit der Hohen Pforte abgeschlossen hat. Die Habsburger gewannen fünf Distrikte der Walachei, Temeschwar, das Banat, Teile Serbiens mit Belgrad bis an die Morava und Drina, die Save, Jassenowitz, Dubica sowie Alt- und Neu-Novi. Österreich erreichte damit seine größte Ausdehnung. Die Siege Prinz Eugens hatten das Haus Habsburg auf den Gipfel seiner Macht gebracht. Der Herrschaftsbereich Habsburgs erstreckte sich nun vom Balkan über Ungarn, die Erbländer und die Besitzungen in Italien bis zu den österreichischen Niederlanden. Dazu kam als schützendes Dach die deutsche Kaiserkrone.

Mit der endgültigen Befreiung des südöstlichen Europas begannen die Habsburger mit der Kolonisation. Belgrad wurde für lange Zeit eine deutsche Stadt, in der die Deutschen im Stadtkern wohnten. Die Serben durften sich nur in den Vororten niederlassen. In Ungarn entstanden zahlreiche kleine und geschlossene deutsche Sprachgebiete, für die sich später die Bezeichnung »Donauschwaben« einbürgerte.

Noch im Jahr seiner großen Siege bei Peterwardein und Belgrad fiel Prinz Eugen unter dem Einfluß spanischer Intriganten am Wiener Hof beim Kaiser in Ungnade. Zornig, rücksichtslos und entschlossen trat der Prinz vor den Kaiser und deckte das von der spanischen Hofkamarilla gegen ihn geschmiedete Komplott auf. Unter der Androhung, alle Würden niederzulegen und Österreich zu verlassen, verlangte der Prinz vom Kaiser volle Genugtuung. Die Schuldigen wurden zur Verantwortung gezogen und streng bestraft.

Am 2. 8. 1718 schloß der Kaiser mit Großbritannien und Frankreich ein

Bündnis (Quadrupel-Allianz), dem auch die Generalstaaten beitreten sollten. Der Kaiser verzichtete auf Spanien und die ihm eingeordneten Länder. Karl VI. erhielt aus dem spanischen Erbe Sizilien. Dafür mußte Österreich Sardinien als Entschädigung für Sizilien an den Herzog von Savoyen abtreten.

Vor ihrer Vermählung mit den Kurprinzen von Sachsen und Bayern mußten die Erzherzoginnen Maria Josefa und Maria Amalia, die Töchter Kaiser Josefs I., auf ihr Erbrecht zugunsten der weiblichen Nachkommen Kaiser Karls VI. verzichten. Die beiden Kurprinzen erkannten den Verzicht ihrer Gemahlinnen auf das Erbrecht in Österreich nicht an.

Nach dem Frieden von Passarowitz hatte der Kaiser zur Förderung des Handels mit den Türken einen gegenseitigen Handelsvertrag abgeschlossen. Zur Stärkung der Wirtschaft in den österreichischen Niederlanden gründete Karl VI. 1719 die Ostendische Handelsgesellschaft, der er das Privileg verlieh, mit Ost- und Westindien, China und Afrika Handel zu treiben.

Anfang 1720 mußte König Philipp V. von Spanien endgültig einsehen, daß seine Großmachtpolitik zum Scheitern verurteilt war. Er trat der Quadrupel-Allianz bei, erkannte den Frieden von Utrecht an und verzichtete auf die spanischen Ansprüche in Italien. Schon im folgenden Jahr entschloß sich Spanien zu einem Bündnis mit Frankreich, dem auch Großbritannien beitrat. Da auch Rußland sich Frankreich näherte, kam der Kaiser in eine schwierige Lage, aus der er sich erst lösen konnte, nachdem Spanien einsah, daß es seine Ansprüche auf Gibraltar England gegenüber nicht durchsetzen konnte. Am 30. 4. 1725 kam es zu einem Bündnis zwischen Kaiser Karl VI. und König Philipp V. von Spanien. Der Kaiser unterstützte die Forderung der Spanier auf Gibraltar und verzichtete nunmehr endgültig auf die Krone Spaniens. Philipp V. seinerseits mußte endgültig auf die spanischen Niederlande und die spanischen Besitzungen in Italien verzichten und Parma, Piacenza und Toskana als Reichslehen anerkennen. Der spanische König übernahm außerdem die Bürgschaft für die »Pragmatische Sanktion«. In der Folge erkannten Rußland, die Wittelsbacher Kurfürsten von Bayern und Köln, Preußen und Sachsen die »Pragmatische Sanktion« gleichfalls an.

Anfang 1727 bestanden somit in Europa zwei große Bündnisse: Großbritannien war mit Frankreich, Holland, Schweden, Dänemark und Norwegen verbündet. Der Kaiser befand sich im Bündnis mit Rußland, Spanien, Preußen, Sachsen und Bayern.

Da Karl VI. Spanien bei der Belagerung Gibraltars nicht unterstützt hatte, zog Spanien sich aus dem Bündnis mit dem Kaiser zurück und schloß neue Vereinbarungen mit Frankreich und Großbritannien, das, um den Verlust Gibraltars besorgt, die Ansprüche Spaniens in Italien erneut ins Spiel brachte und für den Fall unterstützte, daß Spanien auf Gibraltar verzichten sollte. Der Kaiser brach daraufhin die diplomatischen Beziehungen zu Großbritannien ab. Da die Reichsfürsten die Haltung des Kaisers nicht unterstützten und die Mächte einen Krieg nicht für sinnvoll hielten, kam es unter Vermittlung des Prinzen Eugen am

16. 3. 1731 zum Wiener Vertrag zwischen Österreich und Großbritannien. Um die Anerkennung der »Pragmatischen Sanktion« auch durch Großbritannien zu erreichen, fand sich Karl VI. zu großen Zugeständnissen bereit. Die Kaisertochter Maria Theresia durfte keine Ehe mit einem Angehörigen eines bedeutenden europäischen Herrscherhauses eingehen. In Parma und Toskana mußte der Kaiser spanische Garnisonen dulden. Die Ostendische Handelskompagnie wurde liquidiert und den Bewohnern der habsburgischen Länder wurde der Export nach Ostindien untersagt. Damit waren die Habsburger aus dem kolonialen Welthandel ausgeschlossen. Gegen diese erheblichen Zugeständnisse des Kaisers übernahm nunmehr auch Großbritannien die Bürgschaft für die »Pragmatische Sanktion«. Dem Vertrag schlossen sich am 22. 6. 1731 Spanien und am 20. 2. 1732 auch die Generalstaaten an.

Nach langen und schwierigen Verhandlungen erreichte der Kaiser am 11. 1. 1732 die Anerkennung der »Pragmatischen Sanktion« durch den deutschen Reichstag. Obwohl Sachsen und Bayern 1726 die »Pragmatische Sanktion« anerkannt hatten, verweigerten sie vor dem Reichstag ihre Zustimmung.

In diesen Jahren kam es erneut zu Verfolgungen der Protestanten. Trotz der gegenreformatorischen Bestrebungen unter den Kaisern Leopold I. und Josef I. war es nicht gelungen, den Protestantismus auszurotten. In Böhmen wurde ein Patent gegen die Protestanten erlassen, die so gezwungen wurden, katholisch zu werden oder auszuwandern. Der ständigen Zunahme der Protestanten in Österreich wurde trotz Einspruchs der protestantischen Reichsstände mit großen Umsiedlungsmaßnahmen begegnet. Besonders die Protestanten der Steiermark und Kärntens wurden zwangsweise nach Siebenbürgen ausgesiedelt. In Ungarn wurde weitgehend auf Maßnahmen gegen die Protestanten verzichtet, da die Bemühungen, die Anerkennung Ungarns für die »Pragmatische Sanktion« zu erreichen, noch nicht abgeschlossen waren.

Nach dem Tode König Augusts II. von Polen wurde die polnische Thronfolge akut. Frankreich trat für die Wahl Stanislaus Leszczyńskis, des Schwiegervaters König Ludwigs XV. von Frankreich, ein. Der Anspruch des Kurprinzen Friedrich August von Sachsen, der versprochen hatte, die »Pragmatische Sanktion« anzuerkennen, wurde von Österreich und Rußland unterstützt. Der vom polnischen Reichstag gewählte Stanislaus Leszczyński wurde von den in Polen einmarschierenden sächsischen und russischen Truppen vertrieben. Unter dem Druck dieser einmarschierenden Truppen wählte der polnische Reichstag Friedrich August von Sachsen zum König. Mit der Kriegserklärung Frankreichs an den Kaiser begann im Oktober 1733 der polnische Erbfolgekrieg. Das Vorgehen Frankreichs wurde nicht zuletzt auch durch die geplante Vermählung der Kaisertochter Maria Theresia mit Herzog Franz III. Stephan von Lothringen ausgelöst. Der französische König hatte schon lange ein Auge auf Lothringen geworfen und befürchtete eine Vereinigung des Herzogtums mit den Habsburger Ländern, wenn erst einmal die Vermählung Maria Theresias mit dem Herzog von Lothringen erfolgt war. Die Wittelsbacher stellten sich wieder einmal auf die Seite

Frankreichs. Der polnische Erbfolgekrieg brachte den Habsburgern den Verlust der Lombardei und der Königreiche Neapel und Sizilien. Durch Vermittlung der Seemächte kam es schließlich zu direkten Verhandlungen zwischen Österreich und Frankreich, die am 3. 10. 1735 zum Vorfrieden von Wien führten, der am 18. 11. 1738 im Frieden von Wien bestätigt wurde. Kurfürst Friedrich August von Sachsen wurde als König August III. von Polen anerkannt. Stanislaus Leszczyński erhielt den Ehrentitel »König von Polen« und das Herzogtum Bar, mußte aber zunächst auf Sitz und Stimme für das Herzogtum Lothringen im Reichstag verzichten. Nach dem Erlöschen des Hauses Medici sollte die Toskana an das Haus Lothringen fallen, das dann sein Stammland Lothringen an Stanislaus Leszczyński abzutreten hatte. Nach dem Tode Leszczyńskis sollten Lothringen und Bar an Frankreich fallen. Der spanische Prinz Karl erhielt Neapel und Sizilien und wurde von den Vertragspartnern als König anerkannt. Der Kaiser erhielt alle vor dem Krieg in Italien innegehabten Besitzungen mit Ausnahme Neapels und Sizilien zurück. Als Ersatz für Neapel und Sizilien wurden ihm Parma und Piacenza zugesprochen. Frankreich erkannte die »Pragmatische Sanktion« an.

Herzog Franz III. Stephan von Lothringen hatte 1729 die Nachfolge seines verstorbenen Vaters Leopold in Lothringen angetreten und erhielt 1730 die Belehnung mit Bar. Vor seiner Vermählung mit Maria Theresia hatte Franz Stephan schweren Herzens und gegen den erbitterten Widerstand seiner Familie dem Kaiser gegenüber die Erklärung abgegeben, auf das Herzogtum Lothringen zu verzichten. Die Verzichtsurkunde wurde erst am 11. 4. 1736 unterzeichnet. Am 31. 1. 1736 trat Maria Theresia vor den großen Staatsrat und beschwor feierlich, auf die Erbfolge zu verzichten, falls ihr Vater noch einen männlichen Thronfolger erhalten sollte. Franz Stephan unterschrieb gleichzeitig, daß er für seine Person in den österreichischen Erblanden keine Erbansprüche stellen werde.

Nunmehr stand der Vermählung der Kaisertochter mit dem Herzog von Lothringen nichts mehr im Wege. Am 12. 2. 1736 entfaltete der Wiener Hof zur Hochzeit Maria Theresias allen kaiserlichen Prunk. Vor dem Hochaltar der Augustinerkirche in Wien, unweit der Wiener Hofburg, nahm der Apostolische Nuntius Passionei die Trauung des wohl schönsten Paares seiner Zeit vor. Als der Nuntius darauf bestand, während der Trauung und des Gottesdienstes sitzen zu bleiben, erließ Kaiser Karl eine Anordnung zum Protokoll, wonach der Nuntius vor der Thronerbin der Habsburger Reiche zu stehen habe. Der Nuntius beugte sich und nahm die Trauung stehend vor. Unter den zahlreichen illustren Gästen, die an der Hochzeit teilnahmen, fehlte Prinz Eugen von Savoyen. Zu seinem eigenen und dem Leidwesen Maria Theresias konnte der Prinz wegen Krankheit nicht an den Feierlichkeiten teilnehmen.

Im Tagebuch Kaiser Karls VI. finden wir knapp drei Monate später am 21. 4. 1736 die Eintragung:

»Um halb 9 Uhr Nachricht, Prinz Eugen von Savoyen, der seit 83 in meines Hauses Dienst stand, im Feld seit 97 im Kommando Aktionen große Dienste getan, 1703 Kriegspräsident geworden, mir seit 1711 in allem dient, im Bett tot

gefunden worden, nach langer Krankheit. Gott sei der Seele gnädig. In seinem 73. Jahr.«

Prinz Eugen von Savoyen, der drei Herrschern des Hauses Habsburg, von denen er in feiner Unterscheidung Leopold I. seinen Vater, Josef I. seinen Bruder und Karl VI. seinen Herrn genannt hatte, treu und ergeben diente, war tot. Unter ihm hatte der Reichsgedanke am Wiener Hof neue Kraft und Gestalt bekommen. Immer war es Eugen darum gegangen, die Macht des Kaisers und des Hauses Habsburg so zu mehren, daß beide vom Reich her unangreifbar wurden. Preußen und das sich immer wieder mit Frankreich verbindende Bayern waren die wirkliche Gefahr für das Reich. Preußens gefährlicher Aufstieg war nur zu verhindern, wenn Bayern gewonnen wurde. Das war die große politische Konzeption des Prinzen. Wenige Jahre vor seinem Tod hatte er dem Kaiser den Rat gegeben, Maria Theresia mit dem Kurprinzen von Bayern zu vermählen. Wäre diese Ehe zustande gekommen, wäre das Reich wahrscheinlich unangreifbar geworden. Das große und so ungemein gefährliche Bayern wäre an Österreich gefallen. Ohne Blutvergießen hätte die Einigung des Reiches erfolgen können. Als Friedrich II. von Preußen wenige Jahre später Maria Theresia Schlesien entriß, war ihm das nur möglich, weil Bayern gleichzeitig in die österreichischen Erblande einfiel. Karl VI. entschied sich hinsichtlich der Vermählung seiner Tochter für den Herzog Franz III. Stephan von Lothringen. Für diese Entscheidung Kaiser Karls VI. war sicher nicht nur der große Altersunterschied zwischen Maria Theresia und dem Kurprinzen Karl Albrecht maßgebend, sondern wohl auch die Befürchtung des Kaisers, daß bei seinem frühen Tod der franzosenhörige Bayer Herr in Österreich und dem Reich werden könnte. Mit Sicherheit hat bei der Entscheidung des Kaisers aber auch der Vater mitgesprochen. Karl VI. wußte um die große Liebe seiner Tochter zu dem Lothringer Franz Stephan und wohl auch, daß die junge, aber sehr selbstbewußte Erzherzogin sich einer politischen Heirat nicht ohne weiteres beugen würde. Der Kaiser war nicht der Vater, der seine Tochter zu einer ihr Glück zerstörenden Ehe gezwungen hätte. So entschied der Kaiser gegen den wohl weitblickenden Plan des Prinzen Eugen für das Glück seiner Tochter.

Prinz Eugen von Savoyen gehört zu den großen abendländischen Gestalten, von denen unsere Zeit lernen kann zu begreifen, was Europa einst war, was es bedeutete und was es wieder werden muß, um in der Welt von heute bestehen zu können. Als Retter des christlichen Abendlandes bewahrte Prinz Eugen Österreich und das Heilige Römische Reich Deutscher Nation vor dem Osten und den Gefahren des Islams, den er weit über Mitteleuropa hinaus zurückwarf.

Der Kaiser ordnete für den verstorbenen Prinzen ein Staatsbegräbnis an. Der Leichnam Eugens, bekleidet mit der Uniform seines Dragonerregiments, war drei Tage feierlich aufgebahrt. Die in seinen Feldzügen vorangetragenen Fahnen umgaben den Prunksarg, auf dem seine Degen lagen. Das Bahrtuch des Sarges, auf das der Kaiser die Siege des Prinzen hatte einsticken lassen, wurde von Generälen getragen. Am 26. 4. 1736 wurde Prinz Eugen von Savoyen in der Gruft der Kreuzkapelle des Stephansdoms in Wien beigesetzt.

Noch im Jahre des Ablebens des Prinzen Eugen wurde der Kaiser aufgrund der Verträge mit Rußland zum Eintritt in den zwischen Rußland und der Hohen Pforte ausgebrochenen Krieg gezwungen. Der nach dem Tode des Prinzen Eugen auf die Entscheidungen des Kaisers Einfluß gewinnende Johann Christoph Freiherr von Bartenstein setzte sich für eine selbständige Kriegführung gegen die Türken ein. Nach anfänglichen unbedeutenden Erfolgen mußte die kaiserliche Armee mehrere Niederlagen und die Einschließung Belgrads durch die Türken hinnehmen. Am 18. 9. 1739 mußte Karl VI. in Belgrad Frieden schließen. Mit Ausnahme des Banats gingen alle Erwerbungen verloren, die dem Hause Österreich im Frieden von Passarowitz zugefallen waren.

Am 20. 10. 1740 starb Kaiser Karl VI. Das Haus Habsburg war im Mannesstamm erloschen. Neue und schwere Erschütterungen standen den Erblanden und Europa bevor.

Kaiser Karl VI. war von der bedächtigen Art seines Vaters. Seine Entscheidungen fielen immer erst nach sorgfältigem Abwägen und langen Prüfungen. Das entsprach nun einmal seinem schwerfälligen Temperament. Mit zunehmendem Alter schob er notwendige Entscheidungen oft so lange vor sich her, daß er manche sich ihm bietende günstige Gelegenheit verpaßte. Seine politischen Erfolge waren wechselvoll und unbeständig. Innenpolitisch setzte er die von seinem Bruder begonnenen Reformen fort und setzte für die italienischen Provinzen den »Spanischen Rat« als Regierungsbehörde ein.

Karl befand sich bereits in Spanien, als man in Wien eine Frau für ihn suchte. Herzog Anton Ulrich von Braunschweig-Wolfenbüttel setzte alle Hebel in Bewegung, seine Enkelin Elisabeth Christine, auf die schließlich die Wahl des Wiener Hofes fiel, zur Königin von Spanien zu machen. Die streng protestantisch erzogene Prinzessin weigerte sich zunächst, ihren Glauben, den sie bei ihrer Konfirmation noch feierlich beschworen hatte, zu verleugnen. Der protestantische Abt von Königslutter hatte große Mühe, die Prinzessin davon zu überzeugen, daß es ihr von Gott vorherbestimmt sei, die Königskrone Spaniens zu tragen, mit der der katholische Glaube nun einmal verbunden sei. Am 1. 5. 1707 legte die Prinzessin im Bamberger Dom vor dem Erzbischof von Mainz das katholische Glaubensbekenntnis ab. Am 28. 7. 1708 traf Elisabeth Christine in Mataro erstmals mit ihrem Gatten zusammen und hielt am 1. 8. ihren Einzug in Barcelona. Diese von ehrgeizigen Verwandten gestiftete Ehe war überaus glücklich. Nachdem Karl VI. seine Gemahlin Anfang 1713 nach Wien zurückgerufen hatte, hielt Elisabeth Christine am 11. 7. 1713 gemeinsam mit ihrem Gemahl als Kaiserin ihren Einzug in Wien. Die Geburt von drei Töchtern, von denen Maria Amalia im Alter von sechs Jahren starb, konnte den Kaiser nicht über den Tod des erstgeborenen Sohnes Leopold, der schon wenige Monate nach der Geburt starb, hinwegtrösten.

Die letzten Lebensjahre Karls VI. waren Jahre der Sorgen und Enttäuschungen. Verlorengegangene Kriege und zerrüttete Finanzen bedrückten den Kaiser ebenso wie die Sorge um den fehlenden Erben, auf den er bis in die letzten Jahre seines Lebens noch hoffte.

Von einem Jagdausflug zum Neusiedler See kehrte der Kaiser krank nach Wien zurück. Sein Gesundheitszustand verschlimmerte sich schon bald so sehr, daß für das Leben des Kaisers keine Hoffnung mehr bestand. Die Kaisertochter und Erbin Maria Theresia war im sechsten Monat schwanger und konnte nicht am Sterbebett ihres Vaters weilen. Die Ärzte hatten der Erzherzogin mit Rücksicht auf ihren Zustand verboten, sich von ihrem Vater zu verabschieden. In der Nacht auf den 20. 10. 1740 starb der letzte männliche Habsburger wohl ahnend, daß alle seine Bemühungen, durch die unter großen Opfern erkaufte »Pragmatische Sanktion« die reibungslose Nachfolge seiner Tochter gesichert zu haben, vergebens sein würden. In seiner Todesstunde konnte der Kaiser nicht wissen, daß schon bald ein neuer Stern über Österreich aufgehen sollte: *Maria Theresia.*

Die Nachkommen Kaiser Karls VI.

1. LEOPOLD JOHANN, Erzherzog
   * 12. 4. 1716 in Wien
   † 4. 11. 1716 in Wien
   Grabstätte: Kaisergruft Wien – Leopolds-Gruft

2. MARIA THERESIA, Erzherzogin
   ⚭ FRANZ III. STEPHAN, Herzog von Lothringen
   Siehe unter Kaiserin-Königin Maria Theresia.

3. MARIA ANNA, Erzherzogin
   * 14. 9. 1718 in Wien
   † 16. 12. 1744 in Brüssel
   Grabstätte: Kaisergruft Wien – Karls-Gruft

   ⚭ 7. 1. 1744 in Wien
   KARL, Herzog von Lothringen
   Eltern: Leopold Josef, Herzog von Lothringen, und Elisabeth Charlotte, Prinzessin von Orléans, Tochter Philipps II., Herzog von Orléans
   * 12. 12. 1712 in Lunéville
   † 4. 7. 1780 in Tervueren/Brabant
   Grabstätte: Gruft in der Kathedrale Saints Michèle et Gudule in Brüssel

   Als jüngerer Bruder Franz' III. Stephan war Herzog Karl von Lothringen mit Maria Theresia verschwägert. 1736–1739 kämpfte er gegen die Türken. Die ihm in den Schlesischen Kriegen übertragenen Kommandostellen konnte er nicht voll ausfüllen. Nach der Niederlage bei Leuthen mußte er zurücktreten. 1748 wurde er mit der Statthalterschaft in den österreichischen Niederlanden betraut. Hier konnte Herzog Karl bedeutende Erfolge in kultureller und wirtschaftlicher Hinsicht erzielen.

4. MARIA AMALIA, Erzherzogin
   * 5. 4. 1724 in Wien
   † 19. 4. 1730 in Wien
   Grabstätte: Kaisergruft Wien – Leopolds-Gruft

Maria Theresia

Maria Theresia

* 13. 5. 1717 in Wien
† 29. 11. 1780 in Wien
Grabstätte: Kaisergruft Wien – Maria-Theresia-Gruft

⚭ 12. 2. 1736 in Wien
Franz III. Stephan, Herzog von Lothringen
Eltern: Leopold Josef, Herzog von Lothringen, und Elisabeth Charlotte, Prinzessin von Orléans, Tochter Philipps I., Herzog von Orléans
* 8. 12. 1708 in Nancy
† 18. 8. 1765 in Innsbruck
Grabstätte: Kaisergruft Wien – Maria-Theresia-Gruft

Wahlspruch: Justitia et clementia = Durch Gerechtigkeit und Milde

25. 6. 1741 in Preßburg in der St.-Martins-Kirche zur Apostolischen Königin von Ungarn gekrönt.
12. 5. 1743 in Prag im St.-Veits-Dom zur Königin von Böhmen gekrönt.
13. 9. 1745 in Frankfurt a. M. Wahl Franz' III. Stephan zum römisch-deutschen Kaiser als Franz I.
4. 10. 1745 in Frankfurt a. M. Krönung Franz' I. zum römisch-deutschen Kaiser durch den Kurfürsten und Erzbischof von Mainz Johann Friedrich Karl von Ostein.

Solange Kaiser Karl VI. noch auf die Geburt eines Thronerben hoffen konnte, standen seine Töchter am Wiener Hof im Hintergrund. Das erklärt wohl, warum wir über die Kindheit Maria Theresias nur wenig wissen. Es blieb ihr erspart, das Schicksal der Thronfolger zu teilen, die schon im frühesten Kindesalter auf ihre spätere Aufgabe vorbereitet wurden. Abseits vom höfischen Getriebe konnte die Kaisertochter eine unbeschwerte Kindheit verbringen. Sie wuchs zu einem schönen Mädchen heran, das blond, gesund, lebhaft und fröhlich war. Mit zunehmendem Alter machte sich neben ihrer Anmut ihr ehrliches und großherziges Wesen bemerkbar, das von einem feurigen Temperament begleitet war. In ihrer unbändigen Lebensfreude ließ sie kein Fest und keinen Maskenball aus. Auf den Hoffesten war sie eine unermüdliche und leidenschaftliche Tänzerin, die bis in die frühen Morgenstunden aushielt.

Mit der Unterrichtung der jungen Erzherzogin wurden die Jesuiten betraut. Neben Religion standen auf dem Stundenplan Geschichte, Sprachen, Kunst, Musik und Tanz. Maria Theresia lernte ein ausgezeichnetes Latein – die Amtssprache in Ungarn – und fließend französisch sprechen. Deutsch sprach sie nur im Wiener Dialekt, und über eine unbeholfene Orthographie kam sie in der deutschen Sprache nicht hinaus. Mit elf Jahren wurde die Erziehung der jungen Erzherzogin der Gräfin Charlotte Fuchs anvertraut. Zwischen Maria Theresia und ihrer Erzieherin bildete sich schon bald ein Vertrauensverhältnis, das der Gräfin Fuchs nicht nur ihre Aufgabe erleichterte, sondern auch die späteren Jahre Maria Theresias überdauerte. Mit behutsamer Hand förderte die Erzieherin schon frühzeitig das sich anbahnende Verhältnis der Erzherzogin zu dem gleichfalls am Wiener Hof erzogenen Franz III. Stephan von Lothringen. Maria Theresia nannte die Gräfin später nur die »Füchsin« und Dritten gegenüber auch vertraulich »Mami« und ehrte sie dadurch, daß der Gräfin Fuchs als einziger Nicht-Habsburgerin die große Ehre zuteil wurde, in der Kaisergruft in Wien in unmittelbarer Nähe des Kaiserpaares beigesetzt zu werden.

Franz III. Stephan von Lothringen war mit 15 Jahren an den Wiener Hof gekommen. Sein Vater war ein Vetter der Kaiser Josef I. und Karl VI. Das Haus Lothringen war dem Wiener Hof nicht nur verwandtschaftlich verbunden, sondern hatte das Haus Habsburg schon während der Türkenkriege in vielfacher Hinsicht unterstützt. Die Lothringer galten mehr oder weniger als zur Familie der Habsburger gehörend. Kaiser Karl VI. faßte schon bald eine besondere Zuneigung zu dem Lothringer, der fast ständig in der Umgebung des Kaisers zu finden war. Als der Kaiser erstmals beobachtete, daß sich zwischen seiner Tochter und dem Lothringer eine engere Bindung anbahnte, überwogen bei ihm wohl noch die

Bedenken gegen eine solche Verbindung. Franz Stephan war kein Reichsfürst, und als er später auf sein Herzogtum verzichten mußte, war er praktisch ohne Landbesitz, da die Aussicht auf das Großherzogtum Toskana noch nicht gesichert erschien. Nach dem Tode seines Vaters Leopold kehrte Franz Stephan von Wien nach Lothringen zurück und übernahm die Regierung des Herzogtums. Drei Jahre später übergab er die Regentschaft an seine Mutter Charlotte von Orléans und kehrte nach einer ausgedehnten Reise über Frankreich, England, Holland und Hannover nach Wien zurück, wo er nur kurz Aufenthalt nahm und von Kaiser Karl VI. mit dem Amt eines Statthalters von Ungarn betraut wurde. Die Rückkehr des Herzogs nach Wien brachte für Maria Theresia die Entscheidung. Aus der Schwärmerei der 12jährigen war die stürmische Liebe der 17jährigen, nun voll erblühten Maria Theresia, die als eine der schönsten Frauen Europas galt, erwachsen. Für sie war es die erste und sollte es die einzige Liebe ihres Lebens bleiben. Schließlich gab auch Kaiser Karl VI., der sich dem Glück seiner Tochter nicht in den Weg stellen wollte, seine Zustimmung. Am 21. 1. 1736 fand die offizielle Brautwerbung statt, die freudig angenommen und durch den Hof bekanntgemacht wurde. Der Herzog begab sich nach Preßburg, wo er sich bis zur Hochzeit aufhielt. Die Briefe, die das Brautpaar während dieser Zeit wechselte, sind ein schönes Zeugnis der innigen Zuneigung, mit der Maria Theresia und Franz Stephan sich liebten. Da schreibt der Herzog:

»Ihm seynt die Täge unerträglich da sie getrennt seien und er sei höchst obligiert für die Gnad seine Zeilen so gütigst beantwortet zu sehen.«

Maria Theresia antwortete:

»Was man gern tut, macht keine ungelegenheit«, wünscht *»glückliche Reise und gutes Wetter, hoffe das dises die letzte sein wird, die Euer liebden ohne ihrer so ergebnen braut machen werden«* und zum Schluß so ganz gegen die höfische Etikette *»Adieu mäusl«*.

Franz Stephan hat in seinen späteren Ehejahren sicher nicht das gehalten, was man von ihm erwartet hatte. Der Liebe Maria Theresias hat das keinen Abbruch getan.

Wenige Jahre nach ihrer Vermählung mußte die 23 Jahre alte Erzherzogin die Nachfolge ihres Vaters in den Erbländern antreten. Von Kaiser Karl VI. bis dahin zu den Regierungsgeschäften kaum herangezogen, war Maria Theresia für die zu übernehmende schwere Aufgabe nur unvollkommen vorbereitet. So war sie weitgehend auf die Ratgeber ihres Vaters angewiesen, auf Männer, die größtenteils im Greisenalter standen und ihrem Großvater, Kaiser Leopold I., noch gedient hatten. Zur Generation ihres verstorbenen Vaters gehörte nur der loyale Staatsdiener Johann Christoph Freiherr von Bartenstein, mit dessen Entlassung allgemein gerechnet wurde. Seine überraschende Bestätigung im Amt machte ihn für 15 Jahre zum engsten Berater der Herrscherin. Schon wenige Stunden nach dem Tode Kaiser Karls VI. empfing die ganz in Schwarz gekleidete Maria Theresia im Thronsaal den Ministerrat. Hofkanzler Philipp Ludwig Graf Sinzendorf würdigte die Regierungszeit des verstorbenen Kaisers und wies darauf hin, daß es die vornehmste Aufgabe der Herrscherin sei, dem Hause Habsburg die Krone des Reiches zu erhalten. In ihrer Antwort dankte Maria Theresia dem Ministerrat für die ihrem Vater geleisteten Dienste und bat, auch sie bei der Bewältigung der vor ihr liegenden schweren Aufgaben zu unterstützen.

Klarer als der Ministerrat sah die Erzherzogin die Schwere der vor ihr liegenden Aufgaben. Große und reiche Provinzen waren in den letzten Lebensjahren ihres Vaters verlorengegangen. Die politischen Verhältnisse waren unklar und die Finanzen zerrüttet. Die Kaiserkrone, die eine Frau nicht tragen konnte, schien für das Haus Habsburg verloren. Bald schon zeigte sich auch die Wertlosigkeit der von ihrem Vater unter schwersten Opfern erkauften Anerkennung der »Pragmatischen Sanktion«, die die reibungslose Erbfolge Maria Theresias sichern sollte. Es war eine fast unlösbare Aufgabe, der sich die junge Fürstin stellen mußte.

Den ersten Anspruch auf die Erbfolge in Österreich erhob der Kurfürst Karl Albrecht von Bayern aufgrund seiner Ehe mit der Tochter Kaiser Josefs I. Da die Gemahlin des Kurfürsten bei ihrer Eheschließung ausdrücklich auf jeglichen Erbanspruch in Österreich verzichtet hatte, war der vom bayrischen Kurfürsten erhobene Erbanspruch völlig unbegründet. Frankreich trat sofort an die Seite Bayerns und unterstützte den von Karl Albrecht erhobenen Anspruch. Der leitende Minister des französischen Königs Ludwig XV., André Hercule Kardinal de Fleury, sprach unverblümt aus, was die europäischen Mächte dachten und wünschten, als er verkündete: »Es gibt keine Habsburger mehr.« Der Gedanke, daß die junge Herrscherin ihnen Widerstand entgegensetzen könnte, war den europäischen Mächten so fremd, daß sie ihn nicht einmal in Erwägung zogen. Welche Enttäuschung, als die Erzherzogin mit Mut, Entschlossenheit und Verantwortlichkeit antrat, den Kampf um das Erbe ihres Vaters aufzunehmen. An dieser sich selbst gestellten Aufgabe wuchs Maria Theresia über sich selbst hinaus. Ganz allein auf sich gestellt – in den folgenden Jahren in der Tat von allen verlassen – und beseelt von einem unbändigen Willen und einem tiefen und unerschütterlichen Gottvertrauen auf die Gerechtigkeit ihrer Sache stellte sie sich ihren Feinden.

Die von Friedrich II. von Preußen erhobenen unbegründeten Ansprüche auf Teile Schlesiens lehnte Maria Theresia ohne Zögern brüsk ab. Noch am 6. 12. 1740 hatte der König sich in freundschaftlichen Briefen an Großherzog Franz Stephan und Maria Theresia gewandt und den Wiener Hof so in Sicherheit gewiegt. Während die Briefe noch unterwegs waren, begab sich Friedrich II. zu seinen Truppen und marschierte ohne Vorwarnung oder Kriegserklärung am 16. 12. 1740 nach heftigen Auseinandersetzungen mit seinen Generälen, die den Rechtsbruch nicht sanktionieren wollten, in Schlesien ein. Als die Nachricht vom Einmarsch der preußischen Truppen nach Schlesien in Wien eintraf, wurde sie ungläubig aufgenommen. Der Überfall auf Schlesien war für die europäischen Mächte das Signal, sich auf die Beute Österreich zu stürzen. Am 3. 1. 1741 eroberten die Preußen Breslau und wurden von den Protestanten als Befreier begrüßt. Nun rückte auch das nur 15.000 Mann starke österreichische Heer in

Schlesien ein. Die völlig unvorbereiteten und ungenügend ausgerüsteten österreichischen Streitkräfte wurden von den zahlenmäßig weit überlegenen Preußen am 10. 4. 1741 bei Mollwitz geschlagen. Der preußische Sieg führte zu Bündnissen fast aller europäischen Großmächte gegen Österreich. Frankreich ging ein Bündnis mit Bayern und Spanien ein, dem ein Bündnisvertrag Preußens mit Frankreich und Bayern folgte. Alle waren sich einig in dem erklärten Ziel, Österreich aufzuteilen und die Macht der Habsburger in Europa auszuschalten.

Im Juni 1741 trat Maria Theresia die Reise nach Ungarn an, um sich zur Königin von Ungarn krönen zu lassen. Erst nach langen und hartnäckigen Verhandlungen, und nachdem Maria Theresia den Ungarn alle Privilegien und Sonderrechte bestätigt hatte, wurde der Krönungstag auf den 25. 6. 1741 festgelegt. An diesem Tage empfing der Primas von Ungarn, Emmerich Graf Esterházy, die Erzherzogin vor dem Portal der Martinskirche in Preßburg und geleitete sie in den Dom. Nach Ablegung des Krönungseides legte der Erzbischof ihr den Mantel des hl. Stephan um die Schultern, umgürtete sie mit dem Schwert und setzte ihr das Symbol des ungarischen Königtums, die heilige Stephanskrone, aufs Haupt. Maria Theresia, Erzherzogin von Österreich, war nun als Apostolische Majestät Königin von Ungarn.

Nach dem Krönungshochamt ritt sie den Krönungshügel hinauf, zog das Schwert des hl. Stephan und schwang es in die vier Himmelsrichtungen, um anzudeuten, daß sie das Land gegen jedermann standhaft verteidigen werde.

In die Freude der jungen Königin von Ungarn fiel ein bitterer Wermutstropfen. Sie mußte sich damit abfinden, daß die ungarischen Magnaten ihr die Bitte, ihren Gemahl Franz Stephan zum Mitregenten zu ernennen, abgeschlagen hatten. Selbst während der Krönung seiner Gemahlin war der Großherzog von den Ungarn wie jeder andere Privatmann behandelt worden, um klar zum Ausdruck zu bringen, daß nur Maria Theresia Trägerin der Stephanskrone war.

Noch während des Aufenthaltes in Preßburg traf die Nachricht von dem Bündnisvertrag zwischen Preußen und Frankreich ein. Die Ratgeber der Königin fielen in tiefste Resignation. Von allen Seiten wurde Maria Theresia geraten, Schlesien aufzugeben und sich mit Friedrich II. zu verständigen. Selbst ihr Gemahl Franz Stephan war auf der Seite derer zu finden, die kleinmütig die Sache Maria Theresias verloren gaben. »Ich allein« – so schrieb die Königin später – »ohne mich zu rühmen, habe unter allen diesen Drangsalen den meisten Mut behalten.«

In dieser ihrer äußersten Not und Gefahr wandte Maria Theresia sich als Königin von Ungarn an den ungarischen Reichstag und fuhr zum zweitenmal nach Preßburg.

Am 11. 9. 1741 stand die Königin in Trauergewändern mit der Stephanskrone auf dem Haupt vor dem ungarischen Reichstag und erklärte:

»Es geht um das Königreich Ungarn, um unsere Person, um unsere Kinder und unsere Krone. Von allen verlassen suchen wir Hilfe bei den treuen Ungarn und ihrer Tapferkeit. Wir bitten in der großen Gefahr, in der wir stehen, die Stände, für unsere Kinder, für unsere Person und für das Reich alles zu tun.«

Als die Königin mit Tränen in den Augen geendet hatte, brauste ihr ein Jubel entgegen, wie er wohl selten einem Monarchen in einer so ernsten Stunde entgegengeschlagen ist. Johann Graf Pálffy hat die dann folgende Szene später beschrieben, wie die ungarischen Magnaten vor ihrer Königin niederknieten, ihre Säbel zogen und ihr unter dem Ruf »Vitam et sanguinem pro majestate vostra! – Unser Leben und Blut für Eure Majestät« die Treue schworen. Der Reichstag ordnete die Mobilmachung an und stellte der Königin ein Heer von 100.000 Mann zur Verfügung, von denen allerdings kurzfristig nur 40.000 Mann bereitgestellt werden konnten.

Und noch eine Genugtuung wurde der Königin zuteil. Die ungarischen Magnaten ernannten ihren Gemahl Franz Stephan zum Mitregenten. Für die stolzen und selbstbewußten Ungarn war es ein Gefühl des Triumphes, daß die Habsburgerin Maria Theresia sich dem Schutz Ungarns anvertraute.

Mit der Eroberung Passaus durch bayrische Truppen am 31. 7. 1741 begann der österreichische Erbfolgekrieg. Sachsen trat am 31. 8. 1741 auf die Seite der Gegner Maria Theresias. Nach der Besetzung von Linz am 15. 9. 1741 ließ der bayrische Kurfürst Karl Albrecht sich von den oberösterreichischen Ständen als Erzherzog von Österreich huldigen. Während Preußen nach Mähren eindrang und Olmütz besetzte, zog Karl Albrecht nach Böhmen und wurde am 19. 12. 1741 von den böhmischen Ständen zum König von Böhmen ausgerufen. Ungeachtet der Erfolge König Friedrichs II. und des Kurfürsten Karl Albrecht entschloß sich Maria Theresia, mit den ihr zur Verfügung gestellten ungarischen Truppen gegen die Bayern und Franzosen anzutreten. Ihr Schwager, Karl von Lothringen, erhielt den Oberbefehl in Böhmen und Ludwig Graf Khevenhüller wurde die österreichische Armee anvertraut. Linz und Passau konnten am 23. und 24. 1. 1742 zurückerobert werden.

Die Anfangserfolge des Kurfürsten Karl Albrecht waren bei den Verbündeten nicht ohne Eindruck geblieben. Auf Drängen Frankreichs wurde Karl Albrecht am 24. 1. 1742 in Frankfurt a. M. zum römisch-deutschen Kaiser gewählt und am gleichen Ort am 12. 2. 1742 gekrönt. Zum zweiten Mal im Verlauf der Jahrhunderte ging die Kaiserkrone für das Haus Habsburg verloren. Für Maria Theresia blieb der gewählte Kaiser der Kurfürst von Bayern. Bis zu seinem Tode hat sie ihn nicht anders genannt. Zwei Tage nach seiner Krönung mußte Kaiser Karl VII. die Eroberung seiner Hauptstadt München durch österreichische Truppen und die Vertreibung aus seinen Stammlanden hinnehmen. Weniger glücklich kämpfte Karl von Lothringen in Mähren, wo er am 17. 5. 1742 bei Chotusitz eine schwere Niederlage hinnehmen mußte.

Das weitere Vorgehen gegen Bayern und Frankreich bestimmte die Königin, durch politische Maßnahmen die Koalition ihrer Gegner zu sprengen. Ein unter persönlichen Opfern erreichbarer Sonderfriede mit Preußen schien ihr der geeignetste Weg, das angestrebte Ziel zu erreichen. Da auch Friedrich II. es eilig hatte, seine Beute in Sicherheit zu bringen, kam es am 28. 7. 1742 in Berlin zum Friedensschluß, der den ersten Schlesischen Krieg beendete. Schweren Herzens verzichtete Maria Theresia auf Nieder- und Oberschlesien. Die Titel eines Herzogs von Schlesien und Grafen von Glatz übertrug sie auf den preußischen König mit der Bestimmung, daß sie und ihre Nachkommen die Titel weiterführen durften. Die Herzogtümer Troppau, Teschen und Jägerndorf verblieben unter der Bezeichnung Österreich-Schlesien bei den Erblanden. Am 11. 9. 1742 schloß auch Sachsen sich dem Frieden von Berlin an und schied aus der Koalition der Gegner der Königin aus. Nun hatte Maria Theresia freie Hand im Kampf gegen Bayern und Frankreich.

Von ihren Bundesgenossen schmählich im Stich gelassen, befanden sich die Franzosen in Böhmen in einer wenig beneidenswerten Lage. In der demütigsten Form versuchte Kardinal Fleury, für den es zwei Jahre zuvor keine Habsburger mehr gegeben hatte, mit den Österreichern einen Frieden auszuhandeln. Lange hat die Königin mit sich gerungen, bis sie die angebotenen Verhandlungen ablehnte.

Während französische Truppen Bayern zurückgewinnen konnten, gelang es Karl von Lothringen, Böhmen wieder in den Besitz der Königin zu bringen. Am 29. 4. 1743 zog Maria Theresia mit ihrem Gemahl feierlich in Prag ein. Über die Karlsbrücke gelangte der Zug zur Burg auf dem Hradschin, wo die Königin am 11. 5. im Ladislaussaal die Huldigung der böhmischen Stände entgegennahm. Am darauffolgenden Tag wurde die Königin von Ungarn im St.-Veits-Dom zur Königin von Böhmen gekrönt. Der Erzbischof von Olmütz, Jakob Graf Liechtenstein, salbte die Königin und krönte sie mit der Krone des hl. Wenzel. Noch am Tage der Krönung erreichte Maria Theresia die Nachricht vom Sieg Karls von Lothringen über die Bayern bei Braunau. Mit 25 Jahren – nur zwei Jahre nach ihrem Regierungsantritt – war Maria Theresia allen Widerständen und Widerwärtigkeiten zum Trotz wieder Herrin ihrer Erbländer. Als sie einen Monat später nach Wien zurückkehrte, war ihre Fahrt über den Donaukanal ein einziger Triumphzug. Bei ihrem Einzug in Wien wurde sie wie kein Herrscher vor ihr von den Wienern bejubelt. Mit 25 Jahren hatte sie sich die Herzen ihres Volkes erobert, das seiner Königin die Liebe und Verehrung bis in den Tod bewahrt hat.

Einen Tag nach den Krönungsfeierlichkeiten in Prag kapitulierte die bayrische Armee und übergab das Land Bayern an Maria Theresia. König Georg II. von England konnte als Oberbefehlshaber der »Pragmatischen Armee« (England, Holland, Hannover, Hessen und Österreich) die Franzosen bei Dettingen schlagen.

Auf dem Höhepunkt seines Glücks erhielt Karl von Lothringen, der so viele Schlachten für die Königin geschlagen hatte, die Schwester Maria Theresias, die von vielen Fürstenhäusern umworbene Erzherzogin Maria Anna, zur Gemahlin. Die Königin selbst führte ihre Schwester zum Traualtar in der Augustinerkirche, wo am 7. 1. 1744 die Trauung stattfand. Gleichzeitig wurde dem jungen Paar, dessen Glück noch im gleichen Jahr durch den Tod der Erzherzogin ein jähes Ende fand, die Statthalterschaft in den österreichischen Niederlanden übertragen.

Am 26. 3. 1744 erklärte der König von Frankreich Maria Theresia offiziell den

Krieg. Karl von Lothringen überquerte am 2. 7. 1744 den Rhein, warf die Franzosen weit zurück und näherte sich mit seinen Streitkräften seiner Heimat Lothringen. Einen Sieg der Österreicher und Engländer über Frankreich befürchtend, beging Friedrich II. von Preußen den wohl schwersten Treuebruch seines Lebens. Er schloß am 5. 6. 1744 ein Bündnis mit Frankreich und am 24. 7. 1744 mit Kaiser Karl VII. Ausschließlich der Vorbereitung dieser Bündnisse und der Verschleierung der wahren Absichten des preußischen Königs hatte die Bildung des Fürstenbundes zwischen dem Kaiser, Hessen, der Kurpfalz und Preußen am 22. 5. 1744 gedient. Dieser Verrat des preußischen Königs traf nicht nur Maria Theresia, sondern in viel härterem Maße Deutschland. In dem Augenblick, da österreichische Verbände im Begriff standen, die deutschen Länder jenseits des Rheins für das Reich zurückzuerwerben, eröffnete der Preußenkönig den zweiten Schlesischen Krieg. Es war Friedrich II. von Preußen, der das Wiedererstehen einer starken deutschen Macht im Westen durch die Habsburger verhinderte. Er sah nur Preußen – nicht aber Deutschland. Die Macht Maria Theresias zu brechen, war sein vorrangigstes Ziel.

Karl von Lothringen mußte die Unternehmungen im Westen abbrechen und eilte nach Böhmen, wo er seine Kräfte mit sächsischen und ungarischen Aufgeboten vereinigte. Unter schweren Verlusten mußte Friedrich II. Böhmen räumen und konnte ein Eindringen der Österreicher nach Oberschlesien nicht verhindern. Der Vormarsch nach Bayern trieb Kaiser Karl VII. zur Flucht aus München.

Wenige Wochen später, am 20. 1. 1745, starb Karl VII., der wohl unglücklichste deutsche Kaiser und dessen Unterhalt von Frankreich bestritten wurde. Seine letzten Worte waren:

»Meine armen Kinder, mein armes Land, vergebt einem armen Vater.«

Die sich durch den Tod des Kaisers für Maria Theresia ergebende günstige Lage nutzte diese entschlossen aus. Am 22. 4. 1745 schloß sie mit dem Sohn und Nachfolger Karl Albrechts, Kurfürst Maximilian III. Josef, den Frieden von Füssen. Der Kurfürst erkannte die »Pragmatische Sanktion« an, verzichtete ausdrücklich auf alle damit nicht zu vereinbarenden Rechte und verpflichtete sich, bei der Kaiserwahl seine Kurstimme für den Gemahl Maria Theresias abzugeben. Großzügig verzichtete die Königin auf Reparationen und gab Maximilian III. Josef sein Land, das sie ursprünglich als Ersatz für Schlesien behalten wollte, in den Grenzen von 1741 zurück.

Nun sah Maria Theresia das Ziel ihrer Wünsche, die Hoheit des Hauses Habsburg über das Reich wiederherzustellen, greifbar nahe vor sich. Unter dem Oberbefehl des Großherzogs Franz Stephan wurden die Franzosen aus dem Frankfurter Raum vertrieben. Die Versuche des Königs von Preußen, die Kaiserwahl zu verschleppen, wurden vereitelt. Am 13. 9. 1745 war es endlich soweit: Gegen den Einspruch des Königs von Preußen und der Kurpfalz wählten die verbliebenen sieben Wahlbotschafter der Kurfürsten den Großherzog Franz Stephan als Franz I. zum römisch-deutschen Kaiser. Was mag in dieser Stunde in der 28jährigen Maria Theresia vor sich gegangen sein? In nur knapp fünf Jahren hatte sie nicht nur das Erbe ihres Vaters erfolgreich verteidigt, sondern auch erreicht, daß der von ihr über alles geliebte Gemahl zur höchsten Würde des Reiches erhoben wurde. Niemand dürfte es deutlicher empfunden haben als Kaiser Franz I., daß nur der Mut, die Tapferkeit und das politische Geschick Maria Theresias ihm die Krone des Reiches verschafft hatten.

Nun unternahm die Königin die erste und letzte Reise, die sie über die Grenzen ihres Herrschaftsbereiches hinausführte. Sie rüstete sich zur Fahrt nach Frankfurt, wo am 25. 9. 1745 die feierliche Krönung stattfand. Vorher aber gab es noch einen heftigen Streit zwischen dem Kaiser und seiner Gemahlin.

Maria Theresia weigerte sich, den mehrfach vorgebrachten Wunsch des Kaisers zu erfüllen, sich als Kaiserin krönen zu lassen. Als Grund schob sie ihre Schwangerschaft vor, obwohl auch der Kaiser wußte, daß Schwangerschaften für die Königin kein Grund waren, sich Schonung aufzuerlegen. Schließlich bat der Kaiser den österreichischen Hofkanzler Corfitz Graf Uhlfeld, der Königin die Zusage abzuringen. Auch dieser Versuch blieb vergeblich, und der Kaiser fügte sich wie so oft in das Unvermeidliche. Die Weigerung Maria Theresias, sich zur Kaiserin krönen zu lassen, findet ihre Erklärung in dem Selbstbewußtsein der Königin. Die Kronen des hl. Stephan als Königin von Ungarn und des hl. Wenzel als Königin von Böhmen trug sie aus eigenem Recht. Die Krone des Reiches aber konnte sie nur als Gemahlin des Kaisers tragen. Da mochte sie selbst dem Drängen Franz Stephans, dem sie sonst jeden Wunsch erfüllte, nicht nachgeben. In ihr regte sich nicht nur der Habsburger Stolz, sie war auch so selbstbewußt geworden, daß sie glaubte, sich etwas zu vergeben, wenn sie auch nur einmal die zweite Rolle spielen würde! Was sie bisher erreicht hatte, schuf sie aus eigener Kraft, und sie war mit Recht stolz darauf. Dennoch – von nun an nannte sie sich Kaiserin-Königin.

Die Fahrt nach Frankfurt war für Maria Theresia ein einzigartiger Triumphzug. Wo immer die Königin ihre Reise unterbrach, wurden ihr stürmische Ovationen entgegengebracht. In Aschaffenburg begrüßte der Kaiser seine Gemahlin aufs herzlichste, und gemeinsam fuhren sie über den Main nach Frankfurt.

Die Krönungszeremonie im Dom verfolgte Maria Theresia vom Oratorium aus, nachdem sie zuvor den Krönungszug zum Dom vom Balkon des Hauses zum Frauenstein verfolgt hatte.

In seinen Lebenserinnerungen »Dichtung und Wahrheit« schildert Johann Wolfgang von Goethe die Krönung Franz Stephans, wie sie durch Erzählung älterer Menschen überliefert wurde, wie folgt:

»Maria Theresia, über die Maßen schön, habe jener Feierlichkeit an einem Balkonfenster des Hauses Frauenstein, gleich neben dem Römer, zugesehen. Als nun ihr Gemahl in der seltsamen Verkleidung aus dem Dome zurückgekommen und sich ihr sozusagen als ein Gespenst Karls des Großen dargestellt, habe er wie zum Scherz beide Hände erhoben und ihr den Reichsapfel, den

Szepter und die wundersamen Handschuh hingewiesen, worüber sie in ein unendliches Lachen ausgebrochen; welches dem ganzen zuschauendem Volk zur größten Freude und Erbauung gedient, indem es darin das gute und natürliche Ehegattenverhältnis des allerhöchsten Paares der Christenheit mit Augen zu sehen gewürdigt worden. Als aber die Kaiserin, ihren Gemahl zu begrüßen, das Schnupftuch geschwungen und ihm selbst ein lautes Vivat zugerufen, sei der Enthusiasmus und der Jubel des Volkes aufs höchste gestiegen, so daß das Freudengeschrei gar kein Ende finden können.«

Argwöhnisch beobachtete der Preußenkönig den Machtzuwachs Maria Theresias, und als ihm dieser unheimlich wurde, nahm er im Sommer 1745 die Kampfhandlungen gegen Österreich wieder auf. Bei Hohenfriedberg wurden die Österreicher geschlagen und mußten sich aus Schlesien zurückziehen. Auch Karl von Lothringen mußte am 30. 9. 1745 in Nordostböhmen eine Niederlage hinnehmen. Als die sächsische Armee am 15. 12. 1745 bei Kesselsdorf geschlagen wurde und Sachsen aus dem Krieg ausscheiden mußte, hatte sich die Hoffnung der Kaiserin, Schlesien zurückzugewinnen, zerschlagen. Auf Vermittlung Großbritanniens kam es am 25. 12. 1745 zum Frieden von Dresden, der den zweiten Schlesischen Krieg beendete. Wie im Berliner Frieden nach dem ersten Schlesischen Krieg festgelegt, behielt Preußen Schlesien. König Friedrich II. erkannte Kaiser Franz I. als deutschen König und Römischen Kaiser an. Die Friedensvermittlungen Großbritanniens waren nicht gerade uneigennützig. Durch den Frieden erhielt Österreich die für den Kampf gegen den Erzfeind Frankreich notwendige Handlungsfreiheit, und Frankreich wurde daran gehindert, die politischen Ziele Großbritanniens zu gefährden.

Die Jahre 1746 und 1747 brachten keine größeren Kampfhandlungen. Ein Defensivbündnis zwischen Österreich und Rußland sowie die Entfremdung zwischen den französischen und den spanischen Bourbonen stärkten die Stellung der Kaiserin, die in Oberitalien die Lombardei zurückgewinnen konnte.

Allgemeine Kriegsmüdigkeit und das Schwinden der Aussichten auf weitere militärische Erfolge führten am 18. 10. 1748 zum Frieden von Aachen, der den österreichischen Erbfolgekrieg beendete. Maria Theresia verzichtete auf die Herzogtümer Parma, Piacenza und Guastalla zugunsten des spanischen Infanten Philipp. Frankreich mußte die besetzten österreichischen Niederlande an Österreich zurückgeben. Schlesien und die Grafschaft Glatz kamen endgültig zu Preußen. Die »Pragmatische Sanktion« wurde international anerkannt und bedeutete zugleich die Anerkennung des Hauses Habsburg-Lothringen. Das Kriegsziel der Gegner Österreichs, das Habsburger Reich zu zerschlagen, wurde nicht erreicht. Kraftvoll und erfolgreich hatte Maria Theresia die Machtstellung ihres Hauses verteidigt.

Die Kaiserin hatte nun Zeit, schon längst überfällige Reformen, deren Notwendigkeit sie seit langem erkannt hatte, in Angriff zu nehmen. Friedrich Wilhelm Graf Haugwitz wurde mit der Erarbeitung einer umfassenden Verwaltungsreform beauftragt. Die böhmische Hofkanzlei wurde mit der österreichischen Hofkanzlei zur böhmisch-österreichischen Hofkanzlei vereinigt. Aufgrund der Zusagen der Kaiserin blieb die ungarische Hofkanzlei selbständig und wurde der böhmisch-österreichischen Hofkanzlei gleichgestellt. Sitz der ungarischen Hofkanzlei wurde Wien. In Preßburg wurde eine Statthalterei eingerichtet, die dem Palatin von Ungarn unterstand. Die Reformen zogen sich bis 1762 hin. Bis dahin waren acht Zentralbehörden geschaffen:

die vereinigte böhmisch-österreichische Hofkanzlei,
die Staatskanzlei für Haus-, Hof- und Staatsangelegenheiten,
die oberste Justizstelle,
die Hofkammer,
die Hofrechenkammer,
der Hofkriegsrat,
die kommerzielle Hofkommission und
die Ministerialbankodeputation.

Diese Zentralbehörden blieben im wesentlichen bis 1848 bestehen.

Auch auf dem Gebiet des Finanzwesens wurden umfangreiche Reformen, von denen Ungarn gleichfalls ausgenommen blieb, durchgeführt. Die Steuerfreiheit der Kirche und des Adels wurde aufgehoben. Die Aufsicht über das Steuerwesen ging auf den Staat über. Während Adel und Kirchen 18,75 Prozent von ihren Bruttoerträgen als Steuern abführen mußten, zahlten die Bauern eine Grundsteuer, die nach der Größe des Grundbesitzes bemessen wurde. Grundlage für die Steuerbemessung wurde der 1748 erstellte Maria-Theresianische Kataster. 1750 wurde eine neue Währung eingeführt, die feine Kölner Mark zu 20 Gulden = 10 Taler. 1751 erfolgte die Einführung des Mariatheresientalers, der bis 1858 gültig blieb und in afrikanischen Ländern z. T. heute noch als gültiges Zahlungsmittel entgegengenommen wird.

1749 beauftragte die Kaiserin die Geheime Konferenz, ihr Vorschläge für eine Neuorientierung der österreichischen Außenpolitik zu unterbreiten. Wenzel Anton Graf Kaunitz gab der Wiedergewinnung Schlesiens den Vorrang vor allen anderen politischen Zielen Österreichs und lag damit ganz auf der politischen Linie der Kaiserin. Um dieses Ziel zu erreichen, plädierte Graf Kaunitz für ein Bündnis mit Frankreich, für das aber die Voraussetzungen in Österreich noch nicht gegeben waren. Erst 1750 wurde Graf Kaunitz als Botschafter nach Paris entsandt und nahm dort seine Bemühungen auf, Frankreich zu einem Bündnis mit Österreich zu bewegen. Er mußte feststellen, daß auch in Frankreich die Zeit für ein solches Bündnis noch nicht reif war.

Zur Sicherung ihrer Besitzungen in Italien schloß die Kaiserin am 14. 6. 1752 ein Bündnis mit Spanien und Sardinien, dem am 11. 5. 1753 ein Heirats- und Erbvertrag mit Franz Herzog von Modena-d'Este folgte. Dieser Vertrag ebnete Erzherzog Ferdinand den Weg zur Vermählung mit Maria Beatrix von Modena d'Este.

1753 wurde Graf Kaunitz von der Kaiserin zum Staatskanzler ernannt und als

Leiter in das erste österreichische Außenministerium berufen. Er hielt an seinen Plänen, ein Bündnis mit Frankreich herbeizuführen, fest. Diese Pläne nahmen erst konkrete Formen an, als die Verhandlungen Friedrichs II. von Preußen mit Großbritannien zum Abschluß eines Defensivbündnisses führten. Nach langen Vorbereitungen durch Graf Kaunitz schloß Frankreich am 1. 5. 1756 das angestrebte Defensivbündnis mit Österreich. König Friedrich II. unternahm immer häufiger den Versuch, die Bevölkerung in Österreich und Ungarn durch Flugblätter aufzuwiegeln, und war sich auch nicht zu schade, die Türken gegen Österreich aufzuhetzen. Obwohl diese Aktionen des preußischen Königs in Österreich aufmerksam verfolgt wurden, war der Wiener Hof doch überrascht, als Friedrich II. am 29. 8. 1756 in Sachsen einmarschierte und den dritten Schlesischen Krieg oder auch Siebenjährigen Krieg eröffnete. Erst nach dem Einmarsch in Sachsen leitete der Preußenkönig Verständigungsversuche mit Österreich ein, die von Maria Theresia abgelehnt wurden. Die verstärkten Bemühungen Österreichs führten zu einem Offensivbündnis mit Rußland. Am 13. 9. 1756 marschierte Friedrich II. in Böhmen ein, drang bis nach Prag vor und schloß die Stadt ein. Der eingeschlossene Karl von Lothringen erhielt den persönlichen, in scharfem Ton gehaltenen Befehl der Kaiserin, Prag so lange zu halten, bis Feldmarschall Leopold Graf von Daun zum Entsatz eingetroffen sei. Am 10. 1. 1757 erklärte der Reichstag Preußen den Reichskrieg. Die protestantischen Reichsfürsten schlossen sich der Kriegserklärung nicht an und unterstützten weiterhin Friedrich II. Am 1. 5. 1757 versprach Frankreich, Österreich bei der Wiedergewinnung Schlesiens und der Zerschlagung Preußens zu unterstützen. Als Gegenleistung wurde die Abtretung eines Teils der österreichischen Niederlande an Frankreich und des restlichen Teils an die spanischen Bourbonen gefordert.

Am 18. 6. 1757 wurde Friedrich II. von den Österreichern unter Feldmarschall Daun erstmals in offener Feldschlacht bei Kolin besiegt und mußte die Belagerung Prags abbrechen. Als die Nachricht von dem Sieg bei Kolin in Wien eintraf, kannte die Freude der Kaiserin keine Grenzen mehr. Nach einem großen »Tedeum« im Stephandsdom, an dem der Kaiser und die Kaiserin mit ihrem Gefolge teilnahmen, stiftete die Kaiserin den Mariatheresienorden, der bis 1918 die höchste militärische Auszeichnung Österreichs blieb. Erster Träger dieses Ordens wurde Feldmarschall Daun, dem die Kaiserin den Sieg von Kolin nie vergessen hat.

Niederlagen auf den verschiedensten Kriegsschauplätzen gegen Frankreich, Rußland und Schweden verschlechterten die Lage Preußens von Tag zu Tag. Mühelos gelang es den österreichischen Truppen am 16./17. 10. 1757 Berlin, die Hauptstadt Preußens, zu besetzen. Auf ausdrücklichen Befehl der Kaiserin durfte weder das königliche Eigentum noch das der Bürger angetastet werden. Während die Österreicher in Schlesien weitere Erfolge erringen konnten, zog Friedrich nach Thüringen und schlug die schlecht ausgebildeten Reichstruppen bei Roßbach. Um den Erfolgen der Österreicher in Schlesien Einhalt zu gebieten, zog Friedrich II. dorthin und konnte das weit überlegene Heer der Österreicher unter Karl von Lothringen am 5. 12. 1757 bei Leuthen vernichtend schlagen. Die Reste der sich in völliger Auflösung befindlichen Armee des Herzogs konnten sich im Schutz der Dunkelheit retten, waren aber nicht mehr einsatzfähig. Zwei Tage vor der Schlacht hatte der König von Preußen vor seiner versammelten Generalität gesagt:

»Ich werde gegen alle Regeln der Kriegskunst die beinahe dreimal stärkere Armee des Prinzen Karl angreifen, wo ich sie finde. Ich muß diesen Schritt wagen oder alles ist verloren. Wir müssen den Feind schlagen oder uns alle unter seinen Kanonen begraben lassen.«

Aus der vernichtenden Niederlage bei Leuthen zog die Kaiserin unverzüglich die Konsequenzen. Sie berief den glücklos kämpfenden Karl von Lothringen von seinem Kommando ab und übertrug den Oberbefehl an Feldmarschall Daun, der allerdings an der Niederlage auch nicht schuldlos war.

Die im Frühjahr 1758 unternommenen Versuche Friedrichs II., Mähren zu besetzen und Olmütz zu belagern, um sich den Weg nach Wien freizumachen, wurden durch das Eingreifen Gideons Freiherr von Laudon verhindert, der die preußischen Truppen nach Schlesien abdrängen konnte. Nach dem unter schweren Verlusten erkämpften Sieg gegen die Russen bei Zorndorf begab sich der König von Preußen sofort nach Sachsen, wo Feldmarschall Daun im Begriff stand, Dresden zu erobern. Die Ankunft der Preußen ließ ihn von diesem Plan Abstand nehmen. Anfang Oktober standen sich die beiden Heere bei Bautzen gegenüber. Friedrich II. rechnete mit der Unentschlossenheit Feldmarschall Dauns. Die Warnungen seiner Generäle und die Forderung, ein festes Feldlager einzurichten, ignorierte der König. Unerwartet und hart schlug Feldmarschall Daun zu. In der Schlacht bei Hochkirch mußte Friedrich II. am 14. 10. 1758 eine seiner schwersten Niederlagen hinnehmen. Hochkirch wurde zu einem der ruhmvollsten Siege der österreichischen Armee. Die fliehenden preußischen Truppen mußten das ganze Feldlager mit Kanonen, Fahnen, Standarten und Proviant im Stich lassen. Auf dem Schlachtfeld fand man die Leichen der preußischen Feldmarschälle Keith und Franz von Braunschweig. Moritz Fürst von Anhalt geriet in Gefangenschaft.

Am späten Abend des 15. 10. 1758 ritten die Kuriere des Feldmarschalls Daun durch die Tore von Schloß Schönbrunn, wo der Hof den Namenstag der Kaiserin feierte. Als die Siegesfanfaren der Kuriere ertönten, ließ die Kaiserin in ihrer überschäumenden Freude die Kinder aus den Betten holen und alle zusammenrufen, die sich noch im Schloß befanden. Es war eine bunte Gesellschaft, die unter Anführung des Kaiserpaares in die Schloßkapelle zog, wo der Erzbischof von Wien, der an der Namenstagsfeier teilgenommen hatte, das feierliche »Tedeum« anstimmte.

Der Sieg der Österreicher bei Hochkirch hatte Preußen in eine verzweifelte Lage gebracht. Das Jahr 1759 sollte das schwärzeste Jahr für Preußen in dem nun schon drei Jahre dauernden Krieg werden. Russische Verbände bereiteten den Preußen am 23. 7. 1759 bei Kay eine blutige Niederlage und vereinigten sich bei Frankfurt a. d. Oder mit den österreichischen Truppen. Am 12. 8. 1759 wurden die Preußen bei Kunersdorf erneut vernichtend geschlagen. Die preußische Armee löste sich fast ganz auf. Nur die Differenzen zwischen der russischen und der österreichischen Führung über das weitere Vorgehen verhinderten die Besetzung ganz Preußens und die wahrscheinliche Beendigung des Krieges. Noch am Abend nach der Schlacht bei Kunersdorf unter dem Eindruck der vernichtenden Niederlage erklärte Friedrich II., daß der Krieg verloren sei. Das Kriegsglück hatte den König von Preußen verlassen.

Das Jahr 1760 brachte die erneute Besetzung Berlins. Die Russen drangen in die Hauptstadt ein, und die Österreicher besetzten Potsdam, die Residenz des preußischen Königs. Erneut gab Maria Theresia den strikten Befehl, das königliche und private Eigentum unangetastet zu lassen.

Mit dem Rücken zur Wand kämpfend, konnte Friedrich II. sich in den Jahren 1760 und 1761 noch halten. Erst ein Regierungswechsel in England – die neue Regierung kündigte die Subsidienverträge mit Preußen – brachte Friedrich II. in eine ausweglose Lage. Preußen konnte das Schicksal nicht mehr aus eigener Kraft wenden. In der Stunde der größten Not geschah das »Wunder des Hauses Brandenburg«. Am 5. 1. 1762 starb die Zarin Elisabeth von Rußland. Ihr Tod brachte eine völlig veränderte Lage. Zar Peter III., ein Bewunderer König Friedrichs II., beendete den Krieg mit Preußen und schloß mit Friedrich II. am 5. 5. 1762 einen Bündnisvertrag. Schweden verließ nach einem Separatfrieden am 22. 5. 1762 gleichfalls die österreichische Allianz. Der Sturz Zar Peters III. durch seine ihm folgende Gemahlin Zarin Katharina II. konnte an den geänderten Kräfteverhältnissen nichts mehr ändern. Unter Zurückziehung ihrer Truppen hielt Katharina II. am Frieden mit Preußen fest. Es kam zu keinen größeren Kampfhandlungen mehr. Auch Maria Theresia sah ein, daß sie eine Entscheidung nicht mehr erzwingen konnte. Unter Vermittlung des Kurfürsten von Sachsen wurden am 30. 12. 1762 die Friedensverhandlungen im Schloß Hubertusburg in Sachsen aufgenommen. Mit dem Frieden von Hubertusburg vom 15. 2. 1763 wurde der Siebenjährige Krieg beendet.

Österreich verlor endgültig Schlesien und die Grafschaft Glatz an Preußen. Die Vertragspartner verbürgten sich gegenseitig ihre Territorien, und Friedrich II. verpflichtete sich, dem Sohn und Erben der Kaiserin, Erzherzog Josef, seine Kurstimme bei der Wahl zum römisch-deutschen König zu geben. Damit erkannte der preußische König die Vormachtstellung des Hauses Habsburg-Lothringen in Deutschland für die Zukunft an.

Am 27. 3. 1764 wurde Erzherzog Josef als Josef II. von den Kurfürsten in Frankfurt a. Main einstimmig zum römisch-deutschen König gewählt und war damit der designierte Nachfolger seines Vaters in der Kaiserwürde.

Auch über die Krönung König Josefs II. besitzen wir eine lebendige Schilderung in Goethes »Dichtung und Wahrheit«. Aus eigener Anschauung schildert der Dichter den Ablauf des Ereignisses u. a. wie folgt:

»Endlich kamen auch die beiden Majestäten herauf. Vater und Sohn waren wie Menächmen gekleidet. Des Kaisers Hausornat von purpurfarbner Seide, mit Perlen und Steinen reich geziert, sowie Krone, Szepter und Reichsapfel

fielen wohl in die Augen: denn alles war neu daran, und die Nachahmung des Altertums geschmackvoll daran. So bewegte er sich auch in seinem Anzug ganz bequem, und sein treuherzig würdiges Gesicht gab zugleich den Vater und den Kaiser zu erkennen. Der junge König hingegen schleppte sich in den ungeheuren Gewandstücken mit den Kleinodien Karls des Großen wie in einer Verkleidung einher, so daß er selbst, von Zeit zu Zeit seinen Vater ansehend, sich des Lächelns nicht enthalten konnte. Die Krone, welche man sehr hatte füttern müssen, stand wie ein übergreifendes Dach vom Kopf ab. Die Dalmatika, die Stola, so gut sie auch eingepaßt und eingenäht worden, gewährte doch keineswegs ein vorteilhaftes Aussehen. Szepter und Reichsapfel setzten in Verwunderung; aber man konnte sich nicht leugnen, daß man lieber eine mächtige, dem Anzuge gewachsene Gestalt, um der günstigeren Wirkung willen, damit bekleidet und ausgeschmückt gesehen hätte.«

Nach dem Frieden von Hubertusburg war Preußen neben Großbritannien, Frankreich, Rußland und Österreich zur fünften Großmacht in Europa aufgestiegen. Für die zukünftige Politik im Reich wurde der Dualismus zwischen Österreich und Preußen bis 1866 bestimmend.

Die Beendigung des Siebenjährigen Krieges brachte eine grundsätzliche Änderung in der Bündnispolitik der Großmächte. Jeder war von dem anderen enttäuscht und suchte nach neuen Partnern. Einem russisch-preußischen Bündnis setzte Österreich verstärkte Bemühungen um ein gutes Verhältnis zur Hohen Pforte entgegen mit dem Ziel, den Einfluß Rußlands auf dem Balkan zu neutralisieren. Der Tod König Augusts III. von Polen aus dem Hause Sachsen-Wettin am 5. 10. 1763 rückte die polnische Frage in den Vordergrund. Der am 7. 9. 1764 als Stanislaus II. zum König von Polen gewählte August Poniatowski trachtete mit Unterstützung der Zarin Katharina II. danach, durch eine eigenständige Politik die Stellung Polens zu stärken.

Wenige Tage nach der Teilnahme an der Hochzeit seines Sohnes Leopold starb Kaiser Franz I. unerwartet in Innsbruck. Der Tod des Kaisers veränderte das Leben Maria Theresias grundlegend. König Josef II., der die Nachfolge seines Vaters in der römischen Kaiserwürde antrat, wurde von der Kaiserin zum Mitregenten in den österreichischen und habsburgischen Ländern ernannt. Da seine Mutter die Macht weiterhin fest in ihren Händen hielt, ist es zu einer echten Mitregentschaft, auf die auch Kaiser Franz I. hatte verzichten müssen, nie gekommen. Das häufige Gegeneinander von Mutter und Sohn, die sich trotz aller Gegensätze stets zugetan waren, wurde von der Polarisierung der gegenseitigen Standpunkte beherrscht und hat der Kaiserin ihre späten Lebensjahre, die durch den Tod des Gemahls schon mehr als verdunkelt waren, schwer gemacht.

Die außenpolitische Einstellung Maria Theresias nach dem Hubertusburger Frieden beruhte auf dem festen Entschluß, ihren Völkern in Zukunft jeden Krieg zu ersparen. Dieser Beschluß bestimmte auch ihre Haltung in der polnischen Frage.

Die Politik König Stanislaus' II. in Polen führte zum Widerstand des polnischen Adels, der sich mit den Türken verband und diese im Krieg gegen Rußland unterstützte, da sich Stanislaus II. nach Meinung des Adels den Wünschen seiner ehemaligen Geliebten, der Zarin Katharina II., allzu willfährig zeigte. Preußen und Rußland waren entschlossen, Polen zu teilen. Da Kaiser Josef II. sich zwischenzeitlich gegen den Widerstand Maria Theresias dem König von Preußen genähert hatte – er traf 1769 in Neiße und 1770 in Mährisch-Neustadt mit Friedrich II. zusammen –, wurde auch Österreich an der Teilung Polens mitbeteiligt. Maria Theresia hat sich lange gegen diese Pläne gewehrt und in vielen Schreiben ihren Sohn gewarnt, sich an diesem Rechtsbruch zu beteiligen. Schließlich mußte sie sich den vereinten Bemühungen des Kaisers und des Staatskanzlers Kaunitz beugen. Die von diesem entworfene Denkschrift über die Gebietsforderungen Österreichs aus Anlaß der ersten Teilung Polens wurde von der Kaiserin mit dem Bemerken unterzeichnet:

»Will es approbieren wie alles übrige, das sehr wohl verfehlt ist und eine Sache, die so verwickelt und nicht nach unserer sonstigen Denkungsart ist.«

Am 5. 8. 1772 wurden die Petersburger Verträge, die die erste Teilung Polens besiegelten, unterzeichnet. Österreich erhielt Ostgalizien, Lodomerien und behielt die schon vorher besetzten Gebiete der ungarischen Zips, die an Polen verpfändet waren. Mit der ersten Teilung Polens begann jenes Unrecht, das mit den weiteren Teilungen Polens 1793, 1795 und noch einmal 1939 seine Fortsetzung fand. Die sich wiederholenden Teilungen Polens brachten nicht nur unendliches Leid über das seit mehr als tausend Jahren zur christlich-abendländischen Völkerfamilie gehörende polnische Volk, sondern ließen auch den Damm brechen, den Polen gegenüber dem Osten bildete. Wenn die Kaiserin auch um den Preis der Erhaltung des Friedens schließlich dem Unrecht zugestimmt hatte, trug sie doch für den Rest ihres Lebens schwer an dieser Entscheidung, die sie sich selbst nie verziehen hat.

Noch ein weiteres Mal gelang es der Kaiserin, ihren Völkern den Frieden zu erhalten. Bereits 1770 hatte Kaiser Josef II. sein Augenmerk auf die bayrische Erbfolge gerichtet, da das Erlöschen der bayrischen Linie der Wittelsbacher zu erwarten war. Die Verhandlungen über die spätere Erbfolge mit dem nächsten Agnaten aufgrund der wittelsbachschen Hausverträge, Kurfürst Karl Theodor von der Pfalz, waren schon ziemlich weit gediehen, als Kurfürst Maximilian III. Josef am 30. 12. 1777 starb. Karl Theodor sollte für den Verzicht auf Bayern die österreichischen Niederlande erhalten. Der Kaiser leitete seinen Anspruch auf Bayern aus seiner Ehe mit der ungeliebten Schwester des bayrischen Kurfürsten ab, der selbst mit einer Tochter des Kurfürsten Friedrich August II. von Sachsen vermählt war. Da eine andere Schwester Maximilians III. Josef mit dem Kurfürsten Friedrich Christian von Sachsen verheiratet war, erhob auch Sachsen Ansprüche auf Bayern. Maria Theresia sah die sich anbahnenden Verwicklungen voraus und war ständig bemüht, den Kaiser von seinem wohl kaum begründeten Anspruch abzubringen. Staatskanzler Kaunitz gelang es, Kurfürst Karl Theodor nach dem Tode des kinderlos gestorbenen Maximilian III. Josef zu bewegen, auf Niederbayern, Teile der Oberpfalz und Mindelheim in Schwaben zu verzichten. Nach der Besetzung dieser Gebiete durch österreichische Truppen ließ sich Kaiser Josef II. huldigen. Dem Protest Preußens, das eine Vergrößerung Österreichs ablehnte, folgte am 3. 7. 1778 die Kriegserklärung an Österreich, nachdem diplomatische Verhandlungen zwischen Österreich und Preußen gescheitert waren. Mit dem Einmarsch preußischer und sächsischer Truppen nach Böhmen begann der bayrische Erbfolgekrieg, auch Kartoffelkrieg oder Zwetschkenrummel genannt, weil es in diesem Krieg zu keinen Kampfhandlungen gekommen ist. Die kriegerischen Auseinandersetzungen vor Augen, überwand Maria Theresia sich selbst. In einem eigenhändigen Schreiben wandte sie sich an den ihr verhaßten Preußenkönig und versuchte den Frieden zu retten. Sie hatte den Kaiser von ihrem Schritt vorher nicht unterrichtet und selbst das Zerwürfnis mit ihrem Sohn in Kauf genommen. Auch nach dem Scheitern ihrer Bemühungen unternahm sie alles, um den Frieden zu bewahren. Als die Zarin Katharina II. unverblümt mit Krieg drohte, überwand die Kaiserin sich noch einmal und ging in einem Schreiben an die Zarin den untersten Weg, indem sie Katharina II. bat, zwischen ihr und dem preußischen König zu vermitteln. Die Zarin nahm den Vorschlag Maria Theresias an, und trotz verschiedener Störungsversuche Friedrichs II. am Petersburger Hof konnten die Delegierten Frankreichs und Rußlands als Vermittler am 10. 3. 1779 den Friedenskongreß von Teschen eröffnen. Nach zähen Verhandlungen wurden die Friedensvereinbarungen von Teschen am 13. 5. 1779, dem Geburtstag der Kaiserin, feierlich unterzeichnet. Von den hochfliegenden Plänen Kaiser Josefs II. blieb nicht viel übrig. Das Innviertel kam zu Österreich und ist bis heute österreichisch geblieben. Die Friedensliebe der Kaiserin hatte schließlich gesiegt. Zehn Tage später, am 23. 5. 1779, zog die Kaiserin noch einmal an der Spitze ihres Hofes in den St.-Stephans-Dom, wo sie einem feierlichen »Tedeum« beiwohnte. Noch am gleichen Tage schrieb sie an Staatskanzler Kaunitz:

»Ich habe heüt gloriose meine carriere geendigt mit einem te Deum, was wegen der ruhe meiner landen mit freuden übernohmen, so schwäre es mir gekostet, mit seiner hillff geendigt. das übrige wird nicht mehr in villen bestehen.«

Die Kraft der Kaiserin war erschöpft, ihr Lebenswerk erfüllt. Beim Tode ihres Gemahls hatte sie noch in Innsbruck an ihre Kinder geschrieben:

»Mein hertz haben nichts geliebt gekant und Verehrte als disen grossen und liebwärtesten gemahl von 5 jahren an wurden unsere hertzen zusam gewohnt und erzohen und wird Vor mich keine Vergnügtere stund mehr sein als jene die mich wiederumb mit selben auff ewig Verbinden wird.«

Die Stunde der Erfüllung kam am 29. 11. 1780 gegen 9 Uhr abends. Als letzte Angehörige des Hauses Habsburg war Maria Theresia in die Ewigkeit eingegangen.

Der preußische König würdigte ihr Lebenswerk mit den Worten:
»Sie hat ihrem Throne Ehre gemacht und ihrem ganzen Geschlecht.«

Dank ihrer hervorragenden geistigen Gaben hat Maria Theresia pflichtgetreu und seelenstark die Prüfungen ihres Lebens bestanden. Die Maxime ihres politischen und menschlichen Verhaltens war das Wohlergehen ihrer Länder. Man darf es der Kaiserin abnehmen, wenn sie bei einer Gelegenheit schrieb:

»Und so lieb ich auch meine Familie und Kinder habe, dergestalten, daß kein Fleiss, Kummer, Sorgen, noch Arbeit vor selbe spahre, so hätte jedoch deren Länder allgemeines Beste denenselben allezeit vorgezogen, wann in meinen Gewissen überzeugt gewesen wäre, dass solches thun könne, oder derselben Wohlstand dieses erheischet, indeme sothaner Länder allgemeine und erste Mutter bin.«

Ein schöneres Denkmal konnte sie sich selbst nicht setzen als die Feststellung, daß sie ihrer »Länder allgemeine und erste Mutter« sei. Danach hat sie gehandelt und gelebt. In diesem Bewußtsein ist sie in die Ewigkeit eingegangen.

Die Kaiserin wurzelte fest im katholischen Glauben, der die Grundlage ihres Handelns war. Immer wieder forderte sie zum Gebet auf und bat in den Stunden der Gefahr um Gottes Hilfe und Segen, wie sie keinen Augenblick vergaß, Gott für den Erfolg ihrer Arbeit zu danken. Sie war stolz darauf, daß die katholische Religion in ihren Landen die blühendste war, und vergriff sich unentschuldbar in den Mitteln, wenn sie in ihrem Eifer und der mütterlichen Sorge um das Seelenheil ihrer Untertanen mit Andersgläubigen nicht gerade zimperlich umging. Streng trennte sie ihren Glauben von der Amtskirche, mit der sie unerbittlich ins Gericht ging. Sie forderte förmlich dazu auf, der Kirche keine Geschenke zu machen. Geschenke an die Kirche hielt sie für einen sträflichen Leichtsinn. Ebenso hielt sie Geschenke an Geistliche für höchst überflüssig, da sie dessen nicht bedürfen und von dem, was sie einmal besitzen, nicht so Gebrauch machen, wie es sein sollte. Auch in den Klöstern schaffte Maria Theresia Ordnung, da ihr dort zu viele Müßiggänger saßen. Von ihren landesfürstlichen Rechten der Kirche gegenüber machte sie vollen Gebrauch. Jede Verlautbarung der Bischöfe oder Anordnungen aus Rom durften erst dann den Gläubigen zur Kenntnis gebracht werden, wenn die Kaiserin ihr »placet« gegeben hatte. Sie verbat sich jegliche römische Einmischung und Visitation in einheimische Ordensangelegenheiten. Das ganze Schulwesen erklärte sie zu einer Angelegenheit, die ausschließlich den Staat angehe. Als ihr Sohn Leopold als Großherzog die Regierung in der Toskana antrat, ermahnte ihn seine Mutter, der Kirche und dem Heiligen Vater treu ergeben zu sein, aber niemals zu dulden, daß Rom oder die Kirche seine landesfürstlichen Rechte beeinträchtige. Wenn auch den Ideen der Aufklärung abhold, darf Maria Theresia doch als Wegbereiterin des josefinischen Staatskirchentums angesehen werden.

Der Mittelpunkt im Leben der Kaiserin war ihr Gemahl. Sie hat das selbst einmal mit den Worten ausgedrückt: »Mit ihm alles, ohne ihn nichts.« In der langen Reihe der deutschen Kaiser nimmt Kaiser Franz I. einen untergeordneten Platz ein. Bis zu seinem Tode stand sein Kaisertum im tiefen Schatten der Kaiserin Maria Theresia. Er war ein leidenschaftsloser, zur Bequemlichkeit neigender

Mann. Er liebte die Behaglichkeit, hatte keinen besonderen Ehrgeiz und verbrachte seine Zeit lieber bei der Jagd und am Spieltisch. Das Regieren überließ er zunächst gern seiner Frau. Als ihm seine nebensächliche Rolle in der Mitregentschaft später bewußt wurde und er Versuche unternahm, an der Macht teilzuhaben, war es zu spät. Inzwischen war Maria Theresia, die nie an sich selbst gezweifelt hat, sich ihrer eigenen Fähigkeiten voll bewußt geworden. Sie regierte selbstherrlich und war nicht mehr bereit, auch nur ein Stück der Macht aus den Händen zu geben. Da der Kaiser über hohe Geistesgaben verfügte und von einer ungeheuren Selbstdisziplin und Menschengüte war, muß man die Haltung der Kaiserin bedauern. Franz I. erwarb sich große Verdienste in der Finanzpolitik und schaffte es, die Finanzbasis der habsburgischen Länder zu sanieren. Er wurde der Begründer des kaiserlichen Münz- und des Hofmineralienkabinetts.

Ungeachtet seiner Schwächen liebte Maria Theresia den Kaiser in einer hingebungsvollen Liebe, aber auch mit einem absoluten Besitzanspruch. Dem Kaiser gegenüber wurde sie nur dann zornig, wenn sie glaubte, Anzeichen dafür entdeckt zu haben, daß der Herr Gemahl im Begriff stand, aus dem sorgsam gehüteten ehelichen Verhältnis auszubrechen. Dann konnte die Kaiserin rasend eifersüchtig werden, obwohl dafür bei Franz I. kaum Anlaß bestand. Das gilt auch für seine spätere Freundschaft zur Prinzessin Auersperg. Wie in allem fehlte dem Kaiser wohl auch hier die letzte Leidenschaft.

Die Liebe zu Kaiser Franz I. war für Maria Theresia letzter Sinn und Inhalt ihres Lebens. Bei ihrem »Franzl« fand sie in schweren Tagen jenen Trost, den ihr andere nicht zu geben vermochten, und allein mit ihm teilte sie die Freuden ihres Daseins. Umso vernichtender traf Maria Theresia der jähe und völlig unerwartete Tod des Kaisers. Dieser Schicksalsschlag traf sie nicht nur seelisch, sondern auch physisch mit ungemeiner Härte. Als man der Kaiserin zunächst die Nachricht von einem Unwohlsein des Kaisers überbrachte, begab sie sich unverzüglich in die Gemächer ihres Gemahls und stand vor dem Totenbett des Kaisers. Mit Gewalt mußte sie aus dem Zimmer entfernt werden. Sie schloß sich in ihre Gemächer ein und war tagelang für niemanden zu sprechen. Bis zu ihrem Tode legte sie die Trauerkleider nicht mehr ab. Ihren Schmuck verteilte sie an ihre Kinder und ihre Kleider erhielten die Kammerfrauen. Das Sterbezimmer des Kaisers wurde in eine Kapelle umgewandelt, in der am Todestag des Kaisers auch heute noch die Messe zelebriert wird. Maria Theresia gab sich nur noch dem Schmerz über das verlorengegangene Glück hin. Aus einer Haarsträhne des Verstorbenen ließ sie sich ein Armband flechten. Drei Monate später sagte sie: »Selbst die Sonne erscheint mir schwarz.« Nach ihrem Tode fand man im Gebetbuch der Kaiserin einen Zettel, auf dem sie drei Jahre nach dem Tode des Kaisers die Zeitspanne vermerkt hatte, die ihre Ehe dauerte. Unter Berücksichtigung der Schaltjahre hatte sie die Stunden, Tage und Wochen ihrer Ehe verzeichnet:

»29 Jahre, 6 Monate, 6 Tage, macht also Jahr 29, Monate 335, Wochen 1540, Täge 10.781, Stunden 258.744.«

Die kaiserliche Familie führte ein großbürgerliches Haus. Die Kaiserin hielt nicht allzuviel von der Etikette. Mittelpunkt des häuslichen Lebens des Kaiserpaares und zugleich sein ganzes Glück waren die 16 Kinder, die Maria Theresia in knapp 20 Jahren geboren hatte. Sicherlich waren die Söhne und Töchter, denen das Kaiserpaar herzlich verbunden war, auch ein willkommenes Mittel, den Einfluß des Herrscherhauses auszuweiten und durch vorteilhafte Eheschließungen die Macht des Hauses Habsburg zu stärken. Die Kaiserin verbrachte Jahrzehnte damit, Heiratspläne zu schmieden.

Von den fünf Söhnen starb der Zweitgeborene, Erzherzog Karl, im Alter von 14 Jahren.

Josef II. vermählte sich mit der Prinzessin Isabella von Parma, einer Enkelin König Ludwigs XV. von Frankreich, die 1763 an den Pocken starb. In zweiter Ehe heiratete er eine Schwester des bayrischen Kurfürsten, Prinzessin Maria Josefa von Bayern, die gleichfalls schon bald an den Pocken starb. Bei der Pflege dieser Schwiegertocher steckte sich die Kaiserin an und erkrankte gleichfalls schwer an den Pocken, konnte aber dank ihrer robusten Natur die Krankheit überwinden.

Sohn Leopold heiratete die Tochter König Karls III. von Spanien, Infantin Ludovika von Bourbon-Spanien, und übernahm nach dem Tode Kaiser Franz' I. die Regierung im Großherzogtum Toskana. Nach dem Tode Kaiser Josefs II. folgte er seinem Bruder als Leopold II. in der Kaiserwürde.

Erzherzog Ferdinand vermählte sich mit Beatrix, Herzogin von Modena d'Este und Erbin von Modena.

Der jüngste Sohn Maximilian wurde für den geistlichen Stand bestimmt. Er erhielt als Kurfürst von Köln das Erzbistum Köln und wurde gleichzeitig Fürstbischof von Münster. Nicht weniger wertvoll für das Herrscherhaus waren seine weitreichenden Beziehungen zur Kurie in Rom.

Die Töchter Maria Karoline und Karoline starben im Kindesalter. Drei weitere Töchter starben im Alter von zwölf, dreizehn und sechzehn Jahren.

Die Tochter Maria Anna war von Geburt an körperbehindert und wurde Äbtissin in dem von Maria Theresia gestifteten Damenstift in Prag.

Erzherzogin Elisabeth, die an Schönheit ihrer Mutter nicht nachstand, erkrankte an den Pocken. Sie überwand zwar die Krankheit, war im Gesicht aber so entstellt, daß eine Heirat für sie nicht mehr in Betracht kam. Sie wurde Äbtissin in dem von Maria Theresia gestifteten Damenstift in Innsbruck.

Die zweitjüngste Tochter Karoline wurde mit König Ferdinand beider Sizilien vermählt und residierte als Königin in Neapel.

Die Lieblingstochter der Kaiserin, Erzherzogin Maria Christine, vermählte sich mit Herzog Albert von Sachsen-Teschen.

Mit der Erzherzogin Amalie kam eine weitere Tochter des Kaiserpaares als Herzogin von Parma auf einen italienischen Thron. Sie wurde mit dem Herzog Ferdinand von Parma vermählt.

Der Höhepunkt aller Heiratspläne Maria Theresias war die Vermählung der jüngsten Tochter Maria Antonia (Maria Antoinette) mit dem Dauphin von Frankreich, dem späteren König Ludwig XVI. Diese Eheschließung sollte die

Versöhnung zwischen Habsburg und den Bourbonen bringen und den Schlußstein zu einer großen habsburgisch-französischen Allianz bilden. Das tragische Ende dieser Ehe ist bekannt. König und Königin endeten während der Französischen Revolution auf dem Schafott.

Mit ihren Kindern hielt die Kaiserin engsten brieflichen Kontakt. Ein großer Teil dieser Briefe ist erhalten geblieben und zeugt von der ständigen mütterlichen Fürsorge bis in die letzten Tage vor dem Tod der Kaiserin. Immer wieder ermahnt sie ihre Töchter, in der Fremde ihr Deutschtum nicht zu vergessen, und Ratschläge wechseln sich mit Ermahnungen ab. In den Briefen an ihre Söhne vergleicht die Kaiserin deren Haltung immer wieder mit der des Kaisers. Sie ermuntert ihre Söhne, dem verstorbenen Vater nachzueifern.

Ihre letzte Ruhestätte fand die große deutsche Kaiserin in der von ihr in imperialem Zuschnitt erbauten Maria-Theresia-Gruft innerhalb der Kaisergruft bei den Kapuzinern in Wien. Dort ruht sie gemeinsam mit ihrem Gatten in dem großen Doppelsarkophag, den sie im Alter von 32 Jahren hatte anfertigen lassen. Der Doppelsarkophag, ein Denkmal des tiefen Glaubens der Kaiserin, wird gekrönt von einem Engel, der die Posaune erschallen läßt, die zur Auferstehung ruft. Maria Theresia und Franz I. erheben sich von ihrem Totenbett und schauen sich freudig in die Augen. Rund um den Sarkophag dieser mütterlichen Frau liegen ihre Familienangehörigen so, als wollten sie auch im Tode den mütterlichen Schutz nicht entbehren.

Die Nachkommen der Kaiserin-Königin Maria Theresia

1. Maria Elisabeth, Erzherzogin
   * 5. 2. 1737 in Wien
   † 7. 6. 1740 in Wien
   Grabstätte: Kaisergruft Wien – Maria-Theresia-Gruft

2. Maria Anna, Erzherzogin
   * 6. 10. 1738 in Wien
   † 19. 11. 1789 in Klagenfurt
   Grabstätte: Gruft in der Elisabethinen-Klosterkirche St. Lorenzen in Klagenfurt

   1766 wurde Maria Anna Äbtissin in dem von Kaiserin Maria Theresia in Prag gegründeten Damenstift, dem Maria Anna bis zu ihrem Tode vorstand. Sie lebte fast ausschließlich in Klagenfurt in dem von ihr erbauten Palais, in dem sich heute die Bischöfliche Residenz befindet.

3. Maria Karoline, Erzherzogin
   * 12. 1. 1740 in Wien
   † 25. 1. 1741 in Wien
   Grabstätte: Kaisergruft Wien – Maria-Theresia-Gruft

4. Josef II., Erzherzog
   1. ⚭ Maria Isabella, Prinzessin von Bourbon-Parma, Infantin von Spanien
   2. ⚭ Maria Josefa, Prinzessin von Bayern
   Siehe unter Kaiser Josef II.

5. Maria Christine, Erzherzogin
   * 13. 5. 1742 in Wien
   † 24. 6. 1798 in Wien
   Grabstätte: Kaisergruft Wien – Maria-Theresia-Gruft

   ⚭ 8. 4. 1766 in Wien
   Albert II., Herzog von Sachsen-Teschen
   Eltern: Friedrich August II., Kurfürst von Sachsen, König von Polen, und Maria Josefa, Erzherzogin von Österreich, Tochter Josefs I., Römischer Kaiser
   * 11. 7. 1738 in Moritzburg b. Dresden
   † 10. 2. 1822 in Wien
   Grabstätte: Kaisergruft Wien – Maria-Theresia-Gruft

Maria Christine war die Lieblingstochter Maria Theresias, und auch Herzog Albert stand bei der Kaiserin in hohem Ansehen. Nach dem Ableben Maria Christines ließ Herzog Albert seiner Gemahlin in der Augustinerkirche in Wien ein von Canova geschaffenes Denkmal errichten, das zu den bedeutendsten Werken des Künstlers zu zählen ist.
Herzog Albert erhielt als Lehen das Fürstentum Teschen in Schlesien und war von 1765 bis 1780 Statthalter in Ungarn. Anschließend weilte er bis 1792 als Generalgouverneur der österreichischen Niederlande in Belgien. Nach dem Verlust Belgiens übernahm er als Reichsfeldmarschall den Oberbefehl über die deutsche Reichsarmee. In Ungarn und Belgien betätigte er sich vorwiegend in der Armenfürsorge und versuchte die theresianischen Reformen durchzusetzen.
Seine bedeutenden Kunstsammlungen werden in der nach ihm benannten Wiener Albertina aufbewahrt.

6. Elisabeth, Erzherzogin
* 13. 8. 1743 in Wien
† 22. 9. 1808 in Linz
Grabstätte: Gruft in der Jesuitenkirche (Alter Dom) in Linz
Vom 2. 1. 1781 bis 20. 3. 1806 war Erzherzogin Elisabeth Äbtissin des von Maria Theresia gegründeten Damenstifts in Innsbruck.

7. Karl Josef, Erzherzog
* 31. 1. 1745 in Wien
† 18. 1. 1761 in Wien
Grabstätte: Kaisergruft Wien – Maria-Theresia-Gruft

8. Maria Amalie, Erzherzogin
* 26. 2. 1746 in Wien
† 18. 6. 1804 in Prag
Grabstätte: Fürstengruft im St.-Veits-Dom in Prag

⚭ 19. 7. 1769 in Colorno
Ferdinand II., Herzog von Parma, Piacenza, Guastalla, Infant von Spanien
Eltern: Philipp, Herzog von Parma, Piacenza, Guastalla, und Luise Elisabeth, Prinzessin von Frankreich, Tochter Ludwigs XV., König von Frankreich
* 20. 1. 1751 in Parma
† 9. 10. 1802 in Fontevivo
Grabstätte: Krypta der Kirche della Madonna della Steccata in Parma

9. Leopold II., Erzherzog, Großherzog von Toskana
⚭ Maria Ludovika, Infantin von Spanien a. d. H. Bourbon
Siehe unter Kaiser Leopold II.

10. KAROLINE, Erzherzogin
* 17. 9. 1748 in Wien
† 17. 9. 1748 in Wien
Grabstätte: Kaisergruft Wien – Maria-Theresia-Gruft

11. JOHANNA GABRIELE, Erzherzogin
* 4. 2. 1750 in Wien
† 23. 12. 1762 in Wien
Grabstätte: Kaisergruft Wien – Maria-Theresia-Gruft

12. MARIA JOSEPHA, Erzherzogin
* 19. 3. 1751 in Wien
† 15. 10. 1767 in Wien
Grabstätte: Kaisergruft Wien – Maria-Theresia-Gruft

13. MARIA KAROLINE, Erzherzogin
* 13. 8. 1752 in Wien-Schönbrunn
† 8. 9. 1814 in Hetzendorf b. Wien
Grabstätte: Kaisergruft Wien – Maria-Theresia-Gruft

⚭ 12. 5. 1768 in Caserta
FERDINAND III., König von Bourbon-Sizilien
Eltern: Karl III., König von Spanien, Neapel, Sizilien, und Maria Amalia, Prinzessin von Sachsen, Tochter Friedrich Augusts II., Kurfürst von Sachsen
* 12. 1. 1751 in Neapel
† 4. 1. 1825 in Neapel
Grabstätte: Grabkapelle der Bourbonen in der Kirche Santa Chiara in Neapel

Ferdinand III. vereinigte am 8. 12. 1816 die Kronen Neapels und Siziliens zum Königreich beider Sizilien (Bourbon-Neapel) und regierte als König Ferdinand I.

14. FERDINAND KARL, Erzherzog
* 1. 6. 1754 in Wien
† 24. 12. 1806 in Wien
Grabstätte: Kaisergruft Wien – Maria-Theresia-Gruft

⚭ 15. 10. 1771 in Modena
MARIA BEATRIX, Herzogin von Modena d'Este
Eltern: Herkules III., Herzog von Modena d'Este, und Marie Therese Cybo von Massa und Carrara, Tochter Alberigos, Herzog von Massa und Carrara
* 6. 4. 1750 in Modena
† 14. 11. 1829 in Wien
Grabstätte: Kaisergruft Wien – Maria-Theresia-Gruft

Herzogin Maria Beatrix war die letzte Überlebende aus dem Hause d'Este. Durch die Vermählung mit Beatrix wurde Erzherzog Ferdinand Karl Erbe von Modena und begründete nach dem Tode von Herzog Herkules III. als Ferdinand Karl d'Este das Haus Österreich-Modena d'Este.

15. Maria Antonia (Maria Antoinette), Erzherzogin
* 2. 11. 1755 in Wien
† 16. 10. 1793 in Paris
Grabstätte: Gruftgewölbe der Bourbonen in der Kathedrale Saint Denis bei Paris

⚭ 16. 5. 1770 in Versailles
Ludwig XVI., König von Frankreich
Eltern: Ludwig, Herzog von Bourbon, und Maria Josefa, Prinzessin von Sachsen, Tochter Friedrich Augusts II., Kurfürst von Sachsen
* 23. 8. 1754 in Versailles
† 21. 1. 1793 in Paris
Grabstätte: Gruftgewölbe der Bourbonen in der Kathedrale Saint Denis bei Paris.

Als Habsburgerin war Maria Antoinette bei den Franzosen nicht beliebt. Politisch konservativ eingestellt, machte sie sich bei den Franzosen immer verhaßter. Als völlig Unbeteiligte wurde sie 1785 in den Skandal um die Halsbandaffäre verwickelt und beschuldigt, durch eine Liebschaft mit dem sittenlosen französischen Kardinal Louis Prinz von Rohan-Guéméné habe sie sich ein kostbares Diamantenhalsband verschaffen wollen. Als entschiedene Gegnerin der französischen Nationalversammlung und der konstitutionellen Verfassung wurde sie wegen angeblicher Verbindungen zum Ausland verhaftet und nach einem Schauprozeß hingerichtet.

16. Maximilian Franz, Erzherzog
* 8. 12. 1756 in Wien
† 27. 7. 1801 in Hetzendorf b. Wien
Grabstätte: Kaisergruft Wien – neue Gruft, Bischofsreihe

7. 8. 1780	Wahl zum Erzbischof-Koadjutor in Köln.
16. 8. 1780	Wahl zum Bischof-Koadjutor in Münster.
28. 9. 1780	päpstliche Bestätigung der Wahlen zum Koadjutor in Köln und Münster.
23. 10. 1780	Nachfolger seines Onkels, des Prinzen Karl von Lothringen, als Hochmeister des Deutschen Ordens.
27. 4. 1784	Übernahme der Regierung in Bonn nach dem Tode seines Vorgängers, des Kurfürsten und Erzbischofs Maximilian Friedrich.

19. 12. 1784 Priesterweihe durch den Kölner Nuntius Bellisomi.
8. 5. 1785 Bischofsweihe im Bonner Münster durch den Erzbischof von Trier Clemens Wenzeslaus.

Als jüngstes Kind Maria Theresias war Maximilian Franz ursprünglich für die Statthalterschaft in Ungarn vorgesehen. Wegen einer schweren Erkrankung des Erzherzogs mußte dieser Plan fallengelassen werden. Zunächst sträubte Maximilian sich entschieden gegen den dann vorgebrachten Wunsch, die geistliche Laufbahn einzuschlagen. Schließlich gab er aber nach und bereitete sich sorgfältig auf die neue Aufgabe vor.
Sofort nach seinem Regierungsantritt ließ er sich in seiner Residenz in Bonn nieder und nahm im Gegensatz zu seinem Vorgänger die Zügel fest in die Hand. Hervorzuheben ist die unter seiner Regierung erfolgte Neuordnung des Justizwesens. Ebenso waren seine Bemühungen, das Volksschulwesen zu reformieren, von Erfolg gekrönt. Im Jahre 1786 konnte der Kurfürst die feierliche Eröffnung der Bonner Universität vornehmen.
Am 3. 10. 1794 mußte Maximilian vor den herannahenden französischen Revolutionstruppen fliehen und kehrte nicht mehr zurück. Die letzten Lebensjahre verbrachte er in Hetzendorf bei Wien. Maximilian war der letzte Kurfürst und Erzbischof von Köln, der beide Würden in einer Person vereinigte.

Kaiser Josef II.

Kaiser Josef II.

* 13. 3. 1741 in Wien
† 20. 2. 1790 in Wien
Grabstätte: Kaisergruft Wien – Maria-Theresia-Gruft

1. ⚭ 6. 10. 1760 in Wien
Maria Isabella, Prinzessin von Bourbon-Parma, Infantin von Spanien
Eltern: Philipp, Herzog von Parma, Piacenza, Guastalla, Infant von Spanien, und Elisabeth, Prinzessin von Frankreich a. d. H. Bourbon, Tochter Ludwigs XV., König von Frankreich
* 31. 12. 1741 in Buen Retiro bei Madrid
† 27. 11. 1763 in Wien
Grabstätte: Kaisergruft Wien – Maria-Theresia-Gruft

2. ⚭ 23. 1. 1765 in Wien-Schönbrunn
Maria Josefa, Prinzessin von Bayern
Eltern: Karl Albrecht, Kurfürst von Bayern (Kaiser Karl VII.), und Amalia Maria, Erzherzogin von Österreich, Tochter Josefs I., Römischer Kaiser
* 20. 3. 1739 in München
† 28. 5. 1767 in Wien
Grabstätte: Kaisergruft Wien – Maria-Theresia-Gruft

Wahlspruch: Virtute et exemplo – Mit Tugend und Beispiel

27. 3. 1764 in Frankfurt a. M. zum römisch-deutschen König gewählt.
3. 4. 1764 in Frankfurt a. M. zum römisch-deutschen König gekrönt durch den Kurfürsten und Erzbischof von Mainz Emmerich Josef von Breidbach.
18. 8. 1765 »Römischer Kaiser«.
19. 9. 1765 in den Erbländern von Kaiserin Maria Theresia zum Mitregenten bestimmt.
29. 11. 1780 Apostolischer König von Ungarn – nicht gekrönt.
29. 11. 1780 König von Böhmen – nicht gekrönt.

Mit Kaiser Josef II. trat der erste Herrscher aus dem Hause Habsburg-Lothringen nach den Jahren der Mitregentschaft unter Maria Theresia deren Nachfolge als Alleinherrscher in den habsburgischen Ländern an.

Große Teile Europas hatten sich gegen Österreich erhoben, und die gegnerischen Heere standen weit in den österreichischen Erblanden, als Josef II. wenige Monate nach dem Tode Kaiser Karls VI., der vergeblich auf die Geburt eines Thronfolgers gehofft hatte, geboren wurde (nach 25 Jahren wieder ein männlicher Nachkomme). Dem Neugeborenen war keine ruhige Kindheit beschieden. Sechs Monate nach seiner Geburt nahm seine Mutter Josef II. mit nach Preßburg und hielt ihn den ungarischen Magnaten entgegen, als sie um die Unterstützung Ungarns im Kampf um ihr Erbe bat. In den folgenden Jahren zwischen 1742 und 1748 wurden dem kleinen Erzherzog sechs Geschwister geboren. So blieb den Eltern nur wenig Zeit für die Erziehung ihres Erstgeborenen. Mit zunehmendem Alter wurde Josef II. störrisch und hochfahrend. Die Erziehung lag in Händen seines Obersthofmeisters Karl Graf Batthyány, der oft genug vor dem Eigensinn des Prinzen kapitulieren mußte. Erst nach seiner Genesung von den Blattern trat im Wesen Josefs II. eine Änderung ein. War er bis dahin phlegmatisch und wenig ehrgeizig gewesen, so betrieb er nun mit großem Eifer sein Studium, im wesentlichen Geschichte und Staatswissenschaften. Er erhielt Musikunterricht und lernte im Selbststudium Latein, Mathematik und Kriegswissenschaften. Unterricht in Religion und Philosophie ergänzten die Ausbildung. Seine schon in jungen Jahren sich bemerkbar machenden, in der Aufklärung wurzelnden Ansichten brachten ihn häufig in einen Gegensatz zu seiner Mutter, die sich den Ansichten ihres Sohnes, daß die Herrschaft der reinen Vernunft den Menschen glücklich mache, widersetzte. Dabei scheute Maria Theresia sich nicht, mit den Ansichten Josefs hart ins Gericht zu gehen. So schrieb sie bei einer Gelegenheit:

> *»Du bist eine Geisteskokette und läufst urteilslos hinterher, wo Du was von Geist und Witz zu erhaschen können glaubst. Ein Witzwort, eine gute Wendung, das ist es, was Dich gefangennimmt; und wo Du es findest in einem Brief oder einem Gespräch, gleich mußt Du es bei der ersten Gelegenheit verwenden ohne zu bedenken, ob es am Platz ist oder nicht – ganz wie Deine Schwester Elisabeth, die mit ihrer Schönheit Eindruck machen will, ob auf einen Torwart oder einen Fürsten ist ihr gleich.«*

Mit 23 Jahren zum römisch-deutschen König gekrönt, mußte Josef II. schon eineinhalb Jahre später die Nachfolge seines Vaters als Kaiser des Heiligen Römischen Reiches antreten. Es sollte noch 15 Jahre dauern, bis der Kaiser die so sehnsüchtig erwartete Alleinherrschaft antreten konnte.

Aufgeschlossen und besessen die Ideen der Aufklärung aufgreifend, begann der Kaiser sofort nach seinem Regierungsantritt mit den Vorbereitungen zu grundlegenden innenpolitischen Reformen. Von den Fesseln der Mitregentschaft befreit, wandte er sich mit besonderem Nachdruck der Frage der Toleranz, die zu vielen unerquicklichen Auseinandersetzungen mit seiner Mutter geführt hatte, zu. Am 13. 10. 1781 erließ Josef II. das zum Kernstück seiner kirchenpolitischen Maßnahmen gewordene Toleranzpatent. Jeder Gemeinde mit mehr als 100 nichtkatholischen Christen wurde die Errichtung eines Gotteshauses und die freie Religionsausübung gestattet. Wenn auch die volle Gleichberechtigung noch nicht durchgesetzt wurde, so erhielten die Nichtkatholiken doch die gleichen bürgerlichen Rechte wie die Katholiken. Auch von Vertretern der höheren Geistlichkeit, wie den Bischöfen von Seckau und Laibach, wurden die Maßnahmen des Kaisers unterstützt. 1782 erfolgte die Toleranz für die Wiener Juden und wenig später auch für die Juden der anderen Provinzen.

Am 29. 11. 1781 schrieb der Kaiser bei einer Gelegenheit:

»... jene Orden können Gott nicht gefällig sein, die sich nicht mit Krankenpflege und Jugenderziehung beschäftigen ...«

Am 12. 1. 1782 erfolgte durch eine Verfügung des Kaisers die Aufhebung und Auflösung aller Klöster, die sich nicht mit der Krankenpflege und Jugenderziehung beschäftigten. Von dieser Maßnahme wurden annähernd 750 Klöster und Ordensgemeinschaften betroffen. Das war mehr als ein Drittel aller Klöster in Österreich und Ungarn. Betroffen waren vor allem die Gemeinschaften der Karthäuser, Kamaldulenser, Karmeliter und Kapuziner sowie deren weiblichen Zweige und die Klarissinnen. Das Vermögen der Gemeinschaften wurde einem Religionsfonds zugeführt, der zum Bau von Schulen und zur Besoldung der Geistlichen herangezogen wurde.

Wie schon zu Zeiten Maria Theresias bedurften Erlässe und bischöfliche Verordnungen der landesherrlichen Genehmigung. Die bischöflichen Seminarien wurden durch Generalseminarien ersetzt. Es folgten das Verbot von Wallfahrten und Prozessionen sowie die Vereinfachung des Gottesdienstes und die Verringerung der kirchlichen Feiertage. Die zum Teil sehr rigorosen Maßnahmen riefen den Zorn eines Teils der Bischöfe hervor und führten schließlich zum Protest des Wiener Erzbischofs beim Kaiser, der sich um diese Proteste herzlich wenig kümmerte. Als auch die Proteste Roms ungehört verhallten, entschloß sich Papst Pius VI., nach Wien zu fahren und an Ort und Stelle mit dem Kaiser zu sprechen und den Versuch zu unternehmen, Josef II. zum Einlenken zu bewegen. In Wien wurde Papst Pius VI. vom Kaiser mit allen ihm zustehenden Ehren empfangen. In mehreren Unterredungen trug der Papst dem Kaiser seine Bedenken vor und verlangte die Rücknahme der getroffenen kirchenpolitischen Maßnahmen. Unterstützt von Staatskanzler Fürst Kaunitz widersprach Josef II. dem Papst und war nicht bereit, Pius VI. Konzessionen zu machen. Dieser mußte schließlich das Scheitern seiner Bemühungen einsehen und kehrte unverrichteter Dinge nach Rom zurück. Der Kaiser begleitete seinen Gast bis nach Maria Brunn und schenkte ihm zum Abschied ein mit Diamanten besetztes Brustkreuz und einen neuen Reisewagen. Sobald der Papst außer Sichtweite war, nahm der Kaiser die Auflösung des Augustinerklosters in Maria Brunn vor.

Der Erlaß eines Ehepatents gab der Ehe den Status eines bürgerlichen Vertrages unter der verpflichtenden Beibehaltung der kirchlichen Trauung und Zulassung der Ehescheidung.

Die weitere Reformtätigkeit des Kaisers folgte der Linie der Kaiserin Maria Theresia im Sinne des Zentralismus. Es fehlte dem Kaiser jedoch die Behutsamkeit seiner Mutter, die nicht nur wie Josef II. stürmisch reformierte, sondern immer bestrebt war, das Neue mit dem Alten kontinuierlich zu verbinden.

1784 wurde die deutsche Sprache in Ungarn zur Gesetz- und Amtssprache erhoben mit der Maßgabe, daß alle Beamten innerhalb von drei Jahren die deutsche Sprache zu erlernen hatten. Das war mehr, als man den selbstbewußten Ungarn zumuten durfte. Sie lehnten die Sprachenverordnung ab. Die gesamte Reformtätigkeit machte den Kaiser in Ungarn unbeliebt, zumal er zu Beginn seiner Regierung die Huldigung und Krönung sowohl in Ungarn als auch in Böhmen abgelehnt hatte. Schließlich beging Josef II. den Ungarn gegenüber die größte Sünde, die er nur begehen konnte – er ließ die hl. Stephanskrone von Ungarn nach Wien bringen. Die bisher schon nicht geringe Unzufriedenheit in Ungarn schlug in blanken Haß um. Preußen nutzte diese Gelegenheit, durch Agenten in Ungarn gegen das Haus Habsburg zu agitieren und die Unzufriedenheit zu schüren.

Auch im Reich regte sich zunehmender Widerstand gegen die Politik des Kaisers. Trotz dieser Schwierigkeiten griff Josef II. noch einmal sein Lieblingsprojekt auf, die österreichischen Niederlande gegen Bayern einzutauschen, das ihm das verlorengegangene Schlesien ersetzen sollte. Kurfürst Karl Theodor von Bayern erklärte sich einverstanden. Der Plan fand auch die Unterstützung und Billigung Rußlands. Nun wurden die protestantischen Reichsfürsten hellhörig. Ihnen war an einer übermächtigen katholischen Macht im Süden des Reiches nicht gelegen. Auf Veranlassung König Friedrichs II. von Preußen kam es zur Bildung des deutschen Fürstenbundes zwischen Preußen, Sachsen und dem König von Großbritannien als Kurfürst von Hannover, dem sich später zahlreiche andere Reichsfürsten anschlossen, die aus dem protestantischen Lager kamen. Sie verpflichteten sich, den gegenwärtigen Zustand des Reiches zu wahren und den Tausch der österreichischen Niederlande gegen Bayern zu verhindern. Alle Veränderungen, die die Reichsordnung beeinträchtigten, wurden verboten. Da sich auch Frankreich gegen die Pläne Kaiser Josefs II. stellte, mußte dieser seine Bemühungen einstellen.

Am 17. 8. 1786 starb König Friedrich II. von Preußen. Der Plan Josefs II., eine Annäherung an Preußen herbeizuführen, scheiterte an dem energischen Widerstand des Staatskanzlers Fürst Kaunitz, der entschieden für die Beibehaltung der bisherigen Außenpolitik eintrat.

Das Jahr 1786 brachte die Weiterführung der von Maria Theresia auf dem

Gebiet des Rechtswesens begonnenen Reformen. Adel und Klerus wurden der öffentlichen Gerichtsbarkeit unterstellt, nur dem Militär wurde weiterhin eine eigene Gerichtsbarkeit zugestanden. Die Bestrafung erfolgte nach dem Grundsatz der Abschreckung. Am 11. 5. 1786 wurde für die habsburgischen Länder ein einheitliches Erbfolgegesetz erlassen, das allen ehelichen Kindern den gleichen Erbanspruch zusicherte. Damit wurde die Anhäufung von zu großer Macht in einer Hand verhindert. Dem Adel wurde das Rechtswesen weitgehend entzogen und ausschließlich in die Hand des Staates gelegt, dem die alleinige Gerichtshoheit zufiel.

Wie in fast allen seinen Ländern führte die überstürzte Reformtätigkeit auch in den österreichischen Niederlanden zu Aufständen. Die als Regenten in den Niederlanden eingesetzten Herzog Albert von Sachsen-Teschen und seine Gemahlin Maria Christine, eine Schwester Kaiser Josefs II., sahen sich schließlich gezwungen, den Aufständischen die Rücknahme der vom Kaiser erlassenen Anordnungen zuzusichern. Josef II. berief daraufhin das Herzogspaar aus den Niederlanden ab. Das Land wurde als Generalgouvernement einer Militärdiktatur unterstellt.

Die durch den Kurfürsten Karl Theodor von Bayern bei Papst Pius VI. erwirkte Einrichtung einer Nuntiatur in München stieß auf erhebliche Bedenken der geistlichen Kurfürsten. Von Kaiser Josef II. mehrfach ermuntert, vereinigten sich Friedrich Karl von Erthal, Erzbischof von Mainz, Maximilian Franz Xaver, Erzbischof von Köln, Clemens Wenzeslaus, Erzbischof von Trier, und der Erzbischof von Salzburg am 25. 8. 1786 in Ems an der Lahn zur Emser Punktation und opponierten gegen das willkürliche Vorgehen des Papstes. Sie verlangten die Autonomie in ihren Diözesen, die Abschaffung der Nuntiaturen und der Appellationen an den Heiligen Stuhl ohne ihre Zustimmung sowie die Unterstellung der Klöster unter den jeweiligen Diözesanbischof und eine Umbildung des Pfründen- und Prozeßwesens zu ihrem Vorteil. Die Emser Punktation stieß auf den entschiedenen Widerstand der Suffraganbischöfe, die den Machtzuwachs der Erzbischöfe, die zugleich Kurfürsten waren, fürchteten. Trotz Unterstützung durch den Kaiser wurde die Emser Punktation nie verwirklicht.

Im Mai 1787 trafen sich Zarin Katharina II. und Kaiser Josef II. in Cherson auf der Krim und vereinbarten ein gemeinsames Vorgehen gegen die Türken. Der Krieg zwischen Rußland und der Hohen Pforte brach noch im gleichen Jahr aus. Obwohl Staatskanzler Kaunitz gegen diesen Krieg war, trat Österreich auf die Seite Rußlands. Den Oberbefehl über die 300.000 Mann starke Armee übernahm der Kaiser selbst. Er mußte, die Hauptlast des Krieges tragend, in Serbien, Galizien und Siebenbürgen kämpfen. Am Eisernen Tor siegten die Türken und drangen in das Banat vor. Eine schwere Erkrankung zwang Kaiser Josef II., den Oberbefehl über die kaiserliche Armee an Feldmarschall Laudon zu übertragen, der in mehreren Gefechten die Türken besiegen konnte und am 8. 10. 1789 Belgrad eroberte, nachdem der Kaiser mit dem Ausbruch der Französischen Revolution 1789 Frankreich als Bündnispartner verloren hatte. Erst unter Kaiser Leopold II. sollte dieser Krieg beendet werden.

Auch in den österreichischen Niederlanden hatte sich die Lage nicht beruhigt. Am 26. 10. 1789 wurden die österreichischen Truppen von den Aufständischen besiegt. Die Bereitschaft Kaiser Josefs II., die Reformen in den Niederlanden zu widerrufen, kam zu spät. Mit der Unabhängigkeitserklärung der Niederlande wurde das Haus Habsburg abgesetzt und die Republik Belgien ausgerufen, die am 9. 1. 1790 von Holland, Großbritannien und Preußen anerkannt wurde.

Offener Aufruhr herrschte auch in Ungarn, wo der Kaiser auf Anraten seines Staatskanzlers die meisten seiner Reformen zurücknahm und die alte Verfassung wiederherstellte. Unter dem Jubel der ganzen Nation kehrte die Stephanskrone von Wien nach Ungarn zurück.

Als der Kaiser am 20. 2. 1790 starb, befanden sich seine Länder in offenem Aufruhr.

Es ist schwierig, dem vielschichtigen Charakter Kaiser Josefs II. gerecht zu werden. Mit seinem Tode ging eine modern anmutende und weit in die Zukunft blickende Persönlichkeit in die Ewigkeit. Alle von Josef II. durchgeführten Reformen waren im Prinzip richtig und wohl auch notwendig. Maria Theresia blieb für Josef II. das große Vorbild, dem er immer wieder nacheiferte, das er aber in seiner Wirksamkeit nie erreicht hat. Der Fehler lag in der gewaltsamen und rücksichtslosen Durchführung der Reformen. Wo Maria Theresia bei ihren Reformen auf alte Bräuche und Gewohnheiten Rücksicht nahm, da ging Josef II. rigoros unter voller Ausnutzung seiner Macht vor und gefährdete so letztlich die gesamte Habsburger Monarchie. Später hat sich die Richtigkeit vieler Reformen des Kaisers erwiesen. Die unter den Begriff »Josefinismus« fallenden Reformen haben Gesellschaft und Staat geprägt. Die Nachwirkungen sind auch heute noch deutlich erkennbar.

Als 19jähriger Prinz hatte Josef II. die anmutige und schöne Prinzessin Isabella von Parma, eine Enkelin König Ludwigs XV. von Frankreich, der er in inniger Liebe zugetan war, geheiratet. Sie suchte am Wiener Hof eine enge Bindung zu der Schwester des Kaisers, der Erzherzogin Maria Christine, der Isabella eine schwärmerische Zuneigung entgegenbrachte. Den Briefen Isabellas an die Erzherzogin haftet etwas Unnatürliches an. Da finden wir überschwengliche Worte der Zuneigung zu der Erzherzogin Maria Christine und andererseits zum Ausdruck gebrachte Sehnsucht nach dem Tod. Es ist kaum anzunehmen, daß Isabella jene Gefühle für Josef II. aufgebracht hat, die dieser seiner Gemahlin entgegenbrachte. Als die Prinzessin bei der Geburt ihrer zweiten Tochter starb, war der Kronprinz untröstlich. Seinem Schwiegervater schrieb er:

»Alles habe ich verloren. Meine angebetene Gattin, der Gegenstand meiner ganzen Zärtlichkeit, meine einzige Freundin ist nicht mehr.«

Die Ehe mit Isabella war eine der wenigen glücklichen Zeiten, die Josef II. beschieden waren. Der Tod seiner Gemahlin ließ in Josef II. jedes Gefühl der Mitmenschlichkeit ersterben. Als später auch seine erstgeborene Tochter Maria Theresia starb, blieb ein durch sein privates Schicksal verhärteter Herrscher zurück. An die Stelle seiner Familie traten der Staat, seine Völker und das Reich.

Auf Wunsch Maria Theresias vermählte sich Josef II. ein zweites Mal mit der Prinzessin Maria Josefa von Bayern, die die Kaiserin für ihren Sohn ausgesucht hatte. Es war eine politische Heirat mit der Absicht, eine enge Verbindung zu Bayern herzustellen. Die Prinzessin war von unvorteilhaftem Äußeren und konnte das Herz des Kaisers, der ihr völlig gleichgültig gegenüberstand, nie gewinnen. Es ist sehr unwahrscheinlich, daß Josef II. diese Ehe je vollzogen hat. Als am Hof die Möglichkeit einer Schwangerschaft Maria Josefas angedeutet wurde, bemerkte der Kaiser spöttisch: »Das müßte ich eigentlich wissen.« Drei Jahre später starb Maria Josefa an den Blattern. Josef II. blieb nicht nur dem Krankenbett der Kaiserin fern, er nahm auch an der Beisetzung seiner Gemahlin in der Kaisergruft nicht teil.

1784 hatte Josef II. seinen Neffen Franz, Sohn des Großherzogs Leopold von Toskana, zu seinem Nachfolger bestimmt und seine Übersiedlung von Florenz nach Wien veranlaßt.

Die letzten Worte Kaiser Josefs II. vor seinem Tode waren:

»Ich glaube, meine Pflicht getan zu haben als Mensch und Fürst.«

In der Frühe des 20. 2. 1790 gegen 5 Uhr 30 ging der reformfreudige Habsburger nach Empfang der Krankenölung in die Ewigkeit ein.

Bei seinem Tode schrieb Johann Gottfried Herder den Nachruf:

»Vor neuen Jahren, da er auf den Thron stieg, wurde er als ein Hilfsgott angebetet. Jetzt trägt man ihn als ein Sühneopfer der Zeit zu Grabe. Hat je ein Kaiser, hat je ein Sterblicher mehr gewollt und rastloser gewirkt als er? Und welch' ein Schicksal, vor dem Angesicht des Todes, in den besten Lebensjahren, die ganze Mühe und Arbeit seines Lebens feierlich ausstreichen zu müssen und so zu sterben.«

Die Nachwelt hat diesen mit visionärer Kraft ausgestatteten Habsburger gerechter beurteilt als seine Zeitgenossen, die ihn einen Gescheiterten nannten.

Die Nachkommen Kaiser Josefs II.

AUS DER EHE MIT MARIA ISABELLA VON BOURBON-PARMA

1. Maria Theresia, Erzherzogin
   * 20. 3. 1762 in Wien
   † 23. 1. 1770 in Wien
   Grabstätte: Kaisergruft Wien – Maria-Theresia-Gruft

2. Christine, Erzherzogin
   * 20. 11. 1763 in Wien
   † 20. 11. 1763 in Wien
   Grabstätte: Kaisergruft Wien – Maria-Theresia-Gruft

Kaiser Leopold II.

Kaiser Leopold II.

* 5. 5. 1747 in Wien-Schönbrunn
† 1. 3. 1792 in Wien
Grabstätte: Kaisergruft Wien – Toskana-Gruft

∞ 5. 8. 1765 in Innsbruck
MARIA LUDOVIKA, Infantin von Spanien a. d. H. Bourbon
Eltern: Karl III., König von Spanien, und Maria Amalia, Prinzessin von Sachsen, Tochter Friedrich Augusts II., Kurfürst von Sachsen
* 24. 11. 1745 in Neapel
† 15. 5. 1792 in Wien
Grabstätte: Kaisergruft Wien – Toskana-Gruft

WAHLSPRUCH: Pietate et concordia = Durch Frömmigkeit und Eintracht

18. 8. 1765 – 21. 7. 1790 Großherzog von Toskana – Sekundogenitur.
9. 10. 1790 in Frankfurt a. Main zum römisch-deutschen Kaiser gewählt und gekrönt durch den Kurfürsten und Erzbischof von Mainz Friedrich Karl Josef von Erthal.
15. 11. 1790 in Preßburg in der St.-Martins-Kirche zum Apostolischen König von Ungarn gekrönt.
6. 9. 1791 in Prag im St.-Veits-Dom zum König von Böhmen gekrönt.

Nach dem überraschenden Tod Kaiser Josefs II. fiel die Nachfolge in den Erbländern und im Reich an den drittältesten Sohn Maria Theresias, der als Großherzog Leopold I. im Großherzogtum Toskana regierte und dem seine Mutter besonders zugetan war. Leopold genoß die gleiche sorgfältige Ausbildung wie sein Bruder Josef. Im Gegensatz zu seinem Bruder mit der straffen und soldatischen Gestalt hatte Leopold eine gemächliche Haltung und neigte zur Korpulenz. Beide vertraten die gleiche Staatsphilosophie. Schon in jungen Jahren zeigten sich bei Leopold Ansätze zu einer demokratischen Staatsauffassung.

Als Leopold die Regierung in Wien antrat, hatte er bereits 24 Jahre als Großherzog in der Toskana regiert. Hier war er seinem Vater, Kaiser Franz I., dem nach Aussterben des Hauses Medici das Großherzogtum Toskana als Ersatz für das Herzogtum Lothringen zugesprochen worden war, kurz nach seiner Hochzeit mit 18 Jahren als erster Großherzog aus dem Hause Habsburg-Lothringen gefolgt. Vor seiner Eheschließung mit der Infantin Maria Ludovika von Spanien war zwischen Kaiser Franz I. Stephan von Lothringen und dem Vater der Braut, König Karl III. von Spanien, vereinbart worden, daß das Großherzogtum Toskana an Leopold abzutreten sei, daß es unabhängig und von den österreichischen Staaten für immer getrennt bleiben sollte. Die Bedeutung dieses Habsburgers kann nicht allein an seiner nur zwei Jahre dauernden Regierung als Kaiser Leopold II. gemessen werden. Sein Wirken in der Toskana bedarf einer besonderen Würdigung.

Kaiser Franz I. hatte in der Toskana 28 Jahre durch Stellvertreter regiert und das Großherzogtum nur selten besucht. Leopold nahm nach dem Tode seines Vaters mit seiner Gemahlin sofort in Florenz seinen Aufenthalt. In den dann folgenden 24 Jahren hat sich österreichische Regierungs- und Verwaltungskunst in keinem Land Europas so hervorragend bewährt wie in dem Großherzogtum Toskana. Leopold wurde für die großen Reformwerke, die in der Toskana ihre Spuren bis heute hinterlassen haben, Initiator, Wegbereiter und zum Teil auch der Vollender. Als der 18jährige Großherzog die Regierung in der Toskana antrat, betrachtete er sich nach seinen eigenen Worten als der erste Diener seines Staates und Beauftragter des Volkes. Er übernahm eine erhebliche Schuldenlast, die größtenteils noch aus der Zeit des Großherzogs Cosimus III., der 1723 gestorben war, herrührten. Johann Gaston, der letzte Großherzog aus dem Hause Medici, hatte verschwenderisch gelebt und so die Schuldenlast noch vermehrt. Auch unter Kaiser Franz I. wuchs die Schuldenlast weiter an, da die wesentlichen Staatseinnahmen nach Wien abgeführt wurden. Die Aussichten für eine erfolgreiche Regierung des jungen Großherzogs waren also wenig günstig.

Die Ankunft Leopolds in Florenz war überschattet von der großen Hungersnot im Jahre 1765, die ihre Ursache in dem Feudalsystem hatte. Je ein Drittel des Grundbesitzes befand sich in den Händen der Großgrundbesitzer, der Kirche und der Bauern. Da letztere für die Großgrundbesitzer und die Kirche schwerste Frondienste leisten mußten, blieb ihnen für die Bestellung ihres eigenen Bodens keine Zeit. So wurden die Bauern in einer dauernden Abhängigkeit gehalten. Um die Preise in die Höhe zu treiben, wurde das Korn von den Großgrundbesitzern zurückgehalten. Leopold gab sofort nach seiner Ankunft in Florenz den Befehl, alle Getreidespeicher zu durchsuchen und das vorgefundene Getreide zu beschlagnahmen. Unter Zuhilfenahme zusätzlicher Einkäufe im Ausland erreichte er so eine ausreichende Versorgung der Toskaner. Diese ersten Erfahrungen waren für den Großherzog das Signal, die Bauern von der Feudalherrschaft zu befreien. Der Handel mit allen Landesprodukten wurde freigegeben, und alle Abgaben auf diese Produkte wurden aufgehoben. Die Dienstbarkeit der Bauern wurde beseitigt, und es wurde erreicht, daß die Bauern ihr Land ordnungsgemäß bebauen und über ihr Eigentum frei verfügen konnten. Eine Landwirtschaftsreform wurde in Angriff genommen. Unter Gewährung zahlreicher Vergünstigungen und Vorteile wurden Bauern auf neu kultiviertem Boden angesiedelt. Hand in Hand mit der Landwirtschaftsreform ging eine umfangreiche Wirtschaftsreform, deren Kernstück die Beseitigung aller Taxen, Abgaben und Zölle war. Die freie Ein- und Ausfuhr aller Handelsprodukte wurde gewährleistet. Der Ausbau des Straßennetzes und die Anlegung schiffbarer Kanäle verbesserte die Handelswege zu den österreichischen Erbländern. Durch die Aufhebung der Zünfte wurde es allen Bürgern ermöglicht, einen Beruf ihrer Wahl auszuüben. Mit der Freigabe des An- und Verkaufs von Grundstücken rundete der Großherzog seine Maßnahmen ab.

In der Zivil- und Strafgesetzgebung wurde eine ständige Kommission mit der Ausarbeitung eines neuen und einheitlichen Gesetzbuches beauftragt, durch das die bisherigen römischen, kanonischen, deutschen und Provinzialgesetze ersetzt wurden. Durch die Abschaffung aller Privilegien des Adels, der reichen Grundbesitzer und der Geistlichkeit konnte erstmals die Gleichheit aller vor dem Gesetz hergestellt werden. Durch die Heranbildung einsichtsvoller und kenntnisreicher Richter sollte ein pflichtbewußter Richterstand geschaffen werden. Gleichzeitig wurden alle Privilegien der Justiz aufgehoben. Den Richtern wurde verboten, sich durch Nebeneinkünfte zusätzliche Bezüge zu schaffen. Die Abschaffung der Gerichtsgebühren ermöglichte es fortan jedem Staatsbürger, ohne finanzielle Belastung sein Recht vor Gericht zu suchen. Zum Kernstück der Justizreform wurde das neue Strafgesetzbuch, das am 30. 5. 1786 eingeführt wurde und für die damalige Zeit geradezu revolutionären Charakter hatte. Die Folter wurde verboten und die Todesstrafe abgeschafft. Die Möglichkeit der Vermögenseinziehung wurde beseitigt und damit der Vermögensverfall des Verurteilten verhindert. Geheimprozesse wurden untersagt und die Verurteilung von Angeklagten in deren Abwesenheit verboten.

Ein ganz wesentlicher Punkt der Strafrechtsreform war die Aufhebung des

Straftatbestandes von Hochverrat. Die Begründung der Maßnahme Leopolds, daß der Begriff Hochverrat viel zu weit und willkürlich ausgedehnt und je nach Belieben auf die gleichgültigsten Handlungen der Staatsbürger angewandt werde, könnte auch für unsere Zeit wegweisend sein. Um einen solchen Mißbrauch in der Toskana unmöglich zu machen, hob Leopold lieber das ganze Gesetz auf.

Schließlich wurden alle ungerecht Verdächtigten oder Verurteilten voll entschädigt. Jede Kränkung, jede erlittene Tortur oder Schmähung wurde wieder gutgemacht. Alle direkten und indirekten finanziellen Einbußen wurden aus einer dafür eingerichteten Entschädigungskasse auf Heller und Pfennig zurückerstattet.

Großherzog Leopold hatte angeordnet, schon vor der Bekanntmachung des neuen Strafgesetzbuches nach diesem zu verfahren. Als es schließlich veröffentlicht wurde, hatte die Entwicklung dem Großherzog in vollem Umfang recht gegeben. Die Auswirkungen der Reform lassen sich am besten durch einige Zahlen belegen. 1766 betrug die Zahl der Verbrechen in der Toskana nahezu 2400. In den folgenden Jahren sank die Zahl ständig und betrug im Jahre 1784 nur noch 570 Delikte. 1787 befanden sich bei einer Einwohnerzahl von einer Million in den toskanischen Gefängnissen 64 Gefangene, von denen ein Teil noch Ausländer waren. Die Toskana war so ruhig, daß die Versuche revolutionärer Kräfte aus Frankreich, beim Ausbruch der Französischen Revolution auch unter der toskanischen Bevölkerung Unruhe zu stiften, ergebnislos blieben.

Das neue Strafgesetzbuch konnte nur deshalb ein so großer Erfolg werden, weil der Großherzog gleichzeitig umfangreiche Reformen auf den Gebieten des Polizei-, Schul- und Armenwesens in Angriff nahm. Das ganze Land wurde in Polizeidistrikte eingeteilt, denen jeweils ein Polizeikommissar vorstand. Diese unterstanden dem in Florenz residierenden Polizeipräsidenten, dem alle Polizeiangelegenheiten in der Toskana unterstanden.

Zur vorbeugenden Verbrechensbekämpfung gehörte vornehmlich die Errichtung zahlreicher Volksschulen. Die Erziehung und Ausbildung der Mädchen war ein vordringliches Anliegen des Großherzogs, da es für Mädchen weder in der Toskana noch in Italien öffentliche Schulen gab. Um das angestrebte Ziel zu erreichen, verfügte Leopold die Aufhebung der meisten Klöster und ordnete ihre Umwandlung in Schulen, Besserungsanstalten und Krankenhäuser an. Die Aufnahme in diesen Anstalten und die Erteilung des Unterrichts erfolgten kostenlos.

1767 zählte man in der Toskana 561 Klöster mit annähernd 7900 Nonnen und 5800 Mönchen. Durch die Umwandlung der meisten Klöster in Schulen und andere Institute zog Leopold sich mannigfache Feindschaft aus den Reihen des Klerus und der Mönche zu. Der Großherzog ließ sich dadurch nicht an der Durchführung seiner Pläne hindern. Wie alle seine Maßnahmen begründete er auch diese:

»Ich wollte die Klöster nur auf ihren ursprünglichen Zweck zurückführen, Religiosität und Tugend in der Welt zu verbreiten. Deshalb wandelte ich sie in Schulen um.«

Ein besonderes Anliegen des Großherzogs war die Verminderung der Anzahl der Nonnen und Mönche. Durch strenge Auflagen und Bestimmungen wurde die Aufnahme in die Klöster geregelt. Das Mindestalter für die Aufnahme von Jünglingen wurde auf 24 Jahre und für Mädchen auf 20 Jahre festgesetzt. Jeder Novize und jede Novizin, die in ein Kloster aufgenommen werden wollten, bedurften dazu einer ausdrücklichen Genehmigung des Ministers in Florenz. Den weiterbestehenden Klöstern wurde streng verboten, von einem Novizen oder einer Novizin ein Geschenk oder auch nur einen Bruchteil vom Erbteil des Eintretenden anzunehmen. Alle bis zum Erlaß dieser Anordnung erfolgten Vermächtnisse an Klöster, die 100 Zechinen überschritten, wurden für nichtig erklärt. Bereits geleistete Zahlungen mußten zurückerstattet werden. Der Erfolg dieser Maßnahmen war durchschlagend. Die Berufungen zum Klosterleben gingen schlagartig und ganz erheblich zurück. Nonnen, die bereits ihr Gelübde abgelegt hatten, wurde es freigestellt, als Lehrerinnen in den neuen Anstalten und Schulen zu wirken oder in andere nicht aufgelöste Klöster zu gehen.

Die bestehenden Kirchenfonds ließ der Großherzog einer strengen Prüfung unterziehen. Soweit diese Fonds unnützen Zwecken dienten, zog Leopold sie zur Unterstützung der armen Landgeistlichkeit heran. So konnte das Zehentrecht der Geistlichen aufgehoben werden. Eine weitere Folge dieser Maßnahme war die Einstellung der von den Gemeinden vorgenommenen Zahlungen für Nebenbeschäftigungen der Geistlichen.

Die religiöse Toleranz den Bürgern gegenüber war in der Toskana vorbildlich. Jeder konnte die Religion ausüben, die er wollte. Protestanten und Juden hatten in der Toskana die gleichen Rechte wie die Katholiken und waren wie diese zu allen öffentlichen Ämtern zugelassen.

Parallel mit allen Reformen ging die Reform des Finanzwesens und der Steueraufbringung. Schon 1768, nachdem der Großherzog das ganze Ausmaß der Staatsverschuldung erkannt hatte, beschäftigte Leopold sich mit dieser Reform. An die Stelle der Verpachtung der Staatseinkünfte an den Meistbietenden wurde das Obersteueramt gesetzt, das allein die Steuereinnahmen zu überwachen und die Staatseinkünfte zu verwalten hatte. Viele Abgaben wurden aufgehoben oder herabgesetzt. So wurden die Regalien des Stempelpapiers gestrichen. Weder in der Kriminaljustiz noch bei Bittschriften oder Vorstellungen bei Behörden durfte auf ein Stempelpapier gedrungen werden. Bei seinem Regierungsantritt hatte Leopold Staatsschulden in Höhe von 87,000.000 Lire vorgefunden. Von diesen Schulden konnte er im Laufe seiner 24jährigen Regierungszeit 67,000.000 Lire abtragen und einen reinen Überschuß von annähernd 39,000.000 Lire erwirtschaften. Von dem Überschuß schenkte der Großherzog im Laufe der Zeit dem Staate 30,000.000 Lire. Trotzdem konnte Leopold seinem Sohn und Nachfolger bare 5,000.000 Lire in der Schatzkammer hinterlassen. Erreicht wurde dieses Ziel, indem Leopold die ganze Schuldenlast auf alle Grundbesitzer Toskanas im Verhältnis zu dem Wert ihrer Grundstücke aufteilen ließ. Da die Grundbesitzer gleichzeitig von allen anderen Abgaben befreit wurden, übernahmen sie bereitwillig und gern die

Tilgung der enormen Schuldenlast. Im letzten Jahr seiner Regierung schenkte Leopold dem Staat aus seinem Privatvermögen nochmals 5,000.000 Lire.

Um seinen Staat von einer Menge unnützer Kostgänger zu befreien, wie der Großherzog sagte, verringerte er das Militär ganz erheblich. Da Leopold sich als Gesetzgeber und nicht als Soldat fühlte, konnte er durch Einsparungen auf dem militärischen Sektor einen erheblichen Beitrag zur Förderung der allgemeinen Volkswohlfahrt leisten.

Als Großherzog Leopold nach dem Tode seines Bruders Josef II. die Toskana verlassen mußte, um dessen Nachfolge anzutreten, fand man Unzufriedenheit in der Toskana fast nur unter dem Adel, der Geistlichkeit und den Mönchen, denen er die meisten Privilegien genommen hatte. Die überwiegende Mehrheit der Toskaner sah den Großherzog nur mit Wehmut scheiden, hatte dieser doch aus der Toskana durch maßvolle Reformen ein blühendes Land geschaffen.

Am 1. 3. 1790 verließ Großherzog Leopold die Toskana, um die Nachfolge seines Bruders Josef in den Erbländern und auf dem Kaiserthron anzutreten. Am 21. 7. 1790 verzichtete er zugunsten seines zweitgeborenen Sohnes Ferdinand auf den großherzoglichen Thron.

Der Regierungsantritt Leopolds II. war begleitet von Beschwerden über die reformerischen Maßnahmen des verstorbenen Kaisers Josef II. Behutsam ging der neue Herrscher die schwierige innen- und außenpolitische Lage an. Er wandte sich zunächst Belgien zu und bot die Rücknahme fast aller Maßnahmen seines Vorgängers und eine allgemeine Amnestie an. Die ablehnende Haltung der Belgier veranlaßte Leopold, einen Ausgleich mit Preußen zu suchen, um in Belgien freie Hand zu bekommen. Am 27. 7. 1790 kam es zwischen Österreich und Preußen zur Konvention von Reichenbach, durch die die Feindseligkeiten zwischen den beiden Ländern beendigt wurden. Leopold II. verpflichtete sich, mit der Türkei Waffenstillstand und Frieden auf der Basis des Status quo zu schließen, und verzichtete gleichzeitig auf alle österreichischen Eroberungen. Preußen verzichtete auf Danzig und Thorn und gab die Unterstützung der Aufständischen in den österreichischen Niederlanden auf. Damit war die Gefahr eines Krieges zwischen Österreich und Preußen gebannt.

Am 9. 10. 1790 wurde Leopold in Frankfurt a. Main als Leopold II. zum römisch-deutschen Kaiser gewählt und gekrönt.

Der Kaiser hatte nun freie Hand, die Hoheit seines Hauses über die österreichischen Niederlande wiederherzustellen. Am 3. 12. 1790 besetzten österreichische Truppen Brüssel. Auf dem Haager Kongreß vom 10. 12. 1790 kam es zum Frieden mit den Ständen, und die Habsburger kamen noch einmal in den ungeschmälerten Besitz der österreichischen Niederlande. Unter der Auflage, Belgien nicht gegen Bayern einzutauschen, garantierten Großbritannien, Holland und Preußen die Vereinbarungen von Den Haag.

Bereits am 4. 8. 1791 war es in Sistowa zum Friedensschluß zwischen Habsburg und der Hohen Pforte gekommen.

Die innen- und außenpolitische Stellung Kaiser Leopolds II. war soweit gestärkt, daß der Kaiser sich der Lage in Frankreich zuwenden konnte. Die Französische Revolution bewog auch Großbritannien, seine bisherige Politik einer Revision zu unterziehen und eine Annäherung zwischen Österreich und Preußen zu fördern. Nach einem Treffen zwischen Kaiser Leopold II. und König Friedrich Wilhelm II. von Preußen in Pillnitz wurde am 27. 8. 1791 die Pillnitzer Konvention, die zur Grundlage für die erste Koalition gegen das revolutionäre Frankreich wurde, abgeschlossen.

Die Forderung der französischen Nationalversammlung, die Unterstützung des französischen Königs aufzugeben, und die Befürchtung des Übergreifens der Revolution auf Preußen und Österreich veranlaßten die beiden Mächte, am 7. 2. 1792 ein Defensivbündnis zur gemeinsamen Verteidigung des Reiches abzuschließen.

Drei Wochen nach Abschluß des Defensivbündnisses starb Kaiser Leopold II. völlig unerwartet am 1. 3. 1792.

Leopold II. war von seiner Veranlagung her einer der liebenswürdigsten Habsburger. Getragen von Toleranz und Nachsicht gegen die Menschen, kannte er nur das Bestreben, sein Volk glücklich zu machen. Er war von einer unerschütterlichen Gerechtigkeitsliebe gegen alle seine Untertanen. Jeder Bürger war für ihn ein Glied in der Kette, dessen erstes Glied er selbst war. Bei ihm zählten nur persönliches Verdienst, Kenntnisse, Erfahrungen und Rechtschaffenheit. Er war nicht weniger fortschrittlich gesinnt als sein Bruder Josef, verstand es aber im Gegensatz zu diesem, seine Ideen mit Beharrlichkeit und Klugheit in die Tat umzusetzen. Der frühe Tod dieses begabten Herrschers war für das Haus Habsburg und das Reich ein unersetzlicher Verlust.

Mit 18 Jahren hatte Leopold die zwei Jahre ältere Infantin Maria Ludovika von Spanien geheiratet. Beide waren sich herzlich zugetan. Die Kaiserin schenkte ihrem Gemahl zwölf Söhne und vier Töchter, unter ihnen so bedeutende Habsburger wie Erzherzog Karl, der Held von Aspern, Erzherzog Johann, der spätere Reichsverweser, und Erzherzog Franz, der nach dem Willen Kaiser Josefs II. als Thronerbe vorgesehen war, aber zunächst noch seinem Vater den Vortritt lassen mußte.

Elisabeth von Württemberg, die Gemahlin von Erzherzog Franz, war zwei Tage vor Kaiser Josef II. während der Geburt ihrer Tochter Ludovika gestorben. Schon bald nach dem Tode Elisabeths drängte Kaiser Leopold II. auf eine Wiedervermählung des Thronfolgers. Die Wahl des Kaisers fiel auf Maria Theresia, die älteste Tochter seiner Schwester Karoline, der Königin von Neapel. Außer Erzherzog Franz heirateten sein jüngerer Bruder Ferdinand, Nachfolger Kaiser Leopolds II. in der Toskana, und seine Schwester Klementine eine andere Tochter bzw. einen Sohn aus der neapolitanischen Verwandtschaft. Diese drei Brautpaare waren Cousins und Cousinen ersten Grades im doppelten Sinne. Sie waren nicht nur durch Leopold II. und dessen Schwester Karoline miteinander blutsverwandt, sondern auch durch die Gemahlin Kaiser Leopolds II., die eine Schwester des Königs beider Sizilien, des Gemahls von Karoline, war. Die von

Papst Pius VI. erteilte Dispens zu diesen drei Vermählungen dürfte die weitestgehende gewesen sein, die jemals von Rom erteilt worden ist. Die Eheschließungen der doppelten Cousins und Cousinen ersten Grades zeigte in der Nachkommenschaft verheerende Wirkungen. Allein von den zwölf Kindern Kaiser Franz' II., bei denen die Gefahr doppelter Erbanlagen bestand, blieben nur fünf am Leben. Von diesen Überlebenden war der spätere österreichische Kaiser Ferdinand I. Epileptiker und von unterdurchschnittlicher Intelligenz. Die Tochter Maria Anna war schwachsinnig.

Kaiser Leopold II. starb als letzter Herrscher aus dem Hause Habsburg-Lothringen als amtierender Kaiser des Heiligen Römischen Reiches Deutscher Nation.

Die Nachkommen Kaiser Leopolds II.

1. Maria Theresia, Erzherzogin
* 14. 1. 1767 in Wien
† 7. 11. 1827 in Leipzig
Grabstätte: Gruft unter dem NW-Schiff der kath. Hofkirche in Dresden

⚭ 18. 10. 1787 in Wien
Anton I., König von Sachsen 1827–1836
Eltern: Friedrich Christian, Kurfürst von Sachsen, und Maria Antonia, Prinzessin von Bayern, Tochter Karls VII., Römischer Kaiser
* 27. 12. 1755 in Dresden
† 6. 6. 1836 in Pillnitz
Grabstätte: Gruft unter dem NW-Schiff der kath. Hofkirche in Dresden

2. Franz, Erzherzog
1. ⚭ Elisabeth Wilhelmine, Prinzessin von Württemberg
2. ⚭ Maria Theresia, Prinzessin beider Sizilien a. d. H. Bourbon
3. ⚭ Maria Ludovika, Erzherzogin von Österreich-Modena d'Este
4. ⚭ Karoline Auguste Charlotte, Prinzessin von Bayern
Siehe unter Kaiser Franz II./I.

3. Ferdinand III., Erzherzog
* 6. 5. 1769 in Florenz
† 18. 6. 1824 in Florenz
Grabstätte: Lothringer Kapelle der Basilika San Lorenzo in Florenz

1. ⚭ 19. 9. 1790
Luise Maria, Prinzessin beider Sizilien a. d. H. Bourbon
Eltern: Ferdinand I., König beider Sizilien a. d. H. Bourbon, und Maria Karoline, Erzherzogin von Österreich, Tochter Kaiser Franz I. Stephan
* 27. 7. 1773 in Neapel
† 19. 9. 1802 in Wien
Grabstätte: Kaisergruft Wien – Nische C Ferdinands-Gruft – mit unbenanntem Kind

2. ⚭ 6. 5. 1821 in Florenz
Maria Anna Ferdinanda, Prinzessin von Sachsen
Eltern: Maximilian, Prinz von Sachsen, und Karoline, Prinzessin von Parma, Tochter Ferdinands I., Herzog von Parma

* 27. 4. 1796 in Dresden
† 3. 1. 1865 in Brandeis a. d. Elbe
Grabstätte: Kaisergruft Wien

Ferdinand III. wurde der Begründer der Linie Österreich-Toskana. Als Großherzog der Toskana übernahm er am 21. 7. 1790 die Regierung als Nachfolger seines Vaters. Er setzte die Reformtätigkeit Leopolds in der Toskana unbeirrt fort und bediente sich dabei im wesentlichen der Ratgeber seines Vaters. Ferdinand hatte zwar versucht, sich aus den Kriegswirren der napoleonischen Zeit herauszuhalten, konnte es jedoch nicht verhindern, daß Frankreich auch der Toskana den Krieg erklärte. Im März 1799 mußte der Großherzog das Land verlassen und begab sich nach Wien. Im Frieden von Lunéville mußte Ferdinand auf die Toskana verzichten. Das Land wurde in das Königreich Etrurien umgewandelt und dem Infanten Ludwig von Parma zugesprochen. Nach der Vereinigung der Toskana mit Frankreich erhielt die Schwester Napoleons, Elisa Bacciochi, den Titel einer Großherzogin von Toskana.
Als Ersatz für die Toskana erhielt Ferdinand III. die Gebiete Salzburg, Berchtesgaden, Passau und Eichstädt, die er als Kurfürst von Salzburg von 1802 bis 1805 regierte. Im Preßburger Frieden von 1805 mußte er diese Gebiete an Österreich und Bayern abtreten. Als Ersatz erhielt er als Großherzog Würzburg mit dem Kurfürstentitel. Der Sturz Napoleons ermöglichte die Rückkehr Ferdinands III. in die Toskana. Bis zu seinem Tode gelang es dem Großherzog, die Wunden des Krieges in seinem Land zu heilen und die Toskana aus allen kriegerischen Verstrickungen herauszuhalten.

4. Maria Anna, Erzherzogin
* 21. 4. 1770 in Florenz
† 1. 10. 1809 in Neudorf/Banat
Grabstätte: Gruft in der Kirche von Neudorf/Banat

5. Karl Ludwig Johann, Erzherzog und Herzog von Teschen
* 5. 9. 1771 in Florenz
† 30. 4. 1847 in Wien
Grabstätte: Kaisergruft Wien – neue Gruft

⚭ 17. 9. 1815 in Weilburg/Nassau
Henriette, Prinzessin von Nassau-Weilburg
Eltern: Friedrich Wilhelm, Fürst von Nassau-Weilburg, und Luise, Burggräfin von Kirchberg, Tochter Wilhelm Georgs, Burggraf von Kirchberg
* 30. 10. 1797 in Weilburg/Nassau
† 29. 12. 1829 in Wien
Grabstätte: Kaisergruft Wien – neue Gruft, ebenso Herzurne und Eingeweidebecher

Karl Ludwig Johann wurde 1796 Reichsfeldmarschall. Nachdem er sich bereits in verschiedenen Kriegen hervorragend bewährt hatte, konnte er 1809 Napoleon in der Schlacht von Aspern in offener Feldschlacht die erste Niederlage beibringen. Er verstand es nicht, den Sieg zu nutzen. Nach der Niederlage bei Wagram leitete er vorzeitig Friedensverhandlungen ein und verlor den Oberbefehl. Als Kriegsminister war er für die Reform des österreichischen Heeres verantwortlich.
Als Adoptivsohn Herzog Alberts von Sachsen-Teschen – Schwiegersohn Maria Theresias – war er als Nachfolger Alberts von 1793 bis 1794 in Brüssel als Statthalter der österreichischen Niederlande tätig.

6. Leopold Alexander, Erzherzog
* 14. 8. 1772 in Florenz
† 2. 7. 1795 in Wien
Grabstätte: Kaisergruft Wien – Toskana-Gruft

7. Albrecht, Erzherzog
* 19. 12. 1773 in Florenz
† 22. 7. 1774 in Florenz
Grabstätte: Lothringer Kapelle der Basilika San Lorenzo in Florenz

8. Maximilian, Erzherzog
* 23. 12. 1774 in Florenz
† 9. 3. 1778 in Florenz
Grabstätte: Lothringer Kapelle der Basilika San Lorenzo in Florenz

9. Josef, Erzherzog und Palatin von Ungarn
* 9. 3. 1776 in Florenz
† 13. 1. 1847 in Ofen
Grabstätte: Gruft in der Krypta des königlichen Schlosses in Budapest

1. ⚭ 30. 10. 1799 in Ofen
Alexandra, Großfürstin von Rußland a. d. H. Holstein-Gottorp
Eltern: Paul I., Kaiser von Rußland, und Sophie Dorothea, Prinzessin von Württemberg, Tochter Friedrichs II. Eugen, Herzog von Württemberg
* 9. 8. 1783 in St. Petersburg
† 16. 3. 1801 in Alcsuth
Grabstätte: Orthodoxe Kapelle in Üröm, Vorort von Budapest

2. ⚭ 30. 8. 1815 in Ofen
Hermine, Prinzessin von Anhalt-Bernburg-Hoym
Eltern: Victor III., Fürst von Anhalt-Bernburg-Hoym, und Amalia, Fürstin von Nassau-Weilburg, Tochter Karl Christians, Fürst von Nassau-Weilburg
* 2. 12. 1797 in Bernburg
† 14. 9. 1817 in Alcsuth
Grabstätte: Gruft in der Krypta des königlichen Schlosses in Budapest

3. ⚭ 24. 8. 1819 in Ofen
Marie, Prinzessin von Württemberg
Eltern: Ludwig, Herzog von Württemberg, und Henriette, Prinzessin von Nassau-Weilburg, Tochter Karl Christians, Fürst von Nassau-Weilburg
* 1. 11. 1797 in Stuttgart
† 30. 3. 1855 in Alcsuth
Grabstätte: Gruft in der Krypta des königlichen Schlosses in Budapest

Erzherzog Josef wurde der Begründer und Stammvater der ungarischen Linie des Hauses Habsburg-Lothringen.

10. Klementine, Erzherzogin
* 24. 4. 1777 in Poggio b. Florenz
† 15. 11. 1801 in Neapel
Grabstätte: Grabkapelle der Bourbonen in der Kirche Santa Chiara in Neapel

⚭ 25. 6. 1797 in Foggia b. Neapel
Franz I., König beider Sizilien a. d. H. Bourbon
Eltern: Ferdinand I., König beider Sizilien a. d. H. Bourbon, und Karoline, Erzherzogin von Österreich, Tochter Franz' I., Römischer Kaiser
* 20. 8. 1777 in Neapel
† 8. 11. 1830 in Palermo
Grabstätte: Grabkapelle der Bourbonen in der Kirche Santa Chiara in Neapel

11. Anton Victor, Erzherzog
* 31. 8. 1779 in Florenz
† 2. 4. 1835 in Wien
Grabstätte: Kaisergruft Wien – Toskana-Gruft

Erzherzog Anton Victor blieb unvermählt.

1804 Hoch- und Deutschmeister.
1809 Großmeister des Deutschen Ordens in Österreich.
1816–1828 Vizekönig des Lombardo-Venetianischen Königreiches.

12. Maria Amalia, Erzherzogin
* 15. 10. 1780 in Florenz
† 25. 12. 1798 in Wien
Grabstätte: Kaisergruft Wien – Nische A Ferdinands-Gruft

13. Johann, Erzherzog
* 20. 1. 1782 in Florenz
† 11. 5. 1859 in Graz
Grabstätte: Gruft in der Krypta des Mausoleums neben Schloß Schenna bei Meran

⚭ 18. 2. 1829 auf Gut Brandhof
Anna Plochl, ernannte Freifrau von Brandhof und Gräfin von Meran
Eltern: Jakob Plochl, Postmeister von Aussee, und Maria Anna Pilz
* 6. 1. 1804 in Aussee
† 4. 8. 1885 in Aussee
Grabstätte: Gruft in der Krypta des Mausoleums neben Schloß Schenna bei Meran

Erzherzog Johann war als Heerführer in den Napoleonischen Kriegen nicht besonders erfolgreich. 1809 rief er die Tiroler zur Erhebung auf. Er erhielt den Auftrag, das Heer zu organisieren und eine Landwehr aufzustellen, deren Proklamation zum Beginn der Freiheitskriege wurde. Am 24. 6. 1848 wurde Erzherzog Johann von der Frankfurter Nationalversammlung zum deutschen Reichsverweser gewählt. In Vertretung Kaiser Ferdinands I. eröffnete er am 22. 7. 1848 den konstituierenden Reichstag in Österreich und begab sich dann nach Frankfurt und verwaltete bis zum 20. 12. 1849 das ihm übertragene Amt als Reichsverweser.
Große Verdienste erwarb Erzherzog Johann sich um seine Wahlheimat Steiermark. In Graz gründete er das Joanneum und in Vordernberg die Montanschule. Die Wirtschaft und die Kultur der Steiermark verdanken ihm zahlreiche Anregungen, die ihre Spuren in der Steiermark bis heute hinterlassen haben.
Die Nachkommen aus der Verbindung Erzherzog Johanns und Anna Plochls sind die Grafen von Meran. Begründer der Linie der Grafen von Meran aus dem Stamme Habsburg-Lothringen wurde der einzige Sohn des Ehepaares:
Franz Ludwig Johann Baptist, Graf von Meran
* 11. 3. 1839 in Wien
† 27. 3. 1891 in Abbazzia
Grabstätte: Gruft in der Krypta des Mausoleums neben Schloß Schenna bei Meran

⚭ 8. 7. 1862 in Ottenstein/Niederösterreich
Theresia, Gräfin von Lamberg
Eltern: Franz Graf von Lamberg auf Ottenstein und Karoline Gräfin Hoyos
* 16. 8. 1836 in Preßburg
† 11. 9. 1913 in Grundlsee
Grabstätte: Gruft in der Krypta des Mausoleums neben Schloß Schenna bei Meran

14. Rainer, Erzherzog
* 30. 9. 1783 in Pisa
† 16. 1. 1853 in Bozen
Grabstätte: Gruft hinter dem Hochaltar der Mariä-Himmelfahrts-Kirche in Bozen

⚭ 28. 5. 1820 in Prag
Elisabeth, Prinzessin von Savoyen-Carignan
Eltern: Karl Emanuel, Prinz von Savoyen-Carignan, und Marie, Prinzessin von Sachsen, Tochter Karls, Prinz von Sachsen und Herzog von Kurland
* 13. 4. 1800 in Paris
† 25. 12. 1856 in Bozen
Grabstätte: Gruft hinter dem Hochaltar der Mariä-Himmelfahrts-Kirche in Bozen

Erzherzog Rainer folgte Erzherzog Anton Victor als Vizekönig des Lombardo-Venetianischen Königreiches. Seit 1848 in Bozen ansässig, wurde er der Begründer der Linie Erzherzog Rainer.

15. Ludwig Josef, Erzherzog
* 13. 12. 1784 in Florenz
† 21. 12. 1864 in Wien
Grabstätte: Kaisergruft Wien – Toskana-Gruft

Erzherzog Ludwig war Vorsitzender der Staatskonferenz unter Kaiser Ferdinand I. und führte als solcher die Staatsgeschäfte von 1835 bis 1848.

16. Rudolf, Erzherzog
* 8. 1. 1788 in Florenz
† 23. 7. 1831 in Olmütz
Grabstätte: Kaisergruft Wien – neue Gruft, Bischofsreihe

1819 wurde Erzherzog Rudolf Fürsterzbischof von Olmütz und Kardinal. Als Gönner und Schüler Beethovens widmete ihm dieser aus Anlaß der Erhebung zum Kardinal und Fürsterzbischof von Olmütz die von ihm komponierte »Missa solemnis«.

Kaiser Franz II./I.

Kaiser Franz II./I.

* 12. 2. 1768 in Florenz
† 2. 3. 1835 in Wien
Grabstätte: Kaisergruft Wien – Franzens-Gruft

1. ⚭ 6. 1. 1788 in Wien
Elisabeth Wilhelmine, Prinzessin von Württemberg
Eltern: Friedrich II. Eugen, Herzog von Württemberg, und Dorothea, Prinzessin von Brandenburg-Schwedt, Tochter Friedrich Wilhelms, Markgraf von Brandenburg-Schwedt
* 21. 4. 1767 in Treptow
† 18. 2. 1790 in Wien
Grabstätte: Kaisergruft Wien – Franzens-Gruft

2. ⚭ 19. 9. 1790 in Wien
Maria Theresia, Prinzessin beider Sizilien a. d. H. Bourbon
Eltern: Ferdinand I., König beider Sizilien a. d. H. Bourbon, und Maria Karoline, Erzherzogin von Österreich, Tochter Franz' I., Römischer Kaiser
* 6. 6. 1772 in Neapel
† 13. 4. 1807 in Wien
Grabstätte: Kaisergruft Wien – Franzens-Gruft

3. ⚭ 6. 1. 1808 in Wien
Maria Ludovika, Erzherzogin von Österreich-Modena d'Este
Eltern: Ferdinand, Erzherzog von Österreich-Modena d'Este, und Beatrix Maria, Prinzessin von Modena d'Este, Tochter Herkules' III., Herzog von Modena d'Este
* 14. 12. 1787 in Mailand
† 7. 4. 1816 in Verona
Grabstätte: Kaisergruft Wien – Franzens-Gruft

4. ⚭ 10. 11. 1816 in Wien
Karoline Auguste Charlotte, Prinzessin von Bayern
Eltern: Maximilian I. Josef, König von Bayern, und Wilhelmine, Prinzessin von Hessen-Darmstadt, Tochter Georg Wilhelms, Landgraf von Hessen-Darmstadt
* 8. 2. 1792 in Mannheim
† 9. 2. 1873 in Wien
Grabstätte: Kaisergruft Wien – Franzens-Gruft

Wahlspruch: Justitia regnorum fundamentum = Gerechtigkeit ist das Fundament der Königreiche
Lege et fide = Durch Gesetz und Glauben

6. 6. 1792	in Buda in der St.-Matthias-Kirche zum Apostolischen König von Ungarn gekrönt.
14. 7. 1792	in Frankfurt a. Main zum römisch-deutschen Kaiser gewählt und gekrönt durch den Kurfürsten und Erzbischof von Mainz Friedrich Karl Josef von Erthal.
9. 8. 1792	in Prag im St.-Veits-Dom zum König von Böhmen gekrönt.
11. 8. 1804	als Franz I. Annahme des erblichen Titels »Kaiser von Österreich«.
6. 8. 1806	Niederlegung der Würde eines Kaisers des Reiches und Bekanntgabe der Auflösung des Heiligen Römischen Reiches Deutscher Nation.

Nach dem frühzeitigen Tod Kaiser Leopolds II. folgte diesem sein 24jähriger Sohn als Franz II. in der Regierung.

Franz II. wurde als ältester Sohn Leopolds II. in Florenz geboren, wo sein Vater als Großherzog von Toskana regierte. Als die Nachricht von seiner Geburt in Wien eintraf, eilte Kaiserin Maria Theresia ins Burgtheater und rief von der kaiserlichen Loge ins Publikum: »Kinder, Kinder, der Poldl hat an Buam.« Die Vorstellung wurde unterbrochen, und die Besucher jubelten der Großmutter zu – die Freude war verständlich. Mit der Geburt des jüngsten Sprosses der Familie war die Thronfolge im Hause Habsburg-Lothringen gesichert. Am Hof von Florenz verbrachte der junge Erzherzog im Kreise zahlreicher Geschwister eine glückliche und ungetrübte Kindheit. Die liberale Auffassung seines Vaters bescherte ihm viel Freiheit und ließ ihn mit den breitesten Schichten der Bevölkerung in Berührung kommen. Auf dieser Linie lag auch die Erziehungsarbeit der von Leopold II. bestellten Erzieher Franz de Paula Reichsgraf von Colloredo-Waldsee und Sigmund Anton Graf von Hohenwart, der später zum Fürsterzbischof von Wien berufen wurde. Mit 16 Jahren kam Erzherzog Franz an den Hof von Wien. Nach dem Willen seines Onkels, Kaiser Josefs II., sollte sein Neffe eines Tages seine Nachfolge antreten. Deshalb nahm der Kaiser die Erziehung seines Neffen selbst in die Hand, und unter persönlicher Anleitung seines Onkels wurde Erzherzog Franz in die Staatsgeschäfte eingewiesen. Es waren zwei ganz unterschiedliche Charaktere, die es miteinander zu tun hatten. Auf der einen Seite der feurige, hochfliegende und immer wieder vorwärts strebende Geist des Kaisers, und auf der anderen Seite der etwas schwerfällige, gleichgültige und biedere Franz. Da konnten Tadel des Kaisers, die Franz sich sehr wohl zu Herzen nahm, nicht ausbleiben. Durch Eifer und Fleiß ersetzte der Kronprinz, was ihm an Talent mangelte. Er sprach fast alle Sprachen des Kaiserreiches und kannte dessen Verwaltungsaufbau bis ins Detail.

Nach seinem Regierungsantritt folgte Franz II. zunächst im wesentlichen der politischen Linie Kaiser Josefs II.

Das von Kaiser Leopold II. abgeschlossene österreichisch-preußische Defensivbündnis beunruhigte in zunehmendem Maße Frankreich. Schon drei Wochen nach dem Regierungsantritt des jungen Herrschers forderte Frankreich ultimativ die Entwaffnung Österreichs und die Aufgabe des Bündnisses mit Preußen. Die Ablehnung des Ultimatums durch Franz II. nahm Frankreich zum Anlaß, Österreich am 20. 4. 1792 den Krieg zu erklären. Aufgrund des Defensivbündnisses trat Preußen an die Seite Österreichs, was am 23. 6. 1792 den Ausbruch des ersten Koalitionskrieges zur Folge hatte. Im Koblenzer Manifest vom 25. 7. 1792 wurde als Kriegsziel die Beseitigung der Anarchie in Frankreich und die Befreiung des gefangengenommenen französischen Königs festgelegt. Für den Fall, daß der König oder die Königin verletzt oder bedroht würden, drohten die Koalitionspartner die Zerstörung der Hauptstadt Paris an. Unter dem Eindruck der Ereignisse in Frankreich war Franz II. am 14. 7. 1792 überraschend einmütig zum Kaiser gewählt worden.

Ende Juli standen die ersten Koalitionstruppen auf linksrheinischem Gebiet und konnten weit in französisches Gebiet eindringen. Die Einschüchterungsversuche im Koblenzer Manifest schlugen allerdings fehl und erreichten das Gegenteil von dem, was beabsichtigt war. Der Widerstandswille der französischen Bevölkerung wurde gestärkt, und die französischen Revolutionstruppen warfen die Koalitionsarmee bis an den Rhein zurück. Gleichzeitig besetzte eine andere französische Armee Belgien. Die Hinrichtung König Ludwigs XVI. von Frankreich am 21. 1. 1793 führte zur Ausweitung des Krieges, dem nun auch Großbritannien, Holland, Spanien, Sardinien, Neapel, Portugal und das Reich beitraten. Mit vereinten Kräften gelang es den Koalitionstruppen, Belgien zurückzuerobern und weite Teile Nordfrankreichs zu besetzen. Die französischen Niederlagen veranlaßten Robespièrre, die Diktatur einzuführen. Den nun folgenden Massenhinrichtungen fiel auch Königin Maria Antoinette, Tochter der Kaiserin Maria Theresia, zum Opfer. Am 16. 10. 1793 wurde sie nach einem Schauprozeß hingerichtet. Erneut gelang es den französischen Truppen, die Koalitionsarmee bis an den Rhein zurückzudrängen. Erstmals machte ein Anhänger der Jakobiner, Hauptmann Napoleon Bonaparte, von sich reden. Mit der Einnahme von Toulon und seiner Beförderung zum Brigadegeneral begann sein beispielloser militärischer und politischer Aufstieg.

Im Osten war inzwischen die zweite Teilung Polens erfolgt. Mit der Begründung, revolutionäre Umtriebe in Polen verhindern und das Übergreifen der Französischen Revolution verhüten zu wollen, nahmen Rußland und Preußen die zweite Teilung Polens vor. Polen verlor an Rußland 228.000 Quadratkilometer mit Litauen, Wolhynien, Podolien, Polozk und Minsk. Preußen erhielt 58.000 Quadratkilometer mit Danzig, Thorn, Posen, Gnesen, Dobrzyń und Tschenstochau. Die geraubten Gebiete wurden zu der Provinz Südpreußen zusammengefaßt.

Da Österreich von der zweiten Teilung Polens ausgeschlossen blieb und nur die unbestimmte Zusicherung erhielt, durch französische Gebiete entschädigt zu werden, verschlechterte sich das Verhältnis Österreichs zu Preußen, das sein Augenmerk nun wieder nach Osten richtete. Der Versuch, die Koalition zu verlassen, konnte nur durch die Zusage Englands, an Preußen Subsidien zu zahlen, verhindert werden. Nach weiteren wechselvollen Kämpfen mußten die Koalitionstruppen die österreichischen Niederlande und das linke Rheinufer räumen. Nach der Besetzung Hollands durch französische Truppen wurde in Holland die »Batavische Republik« ausgerufen.

Am 5. 4. 1795 schloß Preußen in Basel einen Sonderfrieden mit Frankreich und schied aus der Koalition aus. Gegen Entschädigungen auf rechtsrheinischem

Gebiet verzichtete Preußen auf die linksrheinischen Territorien. Nach dem Ausscheiden Spaniens und der Toskana aus dem Krieg zeichnete sich die Auflösung der Koalition ab. Den Versuch Frankreichs, nach Österreich vorzustoßen, konnte der Bruder des Kaisers, Erzherzog Karl, zunächst verhindern. In Italien wurden die Österreicher durch die Franzosen nach Südtirol und Kärnten abgedrängt. Die bald darauf erfolgte Besetzung weiter Teile Kärntens mit Villach und Klagenfurt durch die Franzosen zwang Österreich zum Frieden, der am 17. 10. 1797 in Campo Formido geschlossen wurde. Österreich mußte große Gebietsverluste hinnehmen und auf die Niederlande, die Lombardei und die Ligurische Republik verzichten. Aus den Gebieten von Mailand, Modena, Ferrara, Bologna und Romagna wurde die Cisalpinische Republik geschaffen. Den Breisgau mußten die Österreicher an den Herzog von Modena abtreten. Der Gewinn Venedigs konnte die den Österreichern in Oberitalien verlorengegangene Macht nicht ausgleichen. Österreich mußte außerdem das Versprechen abgeben, sich dafür einzusetzen, Frankreich das linke Rheinufer von Basel bis Andernach einschließlich Mannheim und der Festung Mainz zu überlassen. Die deutschen Fürsten sollten für die linksrheinischen Verluste in Deutschland anderweitig entschädigt werden. Die Anerkennung dieser Bestimmungen des Friedensvertrages durch Kaiser Franz II. bereitete die spätere Säkularisation vor.

Nach der Besetzung Roms durch französische Truppen und nach der Gefangennahme von Papst Pius VI., der nach Frankreich verbracht wurde, sowie nach der Besetzung des Königreiches Neapel kam auf Betreiben Großbritanniens eine erneute Koalition gegen Frankreich zustande. Zu dieser Koalition trafen sich Österreich, Rußland, Portugal, Neapel und das Osmanische Reich, während Preußen neutral blieb. Ziel war die Brechung des Hegemonieanspruchs Napoleons. Da die unterschiedlichsten Interessen die Koalition zusammengeführt hatten, war sie von vornherein zum Scheitern verurteilt. Dabei waren die Umstände, das angestrebte Ziel zu erreichen, äußerst günstig. Napoleon hatte gerade bei Abukir seine Transportflotte verloren und war praktisch von Europa abgeschnitten. Zunächst konnten die Verbündeten Erfolge in Oberitalien erringen und Erzherzog Karl war in der Schweiz siegreich. Die bestehende Uneinigkeit unter den Verbündeten bewog Rußland, die Koalition schon bald zu verlassen. Auch Napoleon war sich seiner Sache nicht sicher und unterbreitete Kaiser Franz II. ein Friedensangebot, das dieser ablehnte. Nunmehr ging der Korse zum Angriff über. Am 14. 6. 1800 wurden die Österreicher in der Schlacht von Marengo besiegt und mußten auch am Oberrhein Niederlagen hinnehmen. Die militärischen Mißerfolge des Kaisers führten schon wenige Monate später, am 9. 2. 1801, zum Frieden von Lunéville, der den zweiten Koalitionskrieg beendete. Der Friede von Campo Formido, dem nun auch das Reich beitrat, wurde weitgehend bestätigt. Franz II. konnte die oberitalienischen Besitzungen Venedig, Istrien und Dalmatien behaupten. Für den Großherzog von Toskana aus der Habsburger Nebenlinie war eine Entschädigung im Reich vorgesehen. Österreichs Truppen mußten sich auf die Erblande zurückziehen, und Frankreich räumte das Reich.

Im Jänner 1801 ernannte der Kaiser seinen Bruder Erzherzog Karl zum Präsidenten des Hofkriegsrates. Der Erzherzog unternahm sofort alle Anstrengungen, das Heer zu reformieren und die Verwaltung zu erneuern.

Die Friedensverträge von Campo Formido und Lunéville sahen eine Entschädigung der deutschen Fürsten für die linksrheinischen Gebietsverluste an Frankreich im rechtsrheinischen Gebiet vor. Am 2. 10. 1801 beschloß der Reichstag, aus den Kurfürsten von Mainz, Sachsen, Brandenburg, Böhmen und Bayern sowie dem Herzog von Württemberg und dem Hoch- und Deutschmeister eine Reichsdeputation zu bilden, die den Auftrag erhielt, einen Entschädigungsplan auszuarbeiten. Da sich Frankreich und Rußland bereits vorher über die territoriale Neugestaltung des Reiches verständigt hatten, wurden diese Vereinbarungen in die Überlegungen der Reichsdeputation einbezogen, die dem Reichstag den Reichsdeputationshauptschluß vorlegte. Als letztes Reichsgrundgesetz wurde der Reichsdeputationshauptschluß am 25. 2. 1803 vom Reichstag beschlossen und am 24. 3. 1803 verabschiedet.

Nach dem Reichsdeputationshauptschluß wurden aus der durch die Säkularisation geschaffenen Ländermasse neben Österreich, dem Großherzog von Toskana und dem Herzog von Modena eine große Zahl von Reichsfürsten entschädigt. Neben Kurpfalz, Kurköln und Kurtrier wurden 19 Reichsbistümer, 44 Reichsabteien und 41 Reichsstädte säkularisiert oder in landesfürstlichen Besitz umgewandelt. An die Stelle der aufgelösten Kurfürstentümer traten Salzburg, Württemberg, Baden und Hessen-Kassel als neue Kurfürstentümer. Augsburg, Bremen, Frankfurt a. Main, Hamburg, Lübeck und Nürnberg blieben als freie Reichsstädte bestehen. Der erzbischöfliche Stuhl von Mainz wurde auf das Bistum Regensburg übertragen und bildete mit dem Fürstentum Aschaffenburg das neue Territorium des Kurfürsten und Reichs-Erzkanzlers Karl Theodor von Dalberg. Im Reichsfürstenrat und im Kurfürstenkollegium entstanden starke protestantische Mehrheiten. Da diese jede Wahl eines zukünftigen Kaisers in ihrem Sinne beeinflussen konnten, zeichnete sich immer stärker die Auflösung des Heiligen Römischen Reiches ab, dessen Kaiser wohl kaum ein protestantischer Fürst sein konnte. Vergeblich hatten der Kaiser und der Papst gegen die weitgehende Säkularisierung protestiert. Die Landesherren erhielten die Ermächtigung, über das Vermögen, Eigentum und sonstige Besitztum der Stifte, Abteien und Klöster zu verfügen. Dafür übernahmen sie die Ausstattungen der Kirchen, die Pensionen der Geistlichen und waren auch zum Unterhalt der Schulen und der allgemeinen Wohlfahrt verpflichtet. Diese ganz erheblichen finanziellen Verpflichtungen haben sich als staatliche Leistungen an die Kirchen in der Bundesrepublik Deutschland bis heute erhalten.

Gebietsmäßig konnten sich Baden, Bayern, Württemberg und Preußen, das sich bis zum Rhein ausdehnte, am stärksten vergrößern.

Nach dem Reichsdeputationshauptschluß war der Einfluß Österreichs im Reich so stark gesunken, daß sich die deutschen Fürsten immer stärker Frankreich zuwandten.

Am 18. 5. 1804 wurde Napoleon zum erblichen Kaiser der Franzosen ausgerufen. Im Gegenzug nahm Franz II., Kaiser des Heiligen Römischen Reiches Deutscher Nation, zusätzlich den Titel eines erblichen Kaisers von Österreich an und bildete am 11. 8. 1804 das Kaisertum Österreich, das die alten habsburgischen Erbländer, das Königreich Böhmen und das Königreich Ungarn umfaßte, wobei die Erbländer und Böhmen zum Reich und zum Kaisertum Österreich gehörten. Die Verfassung und die Rechte der einzelnen österreichischen Länder wurden nicht berührt. Kaiser Franz II., als österreichischer Kaiser Franz I., hatte weder seine Länder noch die Kurfürsten oder den Reichstag vor der Proklamation des Kaiserreiches Österreich befragt oder um Zustimmung nachgesucht. Das Heilige Römische Reich Deutscher Nation befand sich in voller Auflösung. Das Wappen des Reiches – der schwarze Doppeladler auf goldenem Grund – wurde das Wappen Österreichs, wo sich auch die Reichsinsignien befanden, die Franz II. bereits 1800 von Nürnberg nach Wien hatte bringen lassen, um sie vor dem Zugriff der Franzosen zu schützen.

Gegen den Widerstand Erzherzog Karls, der das Amt des Präsidenten des Hofkriegsrates niederlegte, schloß Kaiser Franz II. am 6. 11. 1804 ein Defensivbündnis mit Rußland. Der Wunsch nach Wiederherstellung des europäischen Gleichgewichts führte schließlich zu einem Bündnis zwischen Großbritannien, Rußland, Schweden und Österreich, dem Preußen erneut fernblieb. Bei Ausbruch des dritten Koalitionskrieges standen Spanien, Bayern, Baden, Hessen, Nassau und Württemberg auf der Seite Frankreichs. Dem österreichischen Einmarsch nach Bayern folgte am 23. 9. 1805 die Kriegserklärung Frankreichs an Österreich. Die französischen Truppen zwangen die Österreicher bei Ulm zur Kapitulation und konnten am 13. 11. 1805 Wien besetzen. Die Übergabe der Stadt erfolgte kampflos. Auch die schwere Niederlage Napoleons in der Seeschlacht bei Trafalgar gegen die Engländer konnte den Korsen nicht beirren. In der Dreikaiserschlacht bei Austerlitz am 2. 12. 1805 wurden die Russen und Österreicher entscheidend besiegt. Schon vier Tage später kam es bei Znaim zum Waffenstillstand, der am 26. 12. 1805 zum Frieden von Preßburg führte. Erneut mußte Österreich erhebliche Gebietsverluste hinnehmen. Venetien, Dalmatien und Istrien kamen an das Königreich Italien. Bayern erhielt Tirol mit Brixen, Trient, Vorarlberg sowie Eichstätt, Passau und Burgau. Österreich mußte ferner die Könige von Bayern und Württemberg und Napoleon als König von Italien anerkennen. Das Kurfürstentum Salzburg mit Berchtesgaden kam an Österreich. Der als Kurfürst in Salzburg residierende und aus der Toskana vertriebene Ferdinand von Österreich-Toskana erhielt als Ersatz das Kurfürstentum Würzburg.

Die schweren und folgenreichen Niederlagen der Österreicher verlangten nach einer grundlegenden Reform des Heereswesens, die von Erzherzog Karl, der vom Kaiser erneut zum Präsidenten des Hofkriegsrates ernannt wurde, eingeleitet und mit einer Neuorientierung in der Außenpolitik verbunden wurde.

In der Folge wandelte Napoleon die Batavische Republik (Belgien und

Holland) in das Königreich Holland um und erhob seinen Bruder Louis zum König von Holland.

Am 12. 7. 1806 unterzeichneten in Paris 16 Reichsstände die Rheinbundakte, sagten sich vom deutschen Reich los und unterstellten sich dem Protektorat Napoleons, mit dem sie ein Defensiv- und Offensivbündnis unterhielten. Deutsche Reichsfürsten ließen Kaiser und Reich schmählich im Stich. Diesen Verrat am Reich ließen diese deutschen Fürsten sich von dem französischen Usurpator mit Rangerhöhungen und Vergrößerungen ihrer Territorien bezahlen. Diese treulosen und nur auf ihr eigenes Wohl bedachten deutschen Fürsten waren:

der König von Bayern,
der König von Württemberg,
der Kurfürst und Erzbischof von Mainz als Erzkanzler des Reiches,
der Großherzog von Baden,
der Herzog von Kleve und Berg,
der Herzog von Arenberg,
der Landgraf von Hessen-Darmstadt,
der Fürst von Nassau-Usingen,
der Fürst von Nassau-Weilburg,
der Fürst von Hohenzollern-Sigmaringen,
der Fürst von Hohenzollern-Hechingen,
der Fürst von Salm-Salm,
der Fürst von Salm-Kyburg,
der Fürst von Isenburg-Birstein,
der Fürst von Liechtenstein,
der Fürst von der Leyen.

Bayern und Württemberg wurden Königreiche, der Kurfürst und Erzbischof von Mainz erhielt die Ernennung zum Fürstprimas. Der Kurfürst von Baden, der Herzog von Berg und der Landgraf von Hessen-Darmstadt durften sich von nun an Großherzöge nennen. Der Chef des Hauses Nassau erhielt die Herzogswürde und von der Leyen wurde Fürst. Ihre Territorien wurden auf Kosten des Reiches erheblich vergrößert. Diesem Schacher fielen die freien Reichsstädte Nürnberg und Frankfurt a. Main zum Opfer. Alle nahmen, und keiner dachte mehr an Kaiser und Reich. Dem Rheinbund traten nach und nach alle deutschen Einzelstaaten bei. Nur Österreich, Preußen, Dänisch-Holstein und Schwedisch-Pommern widerstanden. Am 1. 8. 1806 zeigten die Rheinbundfürsten dem Reichstag in Regensburg ihren Austritt aus dem Reichsverband an. Gleichzeitig ließ Napoleon erklären, daß er die Reichsverfassung nicht mehr anerkenne.

Mit der Bildung des Rheinbundes und dem Austritt der ihm angehörenden Fürsten aus dem Reichsverband war das Ende des „Heiligen Römischen Reiches Deutscher Nation“ gekommen. Kaiser Franz II. sah in der Kaiserkrone keinen Sinn mehr.

Am 6. 8. 1806 ließ Kaiser Franz II. durch den Herold des Reiches von der Balustrade der Kirche »Zu den neun Chören der Engel« am Hof in Wien seine

Abdankung als Kaiser des „Heiligen Römischen Reiches Deutscher Nation" bekanntgeben. Gleichzeitig erklärte er das römisch-deutsche Kaisertum für erloschen und das Reich für aufgelöst. Das ideelle Weiterbestehen der Kaiser- und Reichsidee war damit ausgeschlossen. Die Reichsinsignien, von Kaiser Franz II. dem Zugriff Napoleons entzogen, kamen in die Schatzkammer der Wiener Hofburg, wo sie als Reliquien des untergegangenen Reiches der Deutschen als Schaustück in großen Glasvitrinen auch heute noch zu bewundern sind.

Die glanzvolle, fast 850jährige Geschichte des „Heiligen Römischen Reiches Deutscher Nation" war zu Ende gegangen. Keine Dynastie hat die Geschicke dieses Reiches mehr beeinflußt und größere Opfer für seinen Bestand gebracht als die Habsburger, die dem Reich allein 21 deutsche Könige und Kaiser stellten, fast so viele wie alle anderen Dynastien, die in den 850 Jahren im Reich geherrscht haben, zusammen. Es waren sicher nicht alles Idealgestalten, die uns da begegnen. Man kann ihnen aber nicht absprechen, daß sie – bei aller Vorliebe für ihre Stammländer – bemüht waren, dem Reiche zu geben, was des Reiches war. Nicht an seinen Königen und Kaisern ist dieses Reich zugrunde gegangen, sondern an dem engstirnigen Egoismus der Reichsfürsten und an dem imperialistischen Streben Preußens nach der Vorherrschaft in Deutschland.

In der Zwischenzeit schaltete und waltete Napoleon in Europa, wie es ihm gerade in den Sinn kam. Im vierten Koalitionskrieg 1806/1807 wurde Preußen im Bündnis mit Rußland und Sachsen gegen Frankreich von diesem vernichtend geschlagen. Der Plan Napoleons, Preußen restlos aufzuteilen, wurde nur durch den Einspruch Rußlands verhindert. Die Verwandten Napoleons wurden mit Königreichen bedacht und herrschten in weiten Teilen Deutschlands. Im Vertrag von Fontainebleau mußte Österreich am 10. 10. 1807 die von Napoleon geschaffenen Veränderungen anerkennen. Auf dem Erfurter Fürstentag vom 27. 9. bis 4. 10. 1808, der von Napoleon einberufen worden war, huldigten vier Könige und vierunddreißig Fürsten der Rheinbundstaaten dem französischen Kaiser als dem tatsächlichen Herrscher Europas. Kaiser Franz I. hatte die Teilnahme an dem Fürstentag abgelehnt und mußte sich in einem Brief von Napoleon sagen lassen:

»In meiner Macht hat es gestanden, die österreichische Monarchie zu vernichten. Was Eure Majestät sind, sind Sie durch Unseren Willen.«

Das war selbst dem beherrschten und gutmütigen Kaiser Franz I. zuviel. Er entschloß sich zum Krieg gegen Napoleon. Da der Umbau der Armee noch nicht abgeschlossen war, widersprach Erzherzog Karl den Plänen des Kaisers. Franz I. hoffte auf einen Volksaufstand in Tirol und auf die Unterstützung der vom französischen Kaiser so tief gedemütigten Preußen. Der Bruder des Kaisers, Erzherzog Johann, bereitete mit Andreas Hofer den Aufstand in Tirol vor. Es folgten Aufrufe zum Widerstand gegen Napoleon in Deutschland, Polen und Italien. Am 9. 4. 1809 erklärte Österreich an Frankreich den Krieg. Nach verschiedenen Gefechten mußte Erzherzog Karl sich zurückziehen, und Napoleon zog über Linz nach Wien, das sich am 13. 5. 1809 ergeben mußte. Der französische Kaiser bezog Schönbrunn als Residenz. Erzherzog Karl rückte inzwischen am linken Donauufer vor. Am 21. 5. 1809 kam es bei Aspern zu einer erbitterten Schlacht, in der Napoleon zum ersten Mal in offener Feldschlacht besiegt wurde. Nur die Erschöpfung der österreichischen Truppen verhinderte eine Verfolgung und Vernichtung des Gegners, der seine Truppen sammeln konnte und den Österreichern am 6. 7. 1809 bei Deutsch-Wagram eine Niederlage bereitete, durch die Erzherzog Karl gezwungen wurde, am 12. 7. 1809 bei Znaim einen Waffenstillstand abzuschließen. Nur widerstrebend fand Kaiser Franz I. sich bereit, den Waffenstillstand zu billigen. Erzherzog Karl wurde als Oberbefehlshaber abgelöst. Im Frieden von Schönbrunn mußte Österreich am 14. 10. 1809 den Alleingang gegen Frankreich mit harten Friedensbedingungen bezahlen. Salzburg mit Berchtesgaden, das Innviertel, Nordtirol und Vorarlberg mußten an das Königreich Bayern abgetreten werden. Das Königreich Italien erhielt Südtirol. Westgalizien mit Krakau wurde dem Großherzogtum Warschau zugeschlagen, und Rußland erhielt Ostgalizien mit Tarnopol. Der Kreis Villach mit Oberkärnten und Gebieten südlich der Save wurden als »Illyrische Provinz« Frankreich unterstellt. Österreich mußte eine Kriegsentschädigung von 85,000.000 Francs zahlen und sein Heer auf eine Stärke von 150.000 Mann reduzieren. Nunmehr war auch Kaiser Franz I. in die Abhängigkeit von Napoleon geraten.

Nach dem Waffenstillstand von Znaim verließen die österreichischen Truppen Tirol, das nun allein auf sich gestellt war. Nach verschiedenen siegreichen Gefechten konnte Andreas Hofer am 15. 8. 1809 die Landesregierung in Tirol übernehmen, erlitt aber bereits am 1. 11. 1809 in der Schlacht am Berg Isel eine entscheidende Niederlage, die den Zusammenbruch des Tiroler Volksaufstandes zur Folge hatte. Durch Verrat gefangengenommen, wurde Andreas Hofer am 20. 2. 1810 auf Befehl des französischen Kaisers in Mantua erschossen.

Am 8. 10. 1809 berief Kaiser Franz I. Klemens Wenzel Nepomuk Lothar Graf von Metternich zum neuen Außenminister. Vater Metternichs war der Staatsminister Franz Georg Graf von Metternich im Kurfürstentum Trier, der zugleich auch Erbkämmerer des Erzstiftes Mainz war. Nach seinen Studien in Straßburg und Mainz vermählte sich Metternich mit der Enkelin des österreichischen Staatsministers Fürst von Kaunitz. 1801 wurde Metternich österreichischer Gesandter in Dresden, 1803 in Berlin und 1806 in Paris. Er war ein entschiedener Gegner revolutionärer Ideen und des sich aus den Revolutionen entwickelnden nationalen Gedankens.

Kaiser Franz I. hatte dem neuen Außenminister die Aufgabe gestellt, eine realistische Politik gegenüber dem napoleonischen Frankreich einzuleiten. Metternich steuerte zunächst behutsam auf einen Frieden mit Frankreich hin, der Österreich bis zur endgültigen Abrechnung mit Napoleon Bewegungsfreiheit schaffen sollte. Dazu schien ihm eine Ehe des Korsen mit einer habsburgischen Prinzessin das geeignete Mittel zu sein. Napoleon hatte sich 1809 von seiner Gemahlin Josephine wegen Kinderlosigkeit scheiden lassen. Seine Werbung um die Hand einer russischen Großfürstin war an der Ablehnung des Zaren gescheitert. Metternich brachte Maria Luise, die Tochter Kaiser Franz' I., ins

Gespräch. Er verstand es, den Kaiser von den Vorzügen einer solchen Ehe zu überzeugen. Nach anfänglichem Widerstand gab Franz I. schließlich seine Zustimmung zu dieser Ehe, und am 2. 4. 1810 fand die kirchliche Trauung der Erzherzogin Maria Luise mit Napoleon in Paris statt. Der Zweck dieser Ehe, Napoleon einen legitimen Nachfolger zu schenken, wurde schon bald erfüllt. Am 20. 3. 1811 wurde Napoleon II. Franz geboren und erhielt von seinem Vater den Titel »König von Rom« – jenen Titel also, der im Heiligen Römischen Reich die Anwartschaft auf die römische Kaiserwürde sicherte.

Durch die vergebliche Brautwerbung Napoleons am Hofe des Zaren kam es zu Spannungen zwischen Frankreich und Rußland. Versuche Österreichs, sich aus dem am 24. 6. 1812 beginnenden Feldzug Napoleons gegen Rußland herauszuhalten, schlugen fehl. Ebenso wie Preußen wurde auch Österreich gezwungen, sich an dem Unternehmen zu beteiligen. Nach Siegen bei Smolensk und Borodino konnte Napoleon am 14. 9. 1812 den Einmarsch nach Moskau erzwingen. Hier wurde er von einem früh einsetzenden Winter überrascht und mußte, nachdem die Russen am 18. 9. 1812 Moskau in Brand gesteckt hatten, am 18. 10. 1812 mitten im Winter bei Temperaturen von mehr als minus 30 Grad den Rückzug anordnen. Unvorstellbare Strapazen, Hunger, Kälte und schließlich der verlustreiche Übergang am 28. 11. 1812 über die Beresina führten zur völligen Auflösung der Grande Armée. Nur wenige tausend Soldaten überlebten die Katastrophe. Rußland versuchte nun, Preußen und Österreich zu gewinnen. Preußen sollte Gebietszuwachs in Sachsen und Österreich die Donaufürstentümer Moldau und Walachei sowie Gebiete in Italien erhalten. Rußland beanspruchte für sich ganz Polen. Da Österreich an einem solchen Machtzuwachs Rußlands nicht interessiert war, verhielt er sich dem Werben Rußlands gegenüber abwartend und änderte seine Haltung auch nicht, als Rußland und Preußen ein Bündnis schlossen. Ebenso abwartend verhielt sich Österreich, das einen Garantievertrag mit Sachsen abgeschlossen hatte, Napoleon gegenüber, der gleichfalls ein Bündnisangebot unterbreitete, das der geschmeidige Metternich aber ablehnte.

Erst am 27. 6. 1813 trat Österreich in einem Geheimvertrag an die Seite Preußens, Rußlands und Großbritanniens. In ultimativer Form schlug der inzwischen in den Fürstenstand erhobene Metternich den Franzosen einen Ausgleich vor und forderte die Auflösung des Rheinbundes, die Wiederherstellung Preußens, die Wiederaufteilung des Herzogtums Warschau an Österreich, Preußen und Rußland sowie die Rückgabe der »Illyrischen Provinzen« an Österreich. Die Ablehnung Napoleons beantwortete Österreich am 11. 8. 1813 mit der Kriegserklärung an Frankreich und dem offenen Beitritt zum Bündnis gegen Napoleon. Diesem war es nach der Vernichtung seiner Armeen in Rußland gelungen, in Frankreich neue Verbände zu rekrutieren, mit denen er nach Mitteldeutschland zog. In der Völkerschlacht bei Leipzig vom 16. bis 18. 10. 1813 erlitt der Franzose eine schwere Niederlage, konnte aber einen geordneten Rückzug über den Rhein antreten. Die Verbündeten nahmen die Verfolgung auf und zogen am 31. 3. 1814 in Paris ein. Während Rußland sofort die Rückkehr der

Bourbonen forderte, war Österreich aus familiären Gründen an einer Aufrechterhaltung der Herrschaft Napoleons in Frankreich interessiert, die sich aber nicht mehr durchsetzen ließ. Zwei Tage nach dem Einmarsch der Verbündeten in Paris wurde Napoleon vom Senat abgesetzt. Am 4. 4. 1814 dankte der Korse zugunsten seines Sohnes ab, mußte jedoch am 6. 4. 1814 die bedingungslose Abdankung akzeptieren. Noch am gleichen Tage kehrten die Bourbonen nach Frankreich zurück, und der Senat erkannte Ludwig XVIII. als König von Frankreich an. Napoleon erhielt die Insel Elba als unabhängiges Fürstentum und trat am 4. 5. 1814 die Reise dorthin an. Seine Gemahlin Maria Luise kehrte mit ihrem Sohn nach Wien zurück.

Am 30. 5. 1814 wurde der erste Friede von Paris geschlossen. Frankreich erhielt die Grenzen von 1792; die Rheinschiffahrt wurde für frei erklärt; Holland, um Belgien vergrößert, kam unter die Souveränität des Hauses Oranien. Bayern mußte Tirol, Vorarlberg und Salzburg an Österreich zurückgeben, und Kaiser Franz I. konnte 1816 die Wiederinbesitznahme dieser Gebiete verkünden. Ferner wurde festgelegt, daß die deutschen Staaten, durch ein föderatives Band vereinigt, unabhängig bleiben sollten. Die Schweiz behielt die Selbstverwaltung, und die souveränen Staaten Italiens sollten zusammengeschlossen werden. Alle seit 1792 entstandenen gegenseitigen finanziellen Forderungen wurden gestrichen. Von besonderer Bedeutung wurde Art. 32 des Vertrages, der bestimmte, daß die Vertragspartner Österreich, Preußen, Rußland, Großbritannien und Frankreich sich verpflichteten, innerhalb von zwei Monaten ihre Bevollmächtigten zu einem Kongreß nach Wien zur Regelung weiterer Einzelheiten zu entsenden.

Am 18. 9. 1814 wurde in Wien das wohl bedeutendste Ereignis des 19. Jahrhunderts – der Wiener Kongreß – eröffnet. Neun Monate wurde die Stadt von Kaisern, Königen, Fürsten und Diplomaten beherrscht. Auf dem Wiener Kongreß waren fast 200 Staaten, Städte, Herrschaften und sonstige Körperschaften vertreten. Man war entschlossen, für das beginnende 19. Jahrhundert auf dem Kongreß einen neuen Anfang zu setzen. Es war wie ein Symbol, als wenige Tage vor der Eröffnung des Kongresses das letzte der 16 Kinder Maria Theresias, Maria Karoline, Königin beider Sizilien, in der Kaisergruft beigesetzt und damit das 18. Jahrhundert zu Grabe getragen wurde. Bis zur formellen Eröffnung am 1. 11. 1814 – die Einberufung des Kongresses erfolgte durch Kaiser Franz I. von Österreich – wurde in Vorgesprächen festgelegt, den Themenkreis der Konferenz in europäische und deutsche Angelegenheiten aufzuteilen. Die Hauptlast der Arbeiten lag bei dem Komitee, das aus den Siegermächten Österreich, Preußen, Rußland und Großbritannien bestand. Charles Maurice Talleyrand als Vertreter des besiegten Frankreich verstand es geschickt, die gegensätzlichen Auffassungen der vier Großmächte auszunutzen. Einem deutschen Komitee, bestehend aus Österreich, Preußen, Hannover, Bayern und Württemberg, fiel unter Vorsitz Metternichs die Aufgabe zu, für Deutschland eine Verfassung auszuarbeiten. Der Erfolg der Konferenz wurde mehrfach durch die machtpolitischen Gegensätze der Großmächte gefährdet. Insbesondere die polnisch-sächsische Frage barg viel Zündstoff in sich. Rußland wollte ganz Polen einschließlich der aus den Teilungen Polens an Österreich und Preußen gefallenen Landesteile. Preußen sollte dafür mit Sachsen entschädigt werden. Gegen diese Absicht Rußlands bildeten Österreich, Frankreich und Großbritannien am 3. 1. 1815 ein Defensivbündnis. Die Auseinandersetzungen hätten noch wesentlich länger gedauert, wenn der Kongreß durch die Rückkehr Napoleons von der Insel Elba nicht in Zugzwang geraten wäre. Am 9. 6. 1815 wurde die Kongreßakte, der alle Teilnehmer schriftlich beipflichteten, beschlossen. Das Gleichgewicht der Großmächte wurde hergestellt. Die Neuordnung blieb in ihren Grundzügen bis zum Ersten Weltkrieg bestehen.

Rußland erhielt den Großteil des Herzogtums Warschau (Kongreßpolen).

Preußen wurde mit der nördlichen Hälfte Sachsens, der Rheinprovinz, Westfalen, Schwedisch-Pommern, Posen und Thorn bedacht. Ihm fiel für die Zukunft die Sicherung (West)deutschlands zu.

Bayern mußte Tirol, Vorarlberg, Salzburg, das Inn- und Hausruckviertel an Österreich abtreten, das auch die aus dem westlichen Kärnten, Krain, Triest, Istrien und Dalmatien bestehenden »Illyrischen Provinzen« zurückerhielt und mit dem Gewinn der Lombardei und Venetien die Vorherrschaft in Italien erreichte.

Österreich verzichtete auf die habsburgischen Niederlande und ermöglichte damit die Bildung des Königreiches der Vereinigten Niederlande.

Großbritannien mit dem neuen Königreich Hannover behielt Helgoland, Malta, das Kapland und Ceylon.

Das Königreich Sardinien-Piemont wurde um Genua vergrößert.

Der Schweiz wurde »Ewige Neutralität« garantiert.

Der entthronten Kaiserin von Frankreich, Maria Luise, wurde das Herzogtum Parma zugewiesen.

In der Bundesakte vom 8. 6. 1815, die der Kongreßakte beigegeben wurde, war die vom deutschen Komitee ausgearbeitete Verfassung des Deutschen Bundes angenommen worden. Die Hoffnungen der Deutschen auf eine Wiedererrichtung des deutschen Reiches scheiterten an dem Widerstand der Großmächte, die nicht bereit waren, dem Verlangen vieler Deutscher nachzugeben. So wurde ein unauflöslicher Staatenbund der souveränen Fürsten und Freien Städte Deutschlands gebildet. Von den 41 Mitgliedern des Deutschen Bundes gehörten Österreich und Preußen dem Bund nur mit ihren früheren Reichsteilen an. Zum Deutschen Bund gehörten auch der König von Großbritannien für das Königreich Hannover, der König von Dänemark für Holstein und der König des Königreiches der Vereinigten Niederlande für Luxemburg. Einziges Bundesorgan war die Bundesversammlung in Frankfurt a. Main unter dem Präsidium Österreichs.

Trotz heftiger Proteste des päpstlichen Gesandten Consalvi wurden die säkularisierten geistlichen Kurfürstentümer nicht wiederhergestellt.

Österreich hatte auf dem Wiener Kongreß seinen Führungsanspruch im Deutschen Bund durchgesetzt und behielt seine Großmachtstellung.

Preußen, das geographisch und konfessionell gespalten war, konnte sich im Westen eine starke Stellung verschaffen.

Der Deutsche Bund war letztlich ein Kompromiß, der sich aus dem österreichisch-preußischen Dualismus ergab. Die Entscheidung, wer in Deutschland die Führung übernehmen sollte, wurde praktisch auf spätere Zeiten vertagt.

Der Wiener Kongreß brachte für die mehr als 250 Angehörigen fürstlicher Familien und ihren Anhang eine Reihe glanzvoller Empfänge. Diese Veranstaltungen nützte Metternich geschickt aus, um seine politischen Entscheidungen vorzubereiten. Natürlich konnte es nicht ausbleiben, daß sich am Rande des Kongresses zahlreiche Liebesgeschichten und Affären abspielten. Nur eine sei hier erwähnt, die Romanze der Schwester des Zaren – der Großfürstin Katharina – mit dem Kronprinzen Wilhelm von Württemberg, der aus politischen Gründen mit Karoline, der Tochter König Maximilians I. von Bayern, vermählt worden war. Der Appell des Kronprinzen an den Papst, die immerhin schon sechs Jahre bestehende Ehe mit Karoline für ungültig zu erklären, da sie nie konsumiert worden sei, fand bei Papst Pius VII. ein offenes Ohr. Die Ehe wurde für ungültig erklärt, und schon sechs Monate nach Abschluß des Kongresses konnte der württembergische Kronprinz die Großfürstin Katharina heiraten. Die verstoßene Karoline kehrte nach München zurück. Sie hatte Glück im Unglück. Am 10. 11. 1816 heiratete sie Kaiser Franz I. von Österreich und residierte in der Wiener Hofburg als Kaiserin von Österreich.

Noch während des Wiener Kongresses hatte Napoleon die Insel Elba verlassen und war am 1. 3. 1815 in Südfrankreich gelandet. Napoleon konnte am 20. 3. 1815 in die französische Hauptstadt einziehen. Als die Nachricht in Wien eintraf, entzogen die Großmächte Napoleon den Schutz der Gesetze und erneuerten einmütig ihre Bündnisverpflichtungen. Nach Aufstellung einer Armee zog Napoleon unverzüglich nach Norden und konnte am 15. 6. 1815 die belgische Grenze überschreiten. Am 18. 6. 1815 eröffnete er gegen Wellington die Schlacht bei Waterloo. Die englischen Truppen konnten dem Angriff standhalten, bis Feldmarschall Blücher mit den preußischen Streitkräften im Rücken Napoleons erschien. Das Heer Napoleons wurde geschlagen und löste sich vollständig auf. Am 10. 7. 1815 konnten der Zar von Rußland, der Kaiser von Österreich und der König von Preußen in Paris einziehen. Napoleon dankte zum zweiten Mal ab und begab sich am 15. 7. 1815 in englische Gefangenschaft. Er wurde auf die Insel St. Helena verbannt, wo er am 5. 5. 1821 starb.

Im zweiten Pariser Frieden vom 20. 11. 1815 wurden die Grenzen Frankreichs auf das Jahr 1790 zurückgeführt. Neben den damit verbundenen Gebietsverlusten mußten die Franzosen eine Kriegsentschädigung in Höhe von 700,000.000 Francs zahlen. Der deutsche Wunsch, Erzherzog Karl an die Spitze eines aus Burgund, Lothringen und Elsaß gebildeten Staates zu stellen, scheiterte am Widerspruch der Großmächte.

Während der Verhandlungen über den zweiten Pariser Frieden schlossen der römisch-katholische Kaiser von Österreich, der protestantische König von Preußen und der orthodoxe Zar von Rußland am 26. 9. 1815 die Heilige Allianz. Die Vertragspartner verpflichteten sich, die christlichen Gebote auch in der

Politik als Richtschnur des politischen Handelns anzuerkennen. Sie betrachteten sich als Glieder ein und derselben christlichen Nation und stellten Gott als obersten Souverän dieser Nation heraus. Die Gliedstaaten des Deutschen Bundes sowie Frankreich und die Schweiz traten der Allianz bei, während England, Amerika und der Papst den Beitritt ablehnten. Dem Sultan war der Beitritt zur Allianz als nichtchristlicher Macht verwehrt. Gleichzeitig schlossen die Verbündeten den Vierbund und bekräftigten am 20. 11. 1815 den Machtausschluß Napoleons und seiner Familie. Sie verpflichteten sich weiterhin, während der Besetzung Frankreichs notfalls ihre gesamten Streitkräfte zu erhöhen. Zur Wahrung des Friedens in Europa wurde für die Zukunft die regelmäßige Abhaltung von Monarchenkongressen vereinbart. Frankreich trat dem Vierbund durch das Aachener Protokoll vom 15. 11. 1818 bei.

Mit dem Wiener Kongreß begann die eigentliche Ära Metternichs, dessen Ziel die Ausschaltung aller revolutionären Bewegungen war. Besonders für den Vielvölkerstaat Österreich konnte liberales und nationales Gedankengut äußerst gefährlich werden. Diese Ideen wurden daher konsequent bekämpft. Die weiteren Bemühungen Metternichs galten der Aufrechterhaltung des Gleichgewichts der Kräfte in Europa und dem Ausgleich zwischen Frankreich und Rußland, wobei Rußland durch seine zahlreichen Verwandtschaften mit deutschen protestantischen Fürstenhäusern ein politisches Übergewicht hatte. Das dadurch entstandene militärische Übergewicht Rußlands konnte Metternich durch kluge politische Maßnahmen weitgehend ausgleichen.

Die erste deutsche Bundesversammlung unter dem Vorsitz Österreichs wurde am 5. 11. 1816 in Frankfurt a. Main eröffnet. Der Bundestag als ständige Einrichtung der Bundesversammlung wurde ein Instrument der Politik Metternichs, die zunehmend von Studenten kritisiert wurde.

In Vollzug der Verpflichtung des Viererbundes fand der erste Monarchenkongreß vom 29. 9. bis 21. 11. 1818 in Aachen statt. Hier wurde der 30. 11. 1818 als spätester Termin für die Räumung Frankreichs festgesetzt. Die Kriegsentschädigung von 700,000.000 Francs wurde auf 265,000.000 Francs herabgesetzt. Behandelt wurden auch die Unruhen an den deutschen Universitäten und der badisch-bayrische Territorialstreit, der zugunsten Badens beigelegt werden konnte.

Auf der von Metternich einberufenen Ministerkonferenz von Karlsbad kam es am 20. 9. 1819 zu weitreichenden Beschlüssen, die eine Überwachung der Studenten durch ein Universitätsgesetz vorsahen. Die 1815 von nationalen Studenten gegründeten Deutschen Burschenschaften wurden aufgelöst. Durch ein strenges Pressegesetz wurde die Zensur eingeführt und die Möglichkeit eines Berufsverbots für Redakteure geschaffen. Diese reaktionären Beschlüsse gegen nationale und liberale Bewegungen führten zu einem Bewachungssystem durch Polizeispitzel und schränkten die Autonomie der Einzelstaaten stark ein. Der österreichische Einfluß im Deutschen Bund hatte seinen Höhepunkt erreicht. Die Karlsbader Beschlüsse blieben bis 1848 in Kraft.

Revolutionäre Ereignisse in Spanien, Portugal und Neapel-Sizilien veranlaßten Metternich, den nächsten Monarchenkongreß für die Zeit vom 20. 10. bis 20. 12. 1820 nach Troppau einzuberufen. Das Troppauer Protokoll vom 19. 11. 1820 hielt an dem Prinzip der bewaffneten Intervention in allen Ländern, in denen ein revolutionärer Umsturz drohte, fest. England, das durch einen Gesandten an diesem Kongreß teilnahm, protestierte gegen das Prinzip der bewaffneten Intervention. Es wurde vereinbart, die Beratungen zu einem späteren Zeitpunkt in Laibach fortzusetzen und zu diesen Beratungen den König von Neapel hinzuzuziehen. Vom 26. 1. bis 12. 5. 1821 traf man sich zur Fortsetzung des Troppauer Kongresses in Laibach. Teilnehmer waren Zar Alexander von Rußland, Kaiser Franz I. von Österreich und König Ferdinand I. von Neapel-Sizilien. Weiter waren aus Italien der Kirchenstaat, Sardinien und die Toskana vertreten. Frankreich und Preußen entsandten Diplomaten. Englands Vertreter hatten den Status von diplomatischen Beobachtern. Den Beschluß der Mächte der Heiligen Allianz, Österreich zu beauftragen, in Neapel durch eine bewaffnete Intervention einzugreifen, nahmen England und Frankreich zum Anlaß, die Konferenz zu verlassen. Nach der Besetzung Neapels wurde das Königtum in Neapel am 15. 5. 1821 restituiert. Es wurde vereinbart, die Verhältnisse in Spanien und Griechenland auf einem weiteren Kongreß in Verona zu behandeln.

Durch seine Ernennung zum Hof- und Staatskanzler erhielt Metternich am 25. 5. 1821 unumschränkte Vollmachten und versuchte nun verstärkt, sein politisches System, das sich auf den Katholizismus, die Armee und die Polizei stützte, durchzusetzen.

Vom 20. 10. bis 14. 12. 1822 fand der in Laibach beschlossene Monarchenkongreß von Verona statt. Neben Kaiser Franz I. von Österreich nahmen der Kaiser von Rußland sowie die Könige von Preußen und Neapel-Sizilien teil. England und Frankreich waren diplomatisch vertreten. Auf diesem Kongreß wurde beschlossen, die österreichische Besetzung Piemonts zu befristen und die österreichischen Besatzungstruppen in Neapel zu reduzieren, auch die Erhebung der Griechen gegen die Türken wurde scharf mißbilligt. Frankreich erhielt den Auftrag, durch eine militärische Intervention in Spanien das bourbonische Königtum wiedereinzusetzen. Auf dem Kongreß von Verona zeichnete sich erstmals das Ende der Heiligen Allianz ab. Zunächst aber hatten die Gegenrevolution des Absolutismus und die Vormachtstellung der Großmächte den Sieg davongetragen. In der Folge führte diese Politik wie in allen anderen Staaten auch in Österreich zu immer mehr sich ausbreitenden nationalen und liberalen Gegenströmungen, die eine Reform im Sinne des Josefinismus forderten.

Der erste Gegenspieler erwuchs Metternich in der Person von Franz Anton Graf von Kolowrat, der 1826 zum Staatsminister mit unumschränktem Einfluß auf die Innen- und Finanzpolitik Österreichs ernannt wurde. Der dem böhmischen Hochadel entstammende Kolowrat stand seit 1799 in österreichischen Diensten und war ein Förderer der kulturellen Bestrebungen der Tschechen. Metternich gegenüber war Kolowrat nicht frei von Ressentiments.

Von 1830 bis 1832 zeigten sich, begünstigt durch die Juli-Revolution von 1830 in Frankreich, verstärkt freiheitliche und nationale Bestrebungen, die in dem Verlangen gipfelten, für Deutschland vereinigte republikanische Freistaaten und ein republikanisch vereintes Europa zu schaffen. Am 3. 4. 1833 stürmten Studenten die Stadtwache in Frankfurt a. Main. Daraufhin beschloß der Bundestag am 30. 6. 1833 auf Antrag Österreichs, jede revolutionäre Bewegung mit allen zur Verfügung stehenden Mitteln zu unterdrücken. Unter Vorsitz Metternichs wurde ein gemeinsames Vorgehen gegen die revolutionären Kräfte und die Stärkung der absolutistischen Staatsgewalt beschlossen. Die Gewaltentrennung wurde beseitigt. Alle Gewalt wurde in die Hände des Herrschers gelegt, der nur noch an die Beschlüsse des Bundestages gebunden war. Eine nochmalige Verschärfung der Zensur machte nun praktisch jede Kritik unmöglich.

Vor dem Tod des Kaisers gelang es Metternich noch, eine Annäherung zwischen Franz I. und dem Zaren herbeizuführen.

Nach einer Regierungszeit von genau 43 Jahren starb Kaiser Franz II./I. am 2. 3. 1835 als erster österreichischer Kaiser, zugleich aber auch als letzter Kaiser, der die Krone des „Heiligen Römischen Reiches Deutscher Nation“ getragen hat.

Kaiser Franz I. kann nicht zu den großen Herrschern aus dem Hause Habsburg gezählt werden. Er übte sein Amt getreu seiner Devise »Justitia regnorum fundamentum« gewissenhaft und gerecht aus. Im wesentlichen verfolgte er die politische Linie seines Onkels, Kaiser Josefs II. Von ihm übernahm er auch die spartanische Lebensweise. Wenn auch oft unwillig, unterwarf er sich dem stärkeren Willen Metternichs, der aber niemals die kaiserliche Autorität in Frage stellte. Angst und Mißtrauen gegenüber der aus Frankreich heranziehenden Revolution veranlaßten ihn, die Geheimpolizei zu verstärken und strenge Zensurmaßnahmen einzuführen. Es war der untaugliche Versuch, sein Land vor der Revolution zu schützen, die in Frankreich und im übrigen Europa soviel Unheil verursachte.

Als gläubiger Katholik war der Kaiser auf ein karitatives Christentum ausgerichtet, das seiner Veranlagung mehr entsprach als starrer Dogmatismus. Er behielt die Linie des Staatskirchentums aus der josefinischen Zeit bei. Den Juden erließ er die Toleranzsteuer und erhob viele von ihnen in den Adelsstand. Der Kaiser fühlte sich als Patriarch einer großen Familie, der er ein strenger, aber auch fürsorglicher Landesvater war, der sich nicht scheute, auch die Details der Lebensführung seiner Familie und Untertanen wie ein Staatsbeamter zu regeln. Sein guter Wille wurde von seinem Volk anerkannt, das dem Kaiser Liebe und Verehrung entgegenbrachte. Trotz seiner vielen Niederlagen und Verluste an Menschen, Land und Gut stieg seine Popularität im Volke ständig. Für die Wiener war er »der gute Kaiser Franz«. Zu Beginn der Napoleonischen Kriege hatte Josef Haydn die österreichische Nationalhymne »Gott erhalte Franz, den Kaiser, unsern guten Kaiser Franz« komponiert. Zu Ehren des Geburtstages des Kaisers wurde die Hymne erstmals am 12. 2. 1797 in allen Theatern Wiens gesungen.

Am wohlsten fühlte Kaiser Franz sich im Kreise seiner vielköpfigen Familie, der er in großer Zuneigung verbunden war. Franz II./I. war viermal verheiratet.

Auf Vermittlung seines Onkels, Kaiser Josefs II., heiratete Franz II./I. seine erste Gemahlin, Prinzessin Elisabeth Wilhelmine von Württemberg. Sie war erst 15 Jahre alt, als sie nach Wien kam und im Kloster der Salesianerinnen katholisch erzogen wurde. Mehrfach hatte Kaiser Josef II. die Hochzeit verschoben, da ihm sein Neffe noch nicht reif genug erschien. Erst Anfang 1788 gab Josef II. seine Erlaubnis zur Vermählung. Die Trauung nahm der jüngste Sohn der Kaiserin Maria Theresia, der Kurfürst und Erzbischof von Köln, Maximilian Franz, vor. Bei der Geburt ihres ersten Kindes starb Elisabeth Wilhelmine wenige Tage vor dem ihr besonders zugetanen Kaiser Josef II. Am Abend des Todestages Kaiser Josefs II. wurde die Kronprinzessin in der Kaisergruft bei den Kapuzinern beigesetzt.

Bereits sieben Monate nach dem Tode seiner ersten Gemahlin heiratete Franz seine Cousine Maria Theresia von Sizilien. Die sehr lebenslustige und verspielte Prinzessin schenkte ihrem Gemahl vier Söhne und acht Töchter. Die Ehe war überaus glücklich, und der Kaiser führte mit seiner Familie einen großbürgerlichen Haushalt. Die Lebensfreude Maria Theresias steckte auch den Kaiser an, und man konnte das Ehepaar in Laxenburg oder bei Maskenbällen ausgelassen tanzen sehen. Als Maria Theresia 1807 nach einer Frühgeburt starb, war der Kaiser untröstlich und mußte mit Gewalt von der Leiche seiner Gemahlin entfernt werden.

Neun Monate nach dem Tode seiner zweiten Gemahlin heiratete der Kaiser erneut. Dieses Mal war es eine andere Cousine, Maria Ludovika von Modena d'Este. Über dieser Ehe lag von vornherein der Schatten der schweren Erkrankung der 21jährigen Prinzessin. Sie litt an der Schwindsucht und mußte sich so weitgehend schonen, daß an eine normale Ehe schon mit Rücksicht auf die Gesundheit des Kaisers nicht zu denken war. Die schwere Erkrankung der Kaiserin brachte die gegenseitige Zuneigung in einen nicht lösbaren Konflikt. Aus der Korrespondenz des Kaiserpaares wissen wir, daß der Kaiser von Zeit zu Zeit eine Geliebte aufsuchte. So schrieb Maria Ludovika einmal:

»Ich werde versuchen, Dir zuliebe sehr dick zu werden, um die Reize der mageren Spintin zu verdunkeln. Hast Du sie wieder aufsuchen müssen, Du Lump?«

1815 war Maria Ludovikas Gesundheitszustand so gefestigt, daß sie den Kaiser nach Italien begleiten und in Venedig an Bällen und Veranstaltungen teilnehmen konnte. Von dort reiste sie in ihre Heimat nach Modena und besuchte ihre Familie, die nach Modena zurückgekehrt war und die Herrschaft wieder angetreten hatte. Anschließend sollte die Kaiserin sich in Verona von ihrer Erkrankung erholen. Hier starb Maria Ludovika nach einem unerwarteten Rückfall am 7. 4. 1816.

Kaiser Franz II./I. war nun zum drittenmal Witwer. Wiederum ließ er sich nur sieben Monate Zeit und vermählte sich zum viertenmal. Die Auserkorene war

Prinzessin Karoline von Bayern, deren Ehe mit dem Kronprinzen von Württemberg wenige Monate vorher durch Papst Pius VII. für ungültig erklärt worden war. So hatte die Scheidung Karoline letztlich doch noch Glück gebracht. Von nun an residierte sie als Kaiserin Karoline von Österreich in der Wiener Hofburg. Sie war nicht schön, aber doch charmant und von einem blühenden Aussehen. Dieses gesunde Aussehen soll es dem Kaiser besonders angetan haben. Seiner Umgebung gegenüber machte er die Bemerkung:

»Dann hab' ich nicht in ein paar Jahren gleich wieder eine Leich'.«

Diese sehr harmonisch verlaufene Ehe blieb kinderlos.

In seinem Testament hielt Kaiser Franz II./I. auf Vorschlag Metternichs am Legalitätsprinzip fest und bestimmte seinen kranken und wenig begabten Sohn Ferdinand als Nachfolger.

Die Nachkommen Kaiser Franz' II./I.

AUS DER EHE MIT ELISABETH VON WÜRTTEMBERG

1. Ludovika, Erzherzogin
   * 18. 2. 1790 in Wien
   † 24. 6. 1791 in Wien
   Grabstätte: Kaisergruft Wien – Nische A, Ferdinands-Gruft

AUS DER EHE MIT MARIA THERESIA VON NEAPEL-SIZILIEN

2. Maria Luise, Erzherzogin, Kaiserin von Frankreich
   * 12. 12. 1791 in Wien
   † 17. 12. 1847 in Parma
   Grabstätte: Kaisergruft Wien – neue Gruft

   1. ⚭ 2. 4. 1810 in Paris
   Napoleon I., Kaiser von Frankreich a. d. H. Bonaparte
   Eltern: Carlo Bonaparte, Advokat in Ajaccio/Korsika, und Letizia Ramolino
   * 15. 8. 1769 in Ajaccio
   † 5. 5. 1821 in Longwood auf St. Helena
   Grabstätte: Mausoleum im Invalidendom in Paris

   2. ⚭ 7. 9. 1821 in Parma
   Adam Adalbert, Graf von Neipperg, Feldmarschall-Leutnant
   Eltern: Leopold Johann, Graf von Neipperg, und Wilhelmine, Gräfin von Hetzfeld-Wilfenburg, Tochter Karl Ferdinands, Graf in Werther
   * 8. 4. 1775 in Wien
   † 22. 2. 1829 in Parma
   Grabstätte: Gruft in der Kirche della Madonna della Steccata in Parma

   3. ⚭ 17. 2. 1834 in Wien-Schönbrunn
   Karl, Graf von Bombelles
   Eltern: Marc Marie Marquis de Bombelles und Angélique Charlotte de Mackau, Tochter des Louis, Baron de Mackau
   * 6. 11. 1784 in Versailles
   † 30. 5. 1856 in Versailles
   Grabstätte: Kapelle in Grisy-sur-Seine (Département de Seine et Marne)

Aus der Verbindung mit Kaiser Napoleon I. stammt:

NAPOLEON II. Franz Josef Karl, König von Rom, Herzog von Reichstadt
* 20. 3. 1811 in Paris
† 22. 7. 1832 in Wien-Schönbrunn
Grabstätte: Seitenkapelle im Invalidendom in Paris

Napoleon II. erhielt bei seiner Geburt von seinem Vater den Titel »König von Rom« und wurde 1818 zum Herzog von Reichstadt ernannt.
Aus der Verbindung Maria Luises mit dem Grafen Neipperg stammten die Tochter Albertine Marie und der Sohn Wilhelm Adalbert. Da die Kaisertochter die Liaison mit dem Grafen Neipperg vor ihrem Vater geheimhalten mußte, wurden beide Kinder vorehelich geboren. Wilhelm Adalbert erhielt 1864 den Titel eines 1. Fürsten von Montenuovo. Dessen Sohn Alfred, 2. Fürst von Montenuovo, war Obersthofmeister am Hofe Kaiser Franz Josephs I. und spielte bei den Vorgängen um die Vermählung Erzherzog Franz Ferdinands mit der Gräfin Sophie Chotek sowie nach der Ermordung des Ehepaares bei der Beisetzung desselben eine unrühmliche Rolle.

3. FERDINAND, Erzherzog
⚭ MARIA ANNA, Prinzessin von Sardinien
Siehe unter Kaiser Ferdinand I. von Österreich

4. KAROLINE LEOPOLDINE, Erzherzogin
* 8. 6. 1794 in Wien
† 16. 3. 1795 in Wien
Grabstätte: Kaisergruft Wien – Nische D, Ferdinands-Gruft

5. KAROLINE LUISE, Erzherzogin
* 4. 12. 1795 in Wien
† 30. 6. 1799 in Wien
Grabstätte: Kaisergruft Wien – Nische C, Ferdinands-Gruft

6. LEOPOLDINE, Erzherzogin, Kaiserin von Brasilien
* 22. 1. 1797 in Wien
† 11. 12. 1826 im Palast von Boa Vista bei Rio de Janeiro
Grabstätte: Gruft in der Krypta des Unabhängigkeitsdenkmals im Vorort Ipiranga von São Paulo/Brasilien

⚭ 6. 11. 1817 in Rio de Janeiro
DOM PEDRO, Kronprinz von Portugal, als Pedro I. Kaiser von Brasilien
Eltern: Johann IV., König von Portugal, und Charlotte, Infantin von Spanien, Tochter Karls IV., König von Spanien
* 12. 10. 1798 in Lissabon
† 24. 9. 1834 in Lissabon
Grabstätte: Gruft in der Krypta des Unabhängigkeitsdenkmals im Vorort Ipiranga von São Paulo/Brasilien

Erzherzogin Leopoldine war auch ihrer äußeren Erscheinung nach eine echte Habsburgerin. Dem väterlichen Wunsch entsprechend, der von Staatskanzler Metternich unterstützt wurde, mußte sie den portugiesischen Kronprinzen Dom Pedro, Erbe eines gewaltigen Reiches, heiraten. Am 9. 1. 1817 wurde Dom Pedro zum Thronerben des Vereinigten Königreiches von Portugal, Brasilien und Algarbien erklärt. Dieser hochintelligente, aber jähzornige und unberechenbare Epileptiker war an einem vom Sittenverfall gezeichneten Hof aufgewachsen. Schon früh hatte Dom Pedro zahlreiche Liebschaften mit Sklavinnen und Andersfarbigen. Auch nach seiner Vermählung mit der aus einem behüteten Elternhaus kommenden Erzherzogin Leopoldine setzte der Kronprinz seinen zügellosen Lebenswandel fort. Die beim brasilianischen Volk sehr beliebte Leopoldine war maßgeblich an der Gründung des Kaiserreiches Brasilien beteiligt und führte in der Sitzung des Staatsrates, der am 2. 9. 1822 die Trennung Brasiliens von Portugal beschloß, den Vorsitz.

Zu diesem Zeitpunkt hatte der Kaiser bereits seine Geliebte Dona Domitila, der er immer mehr verfiel und die zum Ruin der Ehe Leopoldines wurde. Auch die Geburt eines Thronfolgers vermochte an der sittenlosen Haltung Dom Pedros nichts zu ändern. Er zerstörte das Leben Leopoldines, wie es gründlicher nicht ging. Das ganze Ausmaß der Leiden der Kaiserin geht aus dem Briefwechsel hervor, den sie mit ihrer Schwester Marie Luise führte, zu der sie engen und vertraulichen Kontakt hatte. Schließlich versank Leopoldine in Depressionen und verfiel nach einer Fehlgeburt dem Siechtum. Nach einem längeren Krankenlager verstarb diese edle Habsburgerin im Alter von 29 Jahren. Nach vorübergehender Beisetzung im Ajuda-Kloster und seit dem 1. 11. 1911 im Santo-Antonio-Kloster wurde Kaiserin Leopoldine am 7. 9. 1954 nach einem Requiem in der Kathedrale von São Paulo mit großem Prunk und Zeremoniell in der Krypta des Nationaldenkmals in Ipiranga, einer Vorstadt São Paulos, beigesetzt. Nach der Überführung von Lissabon wurden hier am 6. 9. 1972 auch die sterblichen Überreste Dom Pedros beigesetzt. Der Sarkophag Leopoldines trägt die Inschrift:

»Ihr Geist, so glauben wir, wohnt im Himmel;
Ihr Gedächtnis werden die Jahrhunderte nicht verwischen.«

In der Heimat hält die von Kaiser Franz I. von Österreich ins Leben gerufene Leopoldinenstiftung von 1829 zur Förderung der katholischen Missionen in Amerika die Erinnerung an Leopoldine aufrecht. Nach dem Verzicht Dom Pedros auf die Krone Portugals zugunsten seiner aus der Ehe mit Leopoldine hervorgegangenen und mit Prinz Ferdinand von Sachsen-Coburg-Gotha vermählten Tochter Maria da Gloria regierte diese ab 2. 5. 1826 unter dem Namen Maria II. als Königin von Portugal. Deren Nachkommen waren bis 1910 die Könige von Portugal aus dem Hause Sachsen-Coburg-Gotha.

7. KLEMENTINE, Erzherzogin
* 1. 3. 1798 in Wien
† 3. 9. 1881 in Chantilly
Grabstätte: Kaisergruft Wien

⚭ 28. 7. 1818 in Wien
LEOPOLD, Prinz von Salerno
Eltern: Ferdinand I., König beider Sizilien, und Karoline, Erzherzogin von Österreich, Tochter Franz' I., Römischer Kaiser
* 2. 7. 1790 in Neapel
† 10. 3. 1851 in Neapel
Grabstätte: Grabkapelle der Bourbonen in der Kirche Santa Chiara in Neapel

8. JOSEF FRANZ, Erzherzog
* 9. 4. 1799 in Wien
† 30. 6. 1807 in Wien
Grabstätte: Kaisergruft Wien – Nische A, Ferdinands-Gruft

9. FRANZ KARL, Erzherzog
* 7. 12. 1802 in Wien
† 8. 3. 1878 in Wien
Grabstätte: Kaisergruft Wien – neue Gruft

⚭ 4. 11. 1824 in Wien
SOPHIE FRIEDERIKE, Prinzessin von Bayern a. d. H. Pfalz-Zweibrücken-Birkenfeld
Eltern: Maximilian I. Josef, König von Bayern, und Karoline, Prinzessin von Baden, Tochter Karl Ludwigs, Erbprinz von Baden
* 27. 1. 1805 in München
† 28. 5. 1872 in Wien
Grabstätte: Kaisergruft Wien – neue Gruft

Erzherzog Franz Karl und die Erzherzogin Sophie waren die Eltern des späteren Kaisers Franz Joseph I.
Erzherzog Franz Karl verzichtete 1848 in Olmütz zugunsten seines Sohnes auf die Thronfolge.

10. KAROLINE FERDINANDA, Erzherzogin
* 8. 4. 1801 in Wien
† 22. 5. 1832 in Dresden
Grabstätte: Gruft unter dem NW-Schiff der kath. Hofkirche in Dresden

⚭ 7. 10. 1819 in Dresden
FRIEDRICH AUGUST II., König von Sachsen
Eltern: Maximilian, Herzog von Sachsen, und Karoline, Prinzessin von Parma, Tochter Ferdinands I., Herzog von Parma

* 12. 5. 1797 in Dresden
† 9. 8. 1854 in Bremsbüchl bei Imst/Tirol
Grabstätte: Gruft unter der Kreuzkapelle der kath. Hofkirche in Dresden

11. MARIA ANNA, Erzherzogin
* 8. 6. 1804 in Wien
† 28. 12. 1858 in Wien
Grabstätte: Kaisergruft Wien – Nische C, Ferdinands-Gruft

12. JOHANN NEPOMUK, Erzherzog
* 30. 8. 1805 in Wien
† 19. 2. 1809 in Wien
Grabstätte: Kaisergruft Wien – Nische A, Ferdinands-Gruft

13. AMALIA THERESIA, Erzherzogin
* 6. 4. 1807 in Wien
† 9. 4. 1807 in Wien
Grabstätte: Kaisergruft Wien – Toskana-Gruft

Kaiser Ferdinand I.

Kaiser Ferdinand I.

* 19. 4. 1793 in Wien
† 29. 6. 1875 in Prag
Grabstätte: Kaisergruft Wien – Ferdinands-Gruft

⚭ 27. 2. 1831 in Wien-Schönbrunn
MARIA ANNA, Prinzessin von Sardinien-Piemont
Eltern: Victor Emanuel I., König von Sardinien-Piemont, und Maria Theresia, Erzherzogin von Österreich-Modena d'Este, Tochter Ferdinands, Erzherzog von Österreich-Modena d'Este
* 19. 9. 1803 in Rom
† 4. 5. 1884 in Prag
Grabstätte: Kaisergruft Wien – Ferdinands-Gruft

WAHLSPRUCH: Recta tueri = Das Recht schützen

28. 9. 1830	in Preßburg in der St.-Martins-Kirche als Ferdinand V. zum Apostolischen König von Ungarn gekrönt.
2. 3. 1835	König von Böhmen.
2. 3. 1835	Kaiser von Österreich.
7. 9. 1836	in Prag im St.-Veits-Dom als Ferdinand V. zum König von Böhmen gekrönt.
6. 9. 1838	in Mailand mit der „eisernen Krone" zum König von Lombardei-Venetien gekrönt.
2. 12. 1848	in Olmütz Abdankung zugunsten seines Neffen Erzherzog Franz Joseph.

Als ältester Sohn des Kaisers war Ferdinand I. zur Thronfolge bestimmt. Wohl waren Überlegungen vorausgegangen, Ferdinand wegen seiner geistigen und physischen Gebrechen von der Thronfolge auszuschließen und seinen Bruder, Erzherzog Franz Karl, zum Nachfolger zu bestimmen. Das entscheidende Wort in der Nachfolgefrage sprach letztlich Staatskanzler Metternich, der Kaiser Franz bewog, am Legalitätsprinzip festzuhalten. Hinter der Einflußnahme Metternichs verbarg sich das Streben desselben nach der alleinigen Staatsführung. So kam es, daß der Kaiser seinem Sohn und Nachfolger in seinem Testament empfahl:

»Übertrage auf den Fürsten Metternich, meinen treuen Diener und Freund, das Vertrauen, welches ich ihm während einer so langen Reihe von Jahren gewidmet habe, verrücke nichts in den Grundlagen des Staatsgebäudes, regiere, verändere nichts.«

Als Kind wuchs Ferdinand im Kreise zahlreicher Geschwister in einer heiteren Welt heran. Besonders die fünf älteren Geschwister, Maria Luise, Karoline, Leopoldine, Klementine und Ferdinand, fühlten sich besonders miteinander verbunden. Die Kinderjahre verbrachte der junge Erzherzog mit seiner Familie vorzugsweise in der Hofburg, in Schönbrunn und im Sommer in Laxenburg mit seinen herrlichen Parkanlagen. Bereits in jungen Jahren waren die körperliche Behinderung und die geistige Schwerfälligkeit Ferdinands nicht zu übersehen. Sein Körper war zart, seine Haltung schlaff – dazu kam sein phlegmatisches Temperament. Diese Umstände machten seine Erziehung nicht problemlos. Sie wurde allerdings mit Sorgfalt vorgenommen und von der Kaiserin persönlich überwacht. Diese zögerte nicht, einzugreifen und Ferdinand gegebenenfalls auch wegen seiner Trägheit zu tadeln und zu bestrafen. Schon frühzeitig machte sich bei ihm wie bei vielen Habsburgern eine besondere Vorliebe für die Musik bemerkbar. Seine ausgeprägte technische Begabung, sein Hang zu den Naturwissenschaften und seine Veranlagung zu künstlerischem Wirken konnten infolge seiner Erkrankung kaum gefördert werden.

Mit 22 Jahren nahm Ferdinand am 10. 7. 1815 an der Seite seines Vaters am feierlichen Einzug in Paris teil. 1830 wurde er zum König von Ungarn gekrönt und konnte 1836 die Krone Böhmens in Empfang nehmen. Infolge seiner gesundheitlichen Unzulänglichkeiten waren solche Feierlichkeiten für den Kronprinzen immer eine große körperliche Belastung. Beim Regierungsantritt brachte Ferdinand nur wenig Voraussetzungen für sein Amt mit. Er mußte sich einer Art Vormundschaft unterwerfen.

Am 12. 2. 1836 wurde die Staatskonferenz gebildet, die für Kaiser Ferdinand I. die Leitung der Staatsgeschäfte übernahm. Den Vorsitz führte Erzherzog Ludwig als Bruder Kaiser Franz' I. Der Staatskonferenz gehörten ferner an: Staatskanzler Metternich, Minister Kolowrat und Erzherzog Franz Karl.

Sowohl Kaiser Ferdinand I. als auch die sehr begabten Brüder Kaiser Franz' I., die Erzherzöge Karl und Johann, blieben von der Regierung weitgehend ausgeschlossen.

Am 15. 7. 1840 schlossen die Großmächte Österreich, Großbritannien, Rußland und Preußen die erste Londoner Konvention zum bewaffneten Eingreifen in den Konflikt zwischen Ägypten und der Hohen Pforte. Im Zuge der getroffenen militärischen Maßnahmen besetzte eine englisch-österreichische Flotte Beirut. Ägypten mußte sich dem Druck der Großmächte beugen und schloß am 13. 7. 1841 in der zweiten Londoner Konvention Frieden.

Der Liberalismus in Österreich nahm immer mehr Form an. Diese Bestrebungen wurden durch die Bildung von liberalen Vereinen gestärkt. Der Ruf nach Teilnahme an politischer Verantwortung wurde in der Sorge um den Staat immer stärker. Einer der ersten Vereine dieser Art war der politische Leseverein, der in seinen Statuten die Durchsetzung liberaler Ideen aufnahm. Die Gründung dieses Vereins, dessen Vorsitzender ein ehemaliger Lehrer des Kaisers wurde, erhielt die Genehmigung Kaiser Ferdinands I. Im gleichen Jahr 1840 schlossen sich im Verein Concordia Schauspieler, Dichter und andere Künstler zusammen. Der Ruf nach Reformen im Sinne Maria Theresias und Josefs II. wurden immer lauter. Da Metternich Reformen mit allen Mitteln zu verhindern suchte und die Reformbestrebungen an der Haltung des Staatskanzlers scheiterten, kam es schließlich zum Ausbruch der Revolution. Während die Arbeiter aus wirtschaftlicher Not und wegen völlig unzulänglicher sozialer Verhältnisse zu Revolutionären wurden, kämpfte die übrige Bevölkerung um das politische Mitspracherecht.

Die ersten revolutionären Ansätze zeigten sich in Galizien, wo der polnische Adel sich gegen die österreichische Unterdrückung erhob. Die polnischen Bauern verhielten sich ablehnend, da sie sich vor dem Entzug des österreichischen Schutzes fürchteten. Am 18. 2. 1846 konnte der Aufstand von österreichischen Truppen niedergeworfen werden. Bei dieser Gelegenheit annektierte Österreich mit Billigung Preußens und Rußlands, aber gegen den Widerspruch Großbritanniens und Frankreichs den Freistaat Krakau, der 1815 unter den Schutz Österreichs, Preußens und Rußlands gestellt worden war.

Die liberalen Bewegungen konnten 1847 in ganz Mitteleuropa die ersten sichtbaren Fortschritte erzielen. Auch in Österreich kam es infolge der sich verschlechternden wirtschaftlichen Lage insbesondere in den Arbeiterstädten zu Demonstrationen. In Ungarn und Böhmen wurde der Ruf nach weitgehender nationaler Selbständigkeit und einer eigenen Verfassung laut. In Italien wurde die Forderung nach einem eigenen Nationalstaat erhoben.

Von Italien ging auch der Beginn der Revolution von 1848 aus. Am 1. 1. 1848 kam es zu Erhebungen im Königreich Lombardo-Venetien. Zentren des Aufstandes wurden Mailand, Brescia und Padua. Kaiserliche Truppen unter dem Oberbefehl von Generalfeldmarschall Johann Joseph Wenzel Graf Radetzky erhielten den Auftrag, die Aufstände niederzuschlagen. An die Spitze der revolutionären Bewegung in Italien setzte sich König Albert von Sardinien-Piemont, der seinem Land eine freiheitliche Verfassung gab und zum Kampf gegen die Habsburger aufrief. Am 22. 2. 1848 wurde über das Königreich Lombardo-Venetien der Kriegszustand verhängt. Einen Tag später brach auch in Frankreich die Revolution aus und führte zur Absetzung König Ludwig Philipps I., der ins Ausland fliehen mußte.

Die revolutionären Strömungen in Europa ermunterten nunmehr auch die ungarischen Nationalisten, die unter Führung von Ludwig Kossuth auf einem Reichstag für das gesamte Kaiserreich eine demokratische Verfassung forderten. Der geistige Urheber dieser Forderungen, der junge Freiherr Joseph von Eötvös, der von Ludwig Graf Batthyány und Stephan Graf Széchényi sowie Franz von Déak unterstützt wurde, blieb mit seinen Gesinnungsfreunden allerdings der habsburgischen Dynastie gegenüber loyal.

Vom 31. 3. 1848 bis zum 3. 4. 1848 tagte in der Paulskirche zu Frankfurt a. Main das Vorparlament, bestehend aus 500 Vertrauensmännern aus den deutschen Staaten. Aus Preußen nahmen 141, aus Österreich dagegen nur zwei Vertreter teil. Man beschloß die Einberufung der Frankfurter Nationalversammlung nach einem allgemeinen, direkten und gleichen Wahlrecht. Tschechen und Slowenen lehnten die Entsendung von Vertretern ins Frankfurter Vorparlament ab. Diese Haltung wurde von dem tschechischen Nationalisten Franz Palacký in einem Schreiben an den Präsidenten des Vorparlaments wie folgt begründet:

»Ich bin ein Tscheche slawischer Herkunft und mit dem Wenigen, das ich besitze und das mir gehört, habe ich mich ganz und für immer dem Dienst meines Volkes gewidmet. Wohl ist dieses Volk klein, aber seit unvordenklichen Zeiten ist es ein unabhängiges Land mit eigenem Charakter gewesen; seine Herrscher haben seit alten Zeiten am Bund der deutschen Fürsten teilgenommen, aber das Volk fühlt sich deshalb niemals als Teil des deutschen Volkes und wurde von anderen durch die Jahrhunderte hindurch niemals dafür gehalten. Die Verbindung der tschechischen Länder erst mit dem Heiligen Römischen Reich und dann mit dem Deutschen Bund war immer eine rein dynastische, von der die tschechische Nation, die tschechischen Stände nicht viel wissen wollten und die sie kaum beachteten. Der zweite Grund, der mich davon abhält, an Ihren Beratungen teilzunehmen, ist die Tatsache, daß Sie nach allem, was bisher öffentlich von Ihren Zielen und Absichten bekannt geworden ist, jetzt und künftig unwiderruflich danach streben, Österreichs Unabhängigkeit zu vernichten und sein Weiterbestehen unmöglich zu machen – ein Reich, dessen Erhaltung, Integrität und Festigung eine große und wichtige Angelegenheit nicht nur für meine eigene Nation, sondern für ganz Europa, sogar für die Menschheit und für die Kultur selbst ist und sein muß.

Wenn ich über die böhmische Grenze sehe, wende ich mich aus historischen und natürlichen Gründen nicht nach Frankfurt, sondern nach Wien, um dort

den Mittelpunkt zu suchen, der geeignet wäre, den Frieden, die Freiheit und das Recht meines Volkes zu sichern und zu verteidigen. Um Europas willen darf Wien nicht zur Rolle einer Provinzstadt herabsinken. Wenn es in Wien selbst Leute gibt, die ihr Frankfurt haben wollen, dann müssen wir rufen: ›Herr, vergib ihnen, denn sie wissen nicht, was sie verlangen.‹
Endlich gibt es einen dritten Grund, weshalb ich es ablehne, an Ihrer Versammlung teilzunehmen; ich halte alle die bisher gemachten Versuche, dem deutschen Volk eine neue, auf den Willen des Volkes begründete Verfassung zu geben, für undurchführbar und als nicht sicher genug für die Zukunft, solange Sie sich nicht wirklich für die Operation auf Leben oder Tod entscheiden, womit ich die Proklamierung einer deutschen Republik meine. Jedoch muß ich im voraus energisch und eindeutig jede Idee einer Republik innerhalb der Grenzen Österreichs zurückweisen. Denken Sie an ein in zahlreiche Republiken und Zwergrepubliken geteiltes Österreich – was für eine großartige Basis für eine russische Universalmonarchie.«

In den böhmischen Ländern herrschte eine nicht weniger revolutionäre Stimmung als in den anderen Landesteilen. In Wien richteten Bürger und Studenten mehrere Bittschriften an Ferdinand I. und verlangten eine freiheitliche Verfassung für alle Länder der Monarchie. Mit allen ihm zur Verfügung stehenden Mitteln versuchte Metternich, die Ziele der »Umstürzler« zu verhindern, und verfolgte eine hinhaltende Taktik. Im Hintergrund arbeitete die ehrgeizige Erzherzogin Sophie am Sturz Metternichs und unternahm mehrmals den Versuch, Ferdinand I. zur Abdankung zugunsten ihres Sohnes Franz Joseph zu bewegen. Durch diese unverhohlen zur Schau getragene Uneinigkeit am Wiener Hof wurden die liberalen Kräfte nur gestärkt. Zusehends verschärfte sich die Lage in Wien. Schließlich glich die Hofburg einer belagerten Festung. Polizei und Militär konnten Plünderungen und Brandstiftungen nicht mehr verhindern. Der sich abzeichnende Sturz der Monarchie veranlaßte Erzherzog Ludwig, den als Symbol für Unterdrückung und Unfreiheit geltenden Staatskanzler Metternich zu opfern. In den Abendstunden des 13. 3. 1848 erhielt Metternich die Aufforderung von seinem Amt zurückzutreten.

Nach dem der Kaiserin Anna gegebenen Rat, einem Thronwechsel nicht zuzustimmen, verließ Metternich noch am gleichen Abend Wien und begab sich in Begleitung seiner Gemahlin nach London ins Exil. Die Nachricht vom Sturz des Staatskanzlers wurde von den Wienern begeistert gefeiert. Studenten und Bürger konnten die Ruhe zwar einigermaßen wiederherstellen, doch behielten die Revolutionäre die Initiative.

Am Tage nach der Flucht Metternichs versprach der Kaiser den Bürgern, sie bei der Ausarbeitung der Verfassung zu beteiligen.

Im Lombardo-Venetianischen Königreich hielten die Unruhen gleichfalls an. Am 22. 3. 1848 mußte Radetzky Mailand räumen. Auch Venetien war nicht mehr zu halten. Die Herzöge von Parma und Modena sowie der Großherzog von Toskana mußten ihre Residenzen verlassen und begaben sich ins Ausland.

Böhmen verlangte die völlige Gleichstellung des tschechischen Volksteils mit den deutschen Bewohnern sowie eine gemeinsame Ständeversammlung für Böhmen, Mähren und Österreichisch-Schlesien. Der Kaiser genehmigte die Gleichstellung der beiden Landessprachen, lehnte aber eine Verfassung für die Länder der Wenzelskrone ab. Die Ablehnung führte zu der weitergehenden Forderung nach einer staatsrechtlichen Sonderstellung der Länder innerhalb der Gesamtmonarchie. Sowohl diese als auch die später erhobene Forderung der Tschechen nach einem Staatsgrundgesetz mit nationaler Gleichberechtigung und einem gemeinsamen Parlament für Böhmen, Mähren und Schlesien verfiel der Ablehnung durch Ferdinand I. in seiner Eigenschaft als König von Böhmen.

Am 25. 3. 1848 erklärte König Albert von Sardinien-Piemont Österreich den Krieg. Sardinische Truppen marschierten in die Lombardei ein und besetzten Mailand.

Nach der Bildung einer liberal-nationalen Regierung durch Graf Batthyány in Ungarn erhielt das Land am 11. 4. 1848 seine 48er Verfassung. Die ungarische Hofkanzlei, die Preßburger Hofkammer und die königliche Statthalterei wurden in Ministerien umgewandelt. Die ungarische Regierung erhielt eigene Machtbefugnisse im gesamten Bereich der Stephanskrone. Mit dem Ziel der Bildung eines ungarischen Nationalstaates wurde die magyarische Sprache alleinige diplomatische Sprache.

Für das Kaisertum Österreich wurde die oktroyierte Verfassung proklamiert, die gegenüber der Zeit Metternichs erhebliche Fortschritte brachte und dennoch als undemokratisch abgelehnt wurde. Alle Staaten des Kaisertums Österreich mit Ausnahme von Ungarn wurden unter einer zentralistischen Regierung in einem Staat zusammengefaßt. In der Gesetzgebung an den Reichstag gebunden, lag die oberste mit einem Vetorecht ausgestattete Gewalt allein beim Kaiser. Den Volksstämmen und Nationalitäten des Kaiserreiches wurde Unverletzlichkeit garantiert. Die Grundrechte wurden durch die Verfassung geschützt. Bereits Anfang Mai kam es in Wien zu Demonstrationen gegen die neue Verfassung. Die sich in den Straßen Wiens ausdehnenden Kämpfe veranlaßten den Kaiser, das allgemeine und freie Wahlrecht sowie eine neue Verfassung zu bewilligen. Am 17. 5. 1848 floh die kaiserliche Familie nach Innsbruck. Der Kaiser begründete die Flucht mit der Suche nach unblutigen Lösungen der verworrenen Verhältnisse und machte Studenten und in die Irre geleitete Bürger für die Unruhen verantwortlich.

Am 29. 5. 1848 wurde in Prag eine provisorische Regierung für Böhmen gebildet. Leo Graf von Thun übernahm die Leitung der Regierung, der auch Franz Palacký angehörte. Delegierte der slawischen Völker trafen sich am 2. 6. 1848 zum Slawenkongreß in Prag. Die Forderung der tschechischen Delegierten nach einem aus Böhmen, Mähren und dem österreichischen Schlesien bestehenden selbständigen Königreich mit eigener Verfassung wurde von Ferdinand I. abgelehnt. Die daraufhin in Prag ausgebrochene Revolution wurde von Alfred Fürst zu Windischgrätz grausam niedergeschlagen und endete mit der Auflösung des

Slawenkongresses und der Gefangennahme des Grafen Thun und anderer Teilnehmer des Kongresses.

Am 26. 6. 1848 ernannte der Kaiser seinen Onkel, Erzherzog Johann, zu seinem Stellvertreter in Wien. Drei Tage später wurde der Erzherzog von der Deutschen Nationalversammlung zum Reichsverweser gewählt.

Mit Beginn der zweiten Jahreshälfte 1848 zeichnete sich eine Besserung der Lage zugunsten der Dynastie Habsburg ab. Am 22. 7. 1848 wurde der konstituierende Reichstag eröffnet. Damit sah man das Ziel der revolutionären Bewegung als erreicht an und wandte sich gegen weitere radikale Ausschreitungen. Auch die Bauern schwenkten nach Aufhebung des Untertänigkeitsverhältnisses in das konservative Lager.

Die Verhältnisse in Italien brachten gleichfalls eine Besserung der Lage. Nach vorübergehenden Erfolgen wurde König Karl Albert von Sardinien-Piemont am 25. 7. 1848 bei Custozza von Radetzky entscheidend besiegt. Nach Abschluß des Waffenstillstandes mußte Karl Albert die Lombardei räumen, und Radetzky konnte am 6. 8. 1848 wieder in Mailand einziehen. Die Besetzung Parmas und Modenas ermöglichte die Rückkehr der Herzöge in ihre Fürstentümer. Auch der Großherzog von Toskana konnte in sein Land zurückkehren. Aufgrund dieser Erfolge der Österreicher kehrte Kaiser Ferdinand I. mit seinem Hof am 12. 8. 1848 nach Wien zurück und feierte am 13. 8. 1848 im St.-Stephans-Dom einen Dankgottesdienst.

Im September verschärfte sich die Lage in Ungarn. Am 12. 9. 1848 trat Graf Batthyány zurück und Ludwig Kossuth übernahm das Amt des Ministerpräsidenten. Daraufhin trat der Palatin von Ungarn, Erzherzog Stephan, von seinem Amt zurück und ging nach Wien. Mit der Ermordung des vom Kaiser zu seinem Stellvertreter ernannten Franz Philipp Graf Lamberg brach die Revolution in Ungarn aus. Ferdinand I. löste den ungarischen Reichstag auf und verhängte den Ausnahmezustand über das Land. Alle vom Kaiser in seiner Eigenschaft als König von Ungarn nicht bestätigten Beschlüsse des ungarischen Reichstags wurden für ungültig erklärt. Josef Freiherr von Jellačić wurde zum Oberbefehlshaber der kaiserlichen Truppen und zum Statthalter des Kaisers in Ungarn ernannt. Da der ungarische Reichstag sich den Verfügungen des Kaisers widersetzte, kam es zum Kriegszustand. Gleichzeitig kam es in Wien zu neuen Aufständen. Der kaiserliche Hof verließ fluchtartig die Stadt und begab sich nach Olmütz. Die Aufstände wurden von Fürst Windischgrätz gebrochen, der die Stadt am 30. 10. 1848 besetzen konnte. Die Revolution war damit endgültig niedergeschlagen. Die Rädelsführer wurden hart bestraft. Von den verhafteten Revolutionären wurden 24 standrechtlich erschossen. In der Folge konnten die konservativen Kräfte sich in allen Landesteilen durchsetzen.

Der vom Kaiser neu ernannte Ministerpräsident Felix Fürst zu Schwarzenberg mit Franz Graf von Stadion als Innenminister, Alexander Freiherr von Bach als Justizminister, Karl Ludwig Freiherr von Bruck als Handelsminister und Leo Graf von Thun als Unterrichtsminister legte ein Regierungsprogramm vor, das neben der Gleichberechtigung aller Nationalitäten auch die Gleichheit aller Bürger vor dem Gesetz vorsah.

Der vom Kaiser am 22. 10. 1848 von Wien nach Kremsier verlegte Reichstag wurde am 22. 11. 1848 eröffnet. In diesem Parlament hatten sich Slawen und Deutsche angesichts der gemeinsamen Bedrohung durch die militärische Konterrevolution zusammengefunden. Unter maßgeblicher Mitarbeit des Tschechen Palacký wurde der Versuch unternommen, die Monarchie auf demokratischer und föderativer Basis neu zu gestalten. In dem Entwurf wurde den historisch gewachsenen Provinzen und den nationalen Kräften Raum zur Selbstentfaltung gegeben. Es war der bedeutendste Versuch österreichischer Volksvertreter, das Nationalitätenproblem verfassungsrechtlich einvernehmlich zu lösen. Die Gegenrevolution war stärker, und die Wiener Regierung löste den Reichstag am 7. 3. 1849 auf, ohne daß die Ideen der Volksvertreter zum Tragen gekommen wären.

Die in Frankfurt a. Main tagende Nationalversammlung war überschattet von dem Gegensatz zwischen den Großdeutschen und den Kleindeutschen. Schließlich kam es bei den entscheidenden Abstimmungen zu einer knappen Mehrheit für die kleindeutsche Lösung unter Ausschluß Österreichs. Es schien, als habe die nationalstaatliche preußische Idee über die großdeutsche österreichische Idee gesiegt. Mit 290 Stimmen bei 248 Enthaltungen wurde König Friedrich Wilhelm IV. von Preußen zum erblichen Kaiser gewählt. Am 3. 4. 1849 wurde dem preußischen König von einer Deputation der Frankfurter Nationalversammlung die deutsche Kaiserkrone angeboten. Der preußische König lehnte das Angebot der durch die Revolution nach oben gekommenen Männer ab. Damit konnte die offene Konfrontation mit Österreich vermieden werden. Das Werk der Frankfurter Nationalversammlung war gescheitert.

Nach der Niederschlagung der Revolution war es die erste Aufgabe der Verantwortlichen, das Kaisertum und damit die Dynastie Habsburg zu stärken. Im Einvernehmen mit Ministerpräsident Schwarzenberg bereitete Erzherzogin Sophie die Abdankung Kaiser Ferdinands I. vor.

Am 2. 12. 1848 versammelte sich der Wiener Hof im Erzbischöflichen Palais in Olmütz. Nach der Volljährigkeitserklärung des kaiserlichen Neffen Franz Joseph verzichtete Erzherzog Franz Karl, der Vater Franz Josephs, auf sein Thronfolgerecht. Sodann verlas Kaiser Ferdinand I. seine Abdankungsurkunde und verzichtete zugunsten seines Neffen Franz Joseph auf den Thron. Als der 18jährige Kaiser Franz Joseph I. vor seinem Onkel das Knie beugte, bemerkte Kaiser Ferdinand I. schlicht: »Sei nur brav, es ist gerne geschehen.«

Kaiser Ferdinand I. war in seinen 13 Regierungsjahren nur ein Schattenkaiser. Die Fäden der Macht hielten andere in ihren Händen. Vom Schicksal durch krankhafte Anlagen schwer geprüft, war er trotz seiner sorgfältigen Erziehung nicht in der Lage, die Gestaltung der österreichischen Monarchie und der mit der Krone verbundenen Länder zu beeinflussen. Hervorgehoben werden muß seine auch von seinen Zeitgenossen gerühmte Herzensgüte, die ihm den Beinamen »der Gütige« eintrug.

Die Vermählung Ferdinands I. war ein Werk des Staatskanzlers Metternich, der unter allen Umständen die Einsetzung eines der Brüder Kaiser Franz' I., Erzherzog Karl oder Erzherzog Johann, als Regent für den Fall vermeiden wollte, daß Ferdinand und sein Bruder Franz Karl von der Thronfolge ausgeschlossen werden sollten. So erklärte Metternich Ende 1830 zum Entsetzen der Erzherzogin Sophie, es gäbe keinen Grund, warum der Thronfolger nicht heiraten sollte. Die Braut war bereits gefunden und ausgewählt worden. Es war die Prinzessin Maria Anna von Sardinien-Piemont. So konnte Metternich sich später in der Frage der Nachfolge auf das Legitimitätsprinzip berufen und behielt bei den geistigen Unzulänglichkeiten Ferdinands I. die Fäden der Politik weiter in seinen Händen.

Prinzessin Anna war weder schön noch charmant, dafür aber bescheiden und fügsam. Ihren Bräutigam, den unglücklichen Ferdinand, sah sie erst wenige Tage vor der Hochzeit. Natürlich war die Ehe durch die Krankheit Ferdinands von vornherein schwer belastet und glich eher dem Verhältnis einer Pflegerin zu einem Kranken als dem von Ehegatten. Dennoch wurde das Paar glücklich, weil die Prinzessin die Neigungen und Interessen des Kaisers teilte.

Nach seiner Abdankung lebte Ferdinand I. mit seiner Gemahlin auf dem Prager Hradschin. Dort erfreute das Paar sich an Musik und pflegte die Blumen und Anlagen im Garten des Königsschlosses. Trotz seiner Gebrechen lebte Ferdinand noch 27 Jahre und starb im hohen Alter von 82 Jahren am 29. 6. 1875 in Prag.

Ihm, der durch seinen Tod kaum eine Lücke hinterließ, widmete eine tschechische Zeitung als König Ferdinand V. von Böhmen einen kaum erwarteten Nachruf:

»Die Krone des heiligen Wenzel ist verwaist, unser König ist tot, wir sind Waisen, denn unser Vater ging zu seinen Vätern. Der königliche Vertreter unserer geheiligten unveräußerlichen Rechte ward zu seinen Ahnen versammelt, der gekrönte König von Böhmen starb. Keiner seiner Vorgänger aus dem Hause Habsburg liebte das tschechische Volk so wie er. Er gab uns alle unsere Rechte, die uns nach Recht und Gerechtigkeit gebühren, und er wollte das Königreich herstellen in allem seinem Ruhme. Er entsagte aber lieber dem Throne und wollte nicht Kaiser des österreichischen Staates sein, als den Tschechen nicht ihr Recht zuteil werden zu lassen. Obwohl stets in unseren Herzen das unvergängliche Streben nach unserem Recht leben wird, das uns niemand nehmen kann, so erfüllte uns doch bisher der süße Trost, daß wir einen gekrönten König hatten und daß Gott ihn uns erhalten wird, damit die heilige Wenzelskrone nicht verwaise. Nun aber warten wir, auf dem Boden dieses Königreiches stehend, ruhig und gefaßt ab, was kommen soll. Unser gekrönter König entsagte dem österreichischen Throne, weil ihm Hindernisse die Erfüllung der den getreuen Tschechen gemachten Gelöbnisse verwehrten. Der Kaiser von Österreich übernahm die Erbschaft seines Oheims, Ferdinands des Gütigen; er herrscht und gebietet jetzt über uns. Auch der Kaiser von Österreich hat ein feierliches Gelöbnis, und das Volk ist dessen eingedenk.

Wenn doch dieses Gelöbnis eine Erfüllung gelangte, nachdem die heilige Wenzelskrone verwaist ist. Wenn die Belebung des dynastischen Gefühls in Böhmen oder mindestens dessen Erhaltung auch nur einen kleinen Teil seines Programms bildet, welches man an entscheidender Stelle in Wien für die nächste Zukunft entworfen hat, dann wird der Tod König Ferdinands V. eine Folge haben. Die Königsburg in Prag wird nicht leer bleiben. Und dürfen wir einen Wunsch beifügen, von dem wir überzeugt sind, daß er die Zustimmung der ganzen Nation findet, so ist es der, daß Kronprinz Rudolf für längere Zeit in der Königsburg verweile und daß so, wie einstens sein hoher Vater, Kaiser Franz Joseph I., sich als Gouverneur für Böhmen für seinen zukünftigen Herrscherberuf vorbereiten sollte, auch der Kronprinz, dem vor vier Jahren das ganze Königreich zujubelte, in Böhmen, im Prager Schlosse, an dem Wohnsitz weiland seines gütigen Vorfahren seine politische Laufbahn beginne.«

Die Nachkommen des Erzherzogs Franz Karl Sohn Kaiser Franz' I. von Österreich Bruder Kaiser Ferdinands I. von Österreich

1. Franz Joseph, Erzherzog von Österreich
   ⚭ Elisabeth, Prinzessin in Bayern
   Siehe unter Kaiser Franz Joseph I.

2. Maximilian Ferdinand Joseph, Erzherzog, Kaiser von Mexiko
   * 6. 7. 1832 in Wien-Schönbrunn
   † 19. 6. 1867 in Querétaro/Mexiko
   Grabstätte: Kaisergruft Wien – neue Gruft

   ⚭ 27. 7. 1857 in Wien
   Charlotte, Prinzessin von Belgien a. d. H. Sachsen-Coburg-Saalfeld
   Eltern: Leopold I., König der Belgier a. d. H. Sachsen-Coburg-Saalfeld, und Louise Marie, Prinzessin von Frankreich, Tochter Ludwig Philipps I., König der Franzosen
   * 7. 6. 1840 auf Schloß Laeken/Belgien
   † 19. 1. 1927 auf Schloß Bouchout/Belgien
   Grabstätte: Königliche Krypta in der Kirche in Laeken/Belgien

   1. 10. 1854 Maximilian wird Konteradmiral und übernimmt das Oberkommando der österreichischen Kriegsmarine in Triest.
   28. 2. 1857 Maximilian wird Generalgouverneur des Lombardo-Venetianischen Königreiches. Dieses Amt mußte Maximilian kurz vor dem Ausbruch des italienischen Freiheitskrieges am 20. 4. 1859 niederlegen. Während seiner Amtszeit war der liberalem Gedankengut zugängliche Erzherzog immer wieder in Gegensatz zum Kaiser geraten. Nach Aufgabe seines Amtes nahm er mit seiner Gemahlin seinen ständigen Wohnsitz in dem von ihm erbauten Schloß »Miramare« in Triest. Nunmehr trat Maximilian seinem kaiserlichen Bruder offen und kritisch entgegen. Er begehrte einen seiner Stellung im Kaiserhaus angemessenen Wirkungskreis.
   Anfang Juli 1863 kam eine mexikanische Abordnung unter Führung des Erzbischofs Pelagio Antonio de Lavastida von Mexiko-City nach Miramare und bot dem Erzherzog die Kaiserkrone von Mexiko an. Ohne die Hintergründe dieses Anerbietens näher zu untersuchen, nahm Maximilian das Angebot wohl in dem Bestreben an, seinem Bruder

ebenbürtig zu sein. Der Regierungsausschuß in Mexiko proklamierte daraufhin den Sturz der Republik, setzte die Monarchie ein und bot Maximilian am 3. 10. 1863 offiziell die Kaiserkrone an.
Am 10. 4. 1864 verzichtete Maximilian auf seine Rechte als Erzherzog von Österreich und Mitglied des Hauses Habsburg-Lothringen, legte den Treueid auf Mexiko ab und nahm die Rechte, Pflichten und den Titel eines Kaisers von Mexiko an.
Auf der Fregatte »Novara« verließen Maximilian und Charlotte am 14. 4. 1864 Triest und trafen am 28. 5. 1864 in Vera Cruz ein. Der Kaiser sah schon bald sein Fehlverhalten ein. Der Bürgerkrieg in Mexiko ging weiter. Die Macht Kaiser Maximilians stützte sich ausschließlich auf die französischen Besatzungstruppen. Als diese auf Drängen der Vereinigten Staaten von Nordamerika zurückgezogen wurden, mußte auch Maximilian das mexikanische Unternehmen als gescheitert betrachten. Die ehrgeizige Kaiserin Charlotte versuchte noch einmal, Kaiser Napoleon III. zu bewegen, seine Truppen in Mexiko zu belassen und die Monarchie auch finanziell zu unterstützen. Regierung und Parlament in Frankreich widersetzten sich diesem Versuch, und es blieb bei der einmal getroffenen Entscheidung. Charlotte, den Abgrund vor sich sehend, verfiel in Wahnsinn. Sie konnte nicht mehr zu Maximilian zurückkehren und wurde auf Schloß Miramare interniert. Von dort brachte ihre Schwägerin Marie, Königin der Belgier, sie nach Schloß Tervueren, 1879 nach Bouchout, wo sie am 19. 1. 1927 in geistiger Umnachtung starb.
Im Oktober 1866 entschloß sich Maximilian, abzudanken. Er wurde noch einmal überredet, zu bleiben, und übernahm den Oberbefehl über die in der Stadt Querétaro stationierten Truppen. Am 15. 5. 1867 gelang es den republikanischen Truppen, die Stadt einzunehmen. Maximilian wurde gefangengenommen, vor ein Militärgericht gestellt und zum Tode verurteilt. Am 19. 6. 1867 um sieben Uhr morgens wurde das Todesurteil auf dem »Cerro de las Campanas« vor Querétaro vollstreckt. Am Ort der Hinrichtung wurde am 10. 4. 1901 eine Sühne-Kapelle eingeweiht. Erst nach langwierigen Verhandlungen konnte eine Überführung der sterblichen Hülle des Kaisers in seine Heimat erreicht werden. Auf der Fregatte »Novara« kam der Leichnam am 17. 1. 1868 nach Triest, von wo der Kaiser vier Jahre vorher nach Mexiko aufgebrochen war.

3. Karl Ludwig, Erzherzog
* 30. 7. 1833 in Wien-Schönbrunn
† 19. 5. 1896 in Wien-Schönbrunn
Grabstätte: Kaisergruft Wien – neue Gruft

1. ⚭ 4. 11. 1856 in Dresden
Margarethe, Prinzessin von Sachsen
Eltern: Johann I., König von Sachsen, und Amalie, Prinzessin von Bayern, Tochter Maximilians I. Josef, König von Bayern
* 24. 5. 1840 in Dresden
† 15. 9. 1858 in Monza/Italien
Grabstätte: Kaisergruft Wien – Ferdinands-Gruft

2. ⚭ 21. 10. 1862 in Venedig
Maria Annunziata, Prinzessin beider Sizilien a. d. H. Bourbon
Eltern: Ferdinand II. Karl, König beider Sizilien a. d. H. Bourbon, und Maria Theresia, Erzherzogin von Österreich, Tochter Karls, Erzherzog v. Österreich, Herzog von Teschen
* 24. 3. 1843 in Caserta
† 4. 5. 1871 in Wien
Grabstätte: Kaisergruft Wien – neue Gruft

3. ⚭ 23. 7. 1873 in Kleinheubach
Maria Theresia, Infantin von Portugal a. d. H. Braganza
Eltern: Michael, König von Portugal, und Adelhaid, Prinzessin von Löwenstein-Wertheim-Rosenberg, Tochter von Constantin, Erbprinz von Löwenstein-Wertheim-Rosenberg
* 24. 8. 1855 in Kleinheubach
† 12. 2. 1944 in Wien
Grabstätte: Kaisergruft Wien – Nische D, Ferdinands-Gruft

4. Maria Anna, Erzherzogin
* 27. 10. 1835 in Wien-Schönbrunn
† 5. 2. 1840 in Wien
Grabstätte: Kaisergruft Wien – Nische B, Ferdinands-Gruft

5. Totgeborener Sohn
* / † 24. 10. 1840 in Wien-Schönbrunn
Grabstätte: Kaisergruft Wien

6. Ludwig Victor, Erzherzog
* 15. 5. 1842 in Wien-Schönbrunn
† 18. 1. 1919 auf Schloß Kleßheim bei Salzburg
Grabstätte: Gruft auf dem Friedhof in Siezenheim bei Salzburg

Kaiser Franz Joseph I.

Kaiser Franz Joseph I.

* 18. 8. 1830 in Wien-Schönbrunn
† 21. 11. 1916 in Wien-Schönbrunn
Grabstätte: Kaisergruft Wien – Franz-Josephs-Gruft

⚭ 24. 4. 1854 in Wien
Elisabeth, Prinzessin in Bayern
Eltern: Maximilian, Herzog in Bayern, und Ludovika, Prinzessin von Bayern, Tochter Maximilians I. Josef, König von Bayern
* 24. 12. 1837 in München
† 10. 9. 1898 in Genf (ermordet)
Grabstätte: Kaisergruft Wien – Franz-Josephs-Gruft

Wahlspruch: Viribus unitis = Mit vereinten Kräften

2. 12. 1848	Kaiser von Österreich – nicht gekrönt
2. 12. 1848	Apostolischer König von Ungarn.
8. 6. 1867	in Budapest in der Matthiaskirche nach dem Ausgleich mit Ungarn zum Apostolischen König von Ungarn gekrönt.

Nach der Abdankung Kaiser Ferdinands I. übernahm sein erst 18jähriger Neffe als Kaiser Franz Joseph I. die Regierung in den von der Revolution aufgewühlten Ländern.

Der am 18. 8. 1830 im Schloß Schönbrunn geborene jüngste Sproß des Hauses Habsburg-Lothringen erhielt in der Taufe die Namen Franz Joseph Karl. Die Vornamen sollten die Erinnerung an verschiedene große Kaiser dieser Namen aus dem Hause Habsburg wachhalten. Taufpate wurde Kaiser Franz I. von Österreich als Großvater des Neugeborenen. Die ersten Lebensjahre Franz Josephs, der in einem glücklichen und liebevollen Elternhaus aufwuchs, begleitete die zur Erzieherin berufene »Aja« Luise Freiin von Sturmfeder. Als Franz Joseph sechs Jahre alt wurde, übertrug Erzherzogin Sophie im Einverständnis mit Metternich die Erziehung ihres Sohnes dem einem portugiesischen Grafengeschlecht entstammenden Karl Graf von Bombelles. In 13 Wochenstunden erhielt Franz Joseph zunächst Unterricht in Religion, Deutsch, Französisch und Geographie. Er zeigte ein ausgeprägtes Pflichtbewußtsein und gehorchte seinen Erziehern aufs Wort. Die konservative Grundhaltung in der Erziehung wurde von der Mutter Franz Josephs, die das Lebensbild ihres Sohnes nachhaltig prägte und allmählich zur einzigen Bezugsperson ihres Sohnes wurde, voll unterstützt. In späteren Jahren erhielt Franz Joseph auch Unterricht in Musik, die er weniger schätzte, und Zeichnen, das zu seiner Lieblingsbeschäftigung wurde. Für Erzherzogin Sophie blieben die Fächer Religion und Geschichte die Grundlagen der Erziehung. An diesen Unterrichtsstunden nahm sie selbst regelmäßig teil, und nicht selten war auch der Erzbischof von Wien, Othmar Kardinal von Rauscher, beteiligt. Schon früh beherrschte Franz Joseph alle Sprachen des Vielvölkerstaates, kam aber infolge seines frühen Regierungsantritts über eine gute Allgemeinbildung nicht hinaus. Erst ein Jahr vor seinem Regierungsantritt wurde er in Rechtslehre und Staatswissenschaften unterrichtet und mit der Technologie und dem Kunstleben vertraut gemacht. Er lernte in dieser Zeit die hervorragenden Künstler seiner Zeit kennen. Die dem jungen Erzherzog von frühester Jugend an am Wiener Hof entgegengebrachte Verehrung bestärkte ihn in seinem anerzogenen autokratischen Selbstverständnis. Die militärische Erziehung lag in Händen des Majors Franz von Haustal. Die Vorliebe Franz Josephs für alles Militärische ließ ihn selten anders als in Uniform in der Öffentlichkeit erscheinen. An seinem 13. Geburtstag wurde er zum Oberst eines Dragonerregiments ernannt und unterschrieb von diesem Zeitpunkt an wie selbstverständlich nur noch mit »Franz, Oberst«.

Der vorzeitige Regierungsantritt Franz Josephs beendete den Unterricht, und so bedurfte der in seinen Ansichten noch nicht ausgereifte 18jährige Kaiser erfahrener Mitarbeiter, die ihm zur Seite standen. Der am 11. 11. 1848 noch durch Kaiser Ferdinand I. zum Ministerpräsidenten ernannte Felix Fürst zu Schwarzenberg wurde in seinem Amt bestätigt und der erste politische Führer Franz Josephs, dem der junge Monarch sein volles Vertrauen schenkte.

Zentrale Themen der nächsten zwei Jahrzehnte waren die Lösung der deutschen Frage und die Herbeiführung eines Ausgleichs mit Ungarn.

Der am 2. 12. 1848 vollzogene Thronwechsel wurde vom ungarischen Reichstag nicht anerkannt. Der Kaiser lehnte sowohl den von den Ungarn verlangten Eid auf die Verfassung als auch die gewünschte Krönung zum König von Ungarn ab, da Franz Joseph I. die Forderungen der Ungarn mit seiner Auffassung von der unteilbaren Einheit des Staates nicht vereinbaren konnte. Der vom Kaiser vorgenommenen Auflösung des ungarischen Reichstages folgte im Dezember 1848 der Ausbruch der Revolution in Ungarn. Feldmarschall Fürst Windischgrätz marschierte noch am gleichen Tage nach Ungarn ein und rückte bis Budapest vor. Ludwig Kossuth und der ungarische Reichstag flohen unter Mitnahme der Stephanskrone nach Debrecen. Am 5. 1. 1849 wurde Budapest besetzt. Der Widerstand der Ungarn aber hielt an. Nur wenige Wochen später konnten die ungarischen Truppen die ersten Erfolge erzielen und rückten nun ihrerseits nach Budapest vor. Am 13. 4. 1849 wurde das Haus Habsburg in Ungarn für abgesetzt erklärt und die Republik, deren Führer Ludwig Kossuth wurde, ausgerufen. Die sich verschlechternde Lage – am 23. 4. 1849 befand sich nur noch die Festung Ofen im Besitz des Kaisers – veranlaßte Franz Joseph I., sich nach Ungarn zu begeben, wo er mit Zar Nikolaus I. zusammentraf. Der Zar sagte dem Kaiser russische Unterstützung im Kampf gegen die aufsässigen Ungarn zu. Nach der Eroberung von Ofen kehrten Ludwig Kossuth und der Reichstag nach Budapest zurück. Ministerpräsident Schwarzenberg trat nunmehr für die blutige Niederschlagung der Revolution in Ungarn und die Einführung der Diktatur ein. Nach mehreren Niederlagen floh Kossuth in die Türkei. Sein Nachfolger wurde der ungarische Freiheitskämpfer General Arthur von Görgey. Die Entscheidung in diesem Kampf fiel am 13. 8. 1849. Die russische Armee, die zur Unterstützung der österreichischen Verbände in die Kämpfe eingriff, konnte die ungarische Revolutionsarmee bei Világos zur Kapitulation zwingen. Damit gingen die kriegerischen Auseinandersetzungen nach relativ kurzer Zeit zu Ende. Gegen die Führer der Revolution folgte ein blutiges Strafgericht. Hohe Offiziere und Staatsbeamte, unter ihnen der ungarische Ministerpräsident Graf Batthyány, wurden hingerichtet. Die Schuld an diesen Ereignissen, die den Stolz der Ungarn zutiefst verletzten, wurde dem Kaiser beigemessen. Kossuth, Andrássy und andere Führer der Revolution konnten noch frühzeitig genug ins Ausland fliehen.

Verhältnismäßig schnell gelang es dem Kaiser, die Verhältnisse in Italien zu konsolidieren. König Karl Albert von Sardinien-Piemont kündigte am 12. 3. 1849 den noch bestehenden Waffenstillstand und griff erneut zu den Waffen. Nach zwei Siegen Radetzkys bei Mortara und Novara mußte Karl Albert zu Gunsten seines Sohnes Viktor Emanuel II. abdanken. Der Ausgang dieses Waffengangs brachte keine territorialen Veränderungen in Italien für Habsburg, jedoch die Restitution der Sekundogenitur im Großherzogtum Toskana.

Am 7. 3. 1849 zwang der Kaiser dem Volk die neue Verfassung für das Kaisertum Österreich auf und erließ am gleichen Tag eine Verordnung über die Auflösung des Reichstags von Kremsier, der seit November 1848 an einer föderalistischen Verfassung arbeitete. Nach der aufgezwungenen Verfassung bildete der Kaiserstaat Österreich einschließlich Ungarns eine unteilbare Einheit. Gegenüber dem aus Ober- und Unterhaus bestehenden Reichstag besaß der Kaiser das Vetorecht. Da der Reichstag nie einberufen wurde, regierte Franz Joseph I. absolutistisch.

Nunmehr griff der Kaiser die deutsche Frage wieder auf. Am 15. 1. 1849 hatte die deutsche Nationalversammlung für das von dem Bayern Heinrich Freiherr von Gagern vorgelegte Programm der Kleindeutschen gestimmt und dieses Programm mit der knappen Mehrheit von 261 gegen 224 Stimmen angenommen. Franz Joseph I. stand den Plänen der Kleindeutschen ablehnend gegenüber und war auch nicht bereit, sich einem anderen Fürsten unterzuordnen. In die Debatte um die zukünftige Gestaltung Deutschlands brachte Ministerpräsident Schwarzenberg den Plan ein, unter Führung eines erweiterten Bundestages ein österreichisch-deutsches Großreich zu schaffen, in das Österreich mit allen Ländern und Völkern eintreten sollte. Für die Ausübung der Regierung war ein Direktorium aus sechs Mitgliedern (Österreich, Preußen, Bayern und drei andere deutsche Mitgliedstaaten) mit einem Reichsstatthalter an der Spitze vorgesehen. Die Statthalterschaft sollte jährlich wechselnd vom Kaiser von Österreich und vom König von Preußen ausgeübt werden. Die Verwirklichung dieses Gedankens scheiterte letztlich am Einspruch Großbritanniens und Frankreichs. Am 3. 4. 1849 scheiterte aber auch die kleindeutsche Lösung, da der zum »Kaiser der Deutschen« von der deutschen Nationalversammlung gewählte König Friedrich Wilhelm IV. von Preußen die Annahme der Wahl ablehnte. Damit gewann Österreich erneut Zeit, nach einer anderweitigen Lösung der deutschen Frage zu suchen.

Am 9. 9. 1849 kam es zu einem Zusammentreffen Kaiser Franz Josephs I. mit dem König von Preußen in Pillnitz. In der Pillnitzer Vereinbarung wurde eine vorläufige Lösung für die Einigung Deutschlands getroffen. Je zwei Bundeskommissare als Vertreter Österreichs und Preußens sollten die Zentralgewalt ausüben. Aufgrund dieser Vereinbarung legte Erzherzog Johann am 20. 12. 1849 sein Amt als Reichsverweser nieder. Preußen hielt sich nicht an diese Vereinbarung und unternahm weitere Versuche, die deutsche Frage allein zu lösen. Unter Umgehung und Ausschluß Österreichs lud Preußen alle deutschen Staaten zu einem Unionsparlament nach Erfurt ein. Nach Protest berief Österreich den Deutschen Bund nach Frankfurt a. Main ein. Das Erfurter Unionsparlament blieb ohne Bedeutung, da Österreich seine Auffassung durchsetzen konnte, die vorläufige Zentralgewalt durch endgültige Bundesorgane zu ersetzen. Preußen aber lehnte die Frankfurter Bundesversammlung ab und berief einen Kongreß der Unionsmitglieder zum 1. 5. 1850 nach Berlin. Auch dieser Kongreß brachte keine Einigung.

Auf Initiative Österreichs und gegen den Widerspruch Preußens wurde am 1. 9. 1850 ein deutscher Bundestag in Frankfurt a. Main eröffnet. Auf dieser Tagung wurde der Gedanke an ein österreichisch-deutsches Großreich fallengelassen. Österreich hielt aber weiterhin seinen Anspruch auf Vorrang im Deutschen Bund aufrecht. Preußen hielt an der kleindeutschen Lösung fest. Bei einem Treffen mit Zar Nikolaus I. von Rußland sicherte sich Kaiser Franz Joseph I. dessen Unterstützung gegen Preußen.

Im Streit um den Kurfürsten von Hessen, der innenpolitisch in Schwierigkeiten geraten war und gegen den Preußen Stellung bezogen hatte, gewährte der Deutsche Bund dem Kurfürsten Schutz gegen Preußen und beschloß die Entsendung eines Exekutionsheeres in das Kurfürstentum. Darüber kam es fast zum Kriege zwischen Österreich und Preußen – nur die russische Haltung in dieser Frage bewog Preußen zum Nachgeben. Ministerpräsident Schwarzenberg stellte Preußen das Ultimatum, seine Truppen innerhalb von zwei Tagen aus dem hessischen Gebiet zurückzuziehen. Im Vertrag von Olmütz mußte Preußen am 29. 11. 1850 den Österreichern weitgehende Zugeständnisse machen. Preußen verpflichtete sich, der Wiedereinsetzung des Kurfürsten von Hessen zuzustimmen, das Großherzogtum Baden zu räumen, die Unionspolitik aufzugeben und alle deutschen Regierungen zur Klärung der deutschen Bundesangelegenheiten heranzuziehen. Am 16. 5. 1851 erfolgte der Abschluß eines auf drei Jahre befristeten Geheimvertrages, wonach Österreich und Preußen unter Einbeziehung der österreichischen Besitzungen in Italien sich ihren Besitzstand gegenseitig garantierten. Am 30. 5. 1851 wurde in Dresden die Wiederherstellung des Deutschen Bundes beschlossen. Damit war es Österreich gelungen, seinen Standpunkt in der deutschen Frage weitgehend durchzusetzen.

Bereits im Jahre 1850 hatte der Kaiser versucht, durch die Neueinrichtung von Landtagen und die Beseitigung der Vorrangstellung des Adels die Gunst seiner Völker zu gewinnen. Leider konnte Franz Joseph I. nicht über seinen eigenen Schatten springen. Das in ihm wurzelnde Mißtrauen gegen das Bürgertum verhinderte die Inkraftsetzung der Landtagsordnungen. Der Kaiser stützte sich weiterhin auf eine starke Armee, die Beamtenschaft und die Kirche. Es begann aber ein planvoller, mit Reformen einhergehender Aufbau. Alle Bewohner erhielten innerhalb der Monarchie ein einheitliches Staatsbürgerrecht. Die Justiz wurde von der Verwaltung getrennt. Es folgte die Einrichtung von Geschworenengerichten. Die Bauernbefreiung wurde durchgeführt. Unter Aufhebung der Zollgrenze zwischen Österreich und Ungarn wurde ein einheitliches Zollsystem geschaffen und das österreichische Steuersystem auf Ungarn übertragen. In Ungarn hob der Kaiser die Verfassung auf und verfügte mit Erlaß vom 26. 6. 1850 eine vorläufige Neuordnung Ungarns. Siebenbürgen, Kroatien, Slawonien und das Banat wurden von Ungarn getrennt und zu eigenen Kronländern erhoben. Julius Freiherr von Haynau und später Erzherzog Albrecht wurden mit diktatorischen Vollmachten als Generalgouverneure von Ungarn eingesetzt. Diese Maßnahmen führten zu großer Unzufriedenheit unter der ungarischen Bevölkerung. In der Folge baute der Kaiser seine Macht als absolutistisch regierender Monarch immer weiter aus. Das »Sylvesterpatent« vom 31. 12. 1851 hob die aufgezwungene Verfassung auf. Der dynastische Absolutismus wurde begründet und gesetzlich verankert.

Am 5. 4. 1852 starb Ministerpräsident Schwarzenberg – sein Nachfolger wurde Alexander Freiherr von Bach. Der Tod Schwarzenbergs war für Franz Joseph I. Veranlassung, alle Macht im Staate selbst zu übernehmen. Obwohl Schwarzenbergs Politik nicht unumstritten war, hatte er Österreich wieder zur Großmacht geführt. Von nun an hatte die Öffentlichkeit die Entscheidungen des Kaisers ohne Widerspruch hinzunehmen. Kriegsgerichte und Standrecht sorgten dafür, daß jeder Widerspruch im Keime erstickt wurde. In dieser Zeit übten die Erzherzogin Sophie, Othmar Kardinal von Rauscher und Karl Ludwig Graf Grünne einen erheblichen und nicht immer günstigen Einfluß auf den Herrscher aus. Nach Einführung einer obersten Polizeibehörde am 25. 4. 1852 kam es in Wien zu Verschwörungen und Anschlägen.

Am 18. 2. 1853 wurde auf den wegen seiner Härte unbeliebten Kaiser durch den Ungarn János Libényi ein Mordanschlag ausgeführt. Franz Joseph I. wurde nur leicht verletzt, und zum ersten Mal zeigte sich in der Bevölkerung eine gewisse Sympathie für den Kaiser, dessen Popularität nach dem Anschlag größer wurde. Unter dem Eindruck des auf ihn verübten Attentats drängte der Kaiser auf die Aufhebung des seit 1848 bestehenden Belagerungszustandes über Wien.

Die Auseinandersetzungen zwischen Rußland und den Fürstentümern Moldau und Walachei brachten Österreich, das sich zunächst abwartend verhielt, in eine schwierige außenpolitische Lage. Nachdem Österreich und Preußen ihre Neutralität in dem Konflikt erklärt hatten, erfolgte am 23. 10. 1853 die Kriegserklärung der Hohen Pforte an Rußland. Die Hohe Pforte fand die Unterstützung Großbritanniens und Frankreichs, die am 27. 3. 1854 Rußland den Krieg erklärten. Die folgende Besetzung der Dobrudscha durch Rußland führte zu einem Schutz- und Trutzbündnis zwischen Österreich und Preußen. Am 3. 6. 1854 forderte Österreich von Rußland die Räumung der Fürstentümer und schloß am 14. 6. 1854 mit der Hohen Pforte einen Vertrag, der Österreich die Besetzung der Fürstentümer zusicherte. Nach Besetzung Moldaus und der Walachei durch österreichische Truppen fiel die Entscheidung zwischen Rußland und den Westmächten auf der Halbinsel Krim (Krimkrieg). Nach fast einjähriger Belagerung wurde Sewastopol am 8. 9. 1855 erstürmt. Ohne in den noch fortdauernden Krieg einzutreten, schloß Österreich am 2. 12. 1854 ein Bündnis mit den Westmächten in der Hoffnung, mit deren Hilfe das Protektorat über Moldau, Walachei und Serbien zu erhalten. Nach dem Tode Zar Nikolaus' I. setzte sein Nachfolger Zar Alexander II. den Kampf gegen die Westmächte fort. Friedensverhandlungen in Wien scheiterten an der Haltung Rußlands, das der geforderten Einschränkung seiner Seeherrschaft im Schwarzen Meer nicht zustimmen wollte. Schließlich gelang es Österreich doch, die Russen zum Einlenken zu bewegen. Mit dem Frieden von Paris wurde die Vorherrschaft

Rußlands in Europa am 30. 3. 1856 beendet. Rußland mußte auf seine Schutzfunktionen über die Fürstentümer Moldau und Walachei und über die griechisch-orthodoxen Christen auf dem Balkan verzichten, durfte keine Kriegsschiffe im Schwarzen Meer unterhalten und mußte der freien Donauschiffahrt zustimmen. Das Streben Österreichs nach dem Protektorat über die Donaufürstentümer scheiterte am Widerspruch der Westmächte.

Nach langwierigen Verhandlungen wurde am 18. 8. 1855 durch kaiserliches Patent der Abschluß eines Konkordats mit dem Heiligen Stuhl bekanntgegeben. Der Kirche wurden weitgehende Sonderrechte eingeräumt, wodurch sie die Freiheit zurückerhielt und der »Josefinismus« im wesentlichen beseitigt wurde.

Am 20. 12. 1857 verfügte der Kaiser die Schleifung der Befestigungsanlagen von Wien und ordnete die Erweiterung der Stadt an. Es entstand der Ring mit seinen privaten und öffentlichen Bauten, Gärten und Parkanlagen.

Der bekannte und beliebte Heerführer Joseph Graf Radetzky von Radetz starb am 5. 1. 1858 in Mailand, wo er noch im hohen Alter als Generalgouverneur des Lombardo-Venetianischen Königreiches residiert hatte.

Das Lombardo-Venetianische Königreich war der nächste Schauplatz, auf dem es dann für Österreich zu Schwierigkeiten kam. Camillo Graf Cavour, Minister Viktor Emanuels II., richtete sein ganzes Augenmerk auf die Einigung Italiens. Als er von Kaiser Napoleon III. von Frankreich die geheime Zusicherung erhielt, gegen Abtretung Savoyens und Nizzas die Bestrebungen Italiens zu unterstützen, kam es zum Krieg zwischen Österreich und Sardinien-Piemont. Die Erklärung König Viktor Emanuels II. vom 10. 1. 1859, er sei nicht mehr bereit, die Verhältnisse in Italien tatenlos hinzunehmen, veranlaßte Kaiser Franz Joseph I., über die Lombardei das Kriegsrecht zu verhängen und im April mit seinen Truppen in das Königreich Sardinien-Piemont einzumarschieren. Preußen verhielt sich zwar neutral, jedoch votierte der preußische Gesandte in St. Petersburg, Otto Graf von Bismarck, für ein Bündnis Preußens mit Rußland und Frankreich gegen Österreich. Am 26. 4. 1859 erklärte Kaiser Napoleon III. Österreich den Krieg. Von den Ereignissen überrollt, trat der österreichische Außenminister Karl Graf Buol-Schauenstein zurück. Seine diplomatischen Fehler waren die Hauptursache dafür, daß Österreich im Krieg gegen Sardinien-Piemont und Frankreich allein stand. Nach der Niederlage bei Magenta am 4. 6. 1859 mußte Österreich die Lombardei räumen, und die Verbündeten konnten am 8. 6. 1859 in Mailand einziehen. Nun übernahm Kaiser Franz Joseph I. den Oberbefehl selbst und ordnete die allgemeine Mobilmachung an. Am 24. 6. 1859 erlitten die Österreicher bei Solferino erneut eine schwere Niederlage, die auch Rückwirkungen auf das Prestige des Kaisers hatte, der den Oberbefehl während der Schlacht selbst geführt hatte. Bereits am 8. 7. 1859 kam es zum Waffenstillstand von Villafranca, dem am 10. 11. 1859 der Friede von Zürich folgte. Österreich verlor die Lombardei an Frankreich, das diese an Sardinien-Piemont übergab und dafür wie vereinbart Savoyen und Nizza (1860) erhielt. Dem am 21. 8. 1859 zurückgetretenen leitenden Minister Bach folgte der föderalistisch gesinnte Agenor Graf Goluchowski d. Ä.

Die schwerwiegende Niederlage in Italien führte sowohl bei Kaiser Franz Joseph I. als auch bei der österreichischen Regierung zu einem Umdenken in der Innen- und Außenpolitik. Der Kaiser war endlich zu weitreichenden Änderungen und Reformen im Staat bereit. Als erste Maßnahme erfolgte am 15. 3. 1860 die Einberufung des Reichsrates, der durch Vertreter der Landtage verstärkt wurde. Er erhielt den Auftrag, unter Berücksichtigung der nationalen Sonderinteressen eine neue Verfassung auszuarbeiten. Unter Berufung auf die »Pragmatische Sanktion« als Rechtsgrundlage erließ der Kaiser am 20. 10. 1860 das Oktoberdiplom als beständiges und unwiderrufliches Staatsgrundgesetz. Um die Autonomie der Länder und die Einheit des Reiches zu sichern, erhielten die Landtage und der Reichsrat das Recht zur Mitwirkung an der Gesetzgebung. Ungarn und die Deutschösterreicher lehnten das Oktoberdiplom ab. Die Ungarn bestanden auf ihren Forderungen von 1848 nach voller nationaler Selbständigkeit und Demokratisierung. Die Deutschösterreicher befürchteten ein Übergewicht der slawischen Volksstämme, und die liberalen Bürger lehnten die Vorherrschaft des Adels und der Geistlichkeit in den Landtagen ab. Der leitende Minister Graf Goluchowski wurde am 13. 12. 1860 entlassen. Die Regierungsgeschäfte wurden nunmehr Anton Ritter von Schmerling als Staatsminister übertragen. Er erhielt vom Kaiser den Auftrag, das Oktoberdiplom umzugestalten. Schmerling arbeitete einen Verfassungsentwurf aus, der auf einer zentralistischen Grundlage basierte und am 26. 2. 1861 als Februarpatent bekanntgegeben wurde. Diese zentralistische Verfassung sah zusätzliche Landtage für die Kronländer vor. In den Landtagen waren der Großgrundbesitz, die Handels- und Gewerbekammern sowie die Städte und Märkte vertreten. Die Wahlberechtigung wurde an die Steuerleistung gebunden. Nach dieser Verfassung war das Kaisertum Österreich nunmehr ein konstitutioneller Staat. Neben den Ungarn und Slawen lehnten auch der Adel, der Klerus und das Beamtentum die Verfassung ab.

Durch kaiserliches Patent vom 8. 4. 1861 erhielten die Protestanten die Gleichheit vor dem Gesetz garantiert. Ihnen wurde das Recht zugestanden, kirchliche Angelegenheiten selbständig zu ordnen, zu leiten und zu verwalten. Unwiderruflich wurde ihnen die volle Freiheit des Bekenntnisses zugesichert.

Dem am 1. 5. 1861 in Wien eröffneten Reichsrat blieben die Landtage Ungarns, Istriens, Venetiens und Kroatiens fern. Die Slowenen, Polen und deutsch-konservativen Kreise traten in Opposition zu Staatsminister Schmerling. Auch die zweite Sitzung des Reichsrates im Juni 1863 blieb erfolglos. Die Tschechen, auf die historischen Rechte der böhmischen Krone pochend, verließen die Sitzung.

Die gemäßigten Ungarn traten in der Folge für eine Realunion mit Österreich ein. Starke und sich immer wieder erneuernde Bemühungen der Kaiserin Elisabeth, die sich zu den Ungarn hingezogen fühlte und infolgedessen in Ungarn über ein hohes Ansehen verfügte, führten zur Aufnahme von Verhandlungen des Kaisers mit Franz von Deák und Julius Graf Andrássy d. Ä., denen sich Staatsminister von Schmerling, der die Versuche, den Zentralismus aufrechtzuerhalten, nicht aufgegeben hatte, widersetzte. Ein Besuch des Kaisers in Ungarn im Juni 1865 brachte die Aussöhnung mit den ungarischen Nationalisten. Der Kaiser verzichtete auf die Durchführung der zentralistischen Verfassung in Ungarn und stimmte der Wiedervereinigung Siebenbürgens und Kroatiens mit Ungarn zu. Daraufhin trat Staatsminister von Schmerling am 27. 7. 1865 zurück. Nachfolger wurde Richard Graf von Belcredi, der bis dahin Statthalter in Böhmen war.

Ein für die weitere Entwicklung der deutschen Frage bedeutsamer Vorgang ereignete sich in Preußen. Am 23. 9. 1862 wurde der preußische Gesandte in St. Petersburg, Otto Graf von Bismarck, zum preußischen Ministerpräsidenten ernannt, der am 8. 10. 1862 auch das preußische Außenministerium übernahm. An der Spitze der preußischen Regierung stand nun mit Bismarck ein Vertreter der Lösung der deutschen Frage ganz im Sinne Preußens. Als typischer Vertreter Preußens und der kleindeutschen Lösung war er bereit, die deutsche Frage gegen Österreich, das sich als Wahrer der Reichsidee gegen Preußen verstand, mit »Blut und Eisen« zu lösen. Wie er das deutsche Problem sah, hat er in einer Rede mit dem Satz: »Es gibt kein deutsches Volk. Unsere Politik ist das Aufgehen Deutschlands in Preußen und damit die Umgestaltung Preußens zu Deutschland«, zu erkennen gegeben.

Hinter dieser Gesinnung des arroganten, dem kleindeutschen Denken verhafteten Preußen verbarg sich neben Überheblichkeit seine ganze Rücksichtslosigkeit, mit der er die sich gesteckten politischen Ziele verfolgte und zu erreichen versuchte. Die Bestrebungen Österreichs, durch eine defensive Haltung eine großdeutsche Lösung zu finden, waren damit so gut wie aussichtslos geworden.

Kaiser Franz Joseph I. berief am 4. 8. 1863 zur Beratung über die Reform des Deutschen Bundes einen Fürstentag nach Frankfurt a. Main, der am 17. 8. 1863 zusammentrat und bis zum 1. 9. 1863 tagte. Auf Anraten Bismarcks nahm König Wilhelm I. von Preußen an den Beratungen nicht teil. Österreich schlug dem Fürstentag vor, als oberstes Organ des Bundes ein Direktorium von fünf Fürsten zu bilden. Diesem Direktorium sollten Österreich, Preußen, Bayern und zwei weitere deutsche Fürsten angehören. Österreich behielt sich den Vorsitz im Direktorium vor. Außerdem war die Bildung eines Bundesrates von 300 Mitgliedern als gesetzgebende Versammlung vorgesehen. Die Vorschläge wurden von der Mehrzahl der deutschen Fürsten angenommen. Die Verwirklichung scheiterte jedoch am Widerstand Preußens, das die Gleichberechtigung mit Österreich forderte.

Während der Fürstentag in Frankfurt noch debattierte, waren die Gedanken Bismarcks in Schleswig-Holstein. Seine wahre Absicht, das Land Preußen einzugliedern, konnte Bismarck zunächst noch verschleiern. Am 30. 3. 1863 legte König Christian IX. von Dänemark dem dänischen Reichstag eine Verfassung vor, die Schleswig dem Königreich Dänemark einverleibte. Neben Preußen und Österreich protestierte auch Prinz Friedrich von Augustenburg, der Erbansprüche sowohl auf Schleswig als auch auf Holstein erhob. Trotz der vorgebrachten Proteste nahm der dänische Reichstag die neue Verfassung an, die am 1. 1. 1864 in

Kraft trat. Die Aufforderung Österreichs und Preußens an Dänemark, die neue Verfassung zurückzunehmen, wurde von Dänemark abgelehnt. Daraufhin erfolgte am 1. 2. 1864 die Kriegserklärung Preußens und Österreichs an Dänemark. Da die Dänen bei den anderweitig verpflichteten Großmächten nicht die erhoffte Unterstützung fanden, mußten sie im Frieden von Wien-Schönbrunn auf alle Rechte in den Herzogtümern Schleswig-Holstein und Lauenburg zugunsten des Kaisers von Österreich und des Königs von Preußen verzichten. Da die beiden Mächte sich über die weitere Zukunft der Herzogtümer nicht verständigen konnten, forderte Bismarck nun den Krieg gegen Österreich. Dieser Forderung konnten sich König Wilhelm I. und der preußische Hof noch widersetzen. In der Konvention von Gastein, die am 20. 8. 1865 von den beiden Monarchen bestätigt wurde, verständigte man sich dahingehend, daß Schleswig von Preußen und Holstein von Österreich verwaltet wurde. Gegen eine Zahlung von 2,5 Millionen dänische Taler trat Österreich das Herzogtum Lauenburg an Preußen ab, das auch den Kriegshafen Kiel erhielt. An der Frage um die Zukunft Schleswig-Holsteins spitzte sich das Verhältnis zwischen Österreich und Preußen zu. Das Verlangen des österreichischen Statthalters Ludwig Freiherr von Gablenz, die Stände beider Herzogtümer einzuberufen und über die Zukunft Schleswig-Holsteins selbst entscheiden zu lassen, führte zu einer Protestnote Preußens, die vom österreichischen Außenminister am 7. 2. 1866 zurückgewiesen wurde. Bismarck, nunmehr fest entschlossen, den Krieg gegen Österreich zu führen, schloß am 8. 4. 1866 ein Bündnis mit Italien und versprach diesem für seine Hilfe das österreichische Venetien. Hinweise Kaiser Franz Josephs I. auf den in der deutschen Bundesakte festgelegten Frieden zwischen den deutschen Staaten blieben bei Bismarck, der den deutschen Krieg haben wollte, ohne Wirkung. Am 26. 4. 1866 ordnete König Viktor Emanuel II. von Italien die Mobilmachung an. Österreich mobilisierte am 27. 4. 1866 seine unter dem Oberbefehl des Feldmarschalleutnants Ludwig Freiherr Ritter von Benedek stehende Nordarmee gegen Preußen und schloß ein Neutralitätsabkommen mit Frankreich, das teuer erkauft werden mußte. Österreich verpflichtete sich in diesem Abkommen, auch im Falle eines Sieges gegen Preußen Venetien an Frankreich abzutreten, und mußte außerdem die Verpflichtung eingehen, in Deutschland keine Gebietsveränderungen ohne Zustimmung Frankreichs vorzunehmen. Nach einer Einberufung der Landstände Holsteins für den 11. 6. 1866 erklärte Preußen die Konvention von Gastein für gebrochen, und preußische Truppen marschierten am 7. 6. 1866 in Holstein ein, das von Österreich kampflos geräumt wurde. Auf Antrag Österreichs wurde am 14. 6. 1866 die Bundesarmee gegen Preußen mobil gemacht. Preußen erklärte den Deutschen Bund für aufgelöst und verlangte unter Androhung einer militärischen Intervention von Sachsen, Hannover und Hessen den Rücktritt vom Bundesbeschluß. Nach Ablehnung dieser preußischen Forderung traten auch Bayern, Württemberg und Baden auf die Seite Österreichs. Die Kriegserklärung Italiens am 20. 6. 1866 zwang Österreich zu einem Zweifrontenkrieg. Während die preußische Armee in Böhmen einrückte, konnte die österreichische Südarmee unter dem Oberkommando von Erzherzog Albrecht am 24. 6. 1866 bei Custozza einen überzeugenden Sieg gegen die italienischen Verbände erringen. Der Kapitulation der hannoverischen Armee bei Langensalza am 29. 6. 1866 folgte bereits am 3. 7. 1866 die alles entscheidende Schlacht bei Königgrätz, die für Österreich verlorenging. Preußische Truppen besetzten Prag und Brünn und standen am 17. 7. 1866 vor Wien. Auch die in letzter Stunde erfolgte Ernennung Erzherzog Albrechts zum Oberkommandierenden aller kaiserlichen Truppen konnte das Verhängnis nicht mehr aufhalten. Dem vorläufigen Frieden von Nikolsburg am 26. 7. 1866 folgte am 23. 8. 1866 in Prag der Friedensschluß zwischen Österreich und Preußen. Österreich anerkannte die Auflösung des Deutschen Bundes und gab Preußen freie Hand in Norddeutschland. Österreich erklärte sich mit der Neugestaltung Deutschlands einverstanden und verzichtete auf jegliche Mitbestimmung in Deutschland. Die Rechte Österreichs in Schleswig-Holstein wurden auf Preußen übertragen. Neben einer Kriegsentschädigung von 20 Millionen Talern stimmte Österreich der Vereinigung Schleswig-Holsteins, Kurhessens und Hannovers mit Preußen zu.

Im Frieden von Wien anerkannte Österreich das Königreich Italien.

Mit dem Ausscheiden Österreichs aus Deutschland hatte Preußen sein lange angestrebtes Ziel erreicht. Aber um welchen Preis? Im Laufe der Jahrhunderte waren den Deutschen viele bedeutende Landstriche verlorengegangen. Entweder beruhte das Ausscheiden aus dem Reichsverband auf einem freiwilligen Entschluß, oder die Veränderung wurde durch Waffengewalt der Nachbarn herbeigeführt. Nach Königgrätz aber wurde acht Millionen Deutschen durch Preußen unmißverständlich klar gemacht, daß sie in dem kommenden, von Preußen ins Auge gefaßten Reich nicht erwünscht waren. Die bis dahin überlieferten deutschen Verhältnisse waren durch Preußen umgestürzt worden.

Am 30. 10. 1866 trat der österreichische Außenminister Alexander Graf Mensdorff-Pouilly zurück, und Friedrich Ferdinand Graf Beust, ein engagierter Gegner Bismarcks, trat an die Spitze des Außenministeriums.

Die Gespräche mit den Ungarn waren durch immer wieder neue Vermittlungen der Kaiserin Elisabeth nie ganz abgerissen und wurden im Oktober 1866 zwischen dem Außenminister Beust einerseits und Julius Andrássy sowie Franz Deák andererseits wiederaufgenommen. Die Verhandlungen machten schnelle Fortschritte und wurden insbesondere von der Kaiserin mit größtem Interesse verfolgt. Anfang des Jahres 1867 schrieb Elisabeth an ihren Gemahl:

»Hoffe, bald von Dir hören zu können, daß die ungarische Sache endlich ins Reine kam und wir uns bald in Ös-Budávara befinden werden. Wenn Du schreiben wirst, daß wir hingehen, wird mein Herz beruhigt sein, da ich dann weis, daß das ersehnte Ziel erreicht ist.«

Unter dem Einfluß seiner Gemahlin näherte sich Franz Joseph I. immer mehr dem Deákschen Dualismus, was zum Bruch mit dem Ministerpräsidenten Belcredi führte, der zurücktreten und sein Amt an Beust, der auch das Amt des Außenministers beibehielt, abtreten mußte. Der Weg für den Ausgleich mit

Ungarn war frei. Am 18. 2. 1867 wurde im ungarischen Abgeordnetenhaus das Handschreiben des Kaisers verlesen, mit dem Julius Graf Andrássy d. Ä. zum Ministerpräsidenten ernannt und dem ungarischen Volk die Verfassung wiedergegeben wurde. Die überwiegende Mehrheit des ungarischen Volkes stellte sich auf die Seite von Andrássy und Deák. Mit größter Freude hatte Kaiserin Elisabeth die Entwicklung verfolgt und durfte den Abschluß des Ausgleichs mit Ungarn als einen persönlichen Triumph betrachten. Im März besuchte der Kaiser Pest und wurde mit großem Jubel empfangen. Ministerpräsident Andrássy teilte dem Kaiser mit, daß die ungarische Nation über die Freude, die Aussöhnung mit dem Herrscher erreicht zu haben, für das Kaiserpaar Schloß Gödöllö, für das Elisabeth bei einem früheren Besuch geschwärmt hatte, als Sommersitz erworben habe. Dem Kaiser wurde weiter mitgeteilt, daß man seine Gemahlin gleichzeitig mit ihm krönen werde. Da die ungarischen Königinnen bisher immer erst einige Tage nach dem Herrscher gekrönt wurden, bedeutete die Änderung des Krönungsprotokolls eine einmalige und unerhörte Bevorzugung Elisabeths durch die ungarischen Magnaten. Man wußte, wem man den zustande gekommenen Ausgleich zu verdanken hatte. Am 8. 5. 1867 fuhr das Herrscherpaar nach Budapest und wurde dort mit unbeschreiblicher Begeisterung und nicht endenwollenden Eljen-Rufen empfangen. Joseph Freiherr von Eötvös, der stets im oppositionellen Lager Ungarns stand, ließ sich von der allgemeinen Begeisterung mitreißen und schrieb:

> *»Drei Jahrhunderte versuchten wir es mit dem Glauben, dann mehrmals mit der Hoffnung, nun blieb nur noch eines übrig, daß die Nation irgendein Mitglied des Erzhauses wirklich aus tiefstem Herzen lieben möge. Nun wir dies erreicht haben, bangt mir vor der Zukunft nicht mehr.«*

Gemeint war Kaiserin Elisabeth, die mit der ungarischen Nation gelitten und gekämpft hatte, bis das Ziel erreicht war.

Am 8. 6. 1867 wurde das Herrscherpaar in der Matthiaskirche in Budapest gekrönt. Nach der Salbung durch den Fürstprimas von Ungarn setzte Ministerpräsident Graf Andrássy als stellvertretender Palatin von Ungarn Franz Joseph I. die Krone des heiligen Stephan aufs Haupt und krönte ihn zum Apostolischen König von Ungarn. Nach alter Sitte hielt der stellvertretende Palatin anschließend die Krone über Elisabeths Schulter und krönte sie so zur Apostolischen Königin von Ungarn.

Am fünften Tag der Feierlichkeiten erhielten die Majestäten in kunstvollen silbernen Kassetten je 50.000 Golddukaten als Krönungsgeschenk der Nation. Man wußte, daß dieses Geschenk in irgendeiner Form den Ungarn wieder zugute kommen würde, war aber doch überrascht, als das Königspaar verfügte, das Geschenk den Witwen und Waisen jener Männer und den Invaliden zukommen zu lassen, die einst für die Selbständigkeit Ungarns gegen Österreich gekämpft hatten. Die Bevölkerung war allgemein der Überzeugung, daß dieser Entschluß auf Kaiserin Elisabeth zurückzuführen war.

Durch den Ausgleich mit Ungarn wurde das Kaisertum Österreich in eine Doppelmonarchie umgestaltet. Die österreichische Reichshälfte (Cisleithanien) und die ungarische Reichshälfte (Transleithanien) wurden gleichberechtigt und selbständige Staaten, die nur durch die Person des Herrschers miteinander verbunden waren. Auswärtige Angelegenheiten sowie das Kriegs- und Finanzwesen waren gemeinsame Reichsangelegenheiten. Beide Landesteile waren durch Währungs- und Zollunion miteinander verbunden. Am 21. 12. 1867 bestätigte der Kaiser die vom cisleithanischen Reichsrat ausgearbeiteten Staatsgrundgesetze, die die allgemeinen Rechte der Bürger, die Ausübung der Regierungs- und Vollzugsgewalt, die richterliche Gewalt und die Errichtung eines Reichsgerichts regelten. Die Februarverfassung von 1861 wurde wieder in Kraft gesetzt. Am 1. 1. 1868 übertrug der Kaiser dem deutsch-liberalen Karl Fürst Auersperg das Amt des Ministerpräsidenten. Das Außenministerium blieb in Händen des bewährten Grafen von Beust. Nunmehr begann in der österreichischen Reichshälfte die deutsch-liberale Ära.

Nach der erfolgten Neuordnung legte der Kaiser am 14. 11. 1868 den zukünftigen Titel des Herrschers und den Namen des Staates fest:

Bei im Namen des Kaisers abgeschlossenen Verträgen lautete der Titel:
»Kaiser von Österreich und Apostolischer König von Ungarn«
Persönliche Bezeichnung:
»Se. K. u. k. Apostolische Majestät«
Staatsname:
»Österreichisch-ungarische Monarchie«

Ungarn begann mit dem Ausbau seines Nationalstaates. Rücksichtslos wurden die in Ungarn ansässigen Minderheiten magyarisiert. Nur den Kroaten wurde eine begrenzte Autonomie zugestanden.

Slawen und Tschechen lehnten nach wie vor den Dualismus ab. Insbesondere die Tschechen verlangten nun gleichfalls den Ausgleich und die Krönung des Herrschers mit der Wenzelskrone.

Am 19. 7. 1870 erfolgte die Kriegserklärung Frankreichs an Preußen. Auf Antrag des ungarischen Ministerpräsidenten Andrássy hatte der Kronrat bereits am 18. 7. 1870 für den Fall eines Krieges zwischen Frankreich und Preußen eine neutrale Haltung beschlossen. Die geheimen Hoffnungen Österreichs auf eine Niederlage Preußens erfüllten sich nicht. Nach dem Sieg der Preußen bei Sedan wurde Kaiser Napoleon III. gefangengenommen und am 4. 9. 1870 die Republik in Frankreich ausgerufen.

Bismarck schloß mit den deutschen Einzelstaaten Verträge zur Gründung eines deutschen Kaiserreiches. Am 18. 1. 1871 wurde König Wilhelm I. von Preußen als Wilhelm I. im Spiegelsaal des Schlosses von Versailles zum deutschen Kaiser proklamiert. Lange hatte Wilhelm I. sich geweigert, den Titel eines deutschen Kaisers anzunehmen, da ihm der Titel »König von Preußen« mehr bedeutete. Auf eine Krönung des deutschen Kaisers Wilhelm wurde verzichtet. Selbst Bismarck war der Auffassung, daß die echte Krone in Wien liege. Die Anfrage der Hohenzollern nach der alten Reichskrone wurde vom Wiener Hof mit Recht abschlägig beschieden. Das preußisch-deutsche Kaiserreich konnte für sich nicht das Erbe des Heiligen Römischen Reiches Deutscher Nation in Anspruch nehmen, es war nicht das Reich, in dem die Deutschen sich geborgen fühlen konnten. Das preußisch-deutsche Kaiserreich wurde ein parlamentarisch verbrämter Militärstaat, der durch sein imperialistisches Machtstreben knapp 50 Jahre nach seiner Gründung ruhmlos zugrunde ging.

Einen Tag vor Ausbruch des deutsch-französischen Krieges verkündete Papst Pius IX. auf dem in Rom tagenden ersten Vatikanischen Konzil das Dogma von der Unfehlbarkeit des Papstes. Zu den entschiedensten Gegnern der Dogmatisierung der päpstlichen Unfehlbarkeit gehörten die österreichischen Konzilsväter. Der Wiener Hof sah in der Verkündigung des Dogmas eine wesentliche Veränderung in der Person des Vertragspartners beim Abschluß des Konkordats von 1855 und betrachtete die damals geschlossenen Vereinbarungen als hinfällig.

Noch im Sommer 1871 kam es zu einem Treffen zwischen Kaiser Franz Joseph I. und Kaiser Wilhelm I. Beide Monarchen waren bemüht, die Beziehungen zwischen ihren Staaten wieder auf eine normale Basis zu stellen. Die Berufung Andrássys zum österreichisch-ungarischen Außenminister ließ den Wandel in den Beziehungen erkennen, da Andrássy einen eindeutig deutschen Kurs vertrat und eine Kooperation mit dem preußisch-deutschen Kaiserreich suchte. Ausdruck der verbesserten Beziehungen war das im September 1872 abgeschlossene Dreikaiserbündnis zwischen Österreich-Ungarn, Rußland und Deutschland, das bei einem Besuch des Zaren in Schönbrunn am 6. 6. 1873 durch ein Konsultationsabkommen zwischen Österreich und Rußland, dem auch Kaiser Wilhelm I. beitrat, ergänzt wurde. Das Abkommen war ein Defensivbündnis, das der Aufrechterhaltung des Friedens dienen sollte und bei einem Angriff Dritter die schnelle Verständigung zwischen den Partnern vorsah.

Zu Beginn des Jahres 1875 kam es zu Aufständen in Bosnien, der Herzegowina und Bulgarien gegen die Herrschaft der Türken. Nach Konsultationen zwischen Bismarck, Andrássy und dem russischen Außenminister wurde die Hohe Pforte zur Abstellung der bestehenden Mißstände aufgefordert und mit einer Intervention der drei Kaiserreiche gedroht. Rußland, das zur Auflösung des Osmanischen Reiches entschlossen war, forderte die Serben auf, von der Hohen Pforte die völlige Unabhängigkeit zu verlangen. Da diese sich weigerte, erklärten Serbien und Montenegro der Türkei am 2. 7. 1876 den Krieg. Vermittlungsversuche europäischer Mächte wurden von der Hohen Pforte zurückgewiesen. Nach einem Zusammentreffen Franz Josephs I. mit Zar Alexander II. am 8. 7. 1876 in Reichstadt in Böhmen versprach der Kaiser Neutralität in einem Krieg Rußlands gegen die Hohe Pforte. Der Zar anerkannte das Recht Österreichs auf Besetzung der Herzegowina und Bosniens. Die getroffenen Absprachen wurden am 15. 1. 1877 in einem Geheimvertrag zwischen Österreich und Rußland bestätigt. Nach der Kriegserklärung Rußlands an die Hohe Pforte drangen die Russen bis Konstantinopel vor und konnten der Hohen Pforte am 3. 3. 1878 den Frieden von San Stefano aufzwingen, der auf dem Berliner Kongreß vom 13. 6. bis 13. 7. 1878 revidiert wurde. Bosnien und die Herzegowina wurden unter den Schutz und die

Verwaltung Österreich-Ungarns gestellt. Zu diesem Entschluß bemerkte der russische Delegierte: »Dieser Schritt wird eines Tages zum Grab der Monarchie werden.«

Am 29. 7. 1878 marschierten österreichisch-ungarische Truppen in Bosnien und die Herzegowina ein. Sie mußten sich die Besetzung der Länder gegen starken Widerstand erkämpfen und konnten erst am 19. 8. 1878 Sarajevo erobern. Wegen der Verstärkung des slawischen Bevölkerungsteils wurde die Okkupation von den Deutschen und Ungarn abgelehnt.

Bei den Neuwahlen zum Abgeordnetenhaus im Juli 1879 verloren die Liberalen die Mehrheit und mußten den Konservativen weichen. Ein Jugendfreund des Kaisers und Vertreter der Reichspolitik, Eduard Graf Taaffe, wurde zum leitenden Minister berufen. Um die von ihm gebildete Koalition der Rechten zusammenzuhalten, war er zu laufenden Kompromissen genötigt und förderte dadurch nur den Radikalismus bei den Nationalitäten. Aus Protest gegen die neue Innenpolitik Taaffes trat Andrássy vom Amt des Außenministers zurück, nachdem er zuvor noch am 7. 10. 1879 den Zweibund zwischen Österreich-Ungarn und Deutschland, der bis 1918 in Kraft blieb, abgeschlossen hatte. Der Zweibund verpflichtete die Vertragspartner zur gegenseitigen Hilfe für den Fall eines russischen Angriffs. Am 20. 5. 1882 wurde der Zweibund unter Hinzuziehung Italiens zum Dreibund erweitert, wodurch sich Italien gegen Frankreich und Österreich-Ungarn gegen Rußland absicherten. Der Bündnisfall trat ein, wenn eine oder zwei der Vertragsmächte von zwei oder mehreren Staaten angegriffen wurden.

Nach mehreren Attentaten wurde am 30. 1. 1884 über Wiener Neustadt, Wien-Floridsdorf und Korneuburg der Ausnahmezustand verhängt. Es kam zu Sozialistenprozessen, die mit schweren Bestrafungen der Sozialisten endeten und fast zum vollständigen Zusammenbruch der Arbeiterbewegung führten.

Am 18. 6. 1887 wurde auf Wunsch Bismarcks der Rückversicherungsvertrag zwischen dem deutschen Reich und Rußland abgeschlossen, in dem sich die beiden Vertragsmächte gegenseitige Neutralität zusicherten für den Fall eines Angriffs Frankreichs auf Deutschland oder Österreich-Ungarns auf Rußland.

Am 9. 3. 1888 starb der deutsche Kaiser Wilhelm I. Sein schwerkranker Sohn und Nachfolger, Kaiser Friedrich III., folgte ihm bereits am 15. 6. 1888 in den Tod. Nachfolger Friedrichs III. wurde dessen 29jähriger Sohn, der als Wilhelm II. den deutschen Kaiserthron bestieg. Als der österreichische Kronprinz Rudolf die Nachricht von der Thronbesteigung Kaiser Wilhelms II. erhielt, bemerkte er sarkastisch, aber wohl zutreffend:

»Dieser Wilhelm II. wird sich schon machen. Er dürfte schon bald die größte Konfusion in Europa anrichten, denn dafür ist er der geeignete Mann. Er hält sich selbst für ein großes Genie – mehr kann man nicht verlangen. In wenigen Jahren wird er das hohenzollernsche Deutschland dahin bringen, wo es hingehört.«

Knapp zwei Jahre später entließ Wilhelm II. seinen Reichskanzler Bismarck, mit dessen politischem Kurs er nicht mehr einverstanden war. Der Rückversicherungsvertrag von 1887 wurde nicht mehr erneuert. Rußland wurde damit von seinen Verpflichtungen frei und Österreich-Ungarn zwangsläufig stärker an Deutschland gebunden.

Nach der Erschießung des kaiserlichen Bruders Maximilian am 19. 6. 1867 in Mexiko traf das Kaiserhaus am 30. 1. 1889 ein noch härterer Schicksalsschlag. Kronprinz Rudolf, auf den so große Hoffnungen gesetzt wurden, schied mit seiner Geliebten Mary Freiin von Vetsera im Jagdschloß Mayerling freiwillig aus dem Leben. Das Thronfolgerecht ging auf den Bruder des Kaisers, Erzherzog Karl Ludwig, über.

Am 1. 1. 1889 wurde auf dem Hainfelder Parteitag die Sozialdemokratische Partei Österreichs mit einem Programm auf marxistischer Grundlage gegründet. Erster Vorsitzender der Sozialdemokratischen Partei Österreichs wurde Dr. Victor Adler, der den Vorsitz bis zu seinem Tode am 11. 11. 1918 behielt. Es war das Verdienst Adlers, die Einigung der Arbeiterbewegung herbeigeführt und die Partei zu einer politischen Macht entwickelt zu haben.

Mit der Verkündigung des neuen Wehrgesetzes erfolgte die Neuordnung der österreichisch-ungarischen Armee. Auf der Basis der allgemeinen Wehrpflicht gliederte sich die Armee Österreich-Ungarns in:

Gemeinsame Streitkräfte:
»k. u. k. Heer und k. u. k. Marine«
Österreichische Streitkräfte:
»k. k. österreichische Landwehr«, Landsturm
Ungarische Streitkräfte:
»kgl. ungarische Honvéd«, Landsturm

Der Nationalitätenstreit kam in der Monarchie nicht zur Ruhe. Die gemäßigt operierenden Alttschechen wurden ab 1889 von den Jungtschechen aus ihren Positionen verdrängt, und es trat eine zunehmende Radikalisierung ein. Die Jungtschechen forderten eine völlige Lösung von der Monarchie und konnten bei den Reichsratswahlen im Jahre 1891 erhebliche Stimmengewinne verbuchen. An den Jungtschechen scheiterte auch die von Taaffe vorbereitete Wahlrechtsreform. Daraufhin trat die Regierung Taaffe am 29. 10. 1893 zurück. Bis zum Ausbruch des Ersten Weltkrieges wechselten nunmehr die Ministerpräsidenten in immer schnellerer Reihenfolge.

1895 konnte die Christlichsoziale Partei unter Führung von Dr. Karl Lueger im Wiener Gemeinderat eine Zweidrittelmehrheit erringen. Lueger war es gelungen, das kleine und mittlere Bürgertum auf seine Seite zu ziehen. Der Kaiser, die Kirche und das Großbürgertum lehnten ihn ab. Da der Kaiser die Ernennung Luegers zum Bürgermeister von Wien ablehnte, kam es nach jeweils voraufgegangener Auflösung des Gemeindeparlaments am 29. 10. 1895 und am 8. 4. 1896 zu Neuwahlen, die Lueger einen steigenden Stimmenanteil brachten. Nach der dritten Wahl zwang Kaiser Franz Joseph I. Lueger zum Verzicht. Er mußte sich mit dem Amt des Vizebürgermeisters begnügen und konnte erst 1897 die

Bestätigung durch den Kaiser als Bürgermeister erreichen. In der Folge erwarb Karl Lueger sich große Verdienste um die Stadt Wien. Sein politisches Wirken wird aber durch den von Lueger und den Christlichsozialen vertretenen Antisemitismus erheblich verdunkelt.

Am 9. 5. 1896 starb der Bruder des Kaisers, Thronfolger Erzherzog Karl Ludwig. Allgemein wurde nun dessen Sohn, Erzherzog Franz Ferdinand, als Thronfolger angesehen, ohne jedoch von Kaiser Franz Joseph I. offiziell ernannt zu werden.

Hatte den Kaiser schon der Tod seines Bruders Maximilian und der des Kronprinzen Rudolf schmerzlich getroffen, so wurde durch die Ermordung seiner Gemahlin im Jahre 1898 die Seele des Kaisers tief verwundet.

Der Thronfolger, Erzherzog Franz Ferdinand, heiratete am 1. 7. 1900 Sophie Gräfin Chotek von Chotkova in nicht hausgesetzgemäßer Ehe. Erst nach langen Auseinandersetzungen mit Erzherzog Franz Ferdinand gab der Kaiser seine Zustimmung zu dieser Eheschließung. War das Verhältnis Franz Josephs I. schon aufgrund der unterschiedlichen politischen Auffassungen zu seinem Thronfolger gespannt, so verschlechterte es sich nach der vom Kaiser zwar geduldeten, aber innerlich abgelehnten Ehe Franz Ferdinands zusehends.

In den folgenden Jahren wurde die Nationalitätenfrage zu einem immer größeren Problem der Monarchie. An der Lösung dieser Frage scheiterten der Kaiser, die Regierung und auch das Parlament. Erschwert wurde die Lösung der Nationalitätenfrage durch das Fehlen einer demokratischen Entwicklung im Kaiserreich, obwohl Ansätze zu einer solchen Entwicklung vorhanden waren.

Die Annexion Bosniens und der Herzegowina durch österreichisch-ungarische Armeeverbände erfolgte am 5. 10. 1908. Rußland erklärte sich mit dem Vorgehen Österreichs einverstanden und erwartete dafür von Österreich Unterstützung in der Bosporus-Dardanellen-Frage, deren Lösung am Widerstand Großbritanniens scheiterte. Von Österreich enttäuscht, unterstützte Rußland nun zusammen mit Italien und Großbritannien die Pläne Serbiens nach einem »Großserbischen Reich« mit Bosnien, Kroatien, Slawonien und Kärnten. Auf Anraten Rußlands stellte Serbien diese Pläne zunächst noch zurück, da der k. u. k. Generalstabschef Freiherr Conrad von Hötzendorf mit einem Krieg gegen Serbien drohte und Rußland, noch geschwächt durch die Niederlage gegen Japan, keine Möglichkeit sah, Serbien militärisch zu unterstützen. So mußte Serbien die Annexion unter Aufrechterhaltung seiner Forderungen am 31. 3. 1909 anerkennen. Die Gegensätze zwischen Österreich-Ungarn und Serbien wurden durch die Balkankriege 1912/1913 noch verschärft.

Trotz vorheriger Warnungen und unter unzulänglichen Schutzmaßnahmen besuchte der Thronfolger in Vertretung des Kaisers die Manöver in Bosnien und wurde am 28. 6. 1914 bei einer Fahrt durch Sarajevo mit seiner Gemahlin von einem Attentäter erschossen. Die Ermordung des österreichischen Thronfolgerpaares wurde nicht nur in der österreichischen Öffentlichkeit, sondern auch in allen Hauptstädten Europas aufs schärfste verurteilt. Die Gelegenheit zu einer schnellen Strafaktion gegen Serbien war günstig und hätte unter dem frischen Eindruck des Meuchelmordes wohl kaum zu größeren Reaktionen zugunsten Serbiens geführt. Man ließ in Wien kostbare Zeit verstreichen und leitete umständliche diplomatische Schritte ein, deren Vorbereitungen vier Wochen in Anspruch nahmen. Ein am 23. 7. 1914 an Serbien überreichtes und auf 48 Stunden befristetes Ultimatum wurde von Serbien nur unzureichend beantwortet. Noch vor Überreichung der Antwortnote hatte Serbien, von Rußland unterstützt, seine Streitkräfte mobilisiert. Dem Abbruch der diplomatischen Beziehungen folgte am 28. 7. 1914 die Kriegserklärung Österreich-Ungarns an Serbien. Die ausgeklügelten Bündnissysteme der vergangenen Jahrzehnte traten in Kraft und machten jeden Versuch, den Konflikt zu lokalisieren, aussichtslos. In der Zeit vom 1. bis 27. 8. 1914 erklärten den Krieg:

Deutschland an Rußland, Frankreich und Belgien,
Großbritannien an Deutschland,
Montenegro an Österreich-Ungarn und Deutschland,
Serbien an Deutschland,
Österreich-Ungarn an Rußland,
Frankreich an Österreich-Ungarn,
Großbritannien an Österreich-Ungarn und
Japan an Deutschland und Österreich-Ungarn.

Mitten im Ersten Weltkrieg, im November 1916, als sich die Niederlage der Mittelmächte schon abzeichnete, starb Kaiser Franz Joseph I.

Das politische Handeln Kaiser Franz Josephs I. in seiner langen Regierungszeit wurde weitgehend von der Erhaltung der habsburgischen Macht diktiert. Von seiner Mutter, die den Kaiser in dieser Haltung unterstützte, übernahm er auch das dynastische Denken, das in der Gleichung Vaterland = Habsburg bestand. Bis zu seinem Tode blieb er ein deutsch gesinnter Fürst, der als absoluter Monarch allein die Verantwortung trug. Seine Stützen waren die konservativ geprägte katholische Kirche, eine regierungstreue Beamtenschaft und die zentralistisch geführte Armee. In der Ausübung der Regierungsgeschäfte war Franz Joseph I. von einer nicht zu überbietenden Gewissenhaftigkeit und Pflichttreue. Bestrebt, kleinste Kleinigkeiten nach Möglichkeit selbst zu regeln, ließen ihn oft den Blick für die große Linie und die Anliegen seiner Zeit verlieren. Die Impulsivität seiner Jugend legte er bald ab und wurde mit zunehmendem Alter maßvoll und duldsam. In der Lebensführung spartanisch einfach und sparsam, kannte er außer der Jagd, der er leidenschaftlich nachging, keine Vergnügen. Wie viele Habsburger sehnte auch Kaiser Franz Joseph I. sich nach einem glücklichen Familienleben und einem gemütlichen Heim. Beides blieb ihm letztlich versagt.

In der langen Geschichte der Habsburger hat kein Herrscher aus diesem Hause so harte familiäre Schicksalsschläge hinnehmen müssen wie Kaiser Franz Joseph I.

1857 starb die erstgeborene Tochter Kaiser Franz Josephs I. auf einer Reise nach Ungarn in Budapest.

1867 wurde des Kaisers ehrgeiziger Bruder Maximilian, der sich auf das mexikanische Abenteuer eingelassen hatte, bei Querétaro erschossen.

1889 wurden der Freitod des Kronprinzen Rudolf und die Begleitumstände für das katholische Erzhaus Habsburg zu einem ausgesprochenen Skandal. Der Kaiser war vor allem über die Todesart seines Sohnes zutiefst erschüttert. Äußerst kritisch über den Mord und Selbstmord Kronprinz Rudolfs äußerte sich in Rom Kardinalstaatssekretär Rampolla. Auf sein Betreiben blieben alle in Rom anwesenden Kardinäle den feierlichen Exequien für den Kronprinzen in Rom fern. 14 Jahre später, beim Konklave nach dem Tode Papst Leos XIII., sollte Rampolla den weitreichenden Arm des Kaisers von Österreich und Apostolischen Königs von Ungarn zu spüren bekommen und an seine Haltung beim Tode des Kronprinzen unangenehm erinnert werden. Der politisch den Franzosen nahestehende Rampolla hatte bereits beim zweiten Wahlgang 29 der notwendigen 42 Stimmen erhalten. Zu Beginn des dritten Wahlganges erhob sich Kardinal Jan Puzyna, Erzbischof von Krakau, wandte sich an den Kardinaldekan und verlas folgende Adresse:

»Ich nehme es mir zu Ehre an, von Allerhöchster Stelle zu dieser Aufgabe berufen, Euer Eminenz als den Kardinaldekan und Camerlengo der Heiligen Römischen Kirche demütigst zu bitten, Sie möchte zu Ihrer Kenntnis nehmen und es in amtlicher Form mitteilen und erklären lassen im Namen und in der Autorität Seiner Apostolischen Majestät des Kaisers Franz Joseph von Österreich, Königs von Ungarn, daß Seine Majestät, sich eines alten Rechts und Privilegs bedienend, das Veto des Ausschlusses ausspricht gegen meinen hochwürdigsten Herrn, den Kardinal Marianus Rampolla del Tindaro.«

Die Kardinäle orientierten sich neu und wählten Giuseppe Kardinal Sarto, Patriarch von Venedig, als Pius X. zum Papst, der während seines Pontifikats engste Beziehungen zum Kaiserhaus unterhielt.

Schwer traf Franz Joseph I. der Tod seiner Gemahlin Elisabeth. Die Kaiserin war im Herbst 1898 von Bad Nauheim kommend nach Genf gefahren. Am Morgen des 10. 9. 1898 befand sie sich auf dem Steg der Dampferanlegestelle und wurde, bevor sie das Schiff, das sie nach Caux bringen sollte, besteigen konnte, von dem italienischen Anarchisten Luigi Luccheni mit einer Feile, die ins Herz der Kaiserin drang, erstochen. Am Nachmittag des gleichen Tages erhielt der Kaiser durch den Ersten Generaladjutanten Eduard Graf Paar ein Telegramm ausgehändigt, das eine lebensgefährliche Verletzung der Kaiserin meldete. Wenige Minuten später folgte ein neues Telegramm mit der Meldung: *»Ihre Majestät die Kaiserin soeben verschieden.«* Wie versteinert hielt der Kaiser das Telegramm in seinen Händen und sank dann mit den Worten: »Mir bleibt doch gar nichts erspart auf dieser Welt!« fassungslos schluchzend auf seinen Schreibtischsessel. Wie aus weiter Ferne hörte Graf Paar die geflüsterten Worte des Kaisers: *»Niemand weiß, wie sehr wir uns geliebt haben.«*

Es war das einzige Mal, daß der Kaiser in Gegenwart seiner Umgebung die Beherrschung verlor. Die Verurteilung des sinnlosen Verbrechens und die

Anteilnahme an dem schweren Schicksal des Monarchen war in der ganzen Welt einhellig. Besonders tief waren Trauer und Anteilnahme in Ungarn. In jedem Fenster hing das umflorte Bild der Kaiserin, und es gab nicht ein Haus, das nicht eine schwarze Fahne trug. Der Sarg der Kaiserin wurde in der Hofburg aufgebahrt, wo Tausende von der Toten Abschied nahmen. Noch an ihrem Sarg entzündete sich der Nationalitätenstreit. Vor dem Sarg der Kaiserin stand ihr Wappen mit der Aufschrift: »Elisabeth, Kaiserin von Österreich.« Das Zeremonienamt des Hofes wurde mit ungarischen Protesten überflutet und mußte noch am gleichen Tage hinzufügen: »und Königin von Ungarn«. Kaum war das geschehen, erhoben die Böhmen Protest und verlangten Aufklärung darüber, warum die Bezeichnung »Königin von Böhmen« fortgelassen worden sei. Der vereinsamten und unglücklichen Kaiserin hätte es sicher genügt, wenn man sich auf den Namen »Elisabeth« beschränkt hätte.

Kaiserin Elisabeth entstammte einer Nebenlinie der Wittelsbacher, deren Angehörige das Recht hatten, den Titel »Herzöge in Bayern« zu führen. Ihr Großvater war König Maximilian I. Josef von Bayern, dessen Töchter Sophie und Ludovika Erzherzog Franz Karl von Österreich und Herzog Maximilian in Bayern geheiratet hatten. Erzherzogin Sophie wurde die Mutter Kaiser Franz Josephs I. und die Herzogin Ludovika die Mutter der Kaiserin Elisabeth. Ursprünglich sollte Franz Joseph I. nach dem Willen seiner Mutter eine Schwester Elisabeths, die drei Jahre ältere Prinzessin Helene, heiraten. Bei einem Besuch in Bad Ischl durchkreuzte Franz Joseph I. die Pläne seiner Mutter und verliebte sich in die erst 15jährige Elisabeth. Die in Possenhofen am Starnberger See ungezwungen, frei und sportlich aufgewachsene Prinzessin hatte nichts Habsburgisches an sich und war für die Aufgabe, die sie schon bald übernehmen sollte, nur wenig vorbereitet. Schwache Versuche der Erzherzogin Sophie, doch noch ihren Willen durchzusetzen, scheiterten an dem entschiedenen Widerstand ihres Sohnes, der sich schon bald darauf mit Elisabeth verlobte. Am 29. 3. 1854 verzichtete Prinzessin Elisabeth auf ihre eventuellen Rechte an der Krone Bayerns und verließ am 20. 4. 1854 Possenhofen. Am 21. 4. passierte sie in Begleitung ihrer Eltern und der älteren Geschwister die Landesgrenze bei Linz, von wo sie donauabwärts mit dem Dampfer nach Wien fuhr. Dem feierlichen Einzug in Wien am 23. 4. 1854 folgte am 24. 4. 1854 abends um 19 Uhr in der Augustinerkirche die glanzvolle Trauung durch den Fürsterzbischof von Wien, Othmar Kardinal von Rauscher.

Vom ersten Tag an wurde die Ehe Elisabeths eine Kette unerquicklicher, nicht enden wollender Auseinandersetzungen mit ihrer Schwiegermutter und Tante, der Erzherzogin Sophie. Die erstgeborenen Kinder Elisabeths wurden auf Veranlassung der Erzherzogin Sophie ganz ihrem Einfluß entzogen. Sie durfte die Kinder nur zu bestimmten Stunden des Tages und nur für eine begrenzte Dauer sehen. Aus dem unerträglichen Verhältnis zu ihrer Schwiegermutter zog die Kaiserin schon bald die Konsequenzen und ging ihren eigenen Weg, dabei bewußt jede Etikette außer acht lassend. Etwa ab 1860 nahm die Kaiserin ihr Reiseleben auf, das sie in immer kürzer werdenden Abständen dem Hofleben entfremdete.

Eine leidenschaftliche Zuneigung erfaßte sie zu den Ungarn, und maßgeblich war sie an dem Ausgleich mit Ungarn von 1867 beteiligt. Damit blieb ihr Einwirken auf politische Entscheidungen aber auch begrenzt. Nach der Krönung in Budapest setzte Kaiserin Elisabeth in ihrem Hofstaat neue Akzente. Altgediente Angehörige des Wiener Hofes wurden entlassen und durch Ungarn ersetzt. Franz Freiherr von Nopcsa wurde Großmeister ihres Hauses und Marie Gräfin Festetics die erste Ehrendame der Kaiserin.

1868 wurde der Kaiserin noch die Tochter Marie Valerie geboren, deren Erziehung sie allein bestimmte. Nach der Vermählung dieser Tochter mit Erzherzog Franz Salvator aus der habsburgisch-toskanischen Linie befand sich die Kaiserin fast nur noch auf Reisen und war nur noch selten in Wien anzutreffen. Für ihren Gemahl hatte Elisabeth schon 1888 die Bekanntschaft der Burgschauspielerin Katharina Schratt vermittelt. Zunächst häufig in Gesellschaft des Kaiserpaares, wurde sie allmählich die einzige Vertraute Kaiser Franz Josephs I.

Nach einer Regierungszeit von 68 Jahren starb Kaiser Franz Joseph I. am 21. 11. 1916 im Schloß Schönbrunn, wo er auch das Licht der Welt erblickt hatte. An seinem Sterbebett standen seine Töchter, die Schwiegersöhne, die Erzherzöge und Erzherzoginnen des Hauses Österreich und viele andere erlauchte Persönlichkeiten des Kaiserreiches. Still und unbeachtet stand im Hintergrund die langjährige Vertraute des Kaisers, Katharina Schratt. Der gleichfalls anwesende ritterliche Kaiser Karl I. bot ihr den Arm und führte sie an das Bett des toten Kaisers. Zum Abschied legte sie zwei Rosen auf die Brust des Toten und ging dann still zurück in die Anonymität. Katharina Schratt hat sich des Vertrauens des Kaisers immer würdig erwiesen und ihn nicht enttäuscht. Sie gab keine Interviews, schrieb keine Memoiren und hat, als sie 1940 starb, sicher manches Geheimnis mit ins Grab genommen.

In der Kaisergruft in Wien fanden Kaiser Franz Joseph I., Kaiserin Elisabeth und Kronprinz Rudolf ihre letzte Ruhestätte. Dort liegen sie in der Franz-Josephs-Gruft nebeneinander, der Kaiser erhöht in der Mitte in einem marmornen Sarkophag und auf gleicher Höhe zur Rechten des Kaisers Kaiserin Elisabeth und links von ihm Kronprinz Rudolf in gleichgestalteten Prunksärgen – drei Habsburger, die im Leben so oft getrennte Wege gingen und von denen jeder auf seine Art schwer an dem ihm von der Vorsehung zugewiesenen Schicksal zu tragen hatte. Mit dem Tode Kaiser Franz Josephs I. zerbrach die Klammer, die den Staat zusammengehalten hatte. Zwei Jahre später ging die österreichisch-ungarische Monarchie zugrunde.

Die Nachkommen Kaiser Franz Josephs I.

1. SOPHIE FRIEDERIKE, Erzherzogin
   * 5. 3. 1855 in Wien
   † 29. 5. 1857 in Budapest
   Grabstätte: Kaisergruft Wien – Ferdinands-Gruft

2. GISELA, Erzherzogin
   * 15. 7. 1856 in Laxenburg bei Wien
   † 27. 7. 1932 in München
   Grabstätte: Fürstengruft in der St.-Michaels-Kirche in München

   ⚭ 20. 4. 1873 in Wien
   LEOPOLD, Prinz von Bayern
   Eltern: Luitpold, Prinzregent von Bayern, und Auguste, Erzherzogin von Österreich-Toskana, Tochter Leopolds II., Großherzog von Toskana
   * 9. 2. 1846 in München
   † 28. 9. 1930 in München
   Grabstätte: Fürstengruft in der St.-Michaels-Kirche in München

3. RUDOLF, Erzherzog und Kronprinz
   * 21. 8. 1858 in Laxenburg bei Wien
   † 30. 1. 1889 in Mayerling
   Grabstätte: Kaisergruft Wien – Franz-Josephs-Gruft

   ⚭ 10. 5. 1881 in Wien
   STEPHANIE, Prinzessin von Belgien
   Eltern: Leopold II., König der Belgier, und Maria Henriette, Erzherzogin von Österreich, Tochter Josefs, Erzherzog von Österreich, Palatin von Ungarn
   * 21. 5. 1864 auf Schloß Laeken
   † 23. 8. 1945 in der Benediktinerabtei Pannonhalma/Ungarn
   Grabstätte: Gruft in der Benediktinerabtei Pannonhalma/Ungarn

   Kronprinz Rudolf hatte eine sehr gute Erziehung genossen und besaß eine umfassende Bildung. Ausgestattet mit hervorragenden Geistesgaben, wurden in der Monarchie große Hoffnungen auf ihn gesetzt. Mit zunehmendem Alter unterschied er sich in seinen politischen und weltanschaulichen Ansichten grundlegend von denen seines Vaters und wurde vom Kaiser nur selten zu den Staatsgeschäften herangezogen.

Seine zahlreichen politischen Kontakte zu Ungarn sowie seine liberale Haltung verschärften die Gegensätze zum Kaiser zusehends. Die unglückliche Ehe mit Stephanie von Belgien, bei der er nur wenig Rückhalt fand und die dem Kronprinzen in fast allen Belangen unterlegen war, verstärkte die Konfliktsituation. So suchte Rudolf schließlich Zuflucht in zahlreichen Liebschaften, zuletzt mit der knapp 18jährigen Mary Freiin von Vetsera.

Der Kronprinz war am 28. 1. 1889 nach Mayerling gefahren, wo er ein Jagdschloß besaß und wohin er seinen Schwager, Philipp Prinz von Coburg, und Joseph Graf Hoyos, einen seiner engsten Vertrauten, zur Jagd eingeladen hatte. Nur dem Kammerdiener des Kronprinzen war bekannt, daß sich in den Gemächern Rudolfs die Freiin von Vetsera aufhielt.

Als sich der Kronprinz am Morgen des 30. 1. 1889 nicht meldete, beauftragte Graf Hoyos den Kammerdiener, die Tür zum Schlafzimmer des Kronprinzen aufzubrechen. Dort fand der Kammerdiener die beiden blutüberströmten auf dem Bett liegenden Leichen. Graf Hoyos fiel die schwere Aufgabe zu, das Kaiserpaar zu unterrichten. Kaiserin Elisabeth nahm die Nachricht erstaunlich gefaßt auf und behielt sich vor, dem Kaiser die furchtbare Nachricht selbst zu überbringen. Über die Unterhaltung des schwer geprüften Elternpaares ist nie etwas an die Öffentlichkeit gedrungen. Ungeschicktes Verhalten und der Versuch des Wiener Hofes, den Skandal zu vertuschen, ließen eine Flut von Gerüchten aufkommen. Schließlich erklärte Kaiser Franz Joseph I., daß seine Völker ein Anrecht darauf hätten, die wahre Todesursache seines Sohnes zu erfahren. So wurde die anfängliche Meldung vom Herzschlag des Kronprinzen dementiert und der Selbstmord bekanntgegeben. Um den kirchlichen Behörden die Entscheidung für ein kirchliches Begräbnis zu ermöglichen, wurde eine Autopsie der Leiche Rudolfs vorgenommen und in einem Gutachten festgestellt, pathologische Befunde am Gehirn des Kronprinzen berechtigten zu der Annahme, daß die Tat in einem Zustand geistiger Verwirrung geschehen sei. Der Kronprinz erhielt das ihm zustehende ehrenvolle Begräbnis in der Kaisergruft. Die Freiin von Vetsera wurde an der Mauer des Friedhofs von Heiligenkreuz lieblos verscharrt. Später wurde Mary von Vetsera auf dem gleichen Friedhof in einer würdigen Gruft beigesetzt.

Der Schriftsteller Robert Hamerling schrieb zum Tode des Kronprinzen in einem Versepos:

»So ging auch er dahin. Als Scheidegruß
Hat er die Mahnung uns entboten:
Kehrt ein in Euch, des Unheils Woge steigt,
Und fragt Ihr sonst noch etwas ihn – er schweigt.
Denn Schweigen ist das große Recht der Toten.«

Kronprinzessin Stefanie heiratete am 22. 3. 1900 in zweiter Ehe den Grafen, späteren Fürsten Elemér Lónyay de Nagy-Lónyay und starb im hohen Alter 1945 als Fürstin Lónyay.

4. MARIE VALERIE, Erzherzogin
* 22. 4. 1868 in Ofen/Ungarn
† 6. 9. 1924 auf Schloß Wallsee
Grabstätte: Gruft auf dem Friedhof in Wallsee-Sindelburg

⚭ 31. 7. 1890 in Bad Ischl
FRANZ SALVATOR, Erzherzog von Österreich-Toskana
Eltern: Karl Salvator, Erzherzog von Österreich-Toskana, und Maria Immaculata, Prinzessin beider Sizilien a. d. H. Bourbon, Tochter Ferdinands II., König beider Sizilien a. d. H. Bourbon
* 21. 8. 1866 in Altmünster/Oberösterreich
† 20. 4. 1939 in Wien
Grabstätte: Gruft auf dem Friedhof in Wallsee-Sindelburg

Die Tochter des Kronprinzen Rudolf

ELISABETH MARIA, Erzherzogin
* 2. 9. 1883 in Laxenburg bei Wien
† 22. 3. 1963 in Wien
Grabstätte: Erbbegräbnis Windischgrätz auf dem Hütteldorfer Friedhof in Wien

1. ⚭ 23. 1. 1902 in Wien
o/o 26. 3. 1924 in Wien
OTTO, Fürst Windischgrätz
Eltern: Ernst, Prinz zu Windischgrätz, und Kamilla, Prinzessin zu Öttingen-Öttingen und Öttingen-Spielberg, Tochter Ottos, Fürst zu Öttingen-Öttingen und Öttingen-Spielberg
* 7. 10. 1873 in Graz
† 25. 12. 1952 in Lugano
Grabstätte: Gruft auf dem Friedhof in Lugano-Castagnola

2. ⚭ 4. 5. 1948 in Wien-Hadersdorf
LEOPOLD PETZNEK
Eltern: Franz Petznek und Maria Lackmayer
* 30. 6. 1881 in Bruck a. d. Leitha/Niederösterreich
† 27. 7. 1956 in Wien
Grabstätte: Erbbegräbnis Windischgrätz auf dem Hütteldorfer Friedhof in Wien

Leopold Petznek war: 1921–1934 Mitglied des Niederösterreichischen Landtags (der sozialdemokratischen Partei). 28. 11. 1945–23. 2. 1947 Präsident des österreichischen Rechnungshofes.

Die Nachkommen des Erzherzogs Karl Ludwig Bruder Kaiser Franz Josephs I. von Österreich

AUS DER EHE MIT MARIA ANNUNZIATA, PRINZESSIN BEIDER SIZILIEN A. D. H. BOURBON

1. Franz Ferdinand, Erzherzog von Österreich-d'Este
* 18. 12. 1863 in Graz
† 28. 6. 1914 in Sarajevo (ermordet)
Grabstätte: Gruft unter der Kirche von Schloß Artstetten

⚭ 1. 7. 1900 in Reichstadt/Böhmen
Sophie Josephine Albina, Gräfin Chotek von Chotkova und Wognin
Eltern: Bohuslaw, Graf Chotek von Chotkova und Wognin, und Wilhelmine, Gräfin Kinsky von Wibnitz und Tettau
* 1. 3. 1868 in Stuttgart
† 28. 6. 1914 in Sarajevo (ermordet)
Grabstätte: Gruft unter der Kirche von Schloß Artstetten

Nach dem Tode des Kronprinzen Rudolf hielt Kaiser Franz Joseph I. die Frage der Thronfolge zunächst offen, da der Bruder des Kaisers, Erzherzog Karl Ludwig, noch lebte. Nach dem Tode Karl Ludwigs wurde dessen Sohn Erzherzog Franz Ferdinand 1896 Thronfolger der Donaumonarchie. 1898 erhielt er als Stellvertreter des Kaisers das Oberkommando der Streitkräfte und wurde 1899 zum General der Kavallerie ernannt.

Durch seine nicht hausgesetzgemäße Ehe mit Sophie Gräfin Chotek von Chotkova hatte Franz Ferdinand sich in einen unüberbrückbaren Gegensatz zum Kaiser gebracht. Erst nach Überwindung zahlreicher Schwierigkeiten und nach langem Zögern gab der Kaiser seine Zustimmung zu einer morganatischen Ehe, die von fast allen Mitgliedern des Erzhauses abgelehnt wurde. Nur in seiner Stiefmutter, der Erzherzogin Maria Theresia, fand Franz Ferdinand eine warmherzige Fürsprecherin beim Kaiser. Den ihm als Preis für die Ehe mit Sophie Gräfin Chotek vom Kaiser abverlangten Renunziationseid, wonach er für seine Gemahlin und für seine zu erwartenden Kinder aus der nicht hausgesetzgemäßen Ehe auf das Recht der Thronfolge verzichtete, leistete Franz Ferdinand am 28. 6. 1900 in Gegenwart des Kaisers, aller volljährigen männlichen Mitglieder des Kaiserhauses, der Kardinäle Dr. Gruscha, Fürstbischof von Wien, und Dr. Schlauch, Primas von Ungarn, des österreichischen und ungarischen Ministerrates sowie der Präsidenten der Abgeordneten- und Herrenhäuser. Sophie und ihre aus der Ehe mit Franz Ferdinand zu erwartenden Kinder blieben damit aus dem Erzhause Habsburg ausgeschlossen.

Am 1. 7. 1900 erfolgte die Eheschließung des Paares in der Schloßkapelle von Reichstadt in Böhmen. Die Trauung nahm der Dechant von Reichstadt unter Assistenz eines Kapuzinerpaters vor. Aus dem Erzhause nahmen nur Franz Ferdinands Stiefmutter, Erzherzogin Maria Theresia, und deren Töchter Maria und Elisabeth teil. Mit Allerhöchstem Handschreiben vom gleichen Tage erhob der Kaiser die Gemahlin Franz Ferdinands in den erblichen Fürstenstand mit dem Namen »Hohenberg« und dem Prädikat »Fürstliche Gnaden«. Von nun an sollten Sophie von Hohenberg und ihre Nachkommen den Namen der Stammutter des Hauses Habsburg, Königin Gertrud Anna von Hohenberg, der Gemahlin König Rudolfs I., führen. Am 4. 10. 1909 erfolgte die Verleihung der Herzogwürde an Sophie unter dem Titel »Herzogin von Hohenberg« mit dem Prädikat »Hoheit«.

Der glücklichen Ehe des Erzherzogs entsprossen die Kinder:

a) Sophie, Fürstin von Hohenberg
* 24. 7. 1901 in Konopischt/Böhmen

⚭ 8. 9. 1920 in Tetschen a. d. Elbe
Friedrich, Graf von Nostitz-Rieneck
Eltern: Erwin Felix, Graf von Nostitz-Rieneck, und Amalia, Gräfin Podstatzky-Lichtenstein, Tochter Leopolds, Graf Podstatzky-Lichtenstein
* 1. 11. 1893 in Prag
† 29. 12. 1973 in Graz
Grabstätte: Baron Gudenus'sche Gruft am Friedhof in Weiz/Steiermark

b) Maximilian, Herzog von Hohenberg
* 28. 9. 1902 in Wien, Schloß Belvedere
† 8. 1. 1962 in Wien
Grabstätte: Gruft unter der Kirche von Schloß Artstetten

⚭ 16. 11. 1926 in Wolfegg/Württemberg
Elisabetha, Gräfin von Waldburg zu Wolfegg und Waldsee
Eltern: Maximilian, Fürst von Waldburg zu Wolfegg und Waldsee, und Sidonie, Prinzessin von Lobkowicz, Tochter Georg Christians, Fürst von Lobkowicz
* 10. 8. 1904 in Waldsee

c) Ernst, Fürst von Hohenberg
* 27. 5. 1904 in Konopischt/Böhmen
† 5. 3. 1954 in Graz
Grabstätte: Gruft unter der Kirche von Schloß Artstetten

⚭ 25. 5. 1936 in Wien
Maria Therese Wood
Eltern: Georg Jervis Wood, und Rosa, Gräfin Lónyay von Nagy-Lónyay und Vásáros-Namény
* 9. 5. 1910 in Wien

d) Totgeborener Knabe
*/† 1908
Grabstätte: Gruft unter der Kirche von Schloß Artstetten

Die Gegensätze und die Entfremdung zwischen dem Kaiser und Erzherzog Franz Ferdinand wurden nach dessen Eheschließung immer tiefer. Franz Joseph I. hat dem Thronfolger die nicht hausgesetzgemäße Ehe nie verziehen.
In Wien hatte Franz Ferdinand mit seiner Familie das Schloß Belvedere bezogen, wo er sich eine eigene Militärkanzlei einrichtete, die im Laufe der Zeit zu einer Nebenregierung wurde. Neben der »Hofpartei« bestand die »Belvederepartei«. Durch den Kaiser von der aktuellen Politik ausgeschlossen, sammelte der Thronfolger einen Kreis jüngerer österreichischer Politiker um sich. Es wurden Pläne für die Zeit nach dem Regierungsantritt Franz Ferdinands entworfen. Der Gruppe schwebte die Ablösung des »Dualismus« von 1867 vor. An seine Stelle sollte der »Trialismus« treten; die Schaffung eines eigenen südslawischen Reichsteils neben Österreich und Ungarn. In diesem südslawischen Reichsteil sollte den Kroaten eine besondere Stellung eingeräumt werden. Die Einführung eines allgemeinen Wahlrechts sah die Neutralisierung des Einflusses des ungarischen Adels vor. Außenpolitisch war Franz Ferdinand von der Gegnerschaft Italiens überzeugt und gab dem Bündnis der drei Kaiserreiche Österreich, Rußland und Deutschland den Vorzug. Zunächst dem deutschen Kaiser Wilhelm II. reserviert gegenüberstehend, war er diesem später in Freundschaft verbunden. War es doch Kaiser Wilhelm II., der als einer der ersten ausländischen Monarchen die Gemahlin des Thronfolgers als ebenbürtig behandelte. Eine solche Haltung hatte bei Franz Ferdinand einen ganz hohen Stellenwert.
Die südslawischen Reformpläne des Thronfolgers waren auch in Serbien nicht unbekannt geblieben. Sie stießen dort auf entschiedenen Widerstand. Als der Termin für das Frühjahrsmanöver 1914 in Sarajevo bekannt wurde, erschien in einer serbischen Zeitung in Chikago folgender Aufruf:

»Der österreichische Thronfolger hat für das Frühjahr seinen Besuch in Sarajevo angesagt. Jeder Serbe möge sich das merken. Wenn der Thronfolger nach Bosnien will, bestreiten wir die Kosten. Serben, ergreift alles, was ihr könnt, Messer, Gewehre, Bomben, Dynamit, nehmt heilige

Rache! Tod der Habsburger Dynastie, ewiges Angedenken jenen Helden, die gegen sie die Hände erheben.«
Der Wiener Hof war also vorgewarnt, als Franz Ferdinand am 4. 6. 1914 beim Kaiser zur Audienz erschien. Der Erzherzog wies darauf hin, daß das Klima in Bosnien seiner Gesundheit abträglich sei, und bat um Enthebung von dieser Verpflichtung. Franz Joseph I. antwortete auf die vorgetragene Bitte: »Mache es, wie du es willst.« Seine Bitte, der Verpflichtung enthoben zu werden, war damit abschlägig beschieden worden.
Am 24. 6. 1914 verließ der Thronfolger das Schloß Belvedere, um sich auf die Reise nach Bosnien zu begeben. Es wurde eine Reise ohne Wiederkehr. In Bad Ilidže traf Franz Ferdinand sich mit seiner treu um ihn besorgten Gemahlin. Auf der Fahrt durch Sarajevo trafen den Erzherzog und die Herzogin von Hohenberg am 28. 6. 1914 – auf Tag und Stunde genau 14 Jahre nach Leistung des Renunziationseides – die tödlichen Schüsse des serbischen Anarchisten Gavrilo Princip. Viereinhalb Wochen später brach der Erste Weltkrieg aus, der die Welt verändern sollte und als dessen erste Opfer der Erzherzog und seine Gemahlin genannt werden müssen. Auf dem Kreuzer »Viribus unitis« wurden die beiden Toten nach Triest gebracht, wo sie am 30. 6. 1914 eintrafen und nach Wien überführt wurden. Bei der Aufbahrung in der Hofburg stand der Sarg der Herzogin von Hohenberg 35 cm tiefer als der des Thronfolgers. Es war die letzte kleinliche Rache des Obersthofmeisters Montenuovo-Neipperg an der »Morganatischen«, die so viele Zurücksetzungen für das Glück ihrer Ehe am Wiener Hof hatte in Kauf nehmen müssen.
Aus Furcht, daß man ihn und seine Familie noch im Tode trennen könnte – der Thronfolger hatte auf einen Begräbnisplatz in der Kaisergruft Anspruch, seine Angehörigen nicht –, hatte Franz Ferdinand in den Jahren 1909/1910 unter der Kirche seines Schlosses in Artstetten für sich und seine Familie eine eigene Gruft bauen lassen. Hier wurde das unzertrennliche Paar am 4. 7. 1914 zur letzten Ruhe gebettet. Der Sockel, der die beiden Sarkophage trägt, erhielt die dem Schicksal des Paares gerecht werdende Inschrift: »Verbunden durch das Band der Ehe – Vereint durch das gleiche Geschick.«
Die Kinder kamen in die Obhut der Henriette Gräfin Chotek, einer Schwester der Herzogin. Sie wurden von Kaiser Franz Joseph I. nur einmal empfangen – dann nie wieder.
1938 wurden Herzog Max und Fürst Ernst von Hohenberg, die Söhne Erzherzog Franz Ferdinands, die sich für die Selbständigkeit Österreichs und gegen den Anschluß an das Deutsche Reich ausgesprochen hatten, in das Konzentrationslager Dachau eingeliefert. Mit unnachahmlicher Würde ertrugen sie alle Erniedrigungen und Torturen, die ihnen von ihren Peinigern zugefügt wurden. Herzog Max von Hohenberg wurde

1940 entlassen, während Fürst Ernst von Hohenberg nach Buchenwald verlegt wurde und erst 1943 heimkehren konnte.
Von den erlittenen Mißhandlungen konnten die Brüder sich nicht wieder erholen. Fürst Ernst von Hohenberg starb 1954, erst 49 Jahre alt, Herzog Max von Hohenberg 1962, im Alter von 59 Jahren. Neben ihren Eltern ruhen sie in der Gruft von Artstetten. Dem Erzhaus nach dem Willen Kaiser Franz Josephs I. nicht angehörend, erwiesen sie sich in der Stunde der Gefahr und der Bewährung als echte Habsburger und treue Österreicher.

2. Otto Franz Josef, Erzherzog
* 21. 4. 1865 in Graz
† 1. 11. 1906 in Döbling bei Wien
Grabstätte: Kaisergruft Wien – neue Gruft

⚭ 2. 10. 1886 in Dresden
Maria Josefa, Prinzessin von Sachsen
Eltern: Georg, König von Sachsen, und Maria Anna, Infantin von Portugal, Tochter Ferdinands II., König von Portugal a. d. H. Sachsen-Coburg
* 31. 5. 1867 in Dresden
† 28. 5. 1944 auf Schloß Wildenwart/Oberbayern
Grabstätte: Kaisergruft Wien – neue Gruft

Das Leben Erzherzog Ottos war ein Leben der Irrwege. Von Natur aus mit allen Vorzügen des Körpers und des Geistes ausgestattet, brachte er die Voraussetzungen mit, ein wahrer Fürst zu werden. Seine Unbekümmertheit und Leichtlebigkeit führte ihn auf einen anderen Weg. Skandale und Liebschaften entfremdeten ihn auf die Dauer dem kaiserlichen Hof, so daß sich die kaiserliche Familie und schließlich auch seine Gemahlin von ihm zurückzogen. An Syphilis erkrankt, war er zu einem langen und qualvollen Siechtum verurteilt. In einer Villa der Wiener Vorstadt Döbling verbrachte er die letzten Wochen seines Lebens. Seine letzte große Leidenschaft war die junge Operettensängerin Luise Robinson, die den Todgeweihten unter dem Namen Schwester Martha pflegte. Sie wich nicht von seinem Krankenbett und harrte bis zum letzten Atemzug bei ihm aus. Die zweite Pflegerin war Ottos Stiefmutter, die edle Erzherzogin Maria Theresia. Von der Liebe dieser beiden Frauen umgeben und unter dem geistlichen Beistand des Weihbischofs Marschall von Wien starb dieser Habsburger am 1. November des Jahres 1906.

3. Ferdinand Karl, Erzherzog (Ferdinand Burg)
* 27. 12. 1868 in Wien
† 10. 3. 1915 in München
Grabstätte: Gruft unter dem Hauptaltar der Maria-Trost-Kirche in Meran-Untermais

⚭ 1909 in Chur/Schweiz
Berta Czuber
Tochter des Universitätsprofessors Emanuel Czuber
* 5. 12. 1879 in Prag
† 5. 7. 1979 auf Schloß Rottenstein bei Meran
Grabstätte: Gruft unter dem Hauptaltar der Maria-Trost-Kirche in Meran-Untermais

Die heimliche Heirat Erzherzog Ferdinand Karls mit Berta Czuber, einer Jugendfreundin des österreichischen Dichters Robert Musil, führte zu seinem Ausschluß aus der kaiserlichen Familie, da Kaiser Franz Joseph I. die Genehmigung zu dieser Ehe verweigerte. Aus dem Erzhause ausgestoßen, wurde sein Name aus der Genealogie des Hauses Habsburg-Lothringen gestrichen und in der Standesliste des Heeres getilgt. Unter Aberkennung aller Orden und Ehrenzeichen mußte Erzherzog Ferdinand Karl die Monarchie verlassen und in die Verbannung gehen.

4. Margarethe Sophie, Erzherzogin
* 13. 5. 1870 in Artstetten
† 24. 8. 1902 in Gmunden am Traunsee
Grabstätte: Gruft in der Schloßkirche in Altshausen/Krs. Ravensburg/Württemberg

⚭ 24. 1. 1893 in Wien
Albrecht, Herzog von Württemberg
Eltern: Philipp, Herzog von Württemberg, und Maria Theresia, Erzherzogin von Österreich, Tochter Albrechts, Erzherzog von Österreich, Herzog von Teschen
* 23. 12. 1865 in Wien
† 29. 10. 1939 auf Schloß Altshausen
Grabstätte: Gruft in der Schloßkirche in Altshausen/Krs. Ravensburg/Württemberg

AUS DER EHE MIT MARIA THERESIA, INFANTIN VON PORTUGAL

5. Maria Annunziata, Erzherzogin
* 31. 7. 1876 in Reichenau
† 7. 4. 1961 in Vaduz/Liechtenstein
Grabstätte: Fürstliche Gruft neben der kath. Pfarrkirche in Vaduz

Maria Annunziata war Äbtissin des Theresianischen Damenstifts auf dem Hradschin in Prag.

6. Elisabeth Amalie, Erzherzogin
* 7. 7. 1878 in Reichenau
† 13. 3. 1960 in Vaduz/Liechtenstein
Grabstätte: Fürstliche Gruft neben der kath. Pfarrkirche in Vaduz

⚭ 20. 4. 1903 in Wien
Alois, Prinz von und zu Liechtenstein
Eltern: Alfred Alois, Prinz von und zu Liechtenstein, und Henriette, Prinzessin von und zu Liechtenstein, Tochter Alois', Fürst von und zu Liechtenstein
* 17. 6. 1869 in Hollenegg
† 16. 3. 1955 in Vaduz
Grabstätte: Fürstliche Gruft neben der kath. Pfarrkirche in Vaduz.

Prinz Alois von und zu Liechtenstein verzichtete am 26. 2. 1923 auf die Thronfolge im Fürstentum Liechtenstein.

Die Nachkommen des Erzherzogs Otto Neffe Kaiser Franz Josephs I. von Österreich

1. Karl Franz Joseph, Erzherzog
⚭ Zita, Prinzessin von Bourbon-Parma
Siehe unter Kaiser Karl I.

2. Maximilian Eugen Ludwig, Erzherzog
* 13. 4. 1895 in Wien
† 17. 1. 1952 in Nizza
Grabstätte: Gruft in der Schloßkirche in Altshausen/Krs. Ravensburg/ Württemberg

⚭ 29. 11. 1917 in Laxenburg bei Wien
Franziska, Prinzessin zu Hohenlohe Waldenburg-Schillingsfürst
Eltern: Konrad, Prinz zu Hohenlohe Waldenburg-Schillingsfürst, und Franziska, Gräfin von Schönborn-Buchheim, Tochter Erwins, Graf von Schönborn-Buchheim
* 21. 1. 1897 in Teplitz

Kaiser Karl I.

Kaiser Karl I.

* 17. 8. 1887 auf Schloß Persenbeug bei Ybbs a. d. Donau
† 1. 4. 1922 in Funchal/Madeira
Grabstätte: Kirche Nossa Senhora do Monte in Funchal/Madeira

⚭ 21. 10. 1911 in Schwarzau am Steinfelde
ZITA, Prinzessin von Bourbon-Parma
Eltern: Robert, Herzog von Bourbon-Parma, und Maria Antonia, Prinzessin von Braganza, Infantin von Portugal, Tochter Michaels, König von Portugal
* 9. 5. 1892 Villa Pianore bei Lucca/Italien

21. 11. 1916 Kaiser von Österreich – nicht gekrönt.
21. 11. 1916 Apostolischer König von Ungarn.
30. 12. 1916 in Budapest in der Matthiaskirche als Karl IV. zum Apostolischen König von Ungarn gekrönt.

Nach dem Tode Kaiser Franz Josephs I., der allein noch in der Lage gewesen war, den Vielvölkerstaat Österreich zusammenzuhalten, bestieg sein Großneffe Erzherzog Karl den österreichischen Thron zu einem Zeitpunkt, da sich der Zusammenbruch der Monarchie bereits abzeichnete.

Erzherzog Karl wurde auf Schloß Persenbeug bei Ybbs a. d. Donau geboren und verlebte dort und auf dem Landsitz Wartholz eine glückliche und unbekümmerte Jugend. Häufig hielt er sich auch in Prag auf, wo sein Vater Erzherzog Otto ein Kommando leitete. In den ersten Lebensjahren lag die Erziehung Karls ganz in den Händen seiner Mutter, die ihren Sohn besonders liebte und später auch die Verbannung mit ihm teilte. Der Erzherzog war von kleiner Gestalt, hatte ein rundes Gesicht, blaue Augen und besaß eine wohlklingende und sympathische Stimme. Als der Prinz sieben Jahre alt wurde, übernahm der Rittmeister Graf Wallis seine Erziehung, die auf demokratischer Basis erfolgte. Er besuchte das Schottengymnasium in Wien, wo er sich bei Lehrern und Schülern großer Beliebtheit erfreute und kurz der »Erzkarl« genannt wurde. Nach einem militärwissenschaftlichen und juristischen Studium absolvierte Erzherzog Karl die übliche Laufbahn im militärischen Bereich als Husarenleutnant und Dragoner in Böhmen und Galizien. In Wien bewohnte Erzherzog Karl mit seinen Eltern das nahe der Stadt gelegene Schloß Hetzendorf, das Kaiser Franz Joseph I. der Familie als Wohnsitz zugewiesen hatte. Der Kaiser war hier häufig zu Gast und hatte an Erzherzog Karl ein besonderes Wohlgefallen. Seinem Onkel Erzherzog Franz Ferdinand fühlte Erzherzog Karl sich besonders verbunden. Nach dessen Tod rückte er in der Thronfolge nach, wurde vom Kaiser mit Aufgaben im deutschen Oberkommando und später im österreichisch-ungarischen Oberkommando betraut, aber weitgehend von den politischen Entscheidungen ferngehalten.

Bei seinem Regierungsantritt sah sich Kaiser Karl I. zunehmend innen- und außenpolitischen Schwierigkeiten gegenüber. Der ihm verbliebene innenpolitische Spielraum wurde durch seine übereilte Zustimmung zur Krönung zum König von Ungarn am 30. 12. 1916 noch weiter eingeschränkt. Mit allen Mitteln versuchte die Entente, die nationalen Gegensätze in der österreichisch-ungarischen Monarchie zu verschärfen. Thomas Masaryk und Eduard Beneš unternahmen alles, vom Ausland her den nationalen Widerstand zu stärken und bei der Entente die Anerkennung eines selbständigen tschechischen Staates zu erreichen.

Kaiser Karl I. war bei seinem Regierungsantritt entschlossen, einen raschen Frieden herbeizuführen und seinen Völkern weiteres Blutvergießen zu ersparen. Diesem Ziel dienten unfangreiche Veränderungen in der militärischen und politischen Führung. Laut Vertrag vom 6. 9. 1916 lag die oberste Leitung der militärischen Operationen beim deutschen Kaiser. In Abänderung dieses Vertrages übernahm Karl I. nunmehr persönlich den Oberbefehl über die österreichisch-ungarische Armee, und Generalstabschef Conrad von Hötzendorf wurde durch Arthur Freiherr Arz von Straußenburg ersetzt. Feldzeugmeister wurde Erzherzog Friedrich, der auch zum engsten Berater des Kaisers ernannt wurde. Nach Rücktritt des Ministerpräsidenten Ernest von Körber wurde Heinrich Graf Clam-Martinitz zum neuen Ministerpräsidenten ernannt. Im gleichen Monat unternahm der amerikanische Präsident Wilson den Versuch, sowohl von den Mittelmächten als auch von der Entente Friedensvorschläge zu erhalten. Der österreichische Außenminister Ottokar Graf von Czernin übte seinerseits Druck auf Deutschland aus, sich dem Abschluß eines Friedens nicht zu verschließen.

Unter Einschaltung der Prinzen Sixtus und Xavier von Bourbon-Parma, Brüder der Kaiserin Zita, leitete Kaiser Karl I. Friedensbemühungen ein, die im Frühjahr 1918 für den jungen Kaiser zu bitteren Konsequenzen führen sollten. Am 29. 1. 1917 gelangten Sixtus und Xavier von der belgischen Front kommend, wo sie als Offiziere dienten, in Neuchâtel in der Schweiz ein. Dort trafen sie die Mutter der Kaiserin, Herzogin Maria Antonia von Bourbon-Parma, die den Brüdern einen Brief der Kaiserin aushändigte, der die Bitte an die Brüder enthielt, den Kaiser in seinen Friedensbemühungen zu unterstützen. Prinz Sixtus nannte als Voraussetzung für erfolgreiche Friedensgespräche:

1. die Rückgabe Elsaß-Lothringens an Frankreich ohne Entschädigung,
2. die Wiederherstellung Belgiens,
3. die Wiederherstellung des um Albanien vergrößerten Serbien und
4. die Abtretung Konstantinopels an Rußland.

Auf Wunsch des von Prinz Sixtus zwischenzeitlich unterrichteten französischen Präsidenten Poincaré begaben sich die Brüder am 12. 2. 1917 erneut nach Neuchâtel, wo ihnen ein Freund des Kaisers, Thomas Graf Erdödy, einen Brief Karls I. überreichte, in dem dieser die Vorschläge der Prinzen als geeignete Verhandlungsgrundlage bezeichnete. Außenminister Czernin schlug nun vor, die Prinzen zu einem persönlichen Gespräch in Wien zu empfangen. Mit dieser Nachricht und einer vom Außenminister entworfenen und vom Kaiser ergänzten Erklärung wurde Graf Erdödy erneut nach Neuchâtel entsandt. Das ins Französische übersetzte Dokument wurde am 5. 3. 1917 Poincaré vorgelegt. Es wurde beschlossen, Sixtus und Xavier nach Österreich zu schicken, wo die Brüder schon kurz nach ihrem Eintreffen dem Kaiser nunmehr offiziell einen Brief mit den von Prinz Sixtus formulierten vier Punkten übergaben. Anschließend betonte der Kaiser zwar seine Bündnistreue gegenüber Deutschland, ließ jedoch keinen Zweifel daran, daß er zu einem Separatfrieden bereit sei, wenn die Differenzen mit Italien, das die Abtretung Südtirols bis zum Brenner forderte, zur Zufriedenheit Österreich-Ungarns bereinigt würden. Zum Abschluß der Gespräche übergab Kaiser Karl I. dem Prinzen, nachdem dieser im Namen Poincarés Geheimhaltung zugesichert hatte, einen auf der Grundlage der Vorschläge des Prinzen abgefaßten Brief, der als »Sixtusbrief« in die Geschichte eingegangen ist.

Der entscheidende Passus in dem Brief an Poincaré, der im Frühjahr 1918 besonders im deutschen Lager für erhebliche Aufregung sorgte, lautete:

»...

Deshalb und zur Kundgebung der Aufrichtigkeit meiner Gefühle bitte ich Dich, geheim und inoffiziell Herrn Poincaré, dem Präsidenten der französischen Republik, zur Kenntnis zu bringen, daß ich mit allen Mitteln und unter Anwendung meines ganzen persönlichen Einflusses bei meinen Verbündeten die gerechten Rückforderungsansprüche Frankreichs mit Bezug auf Elsaß-Lothringen unterstützen werde.

...«

Der Brief löste vornehmlich in England eine euphorische Stimmung aus, die aber schnell verflog, nachdem Italien konsultiert worden war. An den für Österreich unannehmbaren Bedingungen Italiens scheiterten die weiteren Verhandlungen.

Bei einem Besuch Kaiser Karls I. in Bad Homburg bei Kaiser Wilhelm II. am 3. 4. 1917 sondierte Karl I. die Chancen für einen baldigen Frieden. Er mußte schon bald feststellen, daß sein deutscher Bundesgenosse noch immer fest an den baldigen Sieg glaubte, zumal der Einsatz der U-Boot-Waffe bevorstand. Der durch die deutsche Heeresführung angekündigte uneingeschränkte U-Boot-Krieg machte die Aussichten auf einen kurzfristigen Frieden zunichte.

Nach der Abdankung von Zar Nikolaus II. von Rußland zeichnete sich dort die Revolution und das Ausscheiden Rußlands aus dem Krieg ab. Der Ausrufung der Republik folgte die Oktoberrevolution. Nach vorausgegangenem Waffenstillstand kam es am 3. 3. 1918 zum Frieden von Brest-Litowsk, dem am 9. 2. 1918 ein Sonderfriede mit der Ukraine vorausgegangen war. Am 7. 5. 1918 folgte der Friedensschluß mit Rumänien in Bukarest.

Im Sommer 1917 näherte sich der Erste Weltkrieg seinem Höhepunkt. Die durch die Beendigung der Kämpfe an der Ostfront freigewordenen Kräfte ermöglichten es den Mittelmächten trotz wirtschaftlicher und militärischer Schwächung, noch einmal Widerstand zu leisten. An der Westfront wurden die Durchbruchsversuche der Franzosen und Engländer abgeschlagen. An der Südfront gelang es den österreichisch-ungarischen Verbänden, die Front in Italien fast zum Zusammenbruch zu bringen. Die entscheidende Wende zuungunsten der Mittelmächte brachte die Kriegserklärung der Vereinigten Staaten von Nordamerika am 6. 4. 1917 an Deutschland und am 7. 12. 1917 an Österreich-Ungarn.

Am 8. 1. 1918 verkündete der amerikanische Präsident Wilson seine 14 Punkte als Grundlage für einen zukünftigen allgemeinen Frieden. Die Österreich betreffenden Punkte sahen vor:

Punkt 9: Berichtigung der italienischen Grenzen nach nationalen Grenzlinien,
Punkt 10: Freie Gelegenheit zu einer autonomen Entwicklung der Völker Österreich–Ungarns,
Punkt 11: Räumung der Balkanstaaten Rumänien, Serbien und Montenegro,
Punkt 13: Schaffung eines unabhängigen polnischen Staates.

Nach Bekanntwerden der 14 Punkte Wilsons erhoben Arbeiter in den Industriezentren und in Wien erstmals ihre Stimmen nach einem baldigen Friedensschluß. Am 1. 2. 1918 meuterten Teile der Kriegsmarine. Der Aufstand wurde blutig niedergeschlagen, und der nachmalige Reichsverweser von Ungarn, Nikolaus Horthy von Nagybánya, wurde zum Oberbefehlshaber der Kriegsmarine ernannt.

Die im Exil lebenden tschechischen Führer verlangten die Bildung eines tschechischen Nationalstaates unter Einbeziehung Böhmens. Die tschechoslowakische Exilregierung ernannte sich zum Nationalrat, dessen Präsident Thomas Masaryk wurde. Eduard Beneš erhielt das Amt des Generalsekretärs des Nationalrates.

Im Februar 1918 erkannte Kaiser Karl I. die 14 Punkte Wilsons als geeignete Grundlage für einen dauerhaften Frieden an. Diese Ansicht wurde von Außenminister Czernin geteilt. Am 2. 4. 1918 hielt der Außenminister eine Rede vor den Wiener Gemeinderäten und erklärte im Gegensatz zu seiner bis dahin vertretenen Auffassung, daß Frankreich kein Recht auf Elsaß-Lothringen besitze. Der französische Ministerpräsident Clemenceau veröffentlichte daraufhin den »Sixtusbrief« vom März 1917, in dem der Kaiser den Anspruch Frankreichs auf Elsaß-Lothringen ausdrücklich als gerecht bezeichnet hatte. Die Veröffentlichung des Briefes erregte im deutschen Hauptquartier ungeheures Aufsehen. In dieser Situation tat Kaiser Karl I. das Schlechteste, was er überhaupt noch tun konnte. In einem Schreiben vom 11. 4. 1918 an Kaiser Wilhelm II. leugnete er das Vorhandensein des »Sixtusbriefes« und führte in diesem Schreiben u. a. aus:

»Der französische Ministerpräsident, in die Enge getrieben, sucht dem Lügennetz, in das er sich selbst verstrickt hat, zu entrinnen, indem er immer mehr und mehr Unwahrheiten aufhäuft und sich nicht scheut, nunmehr auch die völlig falsche und unwahre Behauptung aufzustellen, daß ich irgendwelche ›gerechte Rückforderungsansprüche Frankreichs auf Elsaß-Lothringen‹ anerkannt hätte. Ich weise diese Behauptung mit Entrüstung zurück.«

Außenminister Czernin stürzte über die Affäre und reichte am 15. 4. 1918 sein Rücktrittsgesuch ein. Sein Nachfolger wurde Stefan Graf Burián von Rajecz.

Kaiser Karl I. hatte nicht nur das Vertrauen seiner Verbündeten, sondern – was schlimmer war – der Entente verloren. Der Ruf nach Auflösung der österreichisch-ungarischen Monarchie wurde im Westen und in Amerika immer lauter. Die Amerikaner traten nunmehr für die Befreiung aller slawischen Völker von deutscher und österreichischer Herrschaft ein. Es folgte die Anerkennung des tschechischen Nationalrates durch Frankreich, Großbritannien und die Vereinigten Staaten von Nordamerika. Am 26. 9. 1918 wurde in Paris durch den tschechischen Nationalrat der selbständige tschechoslowakische Staat proklamiert. Masaryk wurde zum Staatspräsidenten und Beneš zum Außenminister ernannt.

Noch vor dem militärischen Zusammenbruch befand sich die österreichisch-ungarische Monarchie in voller Auflösung. Die sozialdemokratische Partei anerkannte das Selbstbestimmungsrecht und verlangte die Umwandlung der Monarchie in einen föderalistischen Staatenbund. Nachdem auch Kroaten, Slowenen und Serben einen eigenen Nationalrat gebildet hatten, versuchte der Kaiser am 16. 10. 1918 zu retten, was vielleicht noch zu retten war. Er erließ ein Manifest zum Umbau der Monarchie in einen Bundesstaat. Dieser letzte Versuch kam viel zu spät – die Zeit war abgelaufen. Am 21. 10. 1918 bildete sich die provisorische Nationalversammlung für Deutsch-Österreich unter Vorsitz des Deutschnationalen Dr. Waldner.

Dem am 24. 10. 1918 zurückgetretenen Außenminister Burián von Rajecz folgte als letzter Außenminister der Monarchie Julius Graf Andrássy d. J., der im Einvernehmen mit Kaiser Karl I. das Bündnis mit Deutschland löste und am 27. 10. 1918 ein Friedensangebot Österreich-Ungarns an den amerikanischen Präsidenten richtete. Einen Tag später wurde die tschechoslowakische Republik ausgerufen, und am darauffolgenden Tag erfolgte die Bildung des Königreichs der Serben, Kroaten und Slowenen unter der Dynastie Karageorgewitsch, die am 1. 12. 1918 die Herrschaft antrat.

Am 31. 10. 1918 beschloß eine unter Michael Graf Károlyi gebildete ungarische Regierung die Trennung von der Dynastie Habsburg.

Am 30./31. 10. 1918 wurde die erste deutsch-österreichische Regierung unter Dr. Karl Renner, der das Amt des Regierungschefs übernahm, gebildet. Der letzte kaiserliche Ministerpräsident, Dr. Heinrich Lammasch, trat daraufhin zurück und übergab die Regierungsgewalt an Dr. Karl Renner. Nach dem am 3. 11. 1918 in Villa Giusti bei Padua abgeschlossenen Waffenstillstand mußte Österreich Tirol bis zum Brenner, das Pustertal bis Toblach, Tarvis, das Isonzogebiet, Istrien mit Triest, Westkrain, Dalmatien sowie alle adriatischen Inseln räumen. Am 7. 11. 1918 begann die Demobilisierung der österreichischen Armee.

Das Ansinnen seiner nächsten Umgebung, nach Innsbruck auszuweichen, hatte Kaiser Karl I. abgelehnt. Am Abend des 10. 11. 1918 wurde dem Kaiser in Schönbrunn ein Dokument zur Unterzeichnung vorgelegt, wonach er auf jeden Anteil an den Staatsgeschäften verzichten sollte. Die hinzugezogene Kaiserin Zita beschwor ihren Gemahl, das Dokument nicht zu unterzeichnen. Schließlich unterschrieb der Kaiser das Dokument doch. Mit der Veröffentlichung des Schriftstückes, das rechtlich kaum als Abdankung gewertet werden kann, am 11. 11. 1918 erließ Kaiser Karl I. an das deutsch-österreichische Volk folgendes Manifest:

»Seit meiner Thronbesteigung war Ich unablässig bemüht, meine Völker aus den Schrecknissen des Krieges herauszuführen, an dessen Ausbruch Ich keinerlei Schuld trage.

Ich habe nicht gezögert, das verfassungsmäßige Leben wiederherzustellen und habe den Völkern den Weg zu ihrer selbständigen staatlichen Entwicklung geöffnet.

Nach wie vor von unwandelbarer Liebe für alle meine Völker erfüllt, will Ich ihrer freien Entfaltung meine Person nicht als Hindernis entgegenstellen.

Im voraus erkenne Ich die Entscheidungen an, die Deutsch-Österreich über seine zukünftige Staatsform trifft.
Das Volk hat durch seine Vertreter die Regierung übernommen. Ich verzichte auf jeden Anteil an den Staatsgeschäften.
Gleichzeitig enthebe Ich meine österreichische Regierung ihres Amtes.
Möge das Volk von Deutsch-Österreich in Eintracht und Versöhnlichkeit die Neuordnung schaffen und befestigen! Das Glück meiner Völker war von Anbeginn das Ziel meiner heißesten Wünsche.
Nur der innere Friede kann die Wunden dieses Krieges heilen.«

Noch am gleichen Tage verließ der Kaiser Schönbrunn und begab sich mit seiner Familie nach Schloß Eckartsau im Marchfeld. Am Tage darauf wurde in der provisorischen Nationalversammlung die Republik Deutsch-Österreich ausgerufen und ein Gesetz über die Staats- und Regierungsform erlassen. Dieses Gesetz bestimmte in:
Artikel I: Deutsch-Österreich ist eine demokratische Republik.
Artikel II: Deutsch-Österreich ist ein Bestandteil der deutschen Republik.

Die Herrschaft der Habsburger in Österreich war beendet.

Nach den Wahlen zur konstituierenden Nationalversammlung Deutsch-Österreichs wurde der entthronte Kaiser vor die Wahl gestellt, sich in Österreich internieren zu lassen oder in die Schweiz zu emigrieren. Da Karl auch den formellen Thronverzicht ablehnte, wählte er das Exil in der Schweiz. Von Schloß Eckartsau im Marchfeld aus, unweit der Stelle, wo König Rudolf I. 650 Jahre zuvor in der Schlacht bei Dürnkrut die Hausmacht Österreich für Habsburg begründet hatte, begab sich der letzte regierende Habsburger in Österreich mit seiner Familie am 23. 3. 1919 in die Schweiz. Von Feldkirch aus erließ Karl I. vor dem Grenzübertritt ein nicht veröffentlichtes Manifest vom 24. 3. 1919, in dem er feierlichen Protest gegen alle Maßnahmen erhob, die von der Nationalversammlung getroffen wurden. Nachhaltig protestierte er gegen die Thronentsetzung und erklärte alle getroffenen Maßnahmen für sich und sein Haus für null und nichtig.

Von seinem Schweizer Exil aus versuchte Karl I. am 26. 3. 1921 die Macht in Ungarn wiederzugewinnen. An diesem Tag begab er sich über Wien, wo er sich unerkannt aufhielt, nach Budapest. Der ungarische Reichsverweser, Admiral Horthy, weigerte sich, dem König die Macht zu übergeben, und verwies auf die ablehnende Haltung der Großmächte. Da Karl allein nach Budapest gekommen war, mußte er unverrichteter Dinge in die Schweiz zurückkehren. Der Kanton Waadt entzog ihm die Aufenthaltsbewilligung, und Karl mußte mit seiner Familie die Villa Prangins verlassen. Sein nächster Aufenthaltsort wurde Schloß Hertenstein am Vierwaldstättersee.

Im Herbst des gleichen Jahres unternahm Karl einen erneuten Versuch, die Herrschaft in Ungarn zurückzuerobern. In diesem Vorhaben wurde er von französischer Seite vertraulich ermuntert. Am 20. 10. 1921 flog er in Begleitung seiner Gemahlin nach Ödenburg, wo königstreue Verbände standen, die nach seiner Ankunft sogleich auf ihn vereidigt wurden und mit denen er den Vormarsch nach Budapest antrat. Im Laufe dieses Vormarsches traten ganze Garnisonen auf die Seite Karls. Kurz vor Budapest kam das Unternehmen durch Verrat zum Stehen. Die königstreuen Truppen wurden von der Armee des Reichsverwesers Horthy umzingelt. Das Kaiserpaar wurde im Kloster Tihany interniert. Auf Druck Italiens, Frankreichs und Englands sprach die ungarische Nationalversammlung die Absetzung Karls IV. als König von Ungarn aus und beschloß seine Auslieferung. Dagegen protestierte Karl IV. von Tihany aus mit folgendem Schreiben:

»Den unter ausländischem Druck und Zwang zustande gekommenen Beschluß der Nationalversammlung, der die Entthronung ausspricht, erkläre ich im Sinne der ungarischen Verfassung und der ungarischen Gesetze für ungesetzlich und unwirksam und lege dagegen Verwahrung ein.

Ich halte die nach der ungarischen Verfassung mir, als dem mit der Krone St. Stephans gekrönten Apostolischen König, zustehenden Rechte nachdrücklichst auch weiter aufrecht.

Gegen das Vorgehen der ungarischen Regierung, mit dem sie mich aufgrund des Beschlusses der Botschafterkonferenz dem Befehlshaber der britischen Donauflotte ausliefert, lege ich Verwahrung ein, da ich, als nach ungarischem Gesetz Ungar, das unbestreitbare Recht habe, mich auf ungarischem Gebiet aufzuhalten.«

Am 3. 11. 1921 beschloß das ungarische Parlament folgendes, am 6. 11. 1921 verkündete Gesetz:

1. Die souveränen Rechte König Karls IV. sind erloschen.

2. Die in den Gesetzesartikeln I und II des Jahres 1713 verkündete Pragmatische Sanktion, welche die Sukzessionsrechte des Hauses Österreich regelt, tritt außer Kraft. Demzufolge gewinnt die Nation das Recht der freien Königswahl zurück.

3. Die Nation behält die alte Staatsform, das Königreich. Doch verschiebt sie die Besetzung des Thrones auf spätere Zeiten und ermächtigt die Regierung, zur entsprechenden Zeit eine diesbezügliche Vorlage zu erstatten.

4. Das vorliegende Gesetz tritt mit dem Tage der Promulgation in Kraft.

Damit waren die Herrscherrechte des Hauses Habsburg auch in Ungarn erloschen. Die Krone des hl. Stephan sollte nie wieder getragen werden. Diese einzigartige historische Reliquie, die in der 1000jährigen Geschichte der ungarischen Nation und in der Geschichte des Hauses Habsburg eine so bedeutende Rolle gespielt hat, gelangte 1945 nach langen Irrfahrten in die Hände der Amerikaner, die die Krone nach Amerika verbrachten, wo sie fast 33 Jahre verbleiben sollte. Am 5. 1. 1978 kehrte sie in einem Sonderflugzeug in Begleitung des amerikanischen Außenministers nach Ungarn zurück und wurde im Rahmen einer festlichen Feierstunde am 6. 1. 1978 dem ungarischen Volk zurückgegeben.

Der letzte Kaiser von Österreich und König von Ungarn traf in Begleitung seiner Gemahlin Zita am 19. 11. 1921 in Funchal auf Madeira, wohin man ihn verbannt hatte, ein. Viereinhalb Monate später starb Kaiser Karl I. im Alter von 34 Jahren.

Kaiser Karl I. war von einem großen Verantwortungsgefühl, das seine Wurzeln in einer tiefen religiösen Überzeugung hatte, getragen. Niemals unfreundlich, zornig oder bösartig in seiner Gesinnung, konnte man dem Monarchen die unangenehmsten Dinge sagen, ohne befürchten zu müssen, auf Unverständnis zu stoßen. Sein Wesen und sein Charakter waren von einer großen Menschenfreundlichkeit und einer unendlichen Herzensgüte geprägt. Da er in der Auswahl seiner ersten und engsten Mitarbeiter eine ausgesprochen unglückliche Hand hatte, konnte es nicht ausbleiben, daß die Charaktereigenschaften des Kaisers von seiner Umgebung häufig ausgenutzt wurden und es zu Fehlentscheidungen kam, die ohne Konsequenzen für die Verursacher blieben. Da Karl I. stets das sagte, was er dachte, und keine Rücksicht darauf nahm, ob seine Gedanken richtig oder falsch und unangebracht waren, schaffte ihm das in der letzten Zeit seiner Herrschaft mehr Gegner als Freunde. Das Charakterbild des Kaisers kann dadurch nicht beeinträchtigt werden.

Viele überstürzte und schlecht vorbereitete Reformen während seiner kurzen Regierungszeit sind der Unerfahrenheit des jugendlichen Kaisers zuzuschreiben und können nur als unzulängliche Versuche gewertet werden, die Dynastie vor dem Untergang zu bewahren.

Als 24jähriger verlobte Karl sich im Juni 1911 in Pianore bei Lucca mit der 19jährigen Prinzessin Zita von Bourbon-Parma. Sie war eine Jugendgespielin Karls, die er in dem niederösterreichischen Schwarzau kennengelernt hatte. Die Prinzessin entstammte einer in vielfacher Hinsicht bemerkenswerten Familie. Ihr Vater, Herzog Robert von Parma, war von piemontesischen Truppen aus seinem Herzogtum Parma vertrieben worden und hatte in Schwarzau Zuflucht gefunden. Hier lebte der Herzog mit seiner Gemahlin Maria Antonia von Braganza und zwölf Kindern aus dieser Ehe. Dazu kamen neun weitere Kinder aus der ersten Ehe des Herzogs mit Maria Pia von Bourbon-Sizilien.

Prinzessin Zita war eine stattliche Erscheinung. Sie besaß Energie und Zähigkeit. Karl und Zita waren sich nicht nur sehr zugetan, sondern ergänzten sich auch vorteilhaft. Im Oktober 1911 fand die Vermählung in Schwarzau statt. An der Hochzeit nahmen neben Kaiser Franz Joseph I. auch der Thronfolger Franz Ferdinand und der König von Sachsen, der Onkel Karls mütterlicherseits, teil. Diese standesgemäße Ehe war so recht nach dem Herzen Kaiser Franz Josephs I., der eine betont herzliche Festrede hielt. Das erste Auftreten der jungen Erzherzogin Zita in Wien war ein voller Erfolg. Sie hätte sich in den Herzen der Österreicher sicher einen hervorragenden Platz sichern können. Die Ereignisse von 1918 haben bei der damals 26jährigen Mutter von fünf Kindern tiefe Wunden hinterlassen. Als ihr Abdankungsdokumente vorgelegt wurden, sagte sie nur:

»*Niemals!*« und fügte dann hinzu: »*Ein Herrscher kann seine Herrscherrechte verlieren. Das ist dann Gewalt, die eine Anerkennung ausschließt. Abdanken nie – lieber falle ich hier an Ort und Stelle mit dir – dann wird eben Otto kommen und selbst, wenn wir alle fallen sollten – noch gibt es andere Habsburger.*«

1922 folgte sie ihrem Gemahl ins Exil nach Funchal auf Madeira, wo dem exilierten Kaiserpaar die Villa Quinto do Monte als Aufenthaltsort zugewiesen wurde. Im März 1922 erkrankte Karl an einer Lungenentzündung. Nach Empfang der Sterbesakramente und einem herzlichen Wort des Verzeihens für alle seine Feinde starb der menschlich so oft mißverstandene letzte Kaiser aus dem Hause Habsburg-Lothringen am 1. 4. 1922.

Seine letzten Worte galten seiner Gemahlin:

»Warum lassen sie uns nicht nach Hause gehen? Ich möchte mit dir nach Hause gehen. Ich bin so müde.«

Zurück blieben die 30jährige Witwe und sieben Kinder im Alter von ein bis zehn Jahren. Das achte Kind wurde zwei Monate nach dem Tode Kaiser Karls I. geboren. Kaiserin Zita hat es verstanden, die Familie durch alle Fährnisse der Zeit zusammenzuhalten. Nach dem Tode ihres Gemahls fand sie mit ihrer Familie Asyl in Spanien und später in Belgien. Während des Zweiten Weltkrieges lebte die Witwe Kaiser Karls in Kanada und dann in den Vereinigten Staaten. In unzähligen Vorträgen in großen und kleinen Städten, an Colleges und Universitäten, warb sie bei den Amerikanern um ein besseres Verständnis für ihre Heimat Österreich. Nach Kriegsende organisierte Zita mit ihrer Familie in großem Umfang Care-Paketaktionen. Schließlich kehrte diese aufrechte Frau nach Europa zurück; ihren Lebensabend verbringt sie, nunmehr über 90jährig, nahe der österreichischen Grenze in der Schweiz. 1982 betrat Kaiserin Zita, die vor mehr als 60 Jahren ihre Heimat verlassen hatte, wieder Österreich.

Dem letzten regierenden Habsburger errichteten seine Freunde in der Kaisergruft in Wien in der der Franz-Josephs-Gruft vorgelagerten Kapelle ein dem Wesen Kaiser Karls I. entsprechendes bescheidenes Denkmal mit der Büste des letzten österreichischen Kaisers und ungarischen Königs. Der Sockel des Denkmals trägt die Inschrift:

»Carolus Austriae Imperator et Hungariae Rex Apostolicus in castello Persenbeug 1887. Defunctus in exilio 1922. Non corpore quidem sed sufragiis suis patriae semper praesens.«

In der Übersetzung:

»Karl, Kaiser Österreichs und Apostolischer König von Ungarn, geboren 1887 auf Schloß Persenbeug. Gestorben in der Fremde 1922. Nicht mit seinem Leichnam, aber in seinen guten Werken ist er dem Vaterland immer gegenwärtig.«

Die Nachkommen Kaiser Karls I.

1. OTTO FRANZ JOSEF, Erzherzog, Chef des Hauses Habsburg-Lothringen
   * 20. 11. 1912 auf Schloß Wartholz/Reichenau

   ⚭ 10. 5. 1951 in Nancy
   REGINA, Prinzessin von Sachsen-Meiningen
   Eltern: Georg, Herzog von Sachsen-Meiningen, und Clara, Gräfin von Korff-Schmising-Kerßenbrock, Tochter Alfreds, Graf von Korff-Schmising-Kerßenbrock
   * 6. 1. 1925 in Würzburg

2. ADELHEID, Erzherzogin
   * 3. 1. 1914 in Hetzendorf b. Wien
   † 2. 10. 1971 in Tulfes/Tirol
   Grabstätte: Gruft auf dem Friedhof an der kath. Kirche in Tulfes/Tirol

3. ROBERT KARL LUDWIG, Erzherzog (d'Este)
   * 8. 2. 1915 in Wien-Schönbrunn

   ⚭ 29. 12. 1953 in Bourg-en Bresse/Frankreich
   MARGHERITA, Prinzessin von Savoyen
   Eltern: Amadeus, Prinz von Savoyen, Herzog von Aosta, Vizekönig von Abessinien, und Anna, Prinzessin von Frankreich, Tochter Johanns, Herzog von Guise
   * 7. 4. 1930 in Capodimonte/Italien

4. FELIX FRIEDRICH, Erzherzog
   * 31. 5. 1916 in Wien-Schönbrunn

   ⚭ 19. 11. 1952 in Beaulieu/Frankreich
   ANNA EUGENIE, Herzogin von Arenberg
   Eltern: Robert, Herzog von Arenberg, und Gabriele, Fürstin von Wrede, Tochter Karl Philipps, Fürst von Wrede
   * 5. 7. 1925 auf Schloß Ellingen

5. KARL LUDWIG, Erzherzog
* 10. 3. 1918 in Baden b. Wien

⚭ 17. 1. 1950 auf Schloß Beloeil/Belgien
YOLANDE, Prinzessin von Ligne
Eltern: Eugen, Fürst de Ligne, und Philippine, Prinzessin de Noailles a. d. H. der Ducs de Mouchy
* 6. 5. 1923 in Madrid

6. RUDOLF SYRINGUS, Erzherzog
* 5. 9. 1919 Villa Prangins b. Nyon, Kanton Waadt/Schweiz

1. ⚭ 22. 6. 1953 in Tuxedo Park New York
XENIA, Gräfin Tschernyschew Besobrasow
Eltern: Sergej Alexandrowitsch a. d. H. der Grafen Tschernyschew-Besobrasow und Elisabeth Dmitrijewna Gräfin Scheremetew, Tochter des Dimitri Sergejewitsch Graf Scheremetew
* 11. 6. 1929 in Paris
† 20. 9. 1968 in Soignies/Belgien
Grabstätte: Gruft in der Loretokapelle der Klosterkirche Muri/Schweiz

2. ⚭ 15. 10. 1971 in Ellingen
ANNA GABRIELE, Prinzessin von Wrede
Eltern: Carl, Fürst von Wrede, und Sophie, Gräfin Schaffgotsch, Tochter Friedrichs Graf Schaffgotsch
* 11. 9. 1940 in Pähl/Oberbayern

7. CHARLOTTE, Erzherzogin
* 1. 3. 1921 Villa Prangins b. Nyon, Kanton Waadt/Schweiz

⚭ 25. 7. 1956 in Pöcking a. Starnberger See
GEORG, Herzog zu Mecklenburg
Eltern: Georg, Herzog zu Mecklenburg, und Natalie Wonljarski (russischer Uradel), Tochter Feodors Wonljarski
* 22. 9. 1899 in Oranienbaum b. St. Petersburg
† 6. 7. 1963 in Sigmaringen
Grabstätte: Gruft in der Einsiedlerkapelle des ehemaligen Klosters Inzigkofen

8. ELISABETH CHARLOTTE, Erzherzogin
* 31. 5. 1922 im Königspalast El Pardo b. Madrid

⚭ 12. 9. 1949 in Lignièrs/Frankreich
HEINRICH, Prinz von Liechtenstein
Eltern: Alfred, Prinz von Liechtenstein, und Theresia Maria, Prinzessin von Öttingen-Öttingen und Öttingen-Wallerstein, Tochter Moritz', Prinz von Öttingen-Öttingen und Öttingen-Wallerstein
* 5. 8. 1916 in Graz

Literaturverzeichnis

Es wird hier nur eine Auswahl aus der umfangreichen Literatur zu diesem Thema geboten.

DAS HEILIGE RÖMISCHE REICH

Engel, H. U., Die Straße nach Europa, Reichskleinodien und Kaiserkrönung, Hamburg 1962.

Heer, Friedrich, Das Heilige Römische Reich, München 1977.

Mommsen, K., Eidgenossen, Kaiser und Reich. Studie zur Stellung der Eidgenossenschaft innerhalb des Heiligen Römischen Reiches, Basel 1958.

Rassow, P., Die geschichtliche Einheit des Abendlandes, Köln 1960.

Srbik, Heinrich von, Deutsche Einheit. Idee und Wirklichkeit vom Heiligen Reich bis Königgrätz, Bd. 1–4, München 1935–1942.

ÖSTERREICH

Gutkas, K., Geschichte Niederösterreichs, Sankt Pölten 1975.

Hantsch, Hugo, Geschichte Österreichs bis 1648, 1. Bd., Graz 1969.

Hantsch, Hugo, Geschichte Österreichs 1648–1918, 2. Bd., Graz 1969.

Hantsch, Hugo, Die Nationalitätenfrage im alten Österreich, Wien 1953.

Heer, Friedrich, Land im Strom der Zeit, Österreich gestern, heute und morgen, Wien 1958.

Huber, Alfons, Geschichte Österreichs, 5 Bde., Gotha 1885–1896.

Kiszling, Rudolf, Österreich-Ungarns Anteil am Ersten Weltkrieg, Graz 1958.

Kleindel, Walter, Österreich. Daten zur Geschichte und Kultur, Wien 1978.

Kretschmayr, Heinrich, Geschichte von Österreich, Wien 1936.

Krones, Franz von, Handbuch der Geschichte Österreichs, 4 Bde., Berlin 1876–1879.

Mecenseffy, G., Geschichte des Protestantismus in Österreich, Graz 1956.

Mikoletzky, Hanns Leo, Österreich, das große 18. Jahrhundert, Wien 1967.

Mikoletzky, Hanns Leo, Österreich, das entscheidende 19. Jahrhundert, Wien 1972.

Scheithauser, Erich/Schmeißer, Herbert/Woratschek, Grete, Geschichte Österreichs in Stichworten:
Von der Urzeit bis 1282, Bd. 1,
von 1282 bis Westf. Friede, Bd. 2,
von 1648 bis Wiener Kongreß, Bd. 3,
von 1815 bis 1918, Bd. 4,
Wien 1976.

Tapié, Victor Lucien, Die Völker unter dem Doppeladler, Graz 1975.

Uhlirz, Karl und Mathilde, Handbuch der Geschichte Österreichs und seiner Nachbarländer Böhmen und Ungarn, 4 Bde., Graz 1927–1944. 1. Bd., 2. Aufl. Graz 1963.

Zöllner, Erich, Geschichte Österreichs, Wien 1974.

HABSBURG

Andics, Hellmut, Die Frauen der Habsburger, Wien 1969.

Crankshaw, Edward, Die Habsburger, Wien 1971.

Crankshaw, Edward, Der Niedergang des Hauses Habsburg, Wien 1967.

Flesch-Brunningen, Hans, Die letzten Habsburger in Augenzeugenberichten, Düsseldorf 1967.

Frischauer, Paul, Die Habsburger. Geschichte einer Familie, Wien 1961.

Isenburg, Wilhelm Karl Prinz von, Historische Genealogie, 1940.

Kann, Robert A., Das Habsburger Reich. Werden und Zerfall, Graz 1962.

Kann, Robert A., Geschichte des Habsburger Reiches 1526–1918, Köln 1977.

Knappich, Wilhelm, Die Habsburger Chronik, Salzburg 1959/1969.
Kusin, Eberhard, Die Kaisergruft, Wien 1973.
Lein, Elisabeth (Hrsg.), Begräbnisstätten der Alt-Habsburger in Österreich. Von Rudolf I. bis Karl VI., Wien o. D.
Lhotsky, Alphons, Das Haus Habsburg, Wien 1971.
Mac Guigan, Dorothy Gies, Familie Habsburg 1273–1918, Wien 1967.
Stadtmüller, Georg, Geschichte der Habsburger Macht, Stuttgart 1966.
Stahl, A. E., Die Spanischen Habsburger im spanischen Drama, Wien 1953.
Wandruszka, Adam, Das Haus Habsburg. Die Geschichte einer europäischen Dynastie, Wien 1978.
Weihrich, Franz, Stammtafel zur Geschichte des Hauses Habsburg, Wien 1893.

KÖNIG RUDOLF I.

Gerlich, A., Studie zur Landfriedenspolitik König Rudolfs von Habsburg, Mainz 1963.
Goerlitz, Th. H., Rudolf von Habsburg. Beender des Interregnums, Wien 1961.
Habsburg, Otto, Rudolf von Habsburg – Festrede zum 700. Gedenktag der Krönung Rudolfs I. in Aachen, Wien 1973.
Lorenz, O., Geschichte König Ottokars II. und seiner Zeit, Wien 1866.
Redlich, O., Rudolf von Habsburg, Wien 1903/1965.

KÖNIG ALBRECHT I.

Hagen, Carl, Die Politik der Kaiser Rudolf von Habsburg und Albrecht I. und die Entstehung der schweizerischen Eidgenossenschaft, Frankfurt 1857.
Hessel, Alfred, Jahrbücher des deutschen Reiches unter König Albrecht I., München 1931.

KÖNIG FRIEDRICH »DER SCHÖNE«

Kurz, F., Österreich unter Kaiser Friedrich d. Schönen, Linz 1818.

Schrohe, Heinrich, Der Kampf der Gegenkönige Ludwig und Friedrich, Berlin 1902.

HERZOG ALBRECHT II.

Eloga, E., Albrecht II., Herzog von Österreich, Wien, phil. Diss., 1952.
Kurz, F., Österreich unter Herzog Albrecht dem Lahmen, Linz 1819.

HERZOG RUDOLF »DER STIFTER«

Huber, A., Geschichte des Herzog Rudolf IV. von Österreich, Innsbruck 1865.
Lhotsky, Alphons, Privilegium majus, die Geschichte einer Urkunde, Wien 1957.
Winter, E. K., Rudolf IV. von Österreich, 4 Bde., Wien 1934/1936.

HERZOG ALBRECHT III.

Sornard, A., Herzog Albrecht III. von Österreich, Wien 1961.

KÖNIG ALBRECHT II.

Hoedl, Günther, Albrecht II., Königtum, Reichsregierung und Reichsreform 1438–1439, Wien 1978.
Koller, H., Das Reichsregister König Albrechts II., Wien 1955.
Wostry, W., König Albrecht II., Prag 1906/07.

KAISER FRIEDRICH III.

Haller, Brigitte, Kaiser Friedrich III. im Urteil der Zeitgenossen, Wien, phil. Diss., 1965.
Lug, V., Ulrich von Cilli und Ladislaus Posthumus, Reichenberg 1904.
Nehring, Karl, Matthias Corvinus, Kaiser Friedrich III. und das Reich, München 1975.

KAISER MAXIMILIAN I.

Calmette, Joseph, Die großen Herzöge von Burgund, München 1963/1976.
Schubert, F. H., Die Reichstage Kaiser Maximilians I. im Urteil des 17. Jahrhunderts, Göttingen 1958.
Silva-Tarouca, Egbert, Schöpfer und Vollender am Weltbild der Casa de Austria, Wien 1960.
Wiesflecker, Hermann, Kaiser Maximilian I. Das Reich, Österreich und Europa an der Wende zur Neuzeit. 4 Bde., Wien 1971/1975/1977/1981.
Winkler, W., Kaiser Maximilian I., München 1950.

KAISER KARL V.

Brandi, Karl, Kaiser Karl V., Werden und Schicksal einer Persönlichkeit und eines Weltreiches, 2. Auflage, München 1979.
Burckhardt, K. J., Gedanken über Karl V., München 1964.

Habsburg, Otto, Karl V., Wien 1979.
Hantsch, J., Die Kaiseridee Karls V., Graz 1958.
Lahnstein, Peter, Auf den Spuren von Karl V., München 1979.
Rassow, P., Der letzte Kaiser des Mittelalters, Göttingen 1911.
Tyler, Royall, Kaiser Karl V., Stuttgart 1959.
Walther, F., Die Anfänge Karls V., Leipzig 1911.

KAISER FERDINAND I.

Bucholtz, Franz Ferdinand von, Geschichte der Regierung Ferdinands des Ersten, Graz 1968–1971.
Lhotsky, Alphons, Das Zeitalter des Hauses Österreich. Die ersten Jahre der Regierung Ferdinands I. in Österreich, Wien 1971.
Sutter-Fichtner, Paula, Ferdinand I. of Austria, Columbia University Press, USA 1982.

MARGARETE VON ÖSTERREICH

Nodet, V., L'église de Brou, Paris 1917.
Strelka, J., Der burgundische Renaissancehof Margaretes von Burgund, Wien 1957.
Winkler, Elsa, Margarete von Österreich, Grande Dame der Renaissance, München 1977.

KAISER MAXIMILIAN II.

Bibl, V., Kaiser Maximilian II., der rätselhafte Kaiser, Dresden 1930.
Holtzmann, Robert, Kaiser Maximilian II. bis zu seiner Thronbesteigung (1527–1564), Berlin 1903.

KAISER RUDOLF II.

Evans, R. J. W., Rudolf II., Ohnmacht und Einsamkeit, Graz 1980.
Gindely, Anton, Rudolf II. und seine Zeit, Prag 1862.
Schwarzenfeld, Gertrude, Rudolf II., der saturnische Kaiser, München 1961.
Sturmberger, Hans, Aufstand in Böhmen, München 1959.

KAISER MATTHIAS

Hirn, Joseph, Erzherzog Maximilian der Deutschmeister, Innsbruck 1936.
Hummelberger, W., Erzherzog Matthias in den Niederlanden, Wien 1965.
Meinert, D., Von Wahl und Krönung der deutschen Kaiser zu Frankfurt a. Main mit Krönungsdiarium des Kaisers Matthias aus dem Jahre 1612, Frankfurt 1956.
Pick, Friedrich, Der Prager Fenstersturz 1618, Prag 1918.

KAISER FERDINAND II.

Franzl, Johann, Ferdinand II., Kaiser im Zwiespalt der Zeit, Graz 1978.
Hurter, Friedrich, Geschichte Kaiser Ferdinands II., 11 Bde., Schaffhausen 1850ff.
Sturmberger, Hans, Kaiser Ferdinand II. und das Problem des Absolutismus, München 1957.
Wagner, Georg, Wallenstein, der böhmische Condottiere, Wien 1958
Mann, Golo, Wallenstein, München 1972.

KAISER FERDINAND III.

Braubach, M., Der Westfälische Friede, Münster 1948.
Dickmann, F., Der Westfälische Friede, Münster 1959.
Stieve, F., Ferdinand III., Leipzig 1900.

KAISER LEOPOLD I.

Baumstark, Reinhard, Leopold I., Freiburg 1873.
Redlich, Oswald, Weltmacht des Barock, Österreich in der Zeit Leopolds I., 4. Auflage, Wien 1961.
Redlich, Oswald, Das Werden einer Großmacht, 3. Auflage, Wien 1942.
Spielman, John P., Leopold I. Zur Macht nicht geboren, Graz 1981.

KAISER JOSEF I.

Ingrao, Charles W., Josef I., Der »vergessene« Kaiser, Graz 1982.

KAISER KARL VI.

Bayern, A. von, Das Ende der Habsburger in Spanien, 2 Bde., München 1929.
Landau, Marcus, Karl VI. als König von Spanien Stuttgart 1889.
Odenthal, J., Österreichs Türkenkrieg 1716 bis 1718, Düsseldorf 1938.
Topka, R., Der Hofstaat Kaiser Karls VI., Wien 1954.
Turba, G., Die Pragmatische Sanktion, Wien 1913.

PRINZ EUGEN VON SAVOYEN

Arneth, A., Prinz Eugen von Savoyen, 3 Bde., Wien 1858/1864.
Braubach, Max, Prinz Eugen von Savoyen, 5 Bde., München/Wien 1963/1965.
Buchgraber, V., Von Prinz Eugen bis Karl Renner. Lebensbilder aus drei Jahrhunderten, Graz 1961.
McKay, Derek, Prinz Eugen von Savoyen. Feldherr dreier Kaiser, Graz 1979.
Puffler, R. J., Prinz Eugen, Wien 1970.

KAISER FRANZ I. (FRANZ STEPHAN VON LOTHRINGEN)

Hennings, Fred, Und sitzet zur linken Hand, Franz Stephan von Lothringen, Wien 1961.
Schönholz, F., Traditionen zur Charakteristik Österreichs, seines Staats- und Volkslebens unter Kaiser Franz I., München 1914.

KAISERIN-KÖNIGIN MARIA THERESIA

Andreas, W., Maria Theresia – Geist und Staat, München 1922.
Arneth, Alfred, Geschichte Maria Theresias.
Bd. 1–3: M. T. erste Regierungsjahre 1740–1748
Bd. 4: M. T. nach dem Erbfolgekrieg 1748–1756
Bd. 5–6: M. T. und der Siebenjährige Krieg 1756–1763
Bd. 7–10: M. T.s letzte Regierungszeit 1763–1780, Wien 1863–1879.
Crankshaw, Edward, Maria Theresia, München 1970.
Heer, Friedrich, Das Glück der Maria Theresia, Wien 1966.
Heydendorff, Walther, Österreich und Preußen, Wien 1947.
Holmsten, Georg, Friedrich II., Reinbek 1969.
Koschatzky, Walter, Maria Theresia und ihre Zeit, Salzburg 1979.
Kretschmayr, Heinrich, Maria Theresia, 2 Bde., Gotha 1925.
Leitich, Ann Tizia, Maria Theresia Augustissima, Wien 1963.
Raithel, Richard, Maria Theresia und Josef II. ohne Purpur, Wien 1954.
Reinhold, Peter, Maria Theresia, Frankfurt a. M. 1955.
Rothe, Carl, Maria Theresia, ein Herz blieb standhaft, Stuttgart 1954.
Rothe, Carl, Maria Theresia, die Mutter und Kaiserin, Berlin 1940.
Tapié, Victor Lucien, Maria Theresia. Die Kaiserin und ihr Reich, Graz 1980.
Thadden, Franz Lorenz, Feldmarschall Daun, Wien 1967.
Vallotton, Henry, Kaiserin Maria Theresia, Hamburg 1968.
Wächter, Friederike, Die Erziehung der Kinder Maria Theresias, Wien, phil. Diss., 1969.
Walter, Friedrich, Die Paladine der Kaiserin, Wien 1959.

KAISER JOSEF II.

Högl, Waltraud, Bartenstein als Erzieher Josefs II., Wien, phil. Diss., 1952.
Maas, Ferdinand, Der Frühjosephinismus, Wien 1966.
Maas, Ferdinand, Der Josephinismus. Quelle zu seiner Geschichte in Österreich, Wien 1951/1961.
Magenschab, Hans, Josef II., Revolutionär von Gottes Gnaden, Graz 1980.
Sashegyi, Oskar, Zensur und Geistesfreiheit unter Josef II., Budapest 1958.
Schreyvogel, Friedrich, Ein Jahrhundert zu früh. Das Schicksal Josefs II., Wien 1964.
Walter, Friedrich, Die Zeit Josefs II. und Leopolds II. 1780–1792, Wien 1955.
Wandruszka, Adam, Österreich am Ende der Regierungszeit Maria Theresias, Wien 1974.
Wendrinsky, Johann, Kaiser Josef II. Ein Lebens- und Charakterbild, Wien 1880.
Winter, Eduard, Der Josephinismus und seine Geschichte, Brünn 1943.

KAISER LEOPOLD II.

Walter, Friedrich, Die Zeit Josefs II. und Leopolds II. 1780–1792, Wien 1955.
Wandruszka, Adam, Leopold II., Erzherzog von Österreich, Großherzog von Toskana, 2 Bde., Wien 1963/1965.

KAISER FRANZ II./I.

Bibl, V., Kaiser Franz, der letzte römisch-deutsche Kaiser, Leipzig 1937.
Langsam, Walter L., Franz der Gute. Die Jugend eines Kaisers, Wien 1954.
Meynert, H., Kaiser Franz I. von Österreich, Wien 1872.
Palmer, Alan, Metternich, der Staatsmann Europas, Düsseldorf 1972.
Spiel, Hilde, Der Wiener Kongreß in Augenzeugenberichten, Düsseldorf 1965.

Srbik, Heinrich von, Das österreichische Kaisertum und das Ende des Heiligen Römischen Reiches 1804–1806, Berlin 1927.

Wertheimer, Eduard, Die drei ersten Frauen des Kaisers Franz, Leipzig 1893.

KAISERIN LEOPOLDINE (VON BRASILIEN)

Oberacker, Karl H., Kaiserin Leopoldine, ihr Leben und ihre Zeit, Sao Leopoldo 1980.

Obry, Olga, Grüner Purpur, Brasiliens erste Kaiserin Erzherzogin Leopoldine, Wien 1958.

KAISER FERDINAND I.

Kiszling, Rudolf, Die Revolution im Kaisertum Österreich 1848/1849, 2 Bde., Wien 1948.

Ségur-Cabanac V., Graf, Kaiser Ferdinand I. als Regent und Mensch, Wien 1912.

Ségur-Cabanac V., Graf, Kaiser Ferdinand I. »Der Gütige«.

KAISER FRANZ JOSEPH I.

Bagger, Eugene, Franz Joseph, Wien 1927.

Benedikt, Heinrich, Monarchie der Gegensätze, Wien 1947.

Bossi-Fedrigotti, Anton Graf, Kaiser Franz Joseph I. und seine Zeit, Zürich 1978.

Corti, Egon Cäsar Conte/Sokol, Hans, Kaiser Franz Joseph I., 4. Auflage, Graz 1979.

Engel-Janosi, Friedrich, Österreich und der Vatikan 1846–1918, Graz 1958/1960.

Herre, Franz, Kaiser Franz Joseph von Österreich. Sein Leben – seine Zeit, Köln 1978.

Margutti, Albert, Frh. von, Kaiser Franz Joseph, persönliche Erinnerungen, Wien 1924.

Redlich, Josef, Kaiser Franz Joseph I. von Österreich, Berlin 1928.

Steinitz, E., Erinnerungen an Franz Joseph I., Berlin 1930.

Trost, Ernst, Franz Joseph I. von Gottes Gnaden Kaiser von Österreich, apostol. König von Ungarn etc. ..., Wien 1980.

Tschuppik, Karl, Franz Joseph I., der Untergang eines Reiches, Dresden 1928.

Zeman, Zbynék A., Der Zusammenbruch des Habsburgerreiches 1914–1918, Wien 1963.

KAISERIN ELISABETH

Bourgoing, J. de, Elisabeth, Kaiserin von Österreich, Herzogin in Bayern, Wien 1956.

Corti, Egon Cäsar Conte, Elisabeth, die seltsame Frau, 39. Auflage, Graz 1982.

Hamann, Brigitte, Elisabeth. Kaiserin wider Willen, Wien 1981.

Haslip, J., Elisabeth von Österreich, München 1966.

Matray, M./Krüger, A., Der Tod der Kaiserin Elisabeth oder Die Tat des Anarchisten Lucheni, München 1970.

Vallotton, H., Elisabeth, die tragische Kaiserin, Paris 1950.

Wallersee, Marie-Luise von, Kaiserin Elisabeth und ich, Leipzig 1935.

Zeidler, Paul Gerhard, Elisabeth, Kaiserin von Österreich, Königin von Ungarn, Berlin 1923.

KAISER MAXIMILIAN VON MEXIKO

Corti, Egon Cäsar Conte, Maximilian und Charlotte von Mexiko, Zürich 1924.

Haslip, J., Maximilian, Kaiser von Mexiko, München 1972.

KRONPRINZ RUDOLF

Bibl, Viktor, Kronprinz Rudolf. Die Tragödie eines sinkenden Reiches, Leipzig 1938.

Borgese, G. A., «Die Tragödie von Mayerling«. Die Geschichte des Rudolfs von Österreich und der Mary Vetsera, Heidelberg 1927.

Franzel, Emil, Kronprinz-Mythos und Mayerling-Legenden, Wien 1973.

Hamann, Brigitte, Kronprinz Rudolf. Kronprinz und Rebell, Wien 1978.

Holler, Gerd, Mayerling – die Lösung des Rätsels, Wien 1980.

Judtmann, Fritz, Mayerling ohne Mythos, Wien 1968.

Larisch-Wallersee, Marie-Luise von, Meine Vergangenheit, Leipzig 1937.

Lónyay Fürstin von, Prinzessin Stephanie von Belgien. Ich sollte Kaiserin werden, Leipzig 1935.

Mitis, Oskar, Freiherr von, Das Leben des Kronprinzen Rudolf, Wien 1971.

Richter, Werner, Kronprinz Rudolf von Österreich, Zürich 1941.

Schiel, Irmgard, Stephanie, Kronprinzessin im Schatten von Mayerling, Stuttgart 1978.

ERZHERZOG FRANZ FERDINAND

Franz, Georg, Erzherzog Franz Ferdinand und die Pläne zur Reform der Habsburger Monarchie, München 1943.

Franzel, E., Franz Ferdinand d'Este, Leitbilder einer konservativen Revolution, Wien 1964.
Goerlich, Ernst Joseph, Der Thronfolger, Wien 1961.
Kalmar, Rudolf, Zeit ohne Gnade, Wien 1946.
Kann, Robert A., Erzherzog Franz Ferdinand, Studien, Wien 1976.
Kiszling, Rudolf, Erzherzog Franz Ferdinand von Österreich-Este, Graz 1953.
Krug v. Nidda, Roland, Der Weg nach Sarajevo. Franz Ferdinand, Zürich 1964.
Pauli, Hertha, Das Geheimnis von Sarajevo, Wien/Hamburg 1966.

KAISER KARL I.

Brook-Shepherd, Gordon, Um Krone und Reich. Die Tragödie des letzten Habsburgerkaisers, Wien 1968.
Brook-Shepherd, Gordon, Karl I. Des Reiches letzter Kaiser, Wien 1976.
Goerlich, Ernst J., Der letzte Kaiser, Wien 1962.
Lorenz, Reinhold, Kaiser Karl und der Untergang der Donaumonarchie, Graz 1959.
Vivian, H., Kreuzweg eines Kaisers, Karl I. von Österreich, Deutsch von E. Werkmann, Wien 1935.
Werkmann H., Frh. von, Der Tote auf Madeira, München 1923.
Windischgrätz, Ludwig, Ein Kaiser kämpft um die Freiheit, Wien 1957.

Bildquellenverzeichnis

Die Porträts der einzelnen Herrscher befinden sich im Besitz des Bildarchivs der Österreichischen Nationalbibliothek Wien, das Porträt Kaiser Leopolds I. befindet sich im Besitz des Heeresgeschichtlichen Museums Wien.
Das Porträt Kaiser Franz Josephs I. befindet sich in Privatbesitz.
Die für den Schutzumschlag verwendete Aufnahme eines Doppeladlers wurde vom Heeresgeschichtlichen Museum Wien zur Verfügung gestellt.

Personenregister

RUDOLF I. (1218—12

ALBRECHT I., † 1308 ∞ Elisabeth v. Görz	Hartmann † 1281	Katharina, † 1318 ∞ Otto v. Niederbayern	Hedwig, † 1303 ∞ Otto von Brandenburg

Rudolf III., † 1307 Kg. v. Böhmen	Agnes, † 1364 ∞ Andreas III. v. Ungarn	Friedrich d. Schöne, † 1330 ∞ Elisabeth v. Aragonien	Leopold I. † 1326

Margareta, † 1366 ∞ 1. Meinhard III. v. Tirol 2. Joh. Heinrich v. Böhmen	Rudolf IV. d. Stifter † 1365	Friedrich III. † 1362	Albrecht III., † 1395 ∞ 1. Elisabeth v. Luxemburg (Böhmen) 2. Beatrix v. Hohenzollern (Nürnberg)

Albrecht IV., † 1404
∞ Johanna v. Bayern

Albrecht V. (II.), † 1439
∞ Elisabeth v. Böhmen
† 1442

Anna, † 1462 ∞ Wilhelm III. Markgraf zu Meißen	Elisabeth, † 1503 ∞ Kasimir v. Polen	Ladislaus Posthum † 1457

Eleonore ∞ 1. Emanuel v. Portugal 2. Franz I. v. Frankreich	KARL I. (V.) (1500—1558) ∞ Isabella v. Portugal	Isabella, † 1526 ∞ Christ. II. v. Dänemark	Maria, † 1558 ∞ Ludwig v. Unga

Maria, † 1603 ∞ Maximilian II.	Philipp II., † 1598 ∞ 1. Maria v. Portugal 2. Maria v. England 3. Elisabeth v. Frankreich 4. Anna v. Österreich

MAXIMILIAN II., † 1576
∞ Maria v. Spanien
† 1603

Anna † 1580	RUDOLF II. † 1612	Ernst † 1595

Carlos † 1568 (von 1)	Klara Eugenia † 1633 (von 3)	Katharina, † 1597 ∞ Karl Em. v. Savoyen	Philipp III., † 1621 ∞ Margareta v. Öst. (von 4)

Anna M., 1666 ∞ Ludwig XIII. v. Frkr.	Philipp IV. † 1665	Maria Anna, † 1646 ∞ Ferdinand III.

Gertrud (Anna) v. Hohenberg

:lementia, † 1322 — ∞ Karl M. v. Ungarn
Agnes, † 1322 — ∞ Albert v. Sachsen
Jutta, † 1297 — ∞ Wenzel II. v. Böhmen
Rudolf II., † 1290 — ∞ Agnes v. Böhmen
Mathilde — ∞ Ludwig v. Bayern

Albrecht II., † 1358 — ∞ Johanna v. Pfirt
Heinrich
Otto d. Fröhliche — † 1339
Johann Parricida — † 1313
Ludwig d. Bayer — † 1346

Leopold III., † 1386 — ∞ Viridis Visconti (Mailand)
Agnes — ∞ Heinrich v. Jauer

'ilhelm — † 1406
Leopold IV. — † 1411
Ernst d. Eiserne, † 1424 — ∞ Cimburga (mit d. großen Lippe) v. Masowien
Friedrich IV., † 1439 (mit d. leeren Tasche)
Sigismund, † 1496

Margareta, † 1486 — ∞ Friedrich v. Sachsen
FRIEDRICH III. (V.) (1415—1493) — ∞ Eleonora v. Portugal
Katharina, † 1493 — ∞ Karl v. Baden
Albrecht VI. — † 1463

MAXIMILIAN I. (1459—1519) — ∞ 1. Maria v. Burgund, † 1482; 2. Bianca Maria Sforza v. Mailand
Kunigunde, † 1520 — ∞ Albrecht IV. v. Bayern

Philipp d. Schöne, † 1506 — ∞ Johanna v. Kastilien

Katharina, † 1578 — ∞ Joh. III. v. Portugal
FERDINAND I., † 1564 — ∞ Anna v. Ungarn

Maria, † 1584 — Wilh. v. Jülich
Ferdinand in Tirol — † 1595 — ∞ Phil. Welser, † 1580
Karl v. Innerösterreich — † 1590 — ∞ Maria v. Bayern
Anna — † 1590

IATTHIAS — † 1619
Maximilian — † 1618
Albrecht VII. — † 1621
FERDINAND II., † 1637 — ∞ Maria Anna v. Bayern
Leopold V. (in Tirol), † 1632

FERDINAND III., † 1657 — ∞ 1. Maria v. Spanien † 1646
Leopold Wilh. — † 1662
M. Anna — † 1651
Ferdinand Karl — † 1662
Claudia Felizitas — ∞ Leopold I.

M. Anna — † 1696
Ferdinand IV. — † 1654
LEOPOLD I. — † 1705

LEOPOLD I. (1640—1705)
∞ 1. Margaretha Theresia v. Spanien, † 1(
2. Claudia Felizitas v. Tirol, † 1676
3. Eleonore Magdalena v. d. Pfalz, † 172

Maria Antonie, † 1692
∞ Max Emanuel v. Bayern, † 1726

Joseph Ferdinand, † 1699

JOSEF I. (1678—1711)
∞ Wilhelmine Amalie
v. Braunschweig-Lüneburg, † 1742

Maria Josepha, † 1757
∞ Friedrich August II. (III.)
Kg. v. Polen, Kf. v. Sachsen, † 1763

Maria Amalie, † 1756
∞ Ks. Karl VII.
Kf. v. Bayern, † 1745

JOSEF II.
(1741—1790)
∞ 1. Maria Isabella
v. Parma, † 1763
2. Maria Josepha
v. Bayern, † 1767

Maria Christine, † 1798
∞ Albert v. Sachsen-
Teschen, † 1822

Maria Amalia, † 1804
∞ Ferdinand v. Parma
† 1802

LEOPOLD II.
(1747—1792)
∞ Maria Ludovika
v. Spanien, † 1792

Maria Theresia, † 1827
∞ Anton v. Sachsen
† 1836

FRANZ II. (I.) (1768—1835)
∞ 1. Elisabeth v. Württemberg, † 1790
2. Maria Theresia v. Sizilien, † 1807
3. Maria Ludovika v. Modena, † 1816
4. Karoline v. Bayern, † 1873

Ferdinand III. v. Toskana
† 1824

Leopold II., † 1870

Ferdinand IV., † 1908

Maria Luise, † 1847
∞ Napoleon I., † 1821

FERDINAND I. (1793—1875)
∞ Maria Anna v. Sardinien, † 1884

Leopoldine, † 1826
∞ Pedro, Ks. von Brasilien, † 18

FRANZ JOSEPH I. (1830—1916
∞ Elisabeth v. Bayern, † 1898

Sophie, † 1857

Gisela, † 1932
∞ Leopold Prinz v. Bayern
† 1930

Rudolf, † 1889
∞ Stephanie v. Belgien, † 1945

Elisabeth, † 1963

Marie Valerie, † 19
∞ Franz Salvator
† 1939

KARL VI. (1685—1740)
Elisabeth v. Braunschweig-Wolfenbüttel, † 1750

MARIA THERESIA (1717—1780)
∞ Franz I. Stephan (v. Lothringen), † 1765

Maria Anna, † 1744
∞ Karl v. Lothringen, † 1770

Maria Karoline, † 1814
∞ Ferdinand I.
Kg. beider Sizilien
† 1825

Ferdinand, † 1806
∞ Maria Beatrix v. Modena
† 1829

Franz IV. v. Mod., † 1846

Franz V. v. Mod., † 1875

Marie Antoinette
† 1793
∞ Ludwig XVI.
v. Frankreich, † 1793

Maximilian Franz
Kf. v. Köln
† 1801

Karl, † 1847
∞ Henriette v. Nassau-
Weilburg, † 1829

Albrecht, † 1895

Karl Ferdinand, † 1874

Joseph, † 1847

Johann, † 1859
∞ Anna Plochl

Rainer, † 1853
∞ Elisabeth v.
Savoyen-Carignan, † 1856

Adelheid, † 1855
∞ Viktor Emanuel II.
Kg. v. Sardinien, † 1878

Rainer
† 1913

Karoline, † 1832
∞ Friedrich August II.
Kg. v. Sachsen, † 1854

Franz Karl, † 1878
∞ Sophie v. Bayern, † 1872

Maximilian, † 1867
∞ Charlotte v. Belgien
† 1927

Karl Ludwig, † 1896
∞ 1. Margarete v. Sachsen, † 1858
2. Maria Annunziata v. Sizilien, † 1871
3. Maria Theresia v. Portugal, † 1944

Franz Ferdinand, † 1914
∞ Sophie Gfn. Chotek
Hzgn. v. Hohenberg
† 1914

Otto, † 1906
∞ Maria Josepha v. Sachsen, † 1944

KARL I. (1887—1922)
∞ Zita v. Bourbon-Parma

Ferdinand (Burg)
† 1915

Biographien im Verlag Styria

Egon Caesar Conte Corti
ELISABETH
»Die seltsame Frau«

Egon Caesar Conte Corti
KAISER FRANZ JOSEPH

R. J. W. Evans
RUDOLF II.
Ohnmacht und Einsamkeit

Otto Forst de Battaglia
JAN SOBIESKI
Mit Habsburg gegen die Türken

Johann Franzl
FERDINAND II.
Kaiser im Zwiespalt der Zeit
1578–1637

Johann Franzl
RUDOLF I.
Der erste Habsburger
auf dem deutschen Thron

Linda und Marsha Frey
FRIEDRICH I.
Preußens erster König

Helmut Hertenberger/Franz Wiltschek
ERZHERZOG KARL
Der Sieger von Aspern

Charles W. Ingrao
JOSEF I.
Der »vergessene« Kaiser

Hans Magenschab
ANDREAS HOFER
Zwischen Napoleon und Kaiser Franz

Hans Magenschab
ERZHERZOG JOHANN
Habsburgs grüner Rebell

Hans Magenschab
JOSEF II.
Revolutionär von Gottes Gnaden

Helga Peham
LEOPOLD II.
Herrscher mit weiser Hand

Peter Pierson
PHILIPP II.
Vom Scheitern der Macht

Hans und Marga Rall
DIE WITTELSBACHER IN
LEBENSBILDERN

Bernd Rill
FRIEDRICH III.
Habsburgs europäischer Durchbruch

Georg Schreiber
FRANZ I. STEPHAN
An der Seite einer großen Frau

John P. Spielman
LEOPOLD I.
Zur Macht nicht geboren

Paula Sutter-Fichtner
FERDINAND I.
Wider Türkennot und
Glaubensspaltung

VERLAG STYRIA GRAZ WIEN KÖLN

Österr. Niederlande
Antwerpen
Brüssel
Luxemburg
Rhein
Straßburg
Württemberg
Blindheim
Donau
Hochstädt
Freiburg
Vorderösterreich
Bregenz
Kufstein
Innsbruck
Hzm.
Meran
Brixen
Bozen
Bm. Trient
Lombardei
Mailand
Peschiera
Verona
Custozza
Villafranca
Po
Hzm. Parma
Parma
Guastalla
Hzm. Modena
Florenz
Grhzm. Toskana
Tiber
Kgr. Sardinien
Banat: 1718
Böhmen, Mähren, Ungarn: 1526
Bosnien-Herzegowina:
1878 Okkupation
1908 Annexion
Bukowina: 1775
Dalmatien: 1797
Galizien: 1772
Innviertel: 1779
Kleine Walachei: 1718–39
Lombardei: 1714/1815–59
Modena: 1815–60
Neapel: 1714–35
Nordserbien: 1718–39
Österr. Niederlande: 1714–1797
Parma: 1735–48/1815–47
Salzburg: 1805
Sandschak Novipasar 1878–1908
Sardinien: 1714–20
Schlesien: 1526–1742
Siebenbürgen: 1699
Sizilien: 1720–35
Toskana: 1737/1815–60
Trient: 1803
Venetien: 1797/1815–66
Vorderösterreich: –1805
Westgalizien: 1795–1809
Württemberg: 1520–34 österr.